에듀윌과 함께 시작하면,
당신도 합격할 수 있습니다!

오랜 직장 생활을 마감하며 찾아온 앞날에 대한 막연한 두려움
에듀윌만 믿고 공부해 합격의 길에 올라선 50대 은퇴자

출산한지 얼마 안돼 독박 육아를 하며 시작한 도전!
새벽 2~3시까지 공부해 8개월 만에 동차 합격한 아기엄마

만년 가구기사 보조로 5년 넘게 일하다, 달리는 차 안에서도
포기하지 않고 공부해 이제는 새로운 일을 찾게 된 합격생

누구나 합격할 수 있습니다.
시작하겠다는 '다짐' 하나면 충분합니다.

마지막 페이지를 덮으면,

**에듀윌과 함께
공인중개사 합격이 시작됩니다.**

공인중개사 1위

13년간 베스트셀러 1위
에듀윌 공인중개사 교재

기초부터 확실하게 기초/기본 이론

기초입문서(2종)

기본서(6종)

출제경향 파악 기출문제집

단원별 기출문제집(3종)

다양한 출제 유형 대비 문제집

기출응용 예상문제집(6종)

<이론/기출문제>를 단기에 단권으로 단단

단단(6종)

합격을 위한 비법 대공개 합격서

이영방 합격서
부동산학개론

심정욱 합격서
민법 및 민사특별법

임선정 합격서
공인중개사법령 및 중개실무

김민석 합격서
부동산공시법

한영규 합격서
부동산세법

오시훈 합격서
부동산공법

* 2023 대한민국 브랜드만족도 공인중개사 교육 1위 (한경비즈니스)
* YES24 수험서 자격증 공인중개사 베스트셀러 1위 (2011년 12월, 2012년 1월, 12월, 2013년 1월~5월, 8월~12월, 2014년 1월~5월, 7월~8월, 12월, 2015년 2월~4월, 2016년 2월, 4월, 6월, 12월, 2017년 1월~12월, 2018년 1월~12월, 2019년 1월~12월, 2020년 1월~12월, 2021년 1월~12월, 2022년 1월~12월, 2023년 1월~10월 월별 베스트, 매월 1위 교재는 다름)
* YES24 국내도서 해당분야 월별, 주별 베스트 기준

부족한 부분을 빠르게 보강하는 **요약서/실전대비 교재**

1차 핵심요약집+기출팩(1종)

임선정 그림 암기법(공인중개사법령 및 중개실무)(1종)

오시훈 키워드 암기장(부동산공법)(1종)

심정욱 합격패스 암기노트(민법 및 민사특별법)(1종)

신대운 쉬운 민법체계도(1종)

7일끝장 회차별 기출문제집(2종)

실전모의고사 완성판(2종)

합격을 결정하는 **파이널 교재**

이영방 필살키

심정욱 필살키

임선정 필살키

오시훈 필살키

김민석 필살키

한영규 필살키

더 많은
공인중개사 교재

* 해당 교재의 이미지는 변경될 수 있습니다.

공인중개사 1위

공인중개사, 에듀윌을 선택해야 하는 이유

7년간 아무도 깨지 못한 기록
합격자 수 1위

합격을 위한 최강 라인업
1타 교수진

공인중개사

합격만 해도 연 최대 300만원 지급
에듀윌 앰배서더

업계 최대 규모의 전국구 네트워크
동문회

* 2023 대한민국 브랜드만족도 공인중개사 교육 1위 (한경비즈니스)
* KRI 한국기록원 2016, 2017, 2019년 공인중개사 최다 합격자 배출 공식 인증 (2023년 현재까지 업계 최고 기록) * 에듀윌 공인중개사 과목별 온라인 주간반 강사별 수강점유율 기준 (2022년 11월)
* 앰배서더 가입은 에듀윌 공인중개사 수강 후 공인중개사 최종 합격자이면서, 에듀윌 공인중개사 동문회 정회원만 가능합니다. (상세 내용 홈페이지 유의사항 확인 필수)
* 에듀윌 공인중개사 동문회 정회원 가입 시, 가입 비용이 발생할 수 있습니다.   * 앰배서더 서비스는 당사 사정 또는 금융당국의 지도 및 권고에 의해 사전 고지 없이 조기종료될 수 있습니다.

1위 에듀윌만의
체계적인 합격 커리큘럼

온라인 강의
합격자 수가 선택의 기준, 완벽한 합격 노하우

① 전 과목 최신 교재 제공
② 업계 최강 교수진의 전 강의 수강 가능
③ 합격에 최적화 된 1:1 맞춤 학습 서비스

쉽고 빠른 합격의 첫걸음 **합격필독서 무료** 신청

직영학원
최고의 학습 환경과 빈틈 없는 학습 관리

① 현장 강의와 온라인 강의를 한번에
② 합격할 때까지 온라인 강의 평생 무제한 수강
③ 강의실, 자습실 등 프리미엄 호텔급 학원 시설

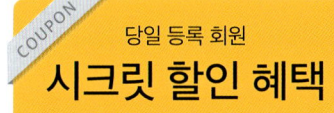 

COUPON 당일 등록 회원 **시크릿 할인 혜택**

설명회 참석 당일 등록 시 **특별 수강 할인권** 제공

친구 추천 이벤트

" **친구 추천**하고 한 달 만에
920만원 받았어요 "

친구 1명 추천할 때마다 현금 10만원 제공
추천 참여 횟수 무제한 반복 가능

※ *a*o*h**** 회원의 2021년 2월 실제 리워드 금액 기준
※ 해당 이벤트는 예고 없이 변경되거나 종료될 수 있습니다.

친구 추천 이벤트 바로가기

자세한 내용이 궁금하다면 1600-6700
* 2023 대한민국 브랜드만족도 공인중개사 교육 1위 (한경비즈니스)

공인중개사 1위

합격자 수 1위 에듀윌
5만 건이 넘는 후기

고○희 합격생

부알못, 육아맘도 딱 1년 만에 합격했어요.

저는 부동산에 관심이 전혀 없는 '부알못'이었는데, 부동산에 관심이 많은 남편의 권유로 공부를 시작했습니다. 남편 지인들이 에듀윌을 통해 많이 합격했고, '합격자 수 1위'라는 광고가 좋아 에듀윌을 선택하게 되었습니다. 교수님들이 커리큘럼대로만 하면 된다고 해서 믿고 따라갔는데 정말 반복 학습이 되더라고요. 아이 둘을 키우다 보니 낮에는 시간을 낼 수 없어서 밤에만 공부하는 게 쉽지 않아 포기하고 싶을 때도 있었지만 '에듀윌 지식인'을 통해 합격하신 선배님들과 함께 공부하는 동기들의 위로가 큰 힘이 되었습니다.

이○용 합격생

군복무 중에 에듀윌 커리큘럼만 믿고 공부해 합격

에듀윌이 합격자가 많기도 하고, 교수님이 많아 제가 원하는 강의를 고를 수 있는 점이 좋았습니다. 또, 커리큘럼이 잘 짜여 있어서 잘 따라만 가면 공부를 잘 할 수 있을 것 같아 에듀윌을 선택했습니다. 에듀윌의 커리큘럼대로 꾸준히 따라갔던 게 저만의 합격 비결인 것 같습니다.

안○원 합격생

5개월 만에 동차 합격, 낸 돈 그대로 돌려받았죠!

저는 야쿠르트 프레시매니저를 하다 60세에 도전하여 합격했습니다. 심화 과정부터 시작하다 보니 기본이 부족했는데, 교수님들이 하라는 대로 기본 과정과 책을 더 보면서 정리하며 따라갔던 게 주효했던 것 같습니다. 합격 후 100만 원 가까이 되는 큰 돈을 환급받아 남편이 주택관리사 공부를 한다고 해서 뒷받침해 줄 생각입니다. 저는 소공(소속 공인중개사)으로 활동을 하고 싶은 포부가 있어 최대 규모의 에듀윌 동문회 활동도 기대가 됩니다.

더 많은
합격 비법

다음 합격의 주인공은 당신입니다!

* 에듀윌 홈페이지 게시 건수 기준 (2023년 10월 기준)
* 2023 대한민국 브랜드만족도 공인중개사 교육 1위 (한경비즈니스)

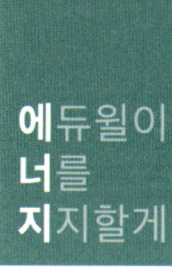

세상을 움직이려면
먼저 나 자신을 움직여야 한다.

– 소크라테스(Socrates)

합격할 때까지 책임지는 개정법령 원스톱 서비스!

법령 개정이 잦은 공인중개사 시험. 일일이 찾아보지 마세요!
에듀윌에서는 필요한 개정법령만을 빠르게! 한번에! 제공해 드립니다.

에듀윌 도서몰 접속
(book.eduwill.net)
▶
우측 정오표
아이콘 클릭
▶
카테고리 공인중개사
설정 후 교재 검색

개정법령
확인하기

2024
에듀윌 공인중개사

단단 1차
부동산학개론

공인중개사 시험을 준비해야 하는 이유
BEST 5

정년이 없어요
평생 일할 수 있어요!
갱신이 없는 자격증이에요.

전망이 좋아요
국가전문자격시험 중 접수인원 무려 1위!*
일자리전망, 발전가능성, 고용평등성 높은 직업!**

* 한국산업인력공단, 2021
** 커리어넷, 2021

누구나 도전할 수 있어요
나이, 성별, 경력, 학력 등 아무것도 필요 없어요!
응시 자격이 없는 열린 시험이에요.

학습부담이 적어요
평균 60점 이상이면 합격하는 절대평가 시험!
경쟁자 걱정 없는 시험이에요.

자격증 자체가 스펙이에요
부동산 관련 기업에 취업할 수 있고 창업도 할 수 있어요. 각종 공기업 취업 시에 가산점도 있어요.
정년퇴직 후 전문직으로 제2의 인생 시작도 가능하죠.
경매, 공매 행위까지 대행가능한 넓어진 업무영역은 보너스!

이렇게 좋은 공인중개사!
에듀윌과 함께라면 단기간에 합격할 수 있어요.

미리 알고 준비해야죠!

공인중개사 시험정보

✅ 시험일정

시험	2024년 제35회 제1·2차 시험(동시접수·시행)
접수기간	**정기** 매년 8월 2번째 월요일부터 금요일까지
	빈자리 매년 10월 2번째 목요일부터 금요일까지
시험일정	매년 10월 마지막 주 토요일

※ 정확한 시험일정은 큐넷 홈페이지(www.Q-Net.or.kr)에서 확인 가능합니다.

✅ 시험과목 및 방법

제1차 및 제2차 시험을 모두 객관식 5지 선택형으로 출제(매 과목당 40문항)하고, 같은 날[제1차 시험 100분, 제2차 시험 150분(100분, 50분 분리시행)]에 구분하여 시행합니다.

구분	시험과목	문항 수	시험시간
제1차 시험 1교시 (2과목)	1. 부동산학개론(부동산감정평가론 포함) 2. 민법 및 민사특별법 중 부동산 중개에 관련되는 규정	과목당 40문항	100분 (09:30~11:10)
제2차 시험 1교시 (2과목)	1. 공인중개사의 업무 및 부동산 거래신고 등에 관한 법령 및 중개실무 2. 부동산공법 중 부동산 중개에 관련되는 규정	과목당 40문항	100분 (13:00~14:40)
제2차 시험 2교시 (1과목)	부동산공시에 관한 법령(부동산등기법, 공간정보의 구축 및 관리 등에 관한 법률) 및 부동산 관련 세법	40문항	50분 (15:30~16:20)

※ 답안은 시험시행일에 시행되고 있는 법령을 기준으로 작성하여야 합니다.

✅ 합격 기준

구분	합격결정 기준
제1차 시험	매 과목 100점을 만점으로 하여 매 과목 40점 이상, 전 과목 평균 60점 이상 득점한 자
제2차 시험	매 과목 100점을 만점으로 하여 매 과목 40점 이상, 전 과목 평균 60점 이상 득점한 자

※ 1차·2차 시험은 동시 응시가 가능하나, 1차 시험에 불합격하고 2차만 합격한 경우 2차 성적은 무효로 합니다.

부동산학개론 완전정복!

시험분석 및 합격전략

☑ 2023년 제34회 시험분석

• PART별 출제비중 및 출제경향

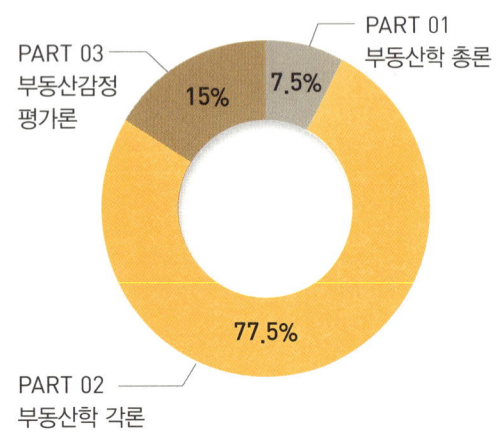

- PART 01 부동산학 총론: 7.5%
- PART 02 부동산학 각론: 77.5%
- PART 03 부동산감정평가론: 15%

제34회 부동산학개론은 지난 제33회에 비해 난도가 약간 높은 편이었습니다. 옳은 것을 묻는 문제, 계산문제, 박스형 문제 등이 다수 출제되어 전반적으로 시간안배에 어려움이 있었을 것입니다. 하지만 20문제 정도는 비교적 수월하게 접근이 가능한 문제였기 때문에 준비를 잘했다면 합격점수는 무난하게 받을 수 있었을 것으로 보입니다. 제34회에서는 전문적이고 실무적인 내용으로 출제되어 건너뛰어야 하는 문제, 세법 관련 문제가 어려운 문제였을 것입니다.

• PART별 출제 키워드

PART	출제 키워드 및 연계 THEME	
PART 01	• 부동산의 개념(01)　• 토지의 분류(01)　• 부동산의 특성(01)	
PART 02	• 부동산의 수요와 공급(02)	• 수요변화의 요인(02)
	• 시장균형의 변동(02)	• 수요와 공급의 가격탄력성(03)
	• 거미집이론(04)	• 지대이론(08)
	• 도시공간구조이론(09)	• 허프의 상권분석모형(10)
	• 베버의 최소비용이론(10)	• 크리스탈러의 중심지이론(10)
	• 정부의 시장개입(11)	• 부동산정책의 수단(12, 13, 14)
	• 주거정책(13)	• 공공주택 및 민간임대주택(13)
	• 부동산조세(14)	• 부동산의 투자가치(16)
	• 부동산투자의 위험(16)	• 부동산투자의 위험분석(16)
	• 부동산투자의 분석기법 및 위험(16, 17, 19)	• 어림셈법(20)
	• 어림셈법과 비율분석법(20)	• 부채감당률(DCR)(20)
	• 부동산투자분석의 기법(20, 21)	
	• 자산유동화증권(ABS)과 자산담보부 기업어음(ABCP)(25)	
	• 주택저당증권(25)	• 부동산투자회사(26)
	• 민간투자사업방식(29)	• 입지계수(30)
	• 임대차 유형(31)	• 부동산관리방식(31)
	• 부동산마케팅 전략(32)	
PART 03	• 「감정평가에 관한 규칙」 내용(33)　• 지역분석과 개별분석(34)　• 원가법에서 정액법(35)	
	• 공시지가기준법(37)　• 물건별 감정평가방법(39)　• 부동산가격공시제도(40)	

*괄호 안 숫자는 해당 키워드의 연계 THEME입니다.

✅ 2024년 제35회 합격전략

• 부동산학개론 과목의 특징

1. 공인중개사 시험의 다른 과목들과 달리 법이 아닌 사회과학을 다루는 과목입니다.
2. 시험에 나오는 용어(표현)를 정확히 이해하는 것이 중요합니다.
3. 부동산학 각론의 전 범위가 고르게 출제되므로 체계를 이해하며 학습해야 합니다.

• 우리는 이렇게 대비하도록 해요!

기본에 충실하게!

제35회(2024년) 시험도 이번 시험과 비슷한 출제경향과 난이도의 문제가 주로 출제될 것으로 보입니다. 그렇기에 난이도 중, 하의 문제는 확실하게 맞힐 수 있도록 기본에 충실하게 학습해야 합니다. 따라서 기본적인 개념을 정확히 이해해야 하고, 문제를 풀어봄으로써 이론을 확실하게 정리해야 합니다.

문제풀이 연습으로 문제해결능력을 배양하는 것도 필수!

계산문제의 비중이 높아지고 있는 점을 감안하여 계산문제에 대한 문제해결능력을 갖추는 것도 합격의 지름길이라고 할 수 있습니다. 특히 1차 과목은 개념을 정리하고 문제해결능력을 배양하기까지 학습에 시간이 필요하기 때문에 쉽게 실력이 오르지 않을 수 있습니다. 따라서 기초부터 차근차근 학습해 나가며 이후 필수적이고 기본적인 이론들을 충실하게 학습하고, 실제 시험과 유사한 문제를 풀어보는 과정을 반복함으로써 이론과 문제를 통합적·효율적으로 학습하는 것이 좋습니다.

합격까지 단단하게! 에듀윌 초압축 커리큘럼의 도움받기!

부동산학개론 합격 점수까지, 하루 2시간이면 충분합니다!
에듀윌 공인중개사에서 제공하는 **하루 2시간 스피드 패스**는 31년간 에듀윌의 합격 노하우를 바탕으로, 시험에 필요한 내용만 집중적으로 학습할 수 있도록 도와주는 고효율·초압축 커리큘럼입니다.
하루 2시간 스피드 패스로 누구보다 빠르고, 쉽게 합격을 준비하세요!

자세한 내용은
QR 스캔 ▼

✅ 하루 2시간 스피드 패스 과정

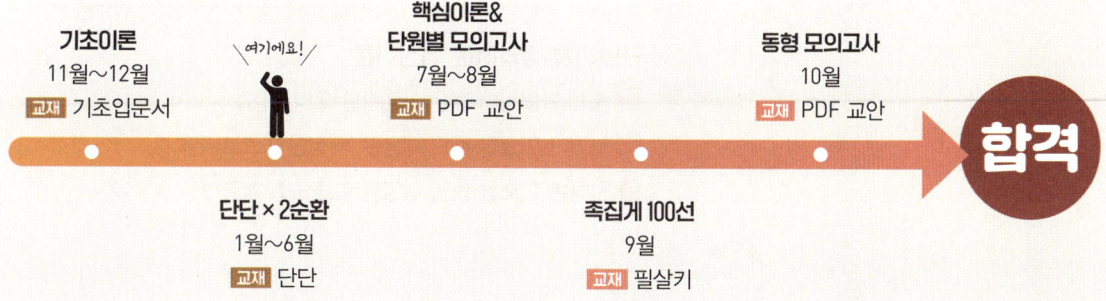

단단의 구성과 특징

단기에 단권으로!

대표기출로 유형 익히기

기본으로 알아야 하는 대표기출

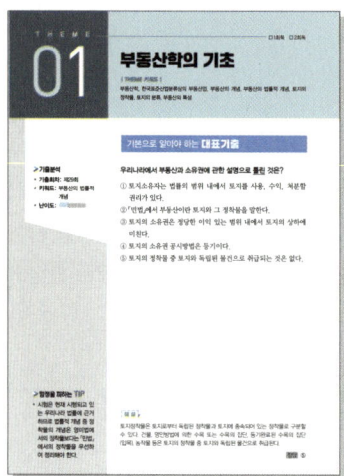

- 테마를 대표하는 엄선된 기출문제 수록
- 깊이 있는 학습을 위한 상세한 해설, 키워드, 함정을 피하는 TIP 수록

핵심이론 단단하게 정리하기

단단하게 정리하는 핵심이론

1 수요의 개념

(1) 수요(demand)

일정기간(시점) 동안에 소비자가 재화나 서비스를 구매하고자 하는 욕구를 말한다.

(2) 수요량

일정기간(시점) 동안에 주⋯⋯⋯⋯⋯⋯⋯⋯⋯⋯⋯ 하는 최대수량을 말한다.

① 유량(流量, flow) 개념 ❶ 저량(貯量, stock)의 ⋯⋯에 유의한다.

⚠ 유량(流量, flow)과 저량(貯量, ⋯⋯
  • 유량(flow): 일정기간에 걸쳐서 측정하는 변수 ⇨ 신규
    ⓔ 소득, 수익, 수입, 생산량, 거래량, 국민총생산, 국내총생산, 가계 소비, 노동자 소득
  • 저량(stock): 일정시점에 측정하는 변수 ⇨ 기존
    ⓔ 인구, 자산, 재산, 가치, 가격, 국부(國富), 재고량, 통화량, 자본 총량
  ⇨ 저량의 변동분은 곧 유량이 된다.
    ⓔ 재고의 변동분 ⇨ 재고투자

② 구매하려고 의도된 양(사전적 개념) ⇨ 실제로 구입한 양(사후적 개념)이 아니다.
③ 구매력(purchasing power)을 수반 ⇨ 구매력이 뒷받침된 수요를 '유효수요'라 한다.

❷
> **핵심단단 수요 증가의 요인**
>
> 1. 정상재의 경우 소득의 증가   2. 열등재의 경우 소득의 감소
> 3. 대체재의 가격 상승   4. 대체재의 수요 감소
> 5. 보완재의 가격 하락   6. 보완재의 수요 증가
> 7. 수요자의 해당 가격 상승 예상   8. 주택담보대출금리의 인하

(3) 생산요소 ❸ 인간에게 필요한 재화나 서비스를 생산하기 위해 반드시 필요한 요소

생산물 ⇦ 노동, 자본, 토지

① 생산의 3요소: 노동, 자본, 토지
② 노동과 자본 ⇨ 가변요소, 토지 ⇨ 수동적이고 소극적인 생산요소(∵ 부동성으로 인해)

(4) 소비재

토지는 생산요소 및 생산재로서의 성격을 갖지만, 동시에 인간생활의 편의를 제공해 주는 최종소비재의 성격도 가지고 있다.

(5) 상품

부동산은 소비재이며 또한 시장에서 거래되는 상품이다.

단단하게 정리하는 핵심이론

❶ 출제 가능성이 높은 이론만을 요약·정리
❷ 암기가 필요한 주요 내용은 '핵심단단'으로 수록
❸ 완벽한 이해를 돕는 다양한 학습요소 제공

기본기출&완성기출로 단단하게 문제풀기

최신 출제경향 확인하기

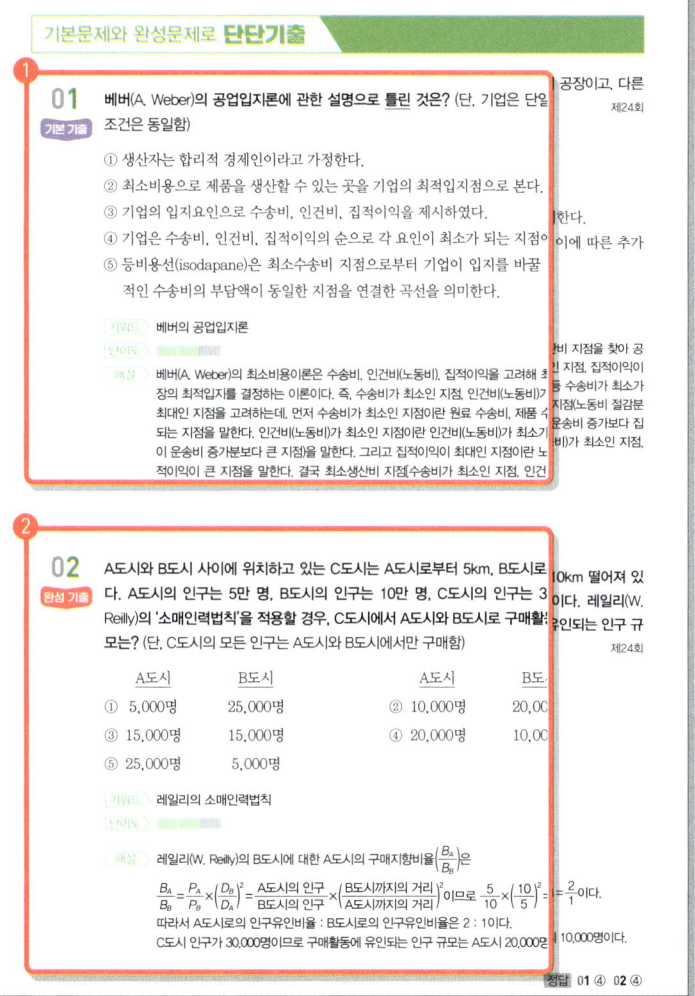

2023년 제34회 최신 기출문제

제34회 최신 기출문제를 상세한 해설, 키워드, 난이도와 함께 제공

기본문제와 완성문제로 단단기출

① 기본기 점검을 위한 기본기출 수록
② 문제해결능력 향상을 위한 완성기출 수록
➕ 상세한 해설, 키워드, 난이도 등 제공

머리말

많은 수험생들이 부동산학개론은 그 범위가 매우 포괄적이고 내용이 난해하여 학습하기가 어렵고, 공부를 해도 점수가 잘 오르지 않는 과목으로 생각하는 경향이 있습니다. 실제로도 수험생들이 부동산학개론을 학습하기 위하여 많은 시간을 할애하지만 기대 이상의 성과를 거두지 못하는 경우가 많습니다.

〈2024 에듀윌 공인중개사 단단 1차 부동산학개론〉은 이러한 학습의 어려운 점을 해결하고, 적극적으로 공인중개사 자격시험 합격에 도움이 될 수 있도록 '수험생들이 가장 효율적으로 시험을 준비할 수 있는 교재'로 만들었습니다.

'단단'이 추구하는 방향은 선택과 집중에 있습니다.
기출문제 분석을 바탕으로 시험에 잘 나오는 이론과 기출문제를 한 권에 함께 다룸으로써 시험 준비에 많은 시간을 할애하기 어려운 직장인, 주부, 학생 등이 짧은 시간 안에 문제해결능력을 배양할 수 있도록 하였습니다.

특히 부동산학개론에서 가장 많이 출제된 중요한 내용을 시험문제 수와 동일한 40개의 테마로 일목요연하게 정리하였으며, 핵심이론에 들어가기 앞서 대표기출문제를 함정을 피하는 TIP과 함께 수록하여 학습의 방향을 제시하였습니다. 또한, 핵심이론과 관련된 기출문제를 상세한 해설과 함께 수록하고, 문제의 난이도에 따라 배열하여 기본기출문제, 이후 완성기출문제까지 학습 흐름에 따라 다양한 문제를 다루어 볼 수 있도록 구성하였습니다.

마지막으로 이 책으로 공부하신 수험생 여러분들의 값진 노력이 합격의 기쁨으로 이어지길 진심으로 기원합니다.

저자 이영방

약력
- 現 에듀윌 부동산학개론 전임 교수
- 前 숭실사이버대 부동산학과 외래 교수
- 前 EBS 명품 부동산학개론 강사
- 前 부동산TV, 방송대학TV, 경인방송 강사
- 前 전국 부동산중개업협회 사전교육 강사
- 前 한국토지주택공사 직무교육 강사

저서
에듀윌 공인중개사 부동산학개론 기초입문서,
기본서, 단단, 합격서, 단원별/회차별 기출문제집,
핵심요약집, 기출응용 예상문제집, 실전모의고사, 필살키 등 집필

차례

PART 01　부동산학 총론

| THEME 01 | 부동산학의 기초 | 14 |

PART 02　부동산학 각론

THEME 02	부동산의 수요와 공급	38
THEME 03	부동산의 수요와 공급의 탄력성	57
THEME 04	부동산의 경기변동	68
THEME 05	부동산시장의 특성과 기능	79
THEME 06	주택의 여과과정과 주거분리	85
THEME 07	효율적 시장이론	90
THEME 08	지대 및 지대결정이론	98
THEME 09	도시공간구조이론	107
THEME 10	상업입지론과 공업입지론	115
THEME 11	외부효과와 시장실패	130
THEME 12	토지정책	137
THEME 13	주택정책	145
THEME 14	부동산조세정책	155
THEME 15	지렛대효과	163
THEME 16	부동산투자의 위험과 수익	169
THEME 17	포트폴리오 이론	178
THEME 18	화폐의 시간가치	186
THEME 19	현금흐름의 측정	193
THEME 20	어림셈법과 비율분석법, 회수기간법과 회계적 이익률법	203
THEME 21	할인현금흐름분석법	218
THEME 22	부동산금융의 기초	228
THEME 23	저당의 상환방법	235
THEME 24	부동산금융의 조달방법과 주택연금제도	248
THEME 25	부동산증권	255
THEME 26	부동산투자회사	262
THEME 27	부동산이용	272
THEME 28	부동산개발의 위험과 타당성 분석	277
THEME 29	민간의 부동산개발방식과 민간투자사업방식	286
THEME 30	경제기반이론	295
THEME 31	부동산관리	302
THEME 32	부동산마케팅	314

PART 03　부동산 감정평가론

THEME 33	부동산 감정평가의 기초이론	322
THEME 34	부동산가격이론	327
THEME 35	원가법	341
THEME 36	거래사례비교법	353
THEME 37	공시지가기준법	362
THEME 38	수익환원법	368
THEME 39	물건별 감정평가방법	378
THEME 40	부동산가격공시제도	382

2023년 제34회 최신 기출문제

396

PART 01 부동산학 총론

최근 5개년 출제비중 및 학습전략

PART 01 **8%**

부동산학 총론은 꾸준히 약 3~4문제씩 평이한 수준으로 출제되고 있습니다. 부동산의 개념과 분류 부분 위주로 학습하는 것이 좋습니다.

1단 부동산학개론

THEME 01 부동산학의 기초

THEME 01 부동산학의 기초

| THEME 키워드 |
부동산학, 한국표준산업분류상의 부동산업, 부동산의 개념, 부동산의 법률적 개념, 토지의 정착물, 토지의 분류, 부동산의 특성

기본으로 알아야 하는 대표기출

> **기출분석**
> - **기출회차:** 제29회
> - **키워드:** 부동산의 법률적 개념
> - **난이도:** ■■□□□

우리나라에서 부동산과 소유권에 관한 설명으로 <u>틀린</u> 것은?

① 토지소유자는 법률의 범위 내에서 토지를 사용, 수익, 처분할 권리가 있다.
②「민법」에서 부동산이란 토지와 그 정착물을 말한다.
③ 토지의 소유권은 정당한 이익 있는 범위 내에서 토지의 상하에 미친다.
④ 토지의 소유권 공시방법은 등기이다.
⑤ 토지의 정착물 중 토지와 독립된 물건으로 취급되는 것은 없다.

> **함정을 피하는 TIP**
> - 시험은 현재 시행되고 있는 우리나라 법률에 근거하므로 법률적 개념 중 정착물의 개념은 영미법에서의 정착물보다는「민법」에서의 정착물을 우선하여 정리해야 한다.

| 해설 |
토지정착물은 토지로부터 독립된 정착물과 토지에 종속되어 있는 정착물로 구분할 수 있다. 건물, 명인방법에 의한 수목 또는 수목의 집단, 등기완료된 수목의 집단(입목), 농작물 등은 토지의 정착물 중 토지와 독립된 물건으로 취급된다.

정답 ⑤

단단하게 정리하는 **핵심이론**

01 부동산학 서설

1 부동산학의 이해

(1) 부동산학의 정의

① 부동산학이란 부동산활동의 능률화의 원리 및 그 응용기술을 개척하는 종합응용과학이다(김영진 교수).

② 부동산학은 부동산의 가치증진과 관련된 의사결정과정을 연구하기 위하여 부동산에 대해 법적·경제적·기술적 측면에서 접근을 시도하는 종합응용 사회과학이다(조주현 교수).

③ 토지와 토지상에 부착되어 있거나 연결되어 있는 여러 가지 항구적인 토지개량물(land improvement)에 관하여 그것과 관련된 직업적·물적·법적·금융적 제 측면을 기술하고 분석하는 학문연구의 한 분야이다(안정근 교수).

(2) 부동산학의 학문적 성격

① 사회과학 ② 실천과학 ③ 응용과학
④ 경험과학 ⑤ 종합과학 ⑥ 규범과학

(3) 부동산학의 제 측면과 복합개념

무형적 측면	법률적 측면 (legal aspect)	부동산에 관계되는 제도적 측면 ⇨ 공·사법상의 여러 가지 규율이 부동산활동 등에 영향을 미치는 것
	경제적 측면 (economic aspect)	부동산의 가격에 관련된 측면
유형적 측면	기술적 측면 (engineering aspect)	부동산공간의 이용기법적 측면 ⇨ 부동산의 설계·시공·설비·자재·측량·지질·지형·토양 등

2 부동산학의 연구대상과 연구분야

(1) 부동산학의 연구대상

① **부동산현상**: 부동산에서 비롯되는 모든 기술·경제·제도 및 기타 제 현상, 즉 부동산활동을 에워싼 모든 현상을 말한다.

② **부동산활동**: 인간이 부동산을 대상으로 전개하는 관리적 측면에서의 여러 가지 행위, 즉 부동산을 대상으로 하는 인간활동을 말한다.

(2) 부동산학의 연구분야

실무분야		이론분야
부동산 결정분야	부동산 결정지원분야	부동산학의 기초분야
① 부동산투자 ② 부동산금융 ③ 부동산개발 ④ 부동산정책 및 계획	① 부동산마케팅 ② 부동산관리 ③ 부동산평가 ④ 부동산컨설팅 ⑤ 부동산중개 ⑥ 부동산 입지선정	① 부동산 특성 ② 부동산 관련법 ③ 도시지역 ④ 부동산시장 ⑤ 부동산세금 ⑥ 부동산수학

3 부동산학의 접근방법

(1) 종합식 접근방법

부동산을 법률적·경제적·기술적 등의 **복합개념**으로 이해하고, 그러한 측면의 이론을 토대로 시스템적 사고방식에 따라 부동산학 이론을 구축해야 한다는 연구방법이다.

(2) 법·제도적 접근방법

부동산에 관한 이론을 체계화함에 있어서 그 이론적 기초를 법률적·제도적 측면에 두는 방법이다.

(3) 의사결정 접근방법

인간은 합리적인 존재이며, 자기이윤의 극대화를 목표로 행동한다는 기본 가정에서 출발하는 접근방법이다.

4 부동산활동(학)의 일반원칙

부동산과 인간의 관계개선이라는 부동산학의 이념을 실현하기 위한 부동산활동의 행동방향이다.

(1) 능률성의 원칙

부동산학은 부동산 소유활동의 능률화를 위해서는 **최유효이용의 원칙**을, 부동산 거래활동의 능률화를 위해서는 거래질서 확립의 원칙을 지도원리로 삼고 있다.

(2) 안전성의 원칙

안전성의 개념에 있어서는 복합개념의 논리에 따라서 법률적 안전성, 경제적 안전성, 기술적 안전성을 고려하여야 한다.

⚠ 능률성과 안전성은 상호 견제의 관계에 있다.

(3) 경제성의 원칙

부동산활동은 경제원칙을 추구한다. 경제원칙은 부동산활동 전반에 걸친 합리적 선택의 원칙이라고도 할 수 있다.

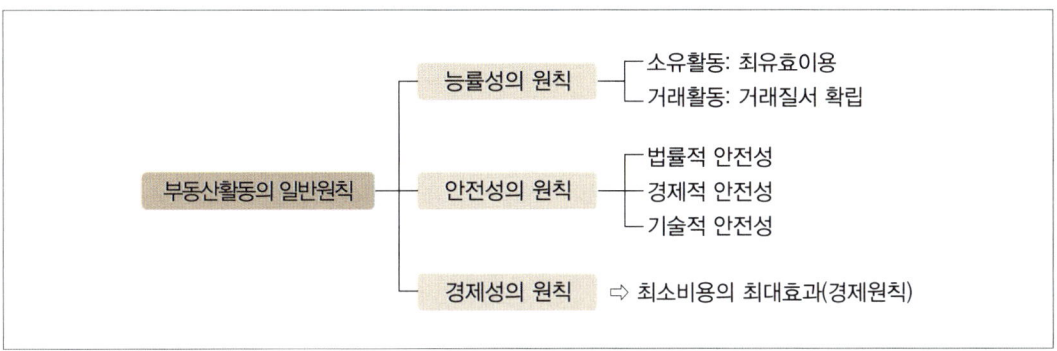

5 부동산활동의 속성

(1) 과학성과 기술성

부동산활동은 체계화된 지식으로 부동산활동의 원리를 설명할 때에는 과학성이 인정되고, 그것을 실무활동에 응용하는 기술면에서는 기술성이 인정된다.

(2) 사회성과 공공성 및 사익성

부동산활동은 사회성과 공공성이 강조되지만 국민의 사익을 존중해야 한다.

(3) 전문성

부동산활동은 전문성이 요구되며, 전문화하기 위한 방법으로 '공인자격제(公認資格制)'를 도입하고 있다.

(4) 윤리성

부동산활동은 사회성·공공성이 강조되고 있어 거래당사자나 부동산업자 모두 높은 윤리성이 요구된다.

(5) 정보활동

'부동성(不動性)'의 특성으로 인해 부동산 주변현상에는 통제 불가능한 요인이 많기 때문에 대부분의 부동산활동은 정보활동이다.

(6) 대인활동 및 대물활동

부동산활동은 대인관계 및 인화를 위해 노력하는 대인활동이며, 기술적 전문지식과 함께 부동산을 물리적으로 취급하는 대물활동이다.

(7) 임장활동(臨場活動)

부동산에는 '부동성'이라는 특성이 있으므로 부동산활동은 탁상을 떠나 현장에서 많은 시간을 보내야 하는 임장활동이다.

(8) 공간활동

부동산활동은 공중, 지표, 지하를 포함하는 3차원 공간을 대상으로 하는 활동이다.

(9) 배려의 장기성

부동산에는 '영속성(永續性)'과 '용도의 다양성'이라는 특성이 있으므로 부동산활동은 장기적 관점에서 의사결정을 하는 활동이다.

(10) 복합개념

부동산활동은 법률적·경제적·기술적 측면을 함께 고려하는 복합개념의 사고방식을 기초로 하는 활동이다.

> **보충**
>
> **한국표준산업분류(제10차)상의 부동산업**
>
> | 대분류 | 중분류 | 소분류 | 세분류 | 세세분류 |
> |---|---|---|---|---|
> | 부동산업 | 부동산업 | 부동산임대 및 공급업 | 부동산임대업 | • 주거용 건물임대업
• 비주거용 건물임대업
• 기타 부동산임대업 |
> | | | | 부동산개발 및 공급업 | • 주거용 건물개발 및 공급업
• 비주거용 건물개발 및 공급업
• 기타 부동산개발 및 공급업 |
> | | | 부동산 관련 서비스업 | 부동산관리업 | • 주거용 부동산관리업
• 비주거용 부동산관리업 |
> | | | | 부동산중개, 자문 및 감정평가업 | • 부동산중개 및 대리업
• 부동산투자 자문업
• 부동산 감정평가업 |

02 부동산의 개념과 분류

1 부동산의 개념 – 법·제도적 개념

(1) 협의의 부동산 – 토지 및 그 정착물

협의의 부동산이란 '<mark>토지 및 그 정착물</mark>'을 말하는데(민법 제99조 제1항), 이를 「민법」상 부동산이라고도 한다. 따라서 부동산 이외의 물건은 동산이라고 할 수 있다(민법 제99조 제2항).

① 토지

㉠ 토지소유자는 법률의 범위 내에서 토지를 사용·수익·처분할 권리가 있다(민법 제211조).

㉡ 「민법」에서 "토지의 소유권은 정당한 이익 있는 범위 내에서 토지의 상하에 미친다."(민법 제212조)라고 규정하고 있어 토지소유권의 범위를 입체적으로 규정하고 있다.

ⓒ 토지소유권은 토지의 구성부분과 토지로부터 독립성이 없는 부착물에도 그 효력이 미친다.
ⓓ 토지의 구성물(암석, 토사, 지하수 등)은 토지의 지하공간에 포함된 구성물로서 토지와 독립한 물건이 아니며, 토지의 소유권은 그 구성물에도 미친다.
ⓔ 광업권의 객체가 되는 미채굴의 광물에 대해서는 토지소유권자의 권리가 미치지 못하는 것으로 하고 있다.

② **토지정착물**: 토지에 고정되어 있어 용이하게 이동할 수 없는 물건으로서 그러한 상태로 사용되는 것이 그 물건의 통상적인 성질로 인정되는 것을 말한다.

구분	토지로부터 독립된 정착물	토지에 종속되어 있는 정착물	동산으로 취급
특징	㉠ 토지와 별개로 거래될 수 있음 ⓒ 토지소유자의 소유권이 미치지 않음	㉠ 토지와 함께 거래됨 ⓒ 토지의 구성부분 ⓒ 토지소유자의 소유권이 미침	㉠ 정착물이 아님 ⓒ 토지소유자의 소유권이 미치지 않음
예시	㉠ 건물 ⓒ 명인방법에 의한 수목 또는 수목의 집단 ⓒ 등기완료된 수목의 집단(입목) ⓔ 농작물	㉠ 돌담, 교량, 축대, 도로, 제방 등 ⓒ 매년 경작을 요하지 않는 나무나 다년생식물 등	㉠ 판잣집 ⓒ 컨테이너 박스 ⓒ 가식(假植) 중인 수목

(2) 광의의 부동산

> 협의의 부동산 + 준부동산(의제부동산)

협의의 부동산에 준부동산[의제(擬制)부동산]을 합한 개념이다.
└─ 본질은 부동산이 아니지만 등기·등록 등의 공시방법을 갖춤으로써 부동산에 준하여 취급되는 특정의 동산이나 동산과 일체로 된 부동산의 집단을 말한다.
⇨ 공장재단, 광업재단, 어업권, 선박, 항공기, 자동차, 건설기계(중기) 등이 있다.

2 부동산의 개념 – 경제적 개념

(1) 자산

① **사용가치로서의 자산성**: 소유·이용의 대상을 말한다.
② **교환가치로서의 자산성**: 거래·투자의 대상을 말한다.

(2) 자본

생산을 해야 하는 기업의 측면에서 토지는 다른 자본재와 같이 임차하거나 매수해야만 하는 자본재로서의 성격을 지닌다.

(3) 생산요소 — 인간에게 필요한 재화나 서비스를 생산하기 위해 반드시 필요한 요소

> 생산물 ⇐ 노동, 자본, 토지

① 생산의 3요소: 노동, 자본, 토지
② 노동과 자본 ⇨ 가변요소, 토지 ⇨ 수동적이고 소극적인 생산요소(∵ 부동성으로 인해)

(4) 소비재

토지는 생산요소 및 생산재로서의 성격을 갖지만, 동시에 인간생활의 편의를 제공해 주는 최종소비재의 성격도 가지고 있다.

(5) 상품

부동산은 소비재이며 또한 시장에서 거래되는 상품이다.

3 부동산의 개념 – 물리적 개념

(1) 자연

① 토지를 자연으로 파악할 때는 자연환경(natural environment)으로 정의한다.
  ⇨ 가장 넓은 의미로 토지를 정의하는 것
② 부동산의 특성 중 '부증성(不增性)'과 밀접한 관련이 있으며, 사회성·공공성이 특히 강조된다.

(2) 공간

① 부동산은 수평공간·공중공간·지중공간의 3차원 공간으로 구성된다.

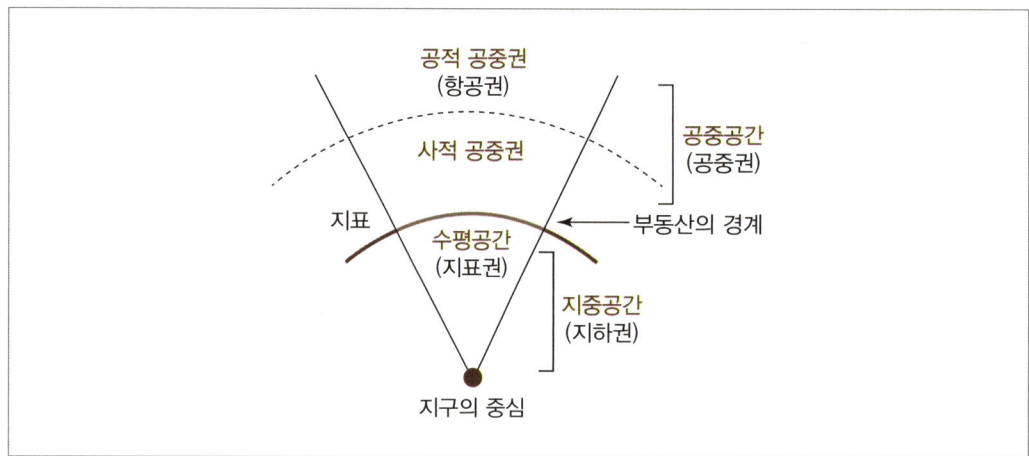

㉠ **수평공간**: 지표와 연관된 택지, 농경지, 계곡, 수면, 평야 등
㉡ **공중공간**: 주택, 건물, 상점 기타 공중을 향하여 연장되는 공간
㉢ **지중공간**: 지표에서 지중을 향하는 공간

② 공간으로서의 부동산의 개념은 부동산의 특성 중 '영속성'과 밀접한 관련이 있다.
③ 부동산소유권의 공간적 범위
  ㉠ **지표권**(surface right): 토지지표를 토지소유자가 배타적으로 이용하여 작물을 경작하거나 건물을 건축할 수 있는 권리를 말한다.
  ㉡ **지하권**(subsurface right): 토지소유자가 지하공간에서 어떤 이익을 얻거나 지하공간을 사용할 수 있는 권리를 말한다.
    ⚠ 우리나라의 경우 광업권의 객체인 광물에 대하여는 토지소유자의 소유권이 미치지 못한다.
  ㉢ **공중권**(air right): 토지소유자가 공중공간을 타인의 방해 없이 일정한 고도까지 포괄적으로 이용할 수 있는 권리를 말한다.

(3) 위치

① **개념**: 특정 장소가 갖는 시장성·지형·지세를 의미하는데, 절대적 위치는 '부동성(不動性)'과, 상대적 위치는 '인접성(隣接性)'과 밀접한 관련이 있다.
② 위치와 접근성의 문제
  ㉠ **접근성**(accessibility)의 개념: 어떤 목적물에 도달하는 데 시간적·경제적·거리적 부담의 정도를 말한다.
  ㉡ 접근성의 특징
    ⓐ 원칙: 접근성이 좋을수록 부동산의 입지조건은 양호하고 그 가치는 높다.
    ⓑ 예외
      • 위험혐오시설
      • 용도에 맞지 않는 경우
  ㉢ 부동산의 용도와 접근성: 부동산의 용도에 따라 접근성의 중요성과 평가기준이 달라진다.

(4) 환경

어떤 부동산을 에워싼 자연적·사회적·물리적·경제적 제 상황을 말하는 것이다.

4 부동산의 개념 – 복합개념

'복합개념의 부동산'이란 부동산을 법률적·경제적·기술적 측면 등이 복합된 개념으로 이해하는 것을 말한다. 반면, 토지와 건물이 각각 독립된 거래의 객체이면서도 마치 하나의 결합된 상태로 다루어져 부동산활동의 대상으로 인식될 때 이를 '복합부동산'이라 한다.

구분	개념
복합개념의 부동산	유형·무형의 법률적·경제적·기술적 측면의 부동산
복합부동산(개량부동산)	토지와 건물 및 그 부대시설이 결합되어 구성된 부동산
복합건물	주거와 근린생활시설 등이 결합되어 있어 복합적 기능을 수행하는 건물 例 주상복합건물

5 부동산의 용어 및 유형

(1) 부동산용어와 유형

부동산(real estate)은 수익성 유무에 따라 수익성 부동산과 비수익성 부동산으로, 시장성 유무에 따라 시장성이 있는 부동산과 시장성이 없는 부동산으로 구분할 수 있다. 미국에서 부동산이라는 표현으로 많이 사용되는 용어는 'real estate'로, 일반적으로 토지와 그 정착물로 정의되는 부동산을 의미한다.

└ '부동산학'의 경우는 Real Estate로 영문자의 머리글자를 대문자로 표시한다.

(2) 부동산의 종별과 유형(감정평가상의 용도적 종별)

지역적 종별(지역 종별)	개별적 종별(토지 종별)
부동산이 속한 지역의 용도에 따른 구분	지역 종별에 의하여 분류되는 토지의 구분
① 택지지역: 주거지역, 상업지역, 공업지역 ② 농지지역: 전지지역, 답지지역, 과수원지역 ③ 임지지역: 용재림지역, 신탄림지역	① 택지: 주거지, 상업지, 공업지 ② 농지: 전지, 답지 ③ 임지

└ 산림지와 초지를 모두 포함하는 포괄적인 용어

6 토지의 분류

(1) 택지·대지·부지

① **택지(宅地)**: 주거·상업·공업용지 등의 용도로 이용되고 있거나 그 이용을 목적으로 조성된 토지를 말한다.

② **대지(垈地)**: 「공간정보의 구축 및 관리 등에 관한 법률」에 따라 각 필지(筆地)로 나눈 토지를 말하는데, 필지 중 건축행위가 가능한 필지를 말한다.

③ **부지(敷地)**: 도로부지, 하천부지와 같이 일정한 용도로 이용되는 바닥토지를 말하며 하천, 도로 등의 바닥토지에 사용되는 포괄적 용어이다.

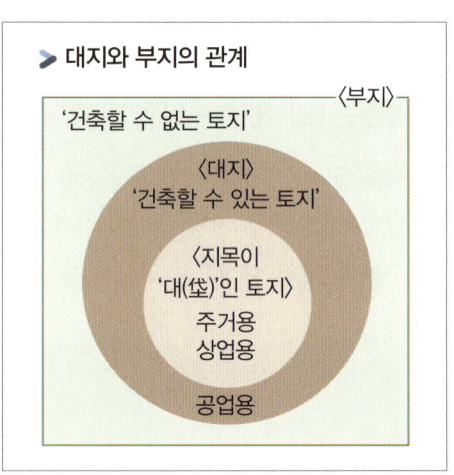

▶ 대지와 부지의 관계

(2) 후보지와 이행지

후보지(候補地)	이행지(移行地)
① 용도지역 중 택지지역, 농지지역, 임지지역 상호 간에 전환되고 있는 토지 ② 가망지(可望地) 또는 예정지(豫定地)라고도 함 ③ 반드시 지목변경이 뒤따름 └ 토지의 주된 용도에 따라 토지의 종류를 구분하여 지적공부에 등록한 것	① 택지지역(주택·상업·공업지 간 이행), 농지지역(전·답·과수원 간 이행), 임지지역(신탄림지역·용재림지역 간 이행) 내에서 전환이 이루어지고 있는 토지 ② 지목변경이 뒤따를 수도 있고 그렇지 않을 수도 있음

⚠ 후보지나 이행지는 전환 중이거나 이행 중인 토지에 붙이는 용어로서, 전환이나 이행이 이루어지고 난 후에는 바뀐 후의 용도에 따라 부르는 것에 유의하여야 한다.

(3) 맹지와 대지

맹지(盲地)	타인의 토지에 둘러싸여 도로에 어떤 접속면도 가지지 못하는 토지 ⇨ 「건축법」에 의해 건물을 세울 수 없는 것이 원칙임
대지(袋地)	어떤 택지가 다른 택지에 둘러싸여 좁은 통로에 의해서 도로에 접하는 자루형의 모양을 띠게 되는 택지

(4) 필지와 획지

필지(筆地)	획지(劃地)
① 「공간정보의 구축 및 관리 등에 관한 법률」 또는 「부동산등기법」상의 용어 ② 하나의 지번이 붙는 토지의 등기·등록 단위 ③ 토지소유자의 권리를 구분하기 위한 표시 ④ 권리를 구분하기 위한 법적 개념	① 감정평가에서 중시 ② 인위적·자연적·행정적 조건에 의해 다른 토지와 구별되는, 가격수준이 비슷한 일단의 토지 ③ 부동산활동 또는 부동산현상의 단위면적이 되는 일획의 토지 ④ 가격수준을 구분하기 위한 경제적 개념

⚠ **필지와 획지의 관계**
- 필지와 획지가 같은 경우(1필지가 1획지가 되는 경우) ⇨ 개별평가
- 하나의 필지가 여러 개의 획지가 되는 경우(필지가 크거나 획지가 작은 경우) ⇨ 구분평가
- 여러 개의 필지가 하나의 획지를 이루는 경우(획지가 큰 경우) ⇨ 일괄평가

(5) 나지·건부지·공지·공한지

나지(裸地)	① 토지에 건물이나 그 밖의 정착물이 없고 지상권 등 토지의 사용·수익을 제한하는 사법상의 권리가 설정되어 있지 아니한 토지 ② 건부지에 비하여 최유효이용이 기대되기 때문에 매매에 있어서 가격이 비싸며, 토지가격에 대한 감정평가의 기준이 됨
건부지(建附地)	건물의 부지로서 건물 및 그 부지가 동일소유자에 속하고, 해당 소유자에 의하여 사용되며, 그 부지의 사용·수익을 제약하는 권리 등이 부착되어 있지 않은 택지
공지(空地)	필지 중 건물공간을 제외하고 남은 토지로, 「건축법」에 의한 건폐율 등의 제한으로 인해 한 필지 내에 건물을 꽉 메워서 건축하지 않고 남겨 둔 토지
공한지(空閑地)	도시 토지 중 지가 상승만 기대하고 장기간 방치한 토지

⚠️ 건부감가와 건부증가
- 나지 평가액 > 건부지 평가액 ⇨ 건부감가(원칙)
- 나지 평가액 < 건부지 평가액 ⇨ 건부증가(예외)

(6) 소지·선하지·포락지

소지(素地)	대지 등으로 개발되기 이전의 자연적인 그대로의 토지
선하지(線下地)	고압선 아래의 토지로, 보통은 선하지 감가를 행함
포락지(浦落地)	지적공부에 등록된 토지가 물에 침식되어 수면 밑으로 잠긴 토지

(7) 법지와 빈지

법지(法地)	① 법으로만 소유할 뿐 활용실익이 없는 토지로, 택지의 유효지표면 경계와 인접지 또는 도로면과 경사된 토지 ② 토지의 붕괴를 막기 위하여 경사를 이루어 놓은 것인데 측량면적에는 포함되지만 실제로 사용할 수 없는 면적
빈지(濱地, 바닷가)	① 일반적으로 바다와 육지 사이의 해변토지를 말하며, 「공유수면 관리 및 매립에 관한 법률」에서는 '바닷가'라 부름 ② 해안선으로부터 지적공부에 등록된 지역까지의 사이 ③ 소유권 표시는 되어 있지 않으나 활용실익이 있음

(8) 유휴지와 휴한지

유휴지(遊休地)	바람직스럽지 못하게 놀리는 토지
휴한지(休閑地)	농지 등을 정상적으로 쉬게 하는 토지

(9) 일단지와 한계지

일단지(一團地)	용도상 불가분의 관계에 있는 2필지 이상의 일단의 토지
한계지(限界地)	택지이용의 최원방권상의 토지

7 주택의 분류

(1) 주택의 의의

주택이란 세대의 구성원이 장기간 독립된 주거생활을 영위할 수 있는 구조로 된 건축물의 전부 또는 일부 및 그 부속토지를 말하며, 단독주택과 공동주택으로 구분한다(주택법 제2조 제1호).

(2) 주택의 분류(건축법 시행령 제3조의5 관련 별표 1)

① 단독주택

　㉠ 의의: 1세대가 하나의 건축물 안에서 독립된 주거생활을 할 수 있는 구조로 된 주택을 말한다(주택법 제2조 제2호).

　㉡ 분류

　　ⓐ 단독주택: 일반적으로 1건물에 1세대가 거주하는 주택을 말한다.

　　ⓑ 다중주택: 다음의 요건을 모두 갖춘 주택을 말한다.
- 학생 또는 직장인 등 여러 사람이 장기간 거주할 수 있는 구조로 되어 있는 것
- 독립된 주거의 형태를 갖추지 않은 것(각 실별로 욕실은 설치할 수 있으나, 취사시설은 설치하지 아니한 것을 말함)
- 1개 동의 주택으로 쓰이는 바닥면적(부설주차장 면적 제외)의 합계가 $660m^2$ 이하이고 주택으로 쓰는 층수(지하층 제외)가 3개 층 이하일 것. 다만, 1층의 전부 또는 일부를 필로티 구조로 하여 주차장으로 사용하고 나머지 부분을 주택 외의 용도로 쓰는 경우에는 해당 층을 주택의 층수에서 제외한다.
- 적정한 주거환경을 조성하기 위하여 건축조례로 정하는 실별 최소 면적, 창문의 설치 및 크기 등의 기준에 적합할 것

　　ⓒ 다가구주택: 다음의 요건을 모두 갖춘 주택으로서 공동주택에 해당하지 아니하는 것을 말한다.
- 주택으로 쓰는 층수(지하층 제외)가 3개 층 이하일 것. 다만, 1층의 전부 또는 일부를 필로티 구조로 하여 주차장으로 사용하고 나머지 부분을 주택 외의 용도로 쓰는 경우에는 해당 층을 주택의 층수에서 제외한다.
- 1개 동의 주택으로 쓰이는 바닥면적(부설주차장 면적 제외)의 합계가 $660m^2$ 이하일 것
- 19세대(대지 내 동별 세대수를 합한 세대를 말함) 이하가 거주할 수 있을 것

　　ⓓ 공관

② 공동주택
　㉠ 의의: 공동주택이란 건축물의 벽·복도·계단이나 그 밖의 설비 등의 전부 또는 일부를 공동으로 사용하는 각 세대가 하나의 건축물 안에서 각각 독립된 주거생활을 할 수 있는 구조로 된 주택을 말한다(주택법 제2조 제3호).
　㉡ 분류
　　ⓐ 아파트: 주택으로 쓰는 층수가 5개 층 이상인 주택
　　ⓑ 연립주택: 주택으로 쓰는 1개 동의 바닥면적(2개 이상의 동을 지하주차장으로 연결하는 경우에는 각각의 동으로 봄) 합계가 660㎡를 초과하고, 층수가 4개 층 이하인 주택
　　ⓒ 다세대주택: 주택으로 쓰는 1개 동의 바닥면적 합계가 660㎡ 이하이고, 층수가 4개 층 이하인 주택(2개 이상의 동을 지하주차장으로 연결하는 경우에는 각각의 동으로 봄)
　　ⓓ 기숙사: 다음의 어느 하나에 해당하는 건축물로서 공간의 구성과 규모 등에 관하여 국토교통부장관이 정하여 고시하는 기준에 적합한 것. 다만, 구분소유된 개별 실(室)은 제외한다.
　　　• 일반기숙사: 학교 또는 공장 등의 학생 또는 종업원 등을 위하여 사용하는 것으로서 해당 기숙사의 공동취사시설 이용 세대수가 전체 세대수(건축물의 일부를 기숙사로 사용하는 경우에는 기숙사로 사용하는 세대수로 함)의 50% 이상인 것(교육기본법 제27조 제2항에 따른 학생복지주택을 포함)
　　　• 임대형기숙사: 「공공주택 특별법」 제4조에 따른 공공주택사업자 또는 「민간임대주택에 관한 특별법」 제2조 제7호에 따른 임대사업자가 임대사업에 사용하는 것으로서 임대 목적으로 제공하는 실이 20실 이상이고 해당 기숙사의 공동취사시설 이용 세대수가 전체 세대수의 50% 이상인 것

> **보충**
>
> **도시형 생활주택**
> 300세대 미만의 국민주택규모에 해당하는 주택으로서 대통령령으로 정하는 주택을 말하며, 단지형 연립주택, 단지형 다세대주택, 소형 주택 등이 있다(주택법 제2조 제20호).

03 부동산의 특성

1 토지의 특성 – 자연적 특성

토지가 본원적으로 지니고 있는 물리적 특성으로서 선천적이고 본질적이며 불변적인 특성이다.

(1) 부동성(지리적 위치의 고정성·비이동성)

① 의의: 토지의 위치는 인위적으로 이동하거나 지배하지 못한다는 특성이다.
② 부동성으로부터 파생되는 특징
　㉠ 부동산과 동산을 구별 짓는 근거가 된다.

ⓛ 권리의 공시방법을 달리하는 이유가 된다.
ⓒ 부동산활동 및 부동산현상을 국지화하여 지역분석의 필요성이 요구된다.
ⓔ 부동산은 지역적으로 세분화되어 부분시장(하위시장, sub-market)으로 존재한다.
ⓜ 부동산활동을 임장활동, 정보활동, 중개활동, 입지선정활동으로 만든다.
ⓗ 부동산시장은 추상적 시장이 되기도 하고, 구체적 시장이 되기도 한다. ─ 현장에 직접 가 보는 부동산활동(책상 위에서의 탁상활동과 대응되는 개념)
ⓢ 토지의 이용방식이나 입지선정에 영향을 미친다.
ⓞ 부동산의 가격은 소유권, 기타 권리·이익의 가격이며, 담보가치의 안정성을 제공한다.

(2) 영속성(내구성·불변성·비소모성·불괴성)

① **의의**: 사용이나 시간의 흐름에 의해서 소모와 마멸이 되지 않는다는 특성이다.
  ⇨ 유용성의 측면에서는 변화할 수 있다(경제적 측면의 유용성).

② **영속성으로부터 파생되는 특징**
  ⓛ 토지에 감가상각의 적용을 배제시킨다.
  ⓒ 토지의 가치보존력을 우수하게 하며, 소유이익과 이용이익을 분리하여 타인으로 하여금 이용 가능하게 한다.
  ⓔ 토지의 수익 등의 유용성을 영속적으로 만든다.
  ⓜ 부동산의 가치(value)가 '장래 기대되는 편익을 현재가치로 환원한 값'으로 정의되는 근거가 된다.
  ⓗ 부동산학에서 가치와 가격을 구별하게 하고, 가격 대신 가치라는 용어를 주로 사용하게 한다.
  ⓑ 저당권의 설정 및 할부금융의 근거가 된다.
  ⓢ 부동산활동을 장기적으로 배려하게 한다.
  ⓞ 재고시장 형성에 영향을 준다. 또한 부동산의 유량(flow)공급뿐만 아니라 저량(stock)공급도 가능하게 한다.
  ⓩ 장기투자를 통해 자본이득과 소득이득을 얻을 수 있다.

(3) 부증성(비생산성·불확장성·면적의 유한성·수량고정성)

⇨ 토지의 희소성의 근거

① **의의**: 생산비나 노동을 투입하여 물리적 절대량을 늘릴 수 없다는 특성이다.

② **부증성으로부터 파생되는 특징**
  ⓛ 토지에 생산비의 법칙이 적용되지 않게 한다.
  ⓒ 토지부족 문제의 근원이 되어 지가 상승의 원인이 된다.
  ⓔ 토지의 희소성을 지속시킨다.
  ⓜ 부동산활동에 있어 최유효이용의 원칙의 근거가 된다.
  ⓗ 토지의 공급제한으로 인해 공급자 경쟁보다는 수요자 경쟁을 야기한다.
  ⓑ 토지이용을 집약화시킨다.
  ⓢ 일반적인 지대 혹은 지가를 발생시킨다.

(4) 개별성(비대체성·비동질성·이질성)

① 의의: 물리적으로 완전히 동일한 복수의 토지는 있을 수 없다는 특성이다.

② 개별성으로부터 파생되는 특징

　㉠ 표준지 선정을 어렵게 하며, 토지의 가격이나 수익이 개별로 형성되어 일물일가(一物一價)의 법칙의 적용을 배제시킨다.

　　동일한 시점, 동일한 시장, 동일한 재화와 서비스에 대해서는 언제나 하나의 가격만이 성립한다는 원칙

　㉡ 개개의 부동산을 구별하고 그 가격이나 수익 등을 개별화·구체화시키므로 개별분석의 필요성을 제기한다.

　㉢ 개개의 부동산을 독점화시킨다.

　㉣ 부동산활동이나 부동산현상을 개별화시킨다.

(5) 인접성(연결성)

① 의의: 토지는 지표의 일부이며, 물리적으로 보는 토지는 반드시 다른 토지와 연결되어 있다는 특성이다.

② 인접성으로부터 파생되는 특징

　㉠ 각각의 부동산은 인접지와의 협동적 이용을 필연화시킨다.

　㉡ 소유와 관련하여 경계 문제를 불러일으킨다.

　㉢ 가격형성 시 인접지의 영향을 받게 하며 지역분석을 필연화시킨다.

　㉣ 개발이익의 사회적 환수 논리의 근거가 된다.

　㉤ 부동산의 용도면에서 대체가능성이 존재하게 한다.

(6) 기타

그 밖의 자연적 특성으로는 주로 농촌토지의 특성에 해당하는 배양성, 가경성, 적재성, 지력성 등이 있다.

2 토지의 특성 – 인문적 특성

토지가 인간과 어떤 관계를 가질 때 나타나는 특성으로서 부동산 생활관계에서 인간이 인위적으로 부동산에 부여한 특성이다. 따라서 인위적이고 후천적이며 가변적인 특성이다.

(1) 용도의 다양성(다용도성·변용성·상호의존성)

① 의의: 지역의 사회적·경제적·행정적 환경에 따라 토지가 여러 가지 용도로 사용될 수 있다는 특성이다.

② 용도의 다양성으로부터 파생되는 특징

　㉠ 최유효이용의 판단 근거가 된다.

　㉡ 적지론(適地論)의 근거가 된다.

　㉢ 가격다원설에 있어 논리적 근거를 제공한다.

ⓐ 이행과 전환을 가능하게 한다.
　　　ⓑ 부동산 용도전환을 통해 토지의 경제적 공급을 가능하게 한다.

(2) 병합·분할의 가능성

① **의의**: 토지는 목적 등에 따라 그 면적을 인위적으로 큰 규모 또는 작은 규모로 합치거나 나누어서 사용할 수 있다는 특성이다.

② 병합·분할의 가능성으로부터 파생되는 특징
　ⓐ 용도의 다양성을 지원하는 기능을 갖게 한다.
　ⓑ 합병 증·감가 또는 분할 증·감가를 발생하게 한다.

(3) 위치의 가변성

토지의 자연적 위치는 불변이지만 사회적·경제적·행정적 위치는 변한다는 특성이다.

① **사회적 위치의 가변성**: 도시 형성, 공공시설의 확충 및 정비 상태의 변화
② **경제적 위치의 가변성**: 수송 및 교통체계의 정비
③ **행정적 위치의 가변성**(행정의 지배성·피행정성·수행정성): 제도, 정책, 시책, 규제

(4) 국토성

토지는 본래 사유이기 이전에 국토이다.

(5) 지역성

부동산은 다른 부동산과 함께 어떤 지역을 형성하고 그 상호관계를 통하여 사회적·경제적·행정적 위치가 정하여진다.

기본문제와 완성문제로 **단단기출**

01 부동산학에 관한 설명 중 **틀린** 것은? 제26회

[기본 기출]

① 과학을 순수과학과 응용과학으로 구분할 때, 부동산학은 응용과학에 속한다.
② 부동산학의 연구대상은 부동산활동 및 부동산현상을 포함한다.
③ 부동산학의 접근방법 중 종합식 접근방법은 부동산을 기술적·경제적·법률적 측면 등의 복합개념으로 이해하여, 이를 종합해서 이론을 구축하는 방법이다.
④ 부동산학은 다양한 학문과 연계되어 있다는 점에서 종합학문적 성격을 지닌다.
⑤ 부동산학의 일반원칙으로서 안전성의 원칙은 소유활동에 있어서 최유효이용을 지도원리로 삼고 있다.

[키워드] 부동산학

[난이도]

[해설] 부동산학의 일반원칙에는 능률성의 원칙, 안전성의 원칙, 경제성의 원칙 등을 들 수 있는데, 능률성의 원칙은 소유활동에 있어서 최유효이용을 지도원리로 삼고 있다. 반면에 부동산거래활동의 능률화를 위해서는 거래질서확립의 원칙을 지도원리로 삼고 있다.

02 한국표준산업분류에 따른 부동산업에 해당하지 **않는** 것은? 제24회

[기본 기출]

① 주거용 건물개발 및 공급업
② 부동산투자 및 금융업
③ 부동산 자문 및 중개업
④ 비주거용 부동산관리업
⑤ 기타 부동산임대업

[키워드] 한국표준산업분류상의 부동산업

[난이도]

[해설] 부동산투자 및 금융업은 한국표준산업분류에 따른 부동산업에 해당하지 않는다.

정답 01 ⑤ 02 ②

03 부동산의 개념에 관한 설명으로 틀린 것은? 제34회

① 「민법」상 부동산은 토지 및 그 정착물이다.
② 경제적 측면의 부동산은 부동산가치에 영향을 미치는 수익성, 수급조절, 시장정보를 포함한다.
③ 물리적 측면의 부동산에는 생산요소, 자산, 공간, 자연이 포함된다.
④ 등기·등록의 공시방법을 갖춤으로써 부동산에 준하여 취급되는 동산은 준부동산으로 간주한다.
⑤ 공간적 측면의 부동산에는 지하, 지표, 공중공간이 포함된다.

키워드 〉 부동산의 개념

난이도 〉

해설 〉 생산요소, 자산 등은 경제적 측면의 부동산에 포함되며, 물리적 측면의 부동산에는 자연, 공간, 위치, 환경 등이 포함된다.

04 토지의 정착물에 해당하지 않는 것은? 제33회

① 구거
② 다년생 식물
③ 가식 중인 수목
④ 교량
⑤ 담장

키워드 〉 토지의 정착물

난이도 〉

해설 〉 ③ 가식 중인 수목은 토지의 정착물이 아닌 동산에 해당한다.
① 구거는 토지의 지목 중의 하나로 용수 또는 배수를 위하여 일정한 형태를 갖춘 인공적인 수로·둑 및 그 부속시설물의 부지와 자연의 유수(流水)가 있거나 있을 것으로 예상되는 소규모 수로 부지를 말한다.

정답 03 ③ 04 ③

05 부동산의 개념에 관한 것으로 옳은 것으로만 짝지어진 것은? 제30회

기본 기출

- ㉠ 자본
- ㉡ 소비재
- ㉢ 공간
- ㉣ 생산요소
- ㉤ 자연
- ㉥ 자산
- ㉦ 위치

	경제적 개념	물리적(기술적) 개념
①	㉠, ㉡, ㉢, ㉥	㉣, ㉤, ㉦
②	㉠, ㉡, ㉣, ㉥	㉢, ㉤, ㉦
③	㉠, ㉣, ㉤, ㉦	㉡, ㉢, ㉥
④	㉡, ㉣, ㉤, ㉥	㉠, ㉢, ㉦
⑤	㉢, ㉣, ㉥, ㉦	㉠, ㉡, ㉤

키워드 > 부동산의 개념

난이도 >

해설 > 부동산의 개념 중 자본(㉠), 소비재(㉡), 생산요소(㉣), 자산(㉥) 등은 경제적 개념에 해당되고, 공간(㉢), 자연(㉤), 위치(㉦) 등은 물리적(기술적) 개념에 해당된다.

06 토지 관련 용어의 설명으로 옳게 연결된 것은? 제34회

기본 기출

- ㉠ 소유권이 인정되지 않는 바다와 육지 사이의 해변 토지
- ㉡ 택지경계와 인접한 경사된 토지로 사실상 사용이 불가능한 토지
- ㉢ 택지지역 내에서 공업지역이 상업지역으로 용도가 전환되고 있는 토지
- ㉣ 임지지역·농지지역·택지지역 상호간에 다른 지역으로 전환되고 있는 일단의 토지

① ㉠: 공지, ㉡: 빈지, ㉢: 후보지, ㉣: 이행지
② ㉠: 법지, ㉡: 빈지, ㉢: 이행지, ㉣: 후보지
③ ㉠: 법지, ㉡: 공지, ㉢: 후보지, ㉣: 이행지
④ ㉠: 빈지, ㉡: 법지, ㉢: 이행지, ㉣: 후보지
⑤ ㉠: 빈지, ㉡: 법지, ㉢: 후보지, ㉣: 이행지

키워드 > 토지의 분류

난이도 >

해설 > ㉠ 소유권이 인정되지 않는 바다와 육지 사이의 해변 토지는 '빈지'이다.
㉡ 택지경계와 인접한 경사된 토지로 사실상 사용이 불가능한 토지는 '법지'이다.
㉢ 택지지역 내에서 공업지역이 상업지역으로 용도가 전환되고 있는 토지는 '이행지'이다.
㉣ 임지지역·농지지역·택지지역 상호간에 다른 지역으로 전환되고 있는 일단의 토지는 '후보지'이다.

정답 05 ② 06 ④

07 기본 기출

토지의 자연적 특성으로 인해 발생되는 부동산활동과 현상에 관한 설명으로 틀린 것은? 제28회

① 토지의 부증성은 지대 또는 지가를 발생시키며, 최유효이용의 근거가 된다.
② 토지의 개별성은 부동산활동과 현상을 개별화시킨다.
③ 토지의 부동성은 지방자치단체 운영을 위한 부동산 조세수입의 근거가 될 수 있다.
④ 토지의 영속성은 미래의 수익을 가정하고 가치를 평가하는 직접환원법의 적용을 가능하게 한다.
⑤ 토지의 부증성으로 인해 이용전환을 통한 토지의 용도적 공급을 더 이상 늘릴 수 없다.

키워드 › 부동산의 특성

난이도 ›

해설 › 토지의 부증성으로 인해 물리적 공급은 불가능하나, 용도의 다양성으로 인해 이용전환을 통한 경제적 공급(용도적 공급)은 가능하다. 토지의 부증성은 거시적으로 보는 토지의 양이 불변이라는 것이며, 생산비를 투입하여 물리적으로 양을 늘릴 수 없다는 특성이다. 물론 택지조성이나 수면매립을 통해 토지의 양을 다소 증가시킬 수 있으나, 이는 토지의 물리적 증가라기보다는 토지이용의 전환 내지 유용성의 증가라는 측면에서 파악해야 한다. 또한 토지의 용도의 다양성과 영속성이 있으므로 이용전환을 통한 용도적 공급은 가능하다고 할 수 있다.

08 완성 기출

한국표준산업분류상 부동산 관련 서비스업에 해당하지 않는 것은? 제31회

① 부동산투자 자문업
② 주거용 부동산관리업
③ 부동산중개 및 대리업
④ 부동산개발 및 공급업
⑤ 비주거용 부동산관리업

키워드 › 한국표준산업분류상의 부동산업

난이도 ›

해설 › 한국표준산업분류(제10차)상 부동산개발 및 공급업은 부동산 관련 서비스업이 아닌 부동산임대 및 공급업에 해당한다. 부동산 관련 서비스업은 부동산관리업과 부동산중개, 자문 및 감정평가업으로 나뉜다. 부동산관리업은 주거용 부동산관리업, 비주거용 부동산관리업으로 구분되며, 부동산중개, 자문 및 감정평가업은 부동산중개 및 대리업, 부동산투자 자문업, 부동산 감정평가업으로 구분된다.

정답 07 ⑤ 08 ④

09 토지의 이용목적과 활동에 따른 토지 관련 용어에 관한 설명으로 옳은 것은? 제30회

① 부지(敷地)는 건부지 중 건물을 제외하고 남은 부분의 토지로, 건축법령에 의한 건폐율 등의 제한으로 인해 필지 내에 비어 있는 토지를 말한다.
② 대지(垈地)는 공간정보의 구축 및 관리 등에 관한 법령과 부동산등기법령에서 정한 하나의 등록단위로 표시하는 토지를 말한다.
③ 빈지(濱地)는 과거에는 소유권이 인정되는 전·답 등이었으나, 지반이 절토되어 무너져 내린 토지로 바다나 하천으로 변한 토지를 말한다.
④ 포락지(浦落地)는 소유권이 인정되지 않는 바다와 육지 사이의 해변토지를 말한다.
⑤ 소지(素地)는 대지 등으로 개발되기 이전의 자연 상태로서의 토지를 말한다.

키워드 〉 토지의 분류

난이도 〉

해설 〉 ① 건부지 중 건물을 제외하고 남은 부분의 토지로, 건축법령에 의한 건폐율 등의 제한으로 인해 필지 내에 비어 있는 토지는 공지(空地)이다. 부지(敷地)는 도로부지, 하천부지와 같이 일정한 용도로 이용되는 토지를 말하며 하천, 도로 등의 바닥토지에 사용되는 포괄적 용어이다.
② 공간정보의 구축 및 관리 등에 관한 법령과 부동산등기법령에서 정한 하나의 등록단위로 표시하는 토지는 필지(筆地)이다. 대지(垈地)는 「건축법」에서 건축할 수 있는 모든 토지를 말한다.
③ 과거에는 소유권이 인정되는 전·답 등이었으나, 지반이 절토되어 무너져 내린 토지로 바다나 하천으로 변한 토지는 포락지(浦落地)이다.
④ 소유권이 인정되지 않는 바다와 육지 사이의 해변토지는 빈지(濱地)이다.

10 토지의 자연적 특성에 관한 설명으로 옳은 것을 모두 고른 것은? 제32회

㉠ 부증성으로 인해 동산과 부동산이 구분되고, 일반 재화와 부동산 재화의 특성이 다르게 나타난다.
㉡ 부동성으로 인해 임장활동과 지역분석을 필요로 한다.
㉢ 인접성으로 인해 부동산의 수급이 불균형하여 균형가격의 형성이 어렵다.
㉣ 개별성으로 인해 일물일가 법칙의 적용이 배제되어 토지시장에서 물건 간 완전한 대체관계가 제약된다.

① ㉠, ㉡
② ㉠, ㉢
③ ㉡, ㉢
④ ㉡, ㉣
⑤ ㉢, ㉣

키워드 〉 부동산의 특성

난이도 〉

해설 〉 ㉠ 동산과 부동산이 구분되고, 일반 재화와 부동산 재화의 특성이 다르게 나타나게 하는 특성은 부동성이다.
㉢ 부동산의 수급이 불균형하여 균형가격의 형성을 어렵게 하는 특성은 부동산시장을 불완전한 시장으로 만드는 부증성, 부동성, 개별성 등이다.

정답 09 ⑤ 10 ④

11 부동산의 특성에 관한 설명으로 옳은 것은? 제33회

① 토지는 물리적 위치가 고정되어 있어 부동산시장이 국지화된다.
② 토지는 생산요소와 자본의 성격을 가지고 있지만, 소비재의 성격은 가지고 있지 않다.
③ 토지는 개별성으로 인해 용도적 관점에서도 공급을 늘릴 수 없다.
④ 토지의 부증성으로 인해 토지공급은 특정 용도의 토지에 대해서도 장·단기적으로 완전비탄력적이다.
⑤ 토지는 영속성으로 인해 물리적·경제적인 측면에서 감가상각을 하게 한다.

> 키워드 〉 부동산의 특성
> 난이도 〉
> 해설 〉 ② 토지는 생산요소와 자본의 성격을 가지고 있으며, 소비재의 성격도 가지고 있다.
> ③ 토지는 용도의 다양성으로 인해 용도전환을 통한 용도적 공급은 가능하다.
> ④ 토지의 용도의 다양성으로 인해 특정 용도의 토지에 대해서는 단기적으로는 완전비탄력적일 수 있으나, 장기적으로는 용도전환을 통해 어느 정도 탄력적이다.
> ⑤ 토지의 영속성은 물리적인 측면에서 감가상각의 적용을 배제시키는 근거가 된다.

12 토지의 특성에 관한 설명으로 틀린 것은? 제34회

① 용도의 다양성으로 인해 두 개 이상의 용도가 동시에 경합할 수 없고 용도의 전환 및 합병·분할을 어렵게 한다.
② 부증성으로 인해 토지의 물리적 공급이 어려우므로 토지이용의 집약화가 요구된다.
③ 부동성으로 인해 주변 환경의 변화에 따른 외부효과가 나타날 수 있다.
④ 영속성으로 인해 재화의 소모를 전제로 하는 재생산이론과 물리적 감가상각이 적용되지 않는다.
⑤ 개별성으로 인해 토지별 완전한 대체 관계가 제약된다.

> 키워드 〉 부동산의 특성
> 난이도 〉
> 해설 〉 토지는 용도의 다양성으로 인해 두 개 이상의 용도가 동시에 경합하는 것이 통상적이며, 토지의 용도의 전환 및 합병·분할을 가능하게 한다.

정답 11 ① 12 ①

PART 02

부동산학 각론

최근 5개년 출제비중 및 학습전략

PART 02 **76%**

부동산학 각론은 매년 약 30~31문제 정도씩 출제되고 있어 압도적으로 출제비중이 높으며, 모든 영역에서 문제가 골고루 출제됩니다. 또한 계산문제가 매년 9문제 정도 출제되는데, 부동산경제, 부동산투자, 부동산금융의 비중이 높으므로 반복학습을 통해 철저히 대비해 놓는 것이 좋습니다.

THEME 02	부동산의 수요와 공급
THEME 03	부동산의 수요와 공급의 탄력성
THEME 04	부동산의 경기변동
THEME 05	부동산시장의 특성과 기능
THEME 06	주택의 여과과정과 주거분리
THEME 07	효율적 시장이론
THEME 08	지대 및 지대결정이론
THEME 09	도시공간구조이론
THEME 10	상업입지론과 공업입지론
THEME 11	외부효과와 시장실패
THEME 12	토지정책
THEME 13	주택정책
THEME 14	부동산조세정책
THEME 15	지렛대효과
THEME 16	부동산투자의 위험과 수익
THEME 17	포트폴리오 이론
THEME 18	화폐의 시간가치
THEME 19	현금흐름의 측정
THEME 20	어림셈법과 비율분석법, 회수기간법과 회계적 이익률법
THEME 21	할인현금흐름분석법
THEME 22	부동산금융의 기초
THEME 23	저당의 상환방법
THEME 24	부동산금융의 조달방법과 주택연금제도
THEME 25	부동산증권
THEME 26	부동산투자회사
THEME 27	부동산이용
THEME 28	부동산개발의 위험과 타당성 분석
THEME 29	민간의 부동산개발방식과 민간투자사업방식
THEME 30	경제기반이론
THEME 31	부동산관리
THEME 32	부동산마케팅

THEME 02 부동산의 수요와 공급

| THEME 키워드 |
부동산수요, 유량과 저량, 수요변화의 요인, 가격과 재화의 관계, 공급과 공급량 변화의 요인, 부동산의 수요와 공급, 시장균형의 변동

기본으로 알아야 하는 대표기출

> **기출분석**
> - **기출회차:** 제26회
> - **키워드:** 수요변화의 요인
> - **난이도:** ■■□

부동산수요 증가에 영향을 주는 요인을 모두 고른 것은? (단, 다른 조건은 일정하다고 가정함)

> ㉠ 수요자의 실질소득 증가
> ㉡ 거래세 인상
> ㉢ 대출금리 하락
> ㉣ 부동산가격 상승 기대
> ㉤ 인구 감소

① ㉠, ㉢
② ㉢, ㉣
③ ㉠, ㉡, ㉣
④ ㉠, ㉢, ㉣
⑤ ㉡, ㉢, ㉣, ㉤

> **함정을 피하는 TIP**
> - 수요를 증가시키는 요인만을 기억하고 반대의 경우는 수요를 감소시키는 요인으로 기억해두면 편리하다.

해설

㉠㉢㉣ 수요자의 실질소득 증가, 대출금리 하락, 부동산가격 상승 기대 등은 부동산수요 증가에 영향을 주는 요인에 해당한다.

㉡㉤ 거래세 인상, 인구 감소는 부동산수요 감소에 영향을 주는 요인에 해당한다.

정답 ④

단단하게 정리하는 **핵심이론**

01 부동산의 수요

1 수요의 개념

(1) 수요(demand)

일정기간(시점) 동안에 소비자가 재화나 서비스를 구매하고자 하는 욕구를 말한다.

(2) 수요량

일정기간(시점) 동안에 주어진 가격수준으로 소비자가 구입하고자 하는 최대수량을 말한다.

① <mark>유량(流量, flow)</mark> 개념 ⇨ <mark>저량(貯量, stock)의 수요량도 존재함</mark>에 유의한다.

> ⚠ **유량(流量, flow)과 저량(貯量, stock)**
> - 유량(flow) : 일정기간에 걸쳐서 측정하는 변수 ⇨ 신규
>   - 예) 소득, 수익, 수입, 생산량, 거래량, 국민총생산, 국내총생산, 가계 소비, 노동자 소득
> - 저량(stock) : 일정시점에 측정하는 변수 ⇨ 기존
>   - 예) 인구, 자산, 재산, 가치, 가격, 국부(國富), 재고량, 통화량, 자본 총량
>   - ⇨ 저량의 변동분은 곧 유량이 된다.
>   - 예) 재고의 변동분 ⇨ 재고투자

② 구매하려고 의도된 양(사전적 개념) ⇨ 실제로 구입한 양(사후적 개념)이 아니다.

③ 구매력(purchasing power)을 수반 ⇨ 구매력이 뒷받침된 수요를 '<mark>유효수요</mark>'라 한다.

2 수요곡선

(1) 개념

일정기간(시점)에 성립할 수 있는 여러 가지 가격수준(임대료)과 수요량의 조합을 연결한 곡선이다.

(2) 수요법칙

다른 모든 조건이 동일할 때 어떤 한 재화의 가격(임대료)이 상승하면 수요량은 감소하고, 가격(임대료)이 하락하면 수요량은 증가한다. 이와 같은 <mark>해당 가격(임대료)과 수요량 사이의 반비례관계</mark>를 말한다. 수요법칙을 반영하여 <mark>수요곡선은 우하향하는 모양</mark>을 나타낸다.

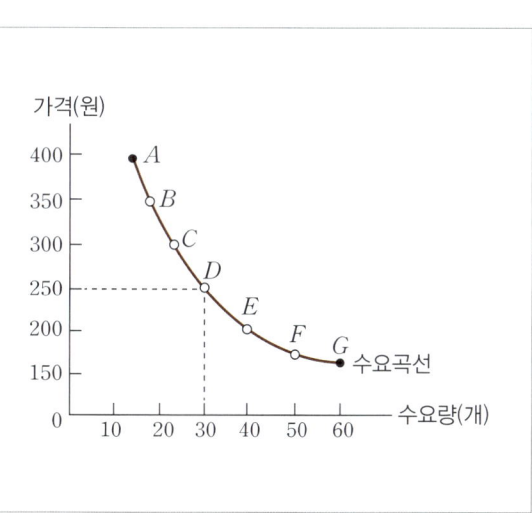

THEME 02 부동산의 수요와 공급

(3) 개별수요와 시장수요

① **개별수요**: 한 사람 한 사람을 대상으로 하는 수요량을 말한다.
② **시장수요**: 개별수요를 수평으로 합한 것을 말한다.
  ⇨ 일반적으로 시장수요곡선은 개별수요곡선보다 완만하게(탄력적) 그려진다.

3 대체효과와 소득효과

(1) 가격효과

대체효과와 소득효과의 합성효과를 말한다.

(2) 대체효과(substitution effect)

① 다른 모든 조건이 일정불변일 때 한 재화의 가격이 하락하면 가격이 불변인 다른 재화는 상대적으로 비싸지고 해당 재화는 다른 재화에 비해서 상대적으로 싸지게 되는데, 이때 비싸진 다른 재화의 소비를 상대적으로 싸지게 된 해당 재화로 대체하게 되는 효과를 말한다.
② 다른 조건이 일정불변일 때 한 재화의 가격(임대료)이 하락(상승)하면 대체효과는 언제나 그 재화의 구입량을 증가(감소)시킨다.

> X재 가격↓ ⇨ 상대적으로 대체재(Y재)의 가격↑ ⇨ Y재 수요량↓ ⇨ X재 수요량↑

(3) 소득효과(income effect)

① 다른 조건이 일정불변일 때 한 재화의 가격이 하락(상승)하면 소비자의 실질소득을 증가(감소)시켜 그 재화의 수요량이 증가(감소)하는 효과를 말한다.
② 다른 조건이 일정불변일 때 한 재화의 가격(임대료)이 하락(상승)하면 소득효과로 인하여 상품의 종류(정상재 또는 열등재)에 따라 그 재화의 구입량이 달라진다.

> X재 가격↓ ⇨ 실질소득↑ ⇨ ┌ 정상재: X재 수요량↑
> ├ 열등재: X재 수요량↓
> └ 중립재: X재 수요량 불변

4 수요량의 변화와 수요의 변화

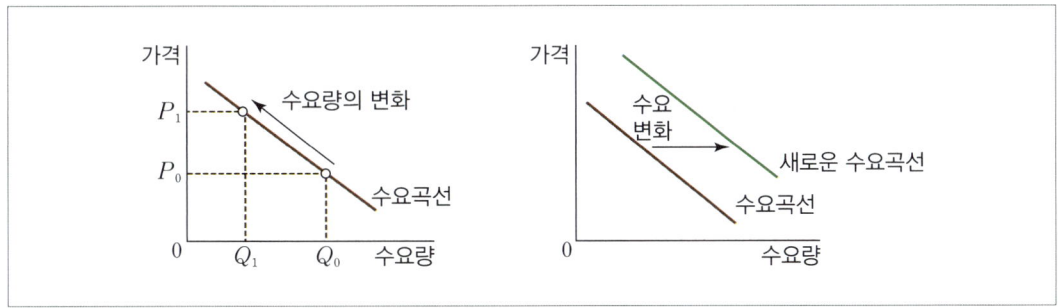

(1) 수요량의 변화
① <mark>해당 재화가격(임대료)의 변화에 의한 수요량의 변화</mark>를 말한다.
② 동일 수요곡선상에서의 점의 이동으로 나타난다.

(2) 수요의 변화
① <mark>해당 재화가격(임대료) 이외의 요인이 변화하여 일어나는 수요량의 변화</mark>를 말한다.
② 수요곡선 자체의 이동으로 나타난다.

5 수요변화의 요인

(1) 소득수준의 변화
① **정상재**: 소득이 증가함에 따라 수요가 증가하는 재화

> 소득↑ ⇨ 수요량↑ ⇨ 수요곡선이 우측으로 이동

② **열등재**: 소득이 증가함에 따라 수요가 감소하는 재화

> 소득↑ ⇨ 수요량↓ ⇨ 수요곡선이 좌측으로 이동

③ **중립재**: 동일한 가격에서 소득이 변하더라도 수요량이 변하지 않는 재화

> 소득↑ ⇨ 수요량 불변 ⇨ 수요곡선 불변

(2) 다른 재화의 가격변동

① 대체재

> 대체재 관계에 있는 두 재화 중 X재(콜라)의 가격↑ ⇨ X재(콜라)의 수요량↓ ⇨ Y재(사이다)의 수요량↑ ⇨ Y재(사이다)의 수요곡선이 우측으로 이동

② 보완재

> 보완재 관계에 있는 두 재화 중 X재(커피)의 가격↑ ⇨ X재(커피)의 수요량↓ ⇨ Y재(커피크림)의 수요량↓ ⇨ Y재(커피크림)의 수요곡선이 좌측으로 이동

③ 독립재

> X재(커피)의 가격↑ ⇨ X재(커피)의 수요량↓ ⇨ Y재(책)의 수요량 불변 ⇨ Y재(책)의 수요곡선 불변

(3) 소비자의 가격예상

> 어떤 상품의 가격이 가까운 장래에 상승(하락)할 것이라고 예상 ⇨ 수요 증가(감소) ⇨ 수요곡선이 우측(좌측)으로 이동

(4) 소비자의 기호변화

> 어떤 상품에 대한 소비자들의 선호도 증가(감소) ⇨ 수요 증가(감소) ⇨ 수요곡선이 우측(좌측)으로 이동

(5) 소비자(인구)의 수

> 소비자의 수 증가(감소) ⇨ 수요 증가(감소) ⇨ 수요곡선은 우측(좌측)으로 이동

(6) 기타

이외에도 수요는 경기전망, 금리의 수준, 부동산에 대한 조세, 재산 등에 의해서 영향을 받는다.

> **핵심단단** 수요 증가의 요인
>
> 1. 정상재의 경우 소득의 증가
> 2. 열등재의 경우 소득의 감소
> 3. 대체재의 가격 상승
> 4. 대체재의 수요 감소
> 5. 보완재의 가격 하락
> 6. 보완재의 수요 증가
> 7. 수요자의 해당 가격 상승 예상
> 8. 주택담보대출금리의 인하

02 부동산의 공급

1 공급의 개념

(1) 공급(supply)

일정기간(시점) 동안에 생산자가 재화나 서비스를 판매하고자 하는 욕구를 말한다.

(2) 공급량

일정기간(시점) 동안에 주어진 가격수준으로 생산자가 판매하고자 하는 최대수량을 말한다.
① 유량(流量, flow) 개념 ⇨ 저량(貯量, stock)의 공급량도 존재한다.
② 판매하려고 의도된 양(사전적 개념) ⇨ 실제로 판매한 양(사후적 개념)이 아니다.
③ 생산력을 수반 ⇨ 생산력이 뒷받침된 공급을 '유효공급'이라 한다.

2 공급곡선

(1) 개념

일정기간(시점)에 각 가격수준(임대료)에서 생산자가 기꺼이 공급하려 하고 또한 할 수 있는 공급량을 연결한 곡선이다.

(2) 공급법칙

다른 모든 조건이 일정할 때 어떤 재화의 가격(임대료)이 상승하면 그 재화의 공급량은 증가하고 가격(임대료)이 하락하면 공급량은 감소한다는 것으로 해당 가격(임대료)과 공급량 사이의 비례관계를 말한다. 공급의 법칙을 반영하여 공급곡선은 우상향하는 모양을 나타낸다.

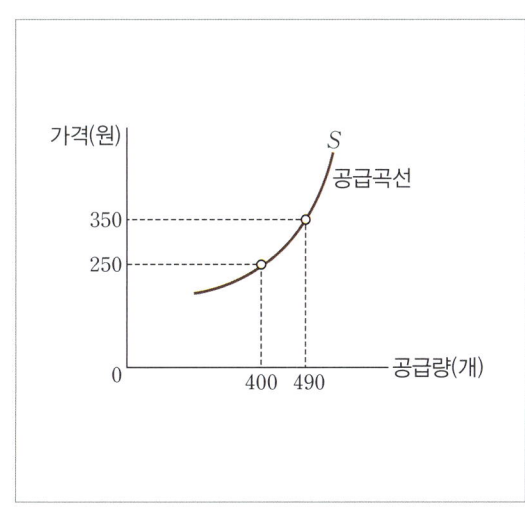

(3) 개별공급과 시장공급

① 개별공급: 생산자 한 사람 한 사람을 대상으로 하는 공급량을 말한다.

② 시장공급: 개별공급을 수평으로 합한 것을 말한다.

⇨ 일반적으로 시장공급곡선은 개별공급곡선보다 완만하게(탄력적) 그려진다.

3 공급량의 변화와 공급의 변화

(1) 공급량의 변화

① 해당 재화가격(임대료)의 변화에 의한 공급량의 변화를 말한다.

② 동일 공급곡선상의 점의 이동으로 나타난다.

(2) 공급의 변화

① 해당 재화가격(임대료) 이외의 요인이 변화하여 일어나는 공급량의 변화를 말한다.

② 공급곡선 자체의 이동으로 나타난다.

4 공급변화의 요인

(1) 생산기술의 변화

생산기술이 발전하면 동일한 생산비용으로 더 많은 재화를 생산하고 공급할 수 있으므로 공급곡선은 우측으로 이동한다.

(2) 생산요소 가격의 변화

생산요소 가격 하락(상승) ⇨ 생산비용 하락(상승) ⇨ 공급량 증가(감소) ⇨ 공급곡선이 우측(좌측)으로 이동

(3) 다른 재화의 가격변동(공급측면에서 대체관계와 보완관계)

① 공급측면에서 대체관계

X재(콩)의 가격↑ ⇨ X재(콩)의 공급량↑ ⇨ Y재(옥수수)의 공급량↓ ⇨ Y재(옥수수)의 공급곡선이 좌측으로 이동

② 공급측면에서 보완관계

> X재(쇠고기)의 가격↑ ⇨ X재(쇠고기)의 공급량↑ ⇨ Y재(쇠가죽)의 공급량↑ ⇨ Y재(쇠가죽)의 공급곡선이 우측으로 이동

(4) 기업에의 조세 부과와 보조금 지급

① 조세 부과

> 해당 재화의 생산비↑ ⇨ 공급량↓ ⇨ 공급곡선이 좌측으로 이동

② 보조금 지급

> 해당 재화의 생산비↓ ⇨ 공급량↑ ⇨ 공급곡선이 우측으로 이동

(5) 대출금리

대출금리가 하락하면 부동산공급자들의 자금조달비용을 감소시켜 부동산의 공급은 증가한다.

(6) 기타

이외에도 공급자(건설업체)의 수, 경기전망, 금리의 수준 등도 공급에 영향을 미친다.

5 부동산의 공급

(1) 부동산공급의 개념

토지에는 부증성의 특성이 있어 엄밀한 의미에서 물리적인 공급은 불가능하나 건물은 물리적 공급이 가능하고, 토지의 경우도 경제적 공급(용도적 공급)이 가능하다.

(2) 부동산의 공급자

부동산 공급자에는 생산자뿐만 아니라 기존의 주택이나 건물의 소유주도 포함된다.

(3) 부동산의 공급곡선

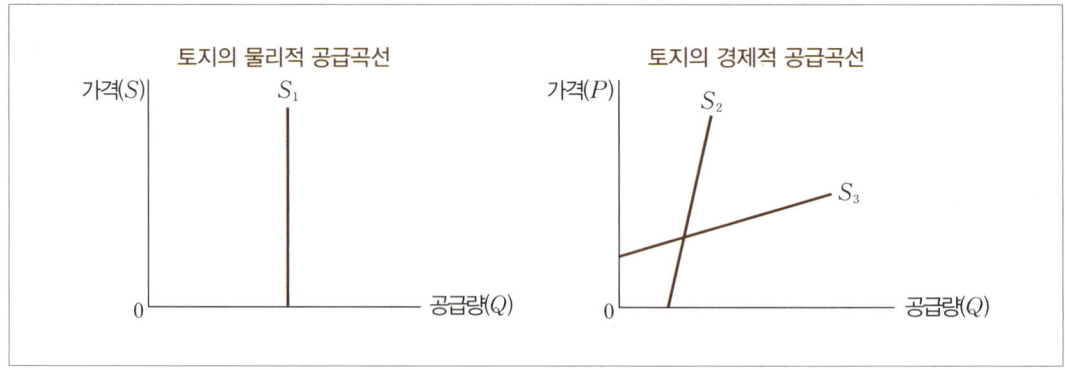

① 토지의 물리적 공급곡선(S_1): 토지의 자연적 특성인 부증성으로 인하여 어떤 가격에도 물리적으로 이용 가능한 토지의 양은 동일하다. 한 국가 전체의 토지공급량이 불변이라면 토지의 물리적 공급곡선은 수직선이다. 그러나 토지의 용도의 다양성으로 인해 토지의 경제적 공급곡선은 우상향하는 공급곡선을 가진다.

― 토지의 절대적 공급 또는 생산공급

② 단기공급곡선(S_2)과 장기공급곡선(S_3)
  ㉠ 단기공급곡선: 단기에는 장기에 비해 생산요소의 사용이 어렵기 때문에 가격이 상승한다고 하더라도 공급량이 많이 늘 수 없으므로 공급곡선의 경사도는 급하다.
  ㉡ 장기공급곡선: 장기에는 생산요소의 사용이 쉬워지고 용도전환도 그만큼 가능해지므로 공급곡선은 보다 완만해진다.
  ㉢ 장·단기공급곡선의 기울기: 생산요소의 사용가능성이나 용도전환의 가능성의 정도에 따라 공급곡선의 기울기는 달라진다.

03 부동산시장의 균형 및 균형의 변동

1 시장의 균형

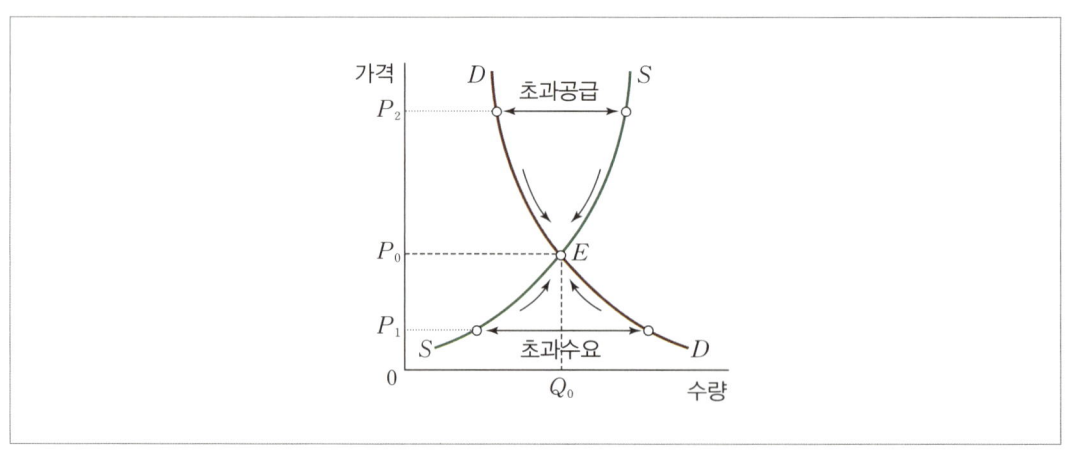

(1) 균형(equilibrium)의 개념

그 상태에 도달하면 다른 상태로 변화할 유인이 없는 상태를 말한다.

(2) 균형가격(균형임대료)과 균형거래량

① 균형가격과 균형량
  ㉠ 균형가격: 수요량과 공급량이 균등해지는 점(수요곡선과 공급곡선이 교차하는 점)에서 결정된 가격을 말한다.
  ㉡ 균형량: 균형가격에 대응하는 수량을 균형거래량, 균형수급량, 균형량이라 한다.

② 균형의 결정
  ㉠ P_2 수준: 공급량이 수요량을 초과하여 초과공급이 존재하고 가격(임대료)을 하락시키는 압력이 존재한다.
  ㉡ P_1 수준: 수요량이 공급량을 초과하여 초과수요가 존재하고 가격(임대료)을 상승시키는 압력이 존재한다.
  ㉢ 균형점: 수요량과 공급량이 일치하는 E점이 되며, 균형가격은 P_0, 균형량은 Q_0이다.

③ 균형의 특징
  ㉠ 수요량과 공급량이 같다.
  ㉡ 수요가격과 공급가격이 같다.
  ㉢ 초과수요와 초과공급이 없다.
  ㉣ 수요자경쟁과 공급자경쟁이 없다.
  ㉤ 가격상승 압력과 가격하락 압력이 없다.

2 시장균형의 변동(단, 우하향의 수요곡선과 우상향의 공급곡선을 가정함)

균형점의 이동은 곡선의 이동방향과 같다.

(1) 수요의 변화와 균형의 변동

① 수요가 증가, 공급이 불변일 경우: 초과수요가 발생하여 가격은 상승하고 균형량은 증가한다.
② 수요가 감소, 공급이 불변일 경우: 초과공급이 발생하여 가격은 하락하고 균형량도 감소한다.

(2) 공급의 변화와 균형의 변동

① 수요가 불변, 공급이 증가하였을 경우: 초과공급이 발생하여 가격은 하락하고 균형량은 증가한다.
② 수요가 불변, 공급이 감소하였을 경우: 초과수요가 발생하여 가격은 상승하고 균형량은 감소한다.

(3) 수요와 공급이 동시에 변할 경우

① 수요와 공급의 변화 크기가 다른 경우 ⇨ 수요와 공급 중 큰 것만 고려한다.
  ㉠ 수요의 증가가 공급의 증가보다 크다면 가격은 상승, 균형량은 증가한다.
  ㉡ 수요의 증가보다 공급의 증가가 크다면 가격은 하락, 균형량은 증가한다.

ⓒ 수요의 감소가 공급의 감소보다 크다면 가격은 하락, 균형량은 감소한다.
ⓔ 수요의 감소보다 공급의 감소가 크다면 가격은 상승, 균형량은 감소한다.

② 수요와 공급의 변화 크기가 동일한 경우 ⇨ 가격과 균형량 중 하나는 불변이다.
ⓐ 수요의 증가와 공급의 증가가 동일하다면 가격은 불변, 균형량은 증가한다.
ⓑ 수요의 증가와 공급의 감소가 동일하다면 가격은 상승, 균형량은 불변이다.
ⓒ 수요의 감소와 공급의 감소가 동일하다면 가격은 불변, 균형량은 감소한다.
ⓔ 수요의 감소와 공급의 증가가 동일하다면 가격은 하락, 균형량은 불변이다.

③ 수요와 공급의 변화 크기가 주어지지 않은 경우 ⇨ 가격과 균형량 중 하나는 알 수 없다.
ⓐ 수요의 증가, 공급의 증가이면 가격은 알 수 없음, 균형량은 증가한다.
ⓑ 수요의 증가, 공급의 감소이면 가격은 상승, 균형량은 알 수 없다.
ⓒ 수요의 감소, 공급의 감소이면 가격은 알 수 없음, 균형량은 감소한다.
ⓔ 수요의 감소, 공급의 증가이면 가격은 하락, 균형량은 알 수 없다.

04 수요함수와 공급함수의 계산

- 수요함수와 공급함수가 주어지고 균형가격과 균형량을 찾는 문제이다.
- 수요함수와 공급함수를 서로 같게 놓고 가격(P)과 수량(Q)에 대해 정리하는 것이 핵심이다.

예제

아파트의 수요함수는 $P=900-Q_D$, 공급함수는 $P=100+Q_S$이다. 균형가격은? [단, P는 가격(단위: 만원), Q_D는 수요량(단위: m²), Q_S는 공급량(단위: m²)]   제14회

① 300만원
② 400만원
③ 500만원
④ 600만원
⑤ 700만원

해설 〉 균형점에서는 수요량(Q_D)과 공급량(Q_S)이 일치하며, 수요가격과 공급가격이 일치한다.
따라서 $900-Q_D=100+Q_S$
$2Q=800$
$Q=400$
그러므로 균형거래량(Q)은 400이고, 균형거래량(Q) 400을 수요함수나 공급함수에 대입하면 균형가격(P)은 500만원이 된다.

정답 ③

기본문제와 완성문제로 **단단기출**

01 다음 부동산수요와 수요량에 관한 설명으로 **틀린** 것은? (다만, 다른 조건은 동일함)   제21회

기본 기출

① 주택가격이 상승하면 주택수요량에 영향을 준다.
② 부동산수요량은 특정 가격수준에서 부동산을 구매하고자 하는 의사와 능력이 있는 수량이다.
③ 부동산수요는 구입에 필요한 비용을 지불할 수 있는 경제적 능력이 뒷받침된 유효수요의 개념이다.
④ 순유입인구가 증가하면 주택수요에 영향을 준다.
⑤ 수요곡선의 이동으로 인해 수요량이 변화하는 경우에 이를 부동산수요량의 변화라고 한다.

키워드 〉 부동산수요

난이도 〉

해설 〉 수요곡선의 이동으로 인해 수요량이 변하는 경우에 이를 '부동산수요의 변화'라고 한다.

---

02 다음 중 저량(stock)의 경제변수는 모두 몇 개인가?   제24회

기본 기출

• 주택재고	• 건물 임대료 수입
• 가계의 자산	• 근로자의 임금
• 도시인구 규모	• 신규 주택공급량

① 2개   ② 3개
③ 4개   ④ 5개
⑤ 6개

키워드 〉 유량과 저량

난이도 〉

해설 〉 저량(stock)변수는 일정시점에 측정되는 변수로, 주택재고, 가계의 자산, 도시인구 규모가 이에 해당한다. 유량(flow)변수는 일정기간에 걸쳐 측정되는 변수로, 건물 임대료 수입, 근로자의 임금, 신규 주택공급량이 이에 해당한다.

정답  01 ⑤ 02 ②

03 기본 기출

A부동산의 가격이 5% 상승할 때, B부동산의 수요는 10% 증가하고 C부동산의 수요는 5% 감소한다. A와 B, A와 C 간의 관계는? (단, 다른 조건은 동일함) 제24회

	A와 B의 관계	A와 C의 관계
①	대체재	보완재
②	대체재	열등재
③	보완재	대체재
④	열등재	정상재
⑤	정상재	열등재

키워드 가격과 재화의 관계

난이도

해설 A부동산의 가격이 5% 상승할 때, B부동산의 수요는 10% 증가하였으므로 A와 B는 대체재 관계이다. 그리고 A부동산의 가격이 5% 상승할 때, C부동산의 수요는 5% 감소하였으므로 A와 C는 보완재 관계이다.

04 기본 기출

주택 공급 변화요인과 공급량 변화요인이 옳게 묶인 것은? 제28회

	공급 변화요인	공급량 변화요인
①	주택건설업체 수의 증가	주택가격 상승
②	정부의 정책	건설기술개발에 따른 원가절감
③	건축비의 하락	주택건설용 토지가격의 하락
④	노동자임금 하락	담보대출 이자율의 상승
⑤	주택경기 전망	토지이용규제 완화

키워드 공급과 공급량 변화의 요인

난이도

해설 주택 공급량의 변화는 주택가격의 변화에 의한 공급량의 변화를 말하며, 주택 공급의 변화는 주택가격 이외의 요인이 변화하여 일어나는 공급량의 변화를 말한다. 따라서 주택건설업체 수의 증가는 공급 변화요인에 해당하고, 주택가격 상승은 공급량 변화요인에 해당한다.

정답 03 ① 04 ①

05 기본 기출

해당 부동산시장의 수요곡선을 우측(우상향)으로 이동하게 하는 수요변화의 요인에 해당하는 것은? (단, 수요곡선은 우하향하고, 해당 부동산은 정상재이며, 다른 조건은 동일함) 제34회

① 대출금리의 상승
② 보완재 가격의 하락
③ 대체재 수요량의 증가
④ 해당 부동산 가격의 상승
⑤ 해당 부동산 선호도의 감소

> 키워드 수요변화의 요인
> 난이도
> 해설 해당 부동산과 보완재 가격이 하락하면 보완재 수요량은 증가하고 해당 부동산의 수요량도 증가한다. 따라서 '수요변화의 요인'에 해당한다. 예를 들어 X(커피)와 Y(커피 크림)가 보완재라고 가정할 경우, X(커피) 가격이 하락하면 X(커피) 수요량은 증가하고 커피와 보완재인 Y(커피 크림)의 수요량도 증가하므로 수요변화의 요인에 해당한다.

06 기본 기출

A지역 단독주택 시장의 균형가격과 균형거래량의 변화에 관한 설명으로 옳은 것은? (단, 수요곡선은 우하향하고 공급곡선은 우상향하며, 다른 조건은 동일함) 제33회

① 수요가 불변이고 공급이 감소하는 경우, 균형가격은 하락하고 균형거래량은 감소한다.
② 공급이 불변이고 수요가 증가하는 경우, 균형가격은 상승하고 균형거래량은 감소한다.
③ 수요와 공급이 동시에 증가하고 공급의 증가폭이 수요의 증가폭보다 더 큰 경우, 균형가격은 상승하고 균형거래량은 증가한다.
④ 수요와 공급이 동시에 감소하고 수요의 감소폭이 공급의 감소폭보다 더 큰 경우, 균형가격은 하락하고 균형거래량은 감소한다.
⑤ 수요는 증가하고 공급이 감소하는데 수요의 증가폭이 공급의 감소폭보다 더 큰 경우, 균형가격은 상승하고 균형거래량은 감소한다.

> 키워드 시장균형의 변동
> 난이도
> 해설 ① 수요가 불변이고 공급이 감소하는 경우, 균형가격은 상승하고 균형거래량은 감소한다.
> ② 공급이 불변이고 수요가 증가하는 경우, 균형가격은 상승하고 균형거래량은 증가한다.
> ③ 수요와 공급이 동시에 증가하고 공급의 증가폭이 수요의 증가폭보다 더 큰 경우, 균형가격은 하락하고 균형거래량은 증가한다.
> ⑤ 수요는 증가하고 공급이 감소하는데 수요의 증가폭이 공급의 감소폭보다 더 큰 경우, 균형가격은 상승하고 균형거래량은 증가한다.

정답 05 ② 06 ④

07 완성 기출

아파트 매매시장에서 수요량과 수요의 변화에 관한 설명으로 옳은 것은? (단, x축은 수량, y축은 가격이고, 아파트와 단독주택은 정상재이며, 다른 조건은 동일함) 제29회

① 아파트 가격 하락이 예상되면 수요량의 변화로 동일한 수요곡선상에서 하향으로 이동하게 된다.
② 실질소득이 증가하면 수요곡선은 좌하향으로 이동하게 된다.
③ 대체재인 단독주택의 가격이 상승하면 아파트의 수요곡선은 우상향으로 이동하게 된다.
④ 아파트 담보대출 금리가 하락하면 수요량의 변화로 동일한 수요곡선상에서 상향으로 이동하게 된다.
⑤ 아파트 거래세가 인상되면 수요곡선은 우상향으로 이동하게 된다.

키워드 수요변화의 요인

난이도

해설 ① 아파트 가격 하락이 예상되면 수요의 변화로 수요곡선 자체가 좌측(좌하향)으로 이동하게 된다.
② 실질소득이 증가하면 수요곡선은 우측(우상향)으로 이동하게 된다.
④ 아파트 담보대출 금리가 하락하면 수요의 변화로 수요곡선 자체가 우측(우상향)으로 이동하게 된다.
⑤ 아파트 거래세가 인상되면 수요곡선은 좌측(좌하향)으로 이동하게 된다.

08 완성 기출

다음 중 유량(flow)의 경제변수는 모두 몇 개인가? 제31회

· 가계 자산	· 노동자 소득
· 가계 소비	· 통화량
· 자본총량	· 신규주택 공급량

① 1개 ② 2개
③ 3개 ④ 4개
⑤ 5개

키워드 유량과 저량

난이도

해설 유량(流量, flow)변수란 일정기간에 걸쳐서 측정하는 변수로서 노동자 소득, 가계 소비, 신규주택 공급량, 주택거래량 등이 있다. 저량(貯量, stock)변수란 일정시점에 측정하는 변수로서 가계 자산, 통화량, 자본총량 등이 있다.

정답 07 ③ 08 ③

09 부동산시장에서 수요를 감소시키는 요인을 모두 고른 것은? (단, 다른 조건은 동일함) 제31회

㉠ 시장금리 하락	㉡ 인구 감소
㉢ 수요자의 실질소득 증가	㉣ 부동산가격 상승 기대
㉤ 부동산 거래세율 인상	

① ㉠, ㉡
② ㉠, ㉢
③ ㉡, ㉤
④ ㉡, ㉢, ㉣
⑤ ㉠, ㉢, ㉣, ㉤

키워드 수요변화의 요인

난이도

해설 ㉡㉤ 인구 감소, 부동산 거래세율 인상은 부동산시장에서 수요를 감소시키는 요인에 해당한다.
㉠㉢㉣ 시장금리 하락, 수요자의 실질소득 증가, 부동산가격 상승 기대는 부동산시장에서 수요를 증가시키는 요인에 해당한다.

10 부동산의 수요와 공급에 관한 설명으로 틀린 것은? (단, 부동산은 정상재이며, 다른 조건은 동일함) 제34회

① 수요곡선상의 수요량은 주어진 가격에서 수요자들이 구입 또는 임차하고자 하는 부동산의 최대수량이다.
② 부동산의 공급량과 그 공급량에 영향을 주는 요인들과의 관계를 나타낸 것이 공급함수이다.
③ 공급의 법칙에 따르면 가격(임대료)과 공급량은 비례관계이다.
④ 부동산 시장수요곡선은 개별수요곡선을 수직으로 합하여 도출한다.
⑤ 건축원자재의 가격 상승은 부동산의 공급을 축소시켜 공급곡선을 좌측(좌상향)으로 이동하게 한다.

키워드 부동산의 수요와 공급

난이도

해설 부동산 시장수요곡선은 개별수요곡선을 수평으로 합하여 도출한다.

정답 09 ③ 10 ④

11

아파트시장에서 균형가격을 하락시키는 요인은 모두 몇 개인가? (단, 아파트는 정상재이며, 다른 조건은 동일함)

제32회

- 건설노동자 임금 상승
- 대체주택에 대한 수요 감소
- 가구의 실질소득 증가
- 아파트 건설업체 수 증가
- 아파트 건설용 토지가격의 상승
- 아파트 선호도 감소

① 1개 ② 2개
③ 3개 ④ 4개
⑤ 5개

키워드 부동산의 수요와 공급

난이도 ■■■□

해설 건설노동자 임금 상승, 아파트 건설용 토지가격의 상승은 공급 감소요인이며, 대체주택에 대한 수요 감소, 가구의 실질소득 증가는 수요 증가요인으로 균형가격을 상승시키는 요인이다. 그러나 아파트 건설업체 수 증가는 공급 증가요인이며, 아파트 선호도 감소는 수요 감소요인으로 균형가격을 하락시키는 요인이다. 따라서 아파트시장에서 균형가격을 하락시키는 요인은 아파트 건설업체 수 증가, 아파트 선호도 감소로 모두 2개이다.

12

수요와 공급이 동시에 변화할 경우, 균형가격과 균형량에 관한 설명으로 옳은 것은? (단, 수요곡선은 우하향, 공급곡선은 우상향, 다른 조건은 동일함)

제32회

① 수요와 공급이 증가하는 경우, 수요의 증가폭이 공급의 증가폭보다 크다면 균형가격은 상승하고 균형량은 감소한다.
② 수요와 공급이 감소하는 경우, 수요의 감소폭이 공급의 감소폭보다 작다면 균형가격은 상승하고 균형량은 증가한다.
③ 수요와 공급이 감소하는 경우, 수요의 감소폭과 공급의 감소폭이 같다면 균형가격은 불변이고 균형량은 증가한다.
④ 수요는 증가하고 공급이 감소하는 경우, 수요의 증가폭이 공급의 감소폭보다 작다면 균형가격은 상승하고 균형량은 증가한다.
⑤ 수요는 감소하고 공급이 증가하는 경우, 수요의 감소폭이 공급의 증가폭보다 작다면 균형가격은 하락하고 균형량은 증가한다.

정답 11 ② 12 ⑤

키워드 › 시장균형의 변동

해설 › ① 수요와 공급이 증가하는 경우, 수요의 증가폭이 공급의 증가폭보다 크다면 균형가격은 상승하고 균형량은 증가한다.
② 수요와 공급이 감소하는 경우, 수요의 감소폭이 공급의 감소폭보다 작다면 균형가격은 상승하고 균형량은 감소한다.
③ 수요와 공급이 감소하는 경우, 수요의 감소폭과 공급의 감소폭이 같다면 균형가격은 불변이고 균형량은 감소한다.
④ 수요는 증가하고 공급이 감소하는 경우, 수요의 증가폭이 공급의 감소폭보다 작다면 균형가격은 상승하고 균형량은 감소한다.

13 완성 기출

다음 조건에서 A지역 아파트시장이 t시점에서 (t+1)시점으로 변화될 때, 균형가격과 균형량의 변화는? (단, 주어진 조건에 한하며, P는 가격, Q_S는 공급량이며, Q_{d1}과 Q_{d2}는 수요량임) 제28회

- 아파트 공급함수: $Q_S = 2P$
- t시점 아파트 수요함수: $Q_{d1} = 900 - P$
- (t+1)시점 아파트 수요함수: $Q_{d2} = 1,500 - P$

	균형가격	균형량
①	200 상승	400 감소
②	200 상승	400 증가
③	200 하락	400 감소
④	200 하락	400 증가
⑤	100 상승	200 증가

키워드 › 시장균형의 변동

해설 › 최초(t시점) A지역의 아파트시장에서 수요함수는 $Q_{d1} = 900 - P$, 공급함수는 $Q_S = 2P$라면,
균형점에서 $900 - P = 2P$이므로 $3P = 900$이다.
따라서 $P = 300$, $Q = 600$이다.
그런데 (t+1)시점 아파트 수요함수가 $Q_{d2} = 1,500 - P$로 변하고 공급함수는 그대로 $Q_S = 2P$라면,
균형점에서 $1,500 - P = 2P$이므로 $3P = 1,500$이다.
따라서 $P = 500$, $Q = 1,000$이 되므로, 균형가격은 200만큼 상승, 균형량은 400만큼 증가한다.

정답 13 ②

14 A지역 아파트시장에서 공급은 변화하지 않고 수요는 다음 조건과 같이 변화하였다. 이 경우 균형가격(㉠)과 균형거래량(㉡)의 변화는? (단, P는 가격, Q_{D1}, Q_{D2}는 수요량, Q_S는 공급량, X축은 수량, Y축은 가격을 나타내고, 가격과 수량의 단위는 무시하며, 주어진 조건에 한함) 제33회

- 수요함수: $Q_{D1}=120-2P$ (변화 전) ⇨ $Q_{D2}=120-\dfrac{3}{2}P$ (변화 후)
- 공급함수: $Q_S=2P-20$

① ㉠: 5 상승, ㉡: 5 증가
② ㉠: 5 상승, ㉡: 10 증가
③ ㉠: 10 상승, ㉡: 10 증가
④ ㉠: 10 상승, ㉡: 15 증가
⑤ ㉠: 15 상승, ㉡: 15 증가

키워드 시장균형의 변동

난이도

해설 변화 전 A지역의 아파트시장에서 수요함수는 $Q_{D1}=120-2P$, 공급함수는 $Q_S=2P-20$이라면, 균형점에서 $120-2P=2P-20$이므로 $4P=140$이다.
따라서 $P=35$, $Q=50$이다.

변화 후 A지역의 아파트 수요함수가 $Q_{D2}=120-\dfrac{3}{2}P$로 변하고 공급함수는 그대로 $Q_S=2P-20$이라면, 균형점에서 $120-\dfrac{3}{2}P=2P-20$이므로 $\dfrac{7}{2}P=140$이다.
따라서 $P=40$, $Q=60$이 되므로, 균형가격(㉠)은 5만큼 상승, 균형량(㉡)은 10만큼 증가한다.

정답 14 ②

THEME 03 부동산의 수요와 공급의 탄력성

□ 1회독 □ 2회독

| THEME 키워드 |
수요의 가격탄력성, 공급의 가격탄력성, 수요와 공급의 가격탄력성, 수요의 교차탄력성, 수요의 가격탄력성과 소득탄력성, 수요의 가격탄력성과 교차탄력성, 수요의 가격탄력성과 소득탄력성 및 교차탄력성, 탄력성과 균형의 이동

기본으로 알아야 하는 대표기출

▶ **기출분석**
- **기출회차**: 제29회
- **키워드**: 수요와 공급의 가격탄력성
- **난이도**: ■■□

부동산매매시장에서 수요와 공급의 가격탄력성에 관한 설명으로 틀린 것은? (단, x축은 수량, y축은 가격, 수요의 가격탄력성은 절댓값을 의미하며, 다른 조건은 동일함)

① 수요의 가격탄력성이 완전탄력적이면 가격의 변화와는 상관없이 수요량이 고정된다.
② 공급의 가격탄력성이 '0'이면 완전비탄력적이다.
③ 수요의 가격탄력성이 비탄력적이면 가격의 변화율보다 수요량의 변화율이 더 작다.
④ 수요곡선이 수직선이면 수요의 가격탄력성은 완전비탄력적이다.
⑤ 공급의 가격탄력성이 탄력적이면 가격의 변화율보다 공급량의 변화율이 더 크다.

▶ **함정을 피하는 TIP**
- 수요의 가격탄력성은 가격변화율에 대한 수요량의 변화율로 나타내며, 가격과 수요량의 방향이 반대이므로 절댓값으로 표시한다는 것이 핵심이다.

| 해 설 |
수요의 가격탄력성이 완전탄력적이면 미세한 가격변화에 수요량이 무한히 크게 변화한다. 가격의 변화와는 상관없이 수요량이 고정되는 경우는 수요의 가격탄력성이 완전비탄력적인 경우이다.

정답 ①

단단하게 정리하는 **핵심이론**

01 수요와 공급의 탄력성

1 수요의 가격탄력성

(1) 개념

한 재화의 가격이 변화할 때 그 재화의 수요량이 얼마나 변화하는가를 측정하는 척도이다.

$$수요의\ 가격탄력성(\varepsilon_d) = \left|\frac{수요량변화율}{가격변화율}\right|$$

(2) 수요의 가격탄력성의 구분

수요의 가격탄력성은 '0'에서 무한대(∞)까지의 값을 갖는다.

① **탄력적**($\varepsilon_d > 1$): 가격의 변화율보다 수요량의 변화율이 커서 수요의 가격탄력성이 '1'보다 큰 경우를 말한다.

② **비탄력적**($0 < \varepsilon_d < 1$): 가격의 변화율보다 수요량의 변화율이 작아서 수요의 가격탄력성이 '1'보다 작은 경우를 말한다.

③ **단위탄력적**($\varepsilon_d = 1$): 가격의 변화율과 수요량의 변화율이 같아서 수요의 가격탄력성이 '1'인 경우를 말한다.

④ **완전비탄력적**($\varepsilon_d = 0$): 가격이 아무리 변해도 수요량에 아무런 변화가 없다면 분자인 수요량의 변화율이 '0'이 되기 때문에 수요의 가격탄력성이 '0'이 되는 경우를 말한다.

⑤ **완전탄력적**($\varepsilon_d = \infty$): 아주 미미한 가격변화(즉, 거의 '0'에 가까운 변화)가 아주 큰 수요량의 변화를 초래하여 수요의 가격탄력성이 무한히 큰 값을 갖게 되는 경우를 말한다. 즉, 미세한 가격변화에 수요량이 무한히 크게 변화하는 경우를 말한다.

(3) 수요의 가격탄력성 결정요인

① **대체재의 수**: 수요의 탄력성은 대체재가 많을수록 크며, 적을수록 작다.

② **기간의 장단**: 단기에서 장기로 갈수록 대체재가 많이 만들어져서 보다 탄력적이 된다. 따라서 단기에는 장기보다 비탄력적, 장기에는 단기보다 탄력적이 된다.

③ **재화의 분류범위**: 부동산을 지역별·용도별로 세분하면 탄력성은 커진다. 따라서 부동산을 용도별로 세분할 경우 주거용 부동산이 다른 부동산에 비해 보다 탄력적인 것으로 알려져 있다.

④ **재화의 성격**: 재화의 일상생활에 있어서의 중요성과도 관련이 있는데, 필수재(투자재 부동산)는 보다 비탄력적인 데 비해, 사치재(투기재 부동산)는 보다 탄력적이다.

⑤ 재화의 용도: 부동산에 대한 종류별로 용도가 다양할수록, 용도전환이 쉬울수록 수요의 가격탄력성은 커진다.

⑥ 소비에서 차지하는 비중: 소비자가 지출하는 금액에서 차지하는 비중이 클수록 탄력성은 커진다.

(4) 수요의 탄력성과 임대부동산의 임대료 총수입

부동산의 임대료 총수입은 그 재화에 대한 시장수요량에 가격(임대료)을 곱한 값이다. 따라서 부동산의 임대료 총수입은 가격(임대료)의 변화에도 영향을 받고 수요량의 변화에도 영향을 받는다.

> 임대부동산의 임대료 총수입(소비자 지출액, 기업의 총수입, 부동산의 전체 수입)
> = 가격(임대료, P) × 수요량(Q)

탄력성	변화율	가격(임대료) 하락	가격(임대료) 상승
$\varepsilon_d > 1$	수요량변화율 > 가격(임대료)변화율	임대료 총수입 증가	임대료 총수입 감소
$\varepsilon_d = 1$	수요량변화율 = 가격(임대료)변화율	임대료 총수입 불변	임대료 총수입 불변
$0 < \varepsilon_d < 1$	수요량변화율 < 가격(임대료)변화율	임대료 총수입 감소	임대료 총수입 증가

2 공급의 가격탄력성

(1) 개념

한 재화의 가격(임대료)이 변하면 그 재화의 공급량이 변하는데, 그 변화의 정도를 측정하는 척도로서 공급량변화율을 가격변화율로 나눈 값이다.

$$공급의\ 가격탄력성(\varepsilon_s) = \frac{공급량변화율}{가격변화율}$$

(2) 공급의 가격탄력성 결정요인

① 생산비의 증감 유무: 생산량을 늘릴 때 생산요소가격이 상승할수록 공급의 임대료탄력성은 더 비탄력적이 된다.

② 생산기술의 발전 정도: 생산기술이 빠르게 발전하는 재화일수록 보다 더 탄력적이 된다.

③ 기간의 장단: 동일한 재화를 생산함에 있어 생산과 관련된 측정기간이 단기인 경우는 가용생산요소 제약으로 짧은 기간에 생산량을 늘리기 어려우므로 비탄력적이나, 장기인 경우는 가용생산요소 제약이 완화되므로 탄력적이 된다.

④ 용도전환의 용이성 정도: 용도전환이 용이할수록 공급이 쉬워지므로 보다 탄력적이 된다.

⑤ 생산에 소요되는 기간: 생산(공급)에 소요되는 기간이 길수록 공급이 어려워지므로 더 비탄력적이 된다.
⑥ 건축 인허가 등 관련 법규: 건축 인허가가 어려울수록, 토지이용규제가 엄격해질수록 공급이 어려워지므로 더 비탄력적이 된다.

핵심단단 공급의 가격탄력성 결정요인

구분	비탄력적	탄력적
생산비 증감 유무	많이 들수록	적게 들수록
측정기간	단기	장기
생산에 소요되는 기간	길수록	짧을수록
용도전환의 용이성	어려울수록	용이할수록
공적 규제	강화될수록	완화될수록

(3) 장·단기공급곡선과 탄력성

단기공급곡선은 보다 비탄력적이고, 장기공급곡선은 보다 탄력적인 형태를 띤다.

02 수요의 소득탄력성과 교차탄력성

1 수요의 소득탄력성

(1) 개념

소득변화율에 대한 수요량변화율의 정도를 측정하는 척도로서, 수요량변화율을 소득변화율로 나눈 값이다.

$$수요의 \ 소득탄력성(\varepsilon_{d,\,I}) = \frac{수요량변화율}{소득변화율}$$

(2) 수요의 소득탄력성과 재화

① $\varepsilon_{d,\,I} > 0$(양): 소득의 증가에 따라 수요가 증가하는 재화 ⇨ 정상재
② $\varepsilon_{d,\,I} < 0$(음): 소득의 증가에 따라 수요가 감소하는 재화 ⇨ 열등재
③ $\varepsilon_{d,\,I} = 0$(영): 소득의 변화가 수요에 영향을 주지 않는 재화 ⇨ 중립재

2 수요의 교차탄력성

(1) 개념

한 재화의 수요가 다른 연관 재화의 가격 변화에 반응하는 정도를 측정하는 척도이다.

$$\text{수요의 교차탄력성}(\varepsilon_{d,\,YX}) = \frac{Y\text{재의 수요량변화율}}{X\text{재의 가격변화율}}$$

(2) 수요의 교차탄력성과 재화

① $\varepsilon_{d,\,YX} > 0$(양): X재 가격(P_X)과 Y재 수요량(Q_Y)이 같은 방향으로 변함을 의미 ⇨ 두 재화는 대체재 관계

② $\varepsilon_{d,\,YX} < 0$(음): X재 가격(P_X)과 Y재 수요량(Q_Y)이 반대 방향으로 변함을 의미 ⇨ 두 재화는 보완재 관계

③ $\varepsilon_{d,\,YX} = 0$(영): X재 가격(P_X)의 변화가 Y재 수요량(Q_Y)에 전혀 영향을 주지 않음을 의미 ⇨ 두 재화는 독립재 관계

기본문제와 완성문제로 **단단기출**

01 어느 부동산의 가격이 5% 하락하였는데 수요량이 7% 증가했다면, 이 부동산수요의 가격탄력성은? (다만, 다른 조건은 동일함) 제21회
_{기본 기출}

① 0.35 ② 0.714
③ 1.04 ④ 1.4
⑤ 1.714

키워드 〉 수요의 가격탄력성

난이도 〉

해설 〉 수요의 가격탄력성(ε_d) = $\left| \dfrac{수요량변화율}{가격변화율} \right|$ = $\left| \dfrac{7\%}{-5\%} \right|$ = 1.4

02 어느 지역의 오피스텔 가격이 4% 인상되었다. 오피스텔 수요의 가격탄력성이 2.0이라면, 오피스텔 수요량의 변화는? (단, 오피스텔은 정상재이고, 가격탄력성은 절댓값으로 나타내며, 다른 조건은 동일함) 제25회
_{기본 기출}

① 4% 증가 ② 4% 감소
③ 8% 증가 ④ 8% 감소
⑤ 변화 없음

키워드 〉 수요의 가격탄력성

난이도 〉

해설 〉 오피스텔에 대한 수요의 가격탄력성 = $\left| \dfrac{수요량변화율}{가격변화율} \right|$ = $\left| \dfrac{-8\%}{4\%} \right|$ = 2.0

따라서 오피스텔에 대한 수요의 가격탄력성이 2.0일 때, 오피스텔 가격이 4% 인상되면 오피스텔 수요량은 8% 감소한다.

정답 01 ④ 02 ④

03 수요의 가격탄력성에 관한 설명으로 틀린 것은? (단, 수요의 가격탄력성은 절댓값을 의미하며, 다른 조건은 불변이라고 가정함) 제27회

① 미세한 가격변화에 수요량이 무한히 크게 변화하는 경우 완전탄력적이다.
② 대체재의 존재 여부는 수요의 가격탄력성을 결정하는 중요한 요인 중 하나이다.
③ 일반적으로 부동산수요에 대한 관찰기간이 길어질수록 수요의 가격탄력성은 작아진다.
④ 일반적으로 재화의 용도가 다양할수록 수요의 가격탄력성은 커진다.
⑤ 수요의 가격탄력성이 비탄력적이라는 것은 가격의 변화율에 비해 수요량의 변화율이 작다는 것을 의미한다.

키워드 〉 수요의 가격탄력성

난이도 〉

해설 〉 일반적으로 부동산수요에 대한 관찰기간이 짧을수록 수요의 가격탄력성은 작아지고, 관찰기간이 길어질수록 수요의 가격탄력성은 커진다.

04 아파트 매매가격이 10% 상승할 때, 아파트 매매수요량이 5% 감소하고 오피스텔 매매수요량이 8% 증가하였다. 이때 아파트 매매수요의 가격탄력성의 정도(A), 오피스텔 매매수요의 교차탄력성(B), 아파트에 대한 오피스텔의 관계(C)는? (단, 수요의 가격탄력성은 절댓값이며, 다른 조건은 동일함) 제32회

① A: 비탄력적, B: 0.5, C: 대체재
② A: 탄력적,　B: 0.5, C: 보완재
③ A: 비탄력적, B: 0.8, C: 대체재
④ A: 탄력적,　B: 0.8, C: 보완재
⑤ A: 비탄력적, B: 1.0, C: 대체재

키워드 〉 수요의 가격탄력성과 교차탄력성

난이도 〉

해설 〉 1. 아파트 매매수요의 가격탄력성 $= \left| \dfrac{-5\%}{10\%} \right| = 0.5$

아파트 매매수요의 가격탄력성(A)은 0.50이며, 비탄력적이다.

2. 오피스텔 매매수요의 교차탄력성 $= \dfrac{8\%}{10\%} = 0.8$

오피스텔 매매수요의 교차탄력성(B)은 0.8로 양(+)의 값을 가지며, 아파트와 오피스텔의 관계(C)는 대체재 관계이다.

정답 03 ③ 04 ③

05 완성 기출

수요와 공급의 가격탄력성에 관한 설명으로 옳은 것은? (단, X축은 수량, Y축은 가격, 수요의 가격탄력성은 절댓값을 의미하며, 다른 조건은 동일함) 제34회

① 가격이 변화하여도 수요량이 전혀 변화하지 않는다면, 수요의 가격탄력성은 완전탄력적이다.
② 가격변화율보다 공급량의 변화율이 커서 1보다 큰 값을 가진다면, 공급의 가격탄력성은 비탄력적이다.
③ 공급의 가격탄력성이 0이라면, 완전탄력적이다.
④ 수요의 가격탄력성이 1보다 작은 값을 가진다면, 수요의 가격탄력성은 탄력적이다.
⑤ 공급곡선이 수직선이면, 공급의 가격탄력성은 완전비탄력적이다.

키워드 〉 수요와 공급의 가격탄력성

난이도 〉

해설 〉 ① 가격이 변하여도 수요량이 전혀 변화하지 않는다면, 수요의 가격탄력성은 완전비탄력적이다.
② 가격변화율보다 공급량의 변화율이 커서 1보다 큰 값을 가진다면, 공급의 가격탄력성은 탄력적이다.
③ 공급의 가격탄력성이 0이라면, 완전비탄력적이다.
④ 수요의 가격탄력성이 1보다 작은 값을 가진다면, 수요의 가격탄력성은 비탄력적이다.

06 완성 기출

수요와 공급의 가격탄력성에 관한 설명으로 옳은 것은? (단, x축은 수량, y축은 가격, 수요의 가격탄력성은 절댓값이며, 다른 조건은 동일함) 제32회

① 수요의 가격탄력성은 수요량의 변화율에 대한 가격의 변화비율을 측정한 것이다.
② 수요의 가격탄력성이 완전비탄력적이면 가격이 변화할 때 수요량이 무한대로 변화한다.
③ 수요의 가격탄력성이 비탄력적이면 수요량의 변화율이 가격의 변화율보다 더 크다.
④ 공급의 가격탄력성이 탄력적이면 가격의 변화율보다 공급량의 변화율이 더 크다.
⑤ 공급곡선이 수직선이면 공급의 가격탄력성은 완전탄력적이다.

키워드 〉 수요와 공급의 가격탄력성

난이도 〉

해설 〉 ① 수요의 가격탄력성은 가격의 변화율에 대한 수요량의 변화비율을 측정한 것이다.
② 수요의 가격탄력성이 완전비탄력적이면 가격의 변화와는 상관없이 수요량이 고정된다. 가격이 변화할 때 수요량이 무한대로 변화하는 경우는 수요의 가격탄력성이 완전탄력적인 경우이다.
③ 수요의 가격탄력성이 비탄력적이면 수요량의 변화율이 가격의 변화율보다 더 작다.
⑤ 공급곡선이 수직선이면 공급의 가격탄력성은 완전비탄력적이다.

정답 05 ⑤ 06 ④

07 주택매매시장의 수요와 공급에 관한 설명으로 틀린 것은? (단, X축은 수량, Y축은 가격, 수요의 가격탄력성은 절댓값을 의미하며, 다른 조건은 동일함) 제29회

① 주택의 수요와 공급이 모두 증가하게 되면 균형거래량은 증가한다.
② 주택수요의 가격탄력성이 완전탄력적인 경우에 공급이 증가하면 균형가격은 변하지 않고 균형거래량은 증가한다.
③ 해당 주택가격 변화에 의한 수요량의 변화는 동일한 수요곡선상의 이동으로 나타난다.
④ 주택수요가 증가하면 주택공급이 탄력적일수록 균형가격이 더 크게 상승한다.
⑤ 주택공급의 가격탄력성은 단기에 비해 장기에 더 크게 나타난다.

키워드 〉 탄력성과 균형의 이동
난이도 〉
해설 〉 주택수요가 증가하면 주택공급이 탄력적일수록 균형가격이 더 작게 상승하고, 균형거래량은 더 크게 증가한다.

08 공급의 가격탄력성에 따른 수요의 변화에 관한 설명으로 옳은 것은? (단, 수요는 탄력적이며, 다른 조건은 불변이라고 가정함) 제23회

① 공급이 가격에 대해 완전탄력적인 경우, 수요가 증가하면 균형가격은 상승하고 균형거래량은 감소한다.
② 공급이 가격에 대해 완전탄력적인 경우, 수요가 증가하면 균형가격은 변하지 않고 균형거래량만 증가한다.
③ 공급이 가격에 대해 완전비탄력적인 경우, 수요가 증가하면 균형가격은 하락하고 균형거래량은 변하지 않는다.
④ 공급이 가격에 대해 완전비탄력적인 경우, 수요가 증가하면 균형가격은 상승하고 균형거래량도 증가한다.
⑤ 공급이 가격에 대해 완전비탄력적인 경우, 수요가 증가하면 균형가격은 변하지 않고 균형거래량만 증가한다.

키워드 〉 공급의 가격탄력성
난이도 〉
해설 〉 ① 공급이 가격에 대해 완전탄력적인 경우, 수요가 증가하면 균형가격은 변하지 않고 균형거래량만 증가한다.
③④⑤ 공급이 가격에 대해 완전비탄력적인 경우, 수요가 증가하면 균형가격은 상승하고 균형거래량은 변하지 않는다.

정답 07 ④ 08 ②

09 완성 기출

어느 지역의 오피스텔에 대한 수요의 가격탄력성은 0.6이고 소득탄력성은 0.5이다. 오피스텔 가격이 5% 상승함과 동시에 소득이 변하여 전체 수요량이 1% 감소하였다면, 이때 소득의 변화율은? (단, 오피스텔은 정상재이고, 수요의 가격탄력성은 절댓값으로 나타내며, 다른 조건은 동일) 제29회

① 1% 증가
② 2% 증가
③ 3% 증가
④ 4% 증가
⑤ 5% 증가

키워드 수요의 가격탄력성과 소득탄력성

난이도

해설 수요의 가격탄력성(ε_d) = $\left| \dfrac{수요량변화율}{가격변화율} \right|$ = $\left| \dfrac{-3\%}{5\%} \right|$ = 0.6이므로 가격이 5% 상승하면 수요량은 3% 감소한다. 그런데 전체 수요량이 1% 감소했다는 것은 소득 증가에 따른 수요량 증가율이 2%라는 의미이다.

수요의 소득탄력성($\varepsilon_{d,\,I}$) = $\dfrac{수요량변화율}{소득변화율}$ = $\dfrac{2\%}{x\%}$ = 0.5이므로 소득의 변화율(x) = 4%이다.

따라서 수요량이 2% 증가하기 위해서는 소득이 4% 증가해야 한다.

10 완성 기출

A부동산에 대한 수요의 가격탄력성과 소득탄력성이 각각 0.9와 0.5이다. A부동산 가격이 2% 상승하고 소득이 4% 증가할 경우, A부동산 수요량의 전체 변화율(%)은? (단, A부동산은 정상재이고, 가격탄력성은 절댓값으로 나타내며, 다른 조건은 동일함) 제24회

① 0.2
② 1.4
③ 1.8
④ 2.5
⑤ 3.8

키워드 수요의 가격탄력성과 소득탄력성

난이도

해설 A부동산에 대한 수요의 가격탄력성(ε_d) = $\left| \dfrac{A부동산\ 수요량변화율}{A부동산\ 가격변화율} \right|$ = $\left| \dfrac{-x\%}{2\%} \right|$ = 0.9이므로 A부동산 가격이 2% 상승하면 수요량은 1.8% 감소한다.

그런데 A부동산은 정상재이며, 수요의 소득탄력성($\varepsilon_{d,\,I}$) = $\dfrac{수요량변화율}{소득변화율}$ = $\dfrac{x\%}{4\%}$ = 0.5이므로 소득이 4% 증가하면 수요량은 2% 증가한다.

따라서 수요의 가격탄력성과 관련하여 수요량은 1.8% 감소하고, 수요의 소득탄력성과 관련하여 수요량은 2% 증가하므로 수요량은 전체적으로 0.2%만큼 증가한다.

정답 09 ④ 10 ①

11 완성 기출

다음 아파트에 대한 다세대주택 수요의 교차탄력성은? (단, 주어진 조건에 한함) 제28회

- 가구소득이 10% 상승하고 아파트 가격은 5% 상승했을 때, 다세대주택 수요는 8% 증가
- 다세대주택 수요의 소득탄력성은 0.6이며, 다세대주택과 아파트는 대체관계임

① 0.1 ② 0.2
③ 0.3 ④ 0.4
⑤ 0.5

키워드 수요의 교차탄력성

난이도

해설 수요의 소득탄력성($\varepsilon_{d,\ I}$) = $\dfrac{수요량변화율}{소득변화율}$ = $\dfrac{x\%}{10\%}$ = 0.6이므로 소득이 10% 상승하면 다세대주택 수요량은 6% 상승한다. 그런데 다세대주택의 수요량이 8% 증가한다면 아파트에 대한 다세대주택 수요의 교차탄력성에서 아파트 가격 상승에 따른 다세대주택의 수요량 증가는 2%라는 의미이다. 다세대주택과 아파트는 대체관계이므로 아파트 가격이 상승하면 다세대주택의 수요량은 증가하기 때문이다.

그런데 아파트 가격이 5% 상승했다고 하였으므로 아파트에 대한 다세대주택 수요의 교차탄력성($\varepsilon_{d,\ yx}$)은 $\dfrac{다세대주택\ 수요량변화율}{아파트\ 가격변화율}$ = $\dfrac{2\%}{5\%}$ = 0.4이다.

12 완성 기출

아파트에 대한 수요의 가격탄력성은 0.6, 소득탄력성은 0.4이고, 오피스텔 가격에 대한 아파트 수요량의 교차탄력성은 0.2이다. 아파트 가격, 아파트 수요자의 소득, 오피스텔 가격이 각각 3%씩 상승할 때, 아파트 전체 수요량의 변화율은? (단, 두 부동산은 모두 정상재이고 서로 대체재이며, 아파트에 대한 수요의 가격탄력성은 절댓값으로 나타내며, 다른 조건은 동일함) 제30회

① 1.2% 감소 ② 1.8% 증가
③ 2.4% 감소 ④ 3.6% 증가
⑤ 변화 없음

키워드 수요의 가격탄력성과 소득탄력성 및 교차탄력성

난이도

해설
1. 아파트에 대한 수요의 가격탄력성(ε_d) = $\left|\dfrac{아파트\ 수요량변화율}{아파트\ 가격변화율}\right|$ = $\left|\dfrac{-x\%}{3\%}\right|$ = 0.6이므로 아파트 가격이 3% 상승하면 아파트 수요량은 1.8% 감소한다.
2. 아파트 수요의 소득탄력성($\varepsilon_{d,\ I}$) = $\dfrac{아파트\ 수요량변화율}{소득변화율}$ = $\dfrac{x\%}{3\%}$ = 0.4이므로 소득이 3% 증가하면 아파트 수요량은 1.2% 증가한다.
3. 오피스텔 가격에 대한 아파트 수요량의 교차탄력성($\varepsilon_{d,\ yx}$) = $\dfrac{아파트\ 수요량변화율}{오피스텔\ 가격변화율}$ = $\dfrac{x\%}{3\%}$ = 0.2이므로 오피스텔 가격이 3% 상승하면 아파트 수요량은 0.6% 증가한다.

따라서 아파트 전체 수요량의 변화율은 (−1.8%) + 1.2% + 0.6% = 0%가 되므로 변화가 없다.

정답 11 ④ 12 ⑤

THEME 04 부동산의 경기변동

| THEME 키워드 |
부동산경기순환과 경기변동, 부동산경기변동, 거미집이론

기본으로 알아야 하는 대표기출

> **기출분석**
> - **기출회차:** 제31회
> - **키워드:** 부동산경기순환과 경기변동
> - **난이도:**

부동산경기순환과 경기변동에 관한 설명으로 틀린 것은?

① 부동산경기변동이란 부동산시장이 일반경기변동처럼 상승과 하강국면이 반복되는 현상을 말한다.
② 부동산경기는 일반경기와 같이 일정한 주기와 동일한 진폭으로 규칙적이고 안정적으로 반복되며 순환된다.
③ 부동산경기변동은 일반경기변동에 비해 저점이 깊고 정점이 높은 경향이 있다.
④ 부동산경기는 부동산의 특성에 의해 일반경기보다 주기가 더 길 수 있다.
⑤ 회복시장에서 직전 국면 저점의 거래사례가격은 현재 시점에서 새로운 거래가격의 하한이 되는 경향이 있다.

해설

부동산경기는 일반경기에 비해 주기의 순환국면이 명백하지 않고 일정치 않으며, 불규칙적이다.

정답 ②

> **함정을 피하는 TIP**
> - 부동산경기변동 부분은 주로 부동산경기변동의 특징을 중심으로 정리해 두는 것이 중요하다.

단단하게 정리하는 핵심이론

1 부동산경기변동

(1) 개념 및 특징

① 개념
  ㉠ 부동산경기: 부동산경기는 일반적으로 <mark>건축경기를 말한다</mark>. 부동산경기도 일반경기처럼 순환(cyclical)변동, 추세(trend)변동, 계절(seasonal)변동, 불규칙(무작위·우발적, random)변동으로 나타난다.

  - 주거용 부동산 건축경기 – 협의의 부동산경기 ┐
  - 상업용·공업용 부동산경기   ├ 광의의 부동산경기 ┐
  - 토지경기   ├ 최광의의 부동산경기

  ㉡ 부동산경기변동: 순환적(cyclical) 변동의 관점에서 본다면 <mark>부동산경기변동이란 부동산시장이 일반경기변동처럼 상승과 하강 국면이 반복되는 현상</mark>을 말한다.

② 부동산경기변동의 특징 ⇨ 순환적 변동
  ㉠ 부동산경기의 변동주기(17~18년)는 일반경기의 변동주기(8~10년)에 비해 약 2배 길다.
  ㉡ 부동산경기의 변동은 일반경기의 변동에 비해 저점(trough)이 깊고 정점(peak)이 높다. 즉, 진폭이 크다.
  ㉢ 부동산경기는 타성기간(惰性期間)이 길며, 주기의 순환국면이 명백하지 않고 일정치가 않으며 불규칙적이다. ─ 부동산경기변동이 일반경기의 진퇴에 대해 뒤지는 시간차를 말한다.
  ㉣ 부동산경기는 통상적으로는 지역적·국지적으로 나타나서 전국적·광역적으로 확대되는 경향이 일반적이다.
  ㉤ 부동산경기는 일반경기와 병행·역행·독립·선행할 수도 있으나, 일반적으로 주식시장의 경기는 일반경기에 비해 전순환적, 부동산경기는 일반경기에 비해 후순환적인 것으로 알려져 있다.
  ㉥ 부동산경기는 부문시장별 변동의 시차가 존재한다. 즉, 상업용·공업용 부동산경기는 일반경제의 경기변동과 대체로 일치하지만, 주거용 부동산의 건축경기와 일반경제의 경기는 서로 역순환을 보인다.
  ㉦ 부동산경기는 비교적 경기회복은 느리고, 경기후퇴는 빠르게 진행된다.

(2) 부동산경기측정의 지표

부동산경기측정의 지표로는 미래의 경제활동수준을 예측하는 선행지표, 현재의 경제활동수준을 측정하는 동행지표, 과거의 경제상황을 재확인하는 후행지표로 나눌 수 있다. 또한 부동산경기의 측정지표는 크게 수요지표와 공급지표로 나눌 수 있으며, ==공급지표는 건축량을, 수요지표는 거래량을 주로 사용==한다. 일반적으로 건축착공량과 부동산거래량 등이 부동산경기의 측정지표로 많이 사용된다.

① 건축의 양 ⇨ 공급지표
  ㉠ 건축허가량
  ㉡ 건축착공량
  ㉢ 건축완공량

② 부동산의 거래량 ⇨ 수요지표
  ㉠ 주택의 거래량
  ㉡ 택지의 분양실적

③ 부동산의 가격변동 ⇨ 보조지표: 부동산의 가격은 명목지표로서 좋은 지표는 아니지만 보조지표로서 활용되고 있다.

(3) 부동산시장의 국면별 특징

부동산시장은 일반경기순환과 달리 회복·호황·후퇴·불황의 4국면 외에 고유의 특성인 안정시장이라는 특수한 국면을 가지고 있다.

① 회복·상향·후퇴·하향시장

회복시장	상향시장	후퇴시장	하향시장
㉠ 매도인 주도시장	㉠ 매도인 주도시장	㉠ 매수인 주도시장	㉠ 매수인 주도시장
㉡ 매도인 중시현상	㉡ 매도인 중시현상	㉡ 매수인 중시현상	㉡ 매수인 중시현상
㉢ 사례가격은 기준가격이 되거나 하한선	㉢ 사례가격은 하한선	㉢ 사례가격은 기준가격이 되거나 상한선	㉢ 사례가격은 상한선
㉣ 건축허가 신청 건수 증가	㉣ 건축허가 신청 건수 최대	㉣ 건축허가 신청 건수 감소	㉣ 건축허가 신청 건수 최저
㉤ 금리 하락	㉤ 금리 최저	㉤ 금리 상승	㉤ 금리 최고
㉥ 공실률 감소	㉥ 공실률 최저	㉥ 공실률 증가	㉥ 공실률 최대

② 안정시장
  ㉠ 부동산시장에서만 고려의 대상이 되는 시장으로서 부동산의 가격이 안정되어 있거나 가벼운 상승을 지속하는 유형의 시장이다.
  ㉡ 주로 위치가 좋고 규모가 작은 주택이나 도심지 점포가 여기에 속하는데, '불황에 강한 유형의 시장'이라고도 한다.

ⓒ 안정시장에서의 사례가격은 새로운 거래에 있어서 신뢰할 수 있는 기준이 된다.
ⓓ 안정시장은 경기순환에 의해 분류된 것은 아니나 경기와 전혀 무관하다고 할 수는 없다.

(4) 다른 형태의 경기변동

① **장기적**(추세적, trend) **변동**: 50년 또는 그 이상의 장기적인 기간으로 측정되며, 일반경제가 나아가는 전반적인 방향을 의미한다. 부동산 부문에서는 어떤 지역의 신개발 또는 재개발 등으로 나타난다.
② **계절적**(seasonal) **변동**: 계절적 특성에 따라 나타나는 경기변동 현상을 말하며, 이는 계절이 가지는 속성과 그에 따른 사회적 관습 때문에 나타난다.
  예 대학가에서 방학 때의 원룸이나 오피스텔, 봄·가을 이사철 등의 경기변동
③ **불규칙적**(우발적, random) **변동**: 무작위적 변동이라고도 하는데, 이는 예기치 못한 사태로 인해 발생되는 비주기적 경기변동 현상을 말한다.
  예 정부정책, 천재지변·혁명·전쟁 등에 의한 경기변동

2 부동산경기와 거미집이론

(1) 의의

거미집이론은 부동산(주택)의 가격(임대료) 변동에 대한 공급의 시차를 고려하여 균형의 변동과정을 동태적으로 분석한 것을 말한다.
  ⇨ 에치켈(M. J. Eziekel), 레온티예프(W. Leontief) 등에 의해 연구, 농축산물의 가격변동을 설명, 폐쇄경제모형, 동태모형, 상업용·공업용 부동산에 주로 적용

(2) 기본 가정

① 현실적으로 가격이 변동하면 수요는 즉각적으로 영향을 받지만, 공급량은 일정한 생산기간이 경과한 후라야만 변동이 가능하다.
  ㉠ 수요 ⇨ 시차가 존재하지 않는다.
  ㉡ 공급 ⇨ 시차가 존재한다(∵ 생산기간이 길기 때문에).
② 공급자는 전기의 시장에서 성립된 가격을 기준으로 해서 금기의 생산량을 결정하고, 금기에 생산된 수량은 모두 금기의 시장에서 판매되어야 한다.
③ 현재의 수요결정은 현재가격에 의해, 미래의 수요결정은 미래가격에 의해 결정되며, 미래의 공급결정은 현재의 가격에만 의존한다는 것을 전제로 한다.

(3) 장기에 걸친 균형점의 이동(거미집이론)

① **수렴적 진동형**(수렴형): 수렴형이 되기 위한 조건은 다음과 같다.
   ㉠ 수요곡선의 기울기의 절댓값 < 공급곡선의 기울기의 절댓값
   ㉡ 수요의 가격탄력성 > 공급의 가격탄력성

② **발산적 진동형**(발산형): 발산형이 되기 위한 조건은 다음과 같다.
   ㉠ 수요곡선의 기울기의 절댓값 > 공급곡선의 기울기의 절댓값
   ㉡ 수요의 가격탄력성 < 공급의 가격탄력성

③ **규칙적 진동형**(순환형): 순환형이 되기 위한 조건은 다음과 같다.
   ㉠ 수요곡선의 기울기의 절댓값 = 공급곡선의 기울기의 절댓값
   ㉡ 수요의 가격탄력성 = 공급의 가격탄력성

(4) 요약

① 부동산은 가격이 변동하면 수요는 즉각적으로 영향을 받아 변하게 되지만, 착공에서 완공까지 상당한 시간이 소비되기 때문에 공급은 일정한 시간이 경과한 후라야만 변동하게 된다.

② 단기적으로 가격이 급등하게 되면 건물 착공량이 증가하게 되는데, 공급물량이 막상 시장에 출하되면 오히려 공급이 초과되어 침체국면에 접어든다.

③ 거미집이론은 수요곡선의 기울기의 절댓값과 공급곡선의 기울기의 절댓값에 따라 가격의 변동 모양이 달라지며, 주거용 부동산보다는 상업용이나 공업용 부동산에 더 잘 적용된다.

기본문제와 완성문제로 단단기출

01 부동산경기변동에 관한 설명으로 <u>틀린</u> 것은? 제29회

① 부동산경기는 지역별로 다르게 변동할 수 있으며 같은 지역에서도 부분시장(sub-market)에 따라 다른 변동양상을 보일 수 있다.
② 부동산경기변동은 건축착공량, 거래량 등으로 확인할 수 있다.
③ 부동산경기와 일반경기는 동일한 주기와 진폭으로 규칙적·반복적으로 순환한다.
④ 부동산경기가 상승국면일 경우, 직전에 거래된 거래사례가격은 현재 시점에서 새로운 거래가격의 하한이 되는 경향이 있다.
⑤ 업무용 부동산의 경우, 부동산경기의 하강국면이 장기화되면 공실률이 증가하는 경향이 있다.

> 키워드 부동산경기변동
> 난이도
> 해설 부동산경기는 일반경기에 비해 주기의 순환국면이 명백하지 않고 일정치 않으며, 진폭은 더 크고, 불규칙적으로 순환한다.

02 부동산경기변동에 관한 설명으로 옳은 것은? 제33회

① 상향시장 국면에서는 부동산가격이 지속적으로 하락하고 거래량은 감소한다.
② 후퇴시장 국면에서는 경기상승이 지속적으로 진행되어 경기의 정점에 도달한다.
③ 하향시장 국면에서는 건축허가신청이 지속적으로 증가한다.
④ 회복시장 국면에서는 매수자가 주도하는 시장에서 매도자가 주도하는 시장으로 바뀌는 경향이 있다.
⑤ 안정시장 국면에서는 과거의 거래가격을 새로운 거래가격의 기준으로 활용하기 어렵다.

> 키워드 부동산경기변동
> 난이도
> 해설 ① 상향시장 국면에서는 부동산가격이 지속적으로 상승하고 거래량은 증가한다.
> ② 상향시장 국면에서는 경기상승이 지속적으로 진행되어 경기의 정점에 도달한다. 후퇴시장 국면에서는 경기의 상승 국면이 일정기간 계속되면 정점에 이르러 가격의 상승이 중단·반전하여 가격의 하락이 시작되고 거래도 점차 한산해지며, 전반적인 부동산활동이 침체하기 시작한다.
> ③ 하향시장 국면에서는 건축허가신청이 지속적으로 감소한다.
> ⑤ 안정시장 국면에서는 과거의 거래가격은 새로운 거래에 있어서 신뢰할 수 있는 기준이 된다.

정답 01 ③ 02 ④

03 부동산경기변동에 관한 설명으로 틀린 것은? 제26회

① 부동산시장은 일반경기변동과 같은 회복·상향·후퇴·하향의 4가지 국면 외에 안정시장이라는 국면이 있다.
② 부동산경기변동 국면은 공실률, 건축허가건수, 거래량 등으로 확인할 수 있다.
③ 일반경기변동에 비해 정점과 저점 간의 진폭이 작다.
④ 순환적 변동, 계절적 변동, 무작위적(불규칙, 우발적) 변동 등의 모습이 나타난다.
⑤ 상향국면에서, 직전 회복국면의 거래사례가격은 새로운 거래가격의 하한선이 되는 경향이 있다.

키워드 》 부동산경기변동
난이도 》
해설 》 일반경기변동에 비해 정점과 저점 간의 진폭이 크다.

04 거미집모형에 관한 설명으로 옳은 것은? (단, 다른 조건은 동일함) 제34회

① 수요의 가격탄력성이 공급의 가격탄력성보다 크면 발산형이다.
② 가격이 변동하면 수요와 공급은 모두 즉각적으로 반응한다는 가정을 전제하고 있다.
③ 수요곡선의 기울기 절댓값이 공급곡선의 기울기 절댓값보다 작으면 수렴형이다.
④ 수요와 공급의 동시적 관계로 가정하여 균형의 변화를 정태적으로 분석한 모형이다.
⑤ 공급자는 현재와 미래의 가격을 동시에 고려해 미래의 공급을 결정한다는 가정을 전제하고 있다.

키워드 》 거미집이론
난이도 》
해설 》 ① 수요의 가격탄력성이 공급의 가격탄력성보다 크면 '수렴형'에 해당한다.
② 가격이 변동하면 수요는 즉각적으로 영향을 받지만, 공급은 일정한 생산기간이 경과한 후에야 변동이 가능하다.
④ 수요와 공급의 시차를 고려하여 일시적 균형의 변동과정을 동태적으로 분석한 모형이다.
⑤ 수요자의 현재의 수요결정은 현재가격에 의해, 미래의 수요결정은 미래가격에 의해 결정되나, 공급자의 미래의 공급결정은 현재의 가격에만 의존한다는 것을 전제로 한다.

정답 03 ③ 04 ③

05 부동산경기변동에 관한 설명으로 틀린 것은? 제25회

① 부동산경기도 일반경기와 마찬가지로 회복국면, 상향국면, 후퇴국면, 하향국면 등의 순환적 경기변동을 나타낸다.
② 하향국면은 매수자가 중시되고, 과거의 거래사례가격은 새로운 거래가격의 상한이 되는 경향이 있다.
③ 상향국면은 매도자가 중시되고, 과거의 거래사례가격은 새로운 거래가격의 하한이 되는 경향이 있다.
④ 회복국면은 매도자가 중시되고, 과거의 거래사례가격은 새로운 거래의 기준가격이 되거나 하한이 되는 경향이 있다.
⑤ 후퇴국면은 매수자가 중시되고, 과거의 거래사례가격은 새로운 거래의 기준가격이 되거나 하한이 되는 경향이 있다.

| 키워드 | 부동산경기변동 |

| 난이도 | |

| 해설 | 후퇴국면은 가격의 상승이 중단·반전하여 가격의 하락이 시작되고 거래도 점차 한산해지며, 전반적인 부동산활동이 침체하기 시작하는 시장을 말한다. 따라서 매수자가 중시되고, 과거의 거래사례가격은 새로운 거래의 기준가격이 되거나 상한이 되는 경향이 있다.

정답 05 ⑤

06 A, B, C부동산시장이 다음과 같을 때 거미집이론에 따른 각 시장의 모형 형태는? (단, X축은 수량, Y축은 가격을 나타내며, 다른 조건은 동일함)

제27회

구분	A시장	B시장	C시장
수요곡선 기울기	−0.8	−0.3	−0.6
공급곡선 기울기	0.6	0.3	1.2

① A: 수렴형, B: 발산형, C: 순환형
② A: 순환형, B: 발산형, C: 수렴형
③ A: 발산형, B: 수렴형, C: 순환형
④ A: 수렴형, B: 순환형, C: 발산형
⑤ A: 발산형, B: 순환형, C: 수렴형

키워드 › 거미집이론

난이도 ›

해설 › 거미집모형은 수요곡선의 탄력성과 공급곡선의 탄력성에 따라 가격의 변동 모양이 달라진다. 그런데 탄력성과 기울기는 반비례한다.
- A시장 : 수요곡선의 기울기의 절댓값(0.8)이 공급곡선의 기울기의 절댓값(0.6)보다 크므로, 수요의 가격탄력성보다 공급의 가격탄력성이 크다는 의미이며, 발산형이 된다.
- B시장 : 수요곡선의 기울기의 절댓값(0.3)과 공급곡선의 기울기의 절댓값(0.3)이 같으므로, 수요의 가격탄력성과 공급의 가격탄력성이 같다는 의미이며, 순환형이 된다.
- C시장 : 수요곡선의 기울기의 절댓값(0.6)보다 공급곡선의 기울기의 절댓값(1.2)이 크므로, 수요의 가격탄력성이 공급의 가격탄력성보다 크다는 의미이며, 수렴형이 된다.

정답 06 ⑤

07 완성 기출

A와 B부동산시장의 함수조건하에서 가격변화에 따른 동태적 장기 조정과정을 설명한 거미집이론(cob-web theory)에 의한 모형 형태는? (단, P는 가격, Q_d는 수요량, Q_s는 공급량이고, 가격변화에 수요는 즉각적인 반응을 보이지만 공급은 시간적인 차이를 두고 반응하며, 다른 조건은 동일함)

제25회

- A부동산시장: $2P=500-Q_d$, $3P=300+4Q_s$
- B부동산시장: $P=400-2Q_d$, $2P=100+4Q_s$

① A: 수렴형, B: 발산형
② A: 발산형, B: 순환형
③ A: 순환형, B: 발산형
④ A: 수렴형, B: 순환형
⑤ A: 발산형, B: 수렴형

키워드 거미집이론

난이도

해설 먼저 수요곡선의 탄력성과 공급곡선의 탄력성에 따라 가격의 변동 모양이 달라진다. 그런데 탄력성과 기울기는 반비례한다. 즉, 수렴형 모형이 되기 위한 조건은 수요의 가격탄력성이 공급의 가격탄력성보다 큰 경우, 즉 수요곡선의 기울기의 절댓값이 공급곡선의 기울기의 절댓값보다 작은 경우가 이에 해당한다. 또한 발산형 모형이 되기 위한 조건은 수요의 가격탄력성보다 공급의 가격탄력성이 큰 경우, 즉 수요곡선의 기울기의 절댓값보다 공급곡선의 기울기의 절댓값이 작은 경우가 이에 해당한다. 순환형 모형이 되기 위한 조건은 수요의 가격탄력성과 공급의 가격탄력성이 같은 경우, 즉 수요곡선의 기울기의 절댓값과 공급곡선의 기울기의 절댓값이 같은 경우가 이에 해당한다.

1. A부동산시장에서는 수요함수가 $2P=500-Q_d$, 공급함수가 $3P=300+4Q_s$로 주어졌다.
   기울기를 구하기 위해 이를 P에 대해 정리하면
   수요함수는 $P=250-\frac{1}{2}Q_d$, 공급함수는 $P=100+\frac{4}{3}Q_s$이다.

   따라서 수요곡선의 기울기의 절댓값$\left(\frac{1}{2}\right)$보다 공급곡선의 기울기의 절댓값$\left(\frac{4}{3}\right)$이 크므로, 수요의 가격탄력성이 공급의 가격탄력성보다 크다는 의미이며, 수렴형이 된다.

2. B부동산시장에서는 수요함수가 $P=400-2Q_d$, 공급함수가 $2P=100+4Q_s$로 주어졌다. 기울기를 구하기 위해 이를 P에 대해 정리하면 수요함수는 $P=400-2Q_d$, 공급함수는 $P=50+2Q_s$이다.

   따라서 수요곡선의 기울기의 절댓값(2)과 공급곡선의 기울기의 절댓값(2)이 같으므로, 수요의 가격탄력성과 공급의 가격탄력성이 같다는 의미이며, 순환형이 된다.

정답 07 ④

08 A주택시장과 B주택시장의 함수조건이 다음과 같다. 거미집이론에 의한 두 시장의 모형 형태는? (단, x축은 수량, y축은 가격, 각각의 시장에 대하여 P는 가격, Q_d는 수요량, Q_s는 공급량, 다른 조건은 동일함)

제32회

> - A주택시장: $Q_d = 200 - P$, $Q_s = 100 + 4P$
> - B주택시장: $Q_d = 500 - 2P$, $Q_s = 200 + \frac{1}{2}P$

① A: 수렴형, B: 수렴형
② A: 수렴형, B: 발산형
③ A: 수렴형, B: 순환형
④ A: 발산형, B: 수렴형
⑤ A: 발산형, B: 발산형

키워드 〉 거미집이론

난이도 〉

해설 〉 1. A주택시장은 수요함수가 $Q_d = 200 - P$, 공급함수가 $Q_s = 100 + 4P$로 주어졌다. 기울기를 구하기 위해 이를 P에 대해 정리하면 수요함수는 $P = 200 - Q_d$, 공급함수는 $P = -25 + \frac{1}{4}Q_s$이다.

따라서 수요곡선의 기울기의 절댓값(1)이 공급곡선의 기울기의 절댓값$\left(\frac{1}{4}\right)$보다 크므로, 수요의 가격탄력성보다 공급의 가격탄력성이 크다는 의미이며, 발산형이 된다.

2. B주택시장은 수요함수가 $Q_d = 500 - 2P$, 공급함수가 $Q_s = 200 + \frac{1}{2}P$로 주어졌다. 기울기를 구하기 위해 이를 P에 대해 정리하면 수요함수는 $2P = 500 - Q_d$이며, $P = 250 - \frac{1}{2}Q_d$,

공급함수는 $\frac{1}{2}P = -200 + Q_s$이며, $P = -400 + 2Q_s$이다.

따라서 수요곡선의 기울기의 절댓값$\left(\frac{1}{2}\right)$보다 공급곡선의 기울기의 절댓값(2)이 크므로, 수요의 가격탄력성이 공급의 가격탄력성보다 크다는 의미이며, 수렴형이 된다.

정답 08 ④

THEME 05 부동산시장의 특성과 기능

| THEME 키워드 |
부동산시장, 부동산시장과 효율적 시장이론

기본으로 알아야 하는 대표기출

> **기출분석**
> - **기출회차:** 제23회
> - **키워드:** 부동산시장
> - **난이도:**

부동산시장에 관한 일반적인 설명으로 틀린 것은?

① 부동산시장은 지역의 경제적·사회적·행정적 변화에 따라 영향을 받으며, 수요·공급도 그 지역 특성의 영향을 받는다.
② 부동산시장에서는 수요와 공급의 불균형으로 인해 단기적으로 가격형성이 왜곡될 가능성이 있다.
③ 부동산시장은 거래의 비공개성으로 불합리한 가격이 형성되며, 이는 비가역성과 관련이 깊다.
④ 부동산시장은 외부효과에 의해 시장의 실패가 발생할 수 있다.
⑤ 부동산시장에서는 매도인의 제안가격과 매수인의 제안가격의 접점에서 부동산가격이 형성된다.

> **함정을 피하는 TIP**
> - 현실의 부동산시장은 완전경쟁시장이 아닌 불완전경쟁시장이라는 것을 기억해야 한다. 따라서 부동산시장의 특성은 완전경쟁시장의 특성이 아닌 현실의 부동산시장의 특성을 말한다.

해설

부동산시장은 거래의 비공개성(은밀성)으로 시장의 국지성과 더불어 부동산가격이 불합리하게 형성되며, 이는 부동산의 개별성과 사회적 통제나 관행 등과 관련이 깊다.

정답 ③

단단하게 정리하는 **핵심이론**

1 부동산시장의 개념과 유형

(1) 부동산시장의 개념

부동산시장이란 매수인과 매도인에 의해 부동산의 교환이 자발적으로 이루어지는 곳으로 부동산권리의 교환, 가격 결정, 공간배분, 공간이용 패턴 결정 및 수요와 공급의 조절을 돕기 위해 의도된 상업활동을 하는 곳이다.

(2) 부동산시장의 유형 – 시장 범위에 따른 부동산시장의 분류

개별시장	특정한 위치·면적·형태를 가진 개별토지마다 형성되는 시장
부분시장 (하위시장, sub-market)	개별시장과 전체시장의 중간에 있는 규모의 시장 ⇨ 지역별 부분시장뿐만 아니라 거래되는 부동산의 위치·규모·질·용도 등에 따른 부분시장이 형성되어 시장 세분화가 이루어짐
전체시장	각 개별시장의 총합

2 부동산시장의 특성 및 기능

(1) 부동산시장의 특성

① **시장의 국지성(지역성)** ⇨ **부동성**: 위치에 따라 여러 개의 부분시장으로 나뉘고, 부분시장별로 불균형을 초래한다. 또한 부동산활동을 정보활동화하여 중개활동을 필요하게 한다.

② **거래의 비공개성(은밀성)** ⇨ **개별성**: 정보수집을 어렵게 하며, 많은 정보탐색비용이 들게 하고, 부동산가격이 불합리하게 형성되는 주요 원인으로 작용하게 한다.

③ **부동산상품의 비표준화성** ⇨ **개별성**: 대량생산이 곤란하게 하며, 일물일가의 법칙이 적용되지 않게 한다.

④ **시장의 비조직성(집중통제의 곤란)** ⇨ **개별성**: 시장의 조직화가 곤란하며, 전국 단위의 유통망 조직을 어렵게 한다.

⑤ **수급조절의 곤란성** ⇨ **부증성**: 토지의 부증성으로 인해 공급을 비탄력적으로 만들며, 단기적으로 가격의 왜곡이 발생할 가능성이 크다.

⑥ 매매기간의 장기성

⑦ 법적 제한 과다

⑧ 진입장벽의 존재

⑨ 자금의 유용성과 밀접한 관계

(2) 부동산시장의 기능

① **자원배분기능**: 각종 부동산공간에 대한 경쟁은 기존 건물의 유지와 수선, 건물개축 등을 통하여 자원배분의 역할을 수행한다.

② **교환기능**: 부동산과 현금, 부동산과 부동산, 소유와 임대 등의 교환이 이루어진다.

③ **가격의 형성기능**(T. H. Ross): 매도인의 제안가격과 매수인의 제안가격에 의해 형성된 부동산의 가격은 창조·파괴의 과정을 거친다.

④ **정보제공기능**: 부동산 활동주체에게 정보를 제공한다.

⑤ **양과 질의 조정기능**: 토지의 형질변경, 건물의 용도변경 등 부동산의 양과 질을 조정하여 부동산상품의 유용성이 최대가 되도록 한다.

기본문제와 완성문제로 단단기출

01 부동산시장에 관한 설명으로 **틀린** 것은? 제22회

기본 기출
① 완전히 동질적인 아파트라 하더라도 아파트가 입지한 시장지역이 달라지면 서로 다른 가격이 형성될 수 있다.
② 일반적으로 부동산의 공급에는 상당한 시간이 소요되기 때문에 단기적으로 가격의 왜곡이 발생할 가능성이 있다.
③ 부동산시장은 부동산소유권을 할당하고 공간을 배분하는 기능을 한다.
④ 부동산시장은 경제활동별 지대지불능력에 따라 토지이용의 유형을 결정하는 기능을 한다.
⑤ 부동산시장은 국지성으로 인해 동일한 가격이 형성된다.

키워드 〉 부동산시장
난이도 〉
해설 〉 부동산시장은 국지성으로 인해 동일한 부동산일지라도 지역에 따라 달리 가격이 형성된다.

02 부동산시장의 특성과 기능에 관한 설명 중 옳은 것은? 제17회

기본 기출
① 부동산시장은 수요와 공급의 조절이 쉽지 않아 단기적으로 가격의 왜곡이 발생할 가능성이 높다.
② 부동산시장의 특징 중 하나는 특정지역에 다수의 판매자와 다수의 구매자가 존재한다는 것이다.
③ 부동산은 개별성이 강하기 때문에 부동산상품별 시장조직화가 가능하다.
④ 부동산거래는 그 성질상 고도의 공적인 경향을 띠고 있다.
⑤ 부동산시장은 국지성의 특징이 있기 때문에 균질적인 가격형성이 가능하다.

키워드 〉 부동산시장
난이도 〉
해설 〉 ② 부동산시장은 불완전경쟁시장에 해당한다. 다수의 판매자와 다수의 구매자가 존재한다는 것은 완전경쟁시장의 성립조건에 해당한다.
③ 부동산의 개별성과 부동성으로 인해 부동산상품의 표준화가 불가능하여 대량생산이 곤란하고, 국지성·거래의 비공개성 및 비표준화성 등으로 인하여 시장의 조직화가 곤란하다.
④ 부동산시장에서 이루어지는 부동산거래는 대부분 사적인 이윤추구를 위한 행위이다. 따라서 부동산거래가 고도의 공적인 경향을 띠는 것이라고 볼 수 없다.
⑤ 부동산시장은 국지성의 특징이 있기 때문에 지역적 특성의 제약하에 가격이 형성되며, 지역마다 서로 다른 가격이 형성된다.

정답 01 ⑤ 02 ①

03 부동산시장에 관한 설명으로 틀린 것은? (단, 다른 조건은 모두 동일함) 제29회

① 불완전경쟁시장에서도 할당 효율적 시장이 이루어질 수 있다.
② 진입장벽의 존재는 부동산시장을 불완전하게 만드는 원인이다.
③ 부동산시장의 분화현상은 경우에 따라 부분시장(sub-market)별로 시장의 불균형을 초래하기도 한다.
④ 강성 효율적 시장에서도 정보를 이용하여 초과이윤을 얻을 수 있다.
⑤ 부동산에 가해지는 다양한 공적 제한은 부동산시장의 기능을 왜곡할 수 있다.

> 키워드 〉 부동산시장과 효율적 시장이론
> 난이도 〉
> 해설 〉 강성 효율적 시장에서는 공표된 정보나 공표되지 않은 어떠한 정보가 이미 시장가치에 반영되고 있으므로 투자자가 투자분석을 잘할지라도 초과이윤을 얻을 수 없다.

04 부동산시장에 관한 설명으로 틀린 것은? (단, 다른 조건은 동일함) 제31회

① 부동산은 대체가 불가능한 재화이기에 부동산시장에서 공매(short selling)가 빈번하게 발생한다.
② 부동산시장이 강성 효율적 시장일 때 초과이윤을 얻는 것은 불가능하다.
③ 부동산시장은 부동산의 유형, 규모, 품질 등에 따라 구별되는 하위시장이 존재한다.
④ 부동산시장이 준강성 효율적 시장일 때 새로운 정보는 공개되는 즉시 시장에 반영된다.
⑤ 부동산시장은 불완전경쟁시장이더라도 할당 효율적 시장이 될 수 있다.

> 키워드 〉 부동산시장과 효율적 시장이론
> 난이도 〉
> 해설 〉 공매(空賣; short selling)는 유가증권이나 현물의 왕래가 없이 주식을 파는 행위를 말한다. 만일 주식을 공매하는 경우, 매도자는 매수자에게 주식을 넘겨주기 위해 중개인에게서 빌린다. 매도자가 나중에 낮은 주가에 그 주식을 사서 갚을 수 있다면 이익을 남길 수 있으며, 주가가 상승하게 되면 손실이 발생한다. 매도자는 주식을 소유하지 않은 상태에서, 주식 대여 중개인에게 돌려주기 위하여 같은 주식을 새로 사야 한다. 그러나 부동산은 개별성으로 인해 대체가 불가능한 재화이기에 부동산시장에서 주식과 같은 공매가 발생하지 않는다.

정답 03 ④ 04 ①

05 부동산시장에 관한 설명으로 <u>틀린</u> 것은?

제26회

① 부동산시장에서는 어떤 특정한 지역에 국한되는 시장의 지역성 혹은 지역시장성이 존재한다.
② 부동산시장에서는 정보의 비대칭성으로 인해 부동산가격의 왜곡현상이 나타나기도 한다.
③ 할당 효율적 시장에서는 부동산 거래의 은밀성으로 인해 부동산가격의 과소평가 또는 과대평가 등 왜곡가능성이 높아진다.
④ 부동산 거래비용의 증가는 부동산 수요자와 공급자의 시장 진출입에 제약을 줄 수 있어 불완전경쟁시장의 요인이 될 수 있다.
⑤ 개별성의 특성은 부동산상품의 표준화를 어렵게 할 뿐만 아니라 부동산시장을 복잡하고 다양하게 한다.

키워드 부동산시장

난이도

해설 할당 효율적 시장은 정보가치와 정보비용이 같은 시장이므로 본질적으로 제품의 동질성과 상호간의 대체성이 있는 시장이다. 따라서 부동산가격의 과소평가 또는 과대평가 등의 왜곡가능성이 적어진다.

정답 05 ③

THEME 06

주택의 여과과정과 주거분리

| THEME 키워드 |
주택의 여과과정과 주거분리, 주거분리

기출분석
- **기출회차**: 제30회
- **키워드**: 주택의 여과과정과 주거분리
- **난이도**: ■■■

함정을 피하는 TIP
- 주택의 여과과정의 개념과 주거분리의 개념을 잘 정리해두어야 한다.

기본으로 알아야 하는 대표기출

주택여과과정과 주거분리에 관한 설명으로 옳은 것은?

① 주택여과과정은 주택의 질적 변화와 가구의 이동과의 관계를 설명해 준다.
② 상위계층에서 사용되는 기존주택이 하위계층에서 사용되는 것을 상향여과라 한다.
③ 공가(空家)의 발생은 주거지 이동과는 관계가 없다.
④ 주거분리는 소득과 무관하게 주거지역이 지리적으로 나뉘는 현상이다.
⑤ 저급주택이 수선되거나 재개발되어 상위계층에서 사용되는 것을 하향여과라 한다.

해설

② 상위계층에서 사용되는 기존주택이 하위계층에서 사용되는 것을 하향여과라 한다.
③ 빈집이 생겨야 가구이동이 발생한다는 원리를 공가(空家)연쇄(vacancy chains)라 하는데, 가구의 이동과 공가의 발생은 밀접한 관련을 지닌다.
④ 주거분리란 도시 내에서 소득계층이 분화되어 거주하는 현상으로, 고소득층 주거지와 저소득층 주거지가 서로 분리되는 현상을 의미한다.
⑤ 저급주택이 수선되거나 재개발되어 상위계층에서 사용되는 것을 상향여과라 한다.

정답 ①

단단하게 정리하는 **핵심이론**

1 여과과정의 개념

(1) 여과현상

시간이 경과하면서 주택의 질과 주택에 거주하는 가구의 소득이 변화함에 따라 발생하는 현상을 말한다.

(2) 하향여과(filtering-down)

고소득(상위)계층이 사용하던 주택이 저소득(하위)계층의 사용으로 전환되는 현상을 말한다.

(3) 상향여과(filtering-up)

저소득(하위)계층이 사용하던 주택이 수선되거나 재개발되어 고소득(상위)계층의 사용으로 전환되는 현상을 말한다.

(4) 저가주택시장과 고가주택시장의 장·단기효과

저가주택 시장	단기	저가주택의 수요 증가 ⇨ 임대료 상승
	장기	고가주택 하향여과 ⇨ 기존 고가주택 공급 ⇨ 임대료 하락(원래수준이 됨) ※ 저가주택 임대료 ⇨ 원래수준, 주택량 ⇨ 증가(∵ 하향여과로 인해)
고가주택 시장	단기	하향여과 발생 ⇨ 고가주택의 공급 감소 ⇨ 임대료 상승
	장기	신규공급자 시장진입 ⇨ 공급 증가 ⇨ 임대료 하락

2 여과과정과 주거분리

(1) 의의

저소득층의 주거지역과 고소득층의 주거지역이 서로 나뉘고 있는 현상을 말한다.

(2) 특징

① 주거분리는 도시 전체뿐만 아니라 지리적으로 인접한 근린지역에서도 발생할 수 있다.
② 저소득가구의 침입과 천이현상으로 인하여 주거입지의 변화가 야기될 수 있다.
③ 고소득층 주거지역의 경계와 인접한 저소득층 주택은 대부분 할증되어 거래되며, 저소득층 주거지역의 경계와 인접한 고소득층 주택은 대부분 할인되어 거래되는 경향이 있다.

(3) 외부효과와 주거분리

① **고소득층 주거지역**: 저소득층 주거지역의 경계와 인접한 고소득층 주거지역의 주택의 개량비용이 개량 후 가치상승분보다 크다면 주택을 수선하려 들지 않을 것이다. 그 결과 해당 지역의 주택 가치는 점점 하락하게 되고 주택은 하향여과되어 저소득층이 들어오게 되는데, 이 과정을 침입(invasion)이라고 한다.

② **저소득층 주거지역**: 고소득층 주거지역의 경계와 인접한 저소득층 주거지역의 주택의 개량비용이 개량 후 가치상승분보다 작다면 주택을 수선하려고 할 것이다. 그 결과 해당 지역은 고소득층 주거지역으로 변할 수 있다. 즉, 저소득층 주거지역이 재개발 등으로 인해 고소득층 주거지역으로 변할 수 있다.

> **보충**
>
> 1. 고소득층 주거지역
>   - 개량 후 가치상승분 > 주택의 개량비용 ⇨ 주거분리
>   - 개량 후 가치상승분 < 주택의 개량비용 ⇨ 하향여과
> 2. 저소득층 주거지역
>   - 개량 후 가치상승분 > 주택의 개량비용 ⇨ 상향여과
>   - 개량 후 가치상승분 < 주택의 개량비용 ⇨ 주거분리

3 불량주택의 문제

① 불량주택은 시장실패가 아니며 오히려 시장에서 하향여과과정을 통한 효율적 자원배분의 결과이다.
② 불량주택의 철거와 같은 정부의 시장개입은 근본적인 대책이 될 수 없고, 불량주택에 거주하는 저소득자의 실질소득 향상이 효과적인 대책이 될 수 있다.

기본문제와 완성문제로 **단단기출**

01 주거분리와 주택의 여과과정(filtering process) 이론에 관한 설명 중 **틀린** 것은? 제19회

기본 기출
① 주거분리란 고소득층의 주거지역과 저소득층의 주거지역이 분리되는 현상을 말한다.
② 주거분리는 주택소비자가 정(+)의 외부효과 편익은 추구하려 하고, 부(-)의 외부효과 피해는 피하려는 동기에서 비롯된다.
③ 저소득층 주거지역에서 주택의 보수를 통한 가치상승분이 보수비용보다 크다면 상향여과가 발생할 수 있다.
④ 고소득층 주거지역과 인접한 저소득층 주택은 할증료(premium)가 붙어 거래되며, 저소득층 주거지역과 인접한 고소득층 주택은 할인되어 거래될 것이다.
⑤ 고소득층 주거지역으로 저소득층이 들어오게 되어 상향여과과정이 계속되면, 고소득층 주거지역은 점차 저소득층 주거지역으로 바뀔 것이다.

> **키워드** 주택의 여과과정과 주거분리
> **난이도**
> **해설** 고소득층 주거지역으로 저소득층이 들어오게 되어 하향여과과정이 계속되면, 고소득층 주거지역은 점차 저소득층 주거지역으로 바뀔 것이다.

02 주거분리에 관한 설명으로 **틀린** 것은? (단, 다른 조건은 동일함) 제27회

완성 기출
① 고소득층 주거지와 저소득층 주거지가 서로 분리되는 현상을 의미한다.
② 고소득층 주거지와 저소득층 주거지가 인접한 경우, 경계지역 부근의 저소득층 주택은 할인되어 거래되고 고소득층 주택은 할증되어 거래된다.
③ 저소득층은 다른 요인이 동일할 경우 정(+)의 외부효과를 누리고자 고소득층 주거지에 가까이 거주하려 한다.
④ 고소득층 주거지와 저소득층 주거지가 인접한 지역에서는 침입과 천이현상이 발생할 수 있다.
⑤ 도시 전체에서뿐만 아니라 지리적으로 인접한 근린지역에서도 발생할 수 있다.

> **키워드** 주거분리
> **난이도**
> **해설** 고소득층 주거지와 저소득층 주거지가 인접한 경우, 경계지역 부근의 저소득층 주택은 할증되어 거래되고 고소득층 주택은 할인되어 거래된다.

정답 01 ⑤ 02 ②

03 주택의 여과과정(filtering process)과 주거분리에 관한 설명으로 <u>틀린</u> 것은? 제31회

① 주택의 하향여과과정이 원활하게 작동하면 저급주택의 공급량이 감소한다.
② 저급주택이 재개발되어 고소득가구의 주택으로 사용이 전환되는 것을 주택의 상향여과과정이라 한다.
③ 저소득가구의 침입과 천이현상으로 인하여 주거입지의 변화가 야기될 수 있다.
④ 주택의 개량비용이 개량 후 주택가치의 상승분보다 크다면 하향여과과정이 발생하기 쉽다.
⑤ 여과과정에서 주거분리를 주도하는 것은 고소득가구로 정(+)의 외부효과를 추구하고 부(−)의 외부효과를 회피하려는 동기에서 비롯된다.

키워드	주택의 여과과정과 주거분리
난이도	
해설	주택의 하향여과과정이 원활하게 작동하면 저급주택의 공급량이 증가한다.

정답 03 ①

THEME 07 효율적 시장이론

| THEME 키워드 |
효율적 시장이론, 부동산시장과 효율적 시장이론, 정보의 현재가치

기출분석
- **기출회차:** 제27회
- **키워드:** 효율적 시장이론
- **난이도:**

기본으로 알아야 하는 대표기출

부동산시장의 효율성에 관한 설명으로 틀린 것은?

① 효율적 시장은 어떤 정보를 지체 없이 가치에 반영하는가에 따라 구분될 수 있다.
② 강성 효율적 시장은 공표된 정보는 물론이고 아직 공표되지 않은 정보까지도 시장가치에 반영되어 있는 시장이므로 이를 통해 초과이윤을 얻을 수 없다.
③ 강성 효율적 시장은 완전경쟁시장의 가정에 가장 근접하게 부합되는 시장이다.
④ 약성 효율적 시장에서는 현재가치에 대한 과거의 역사적 자료를 분석하여 정상이윤을 초과하는 이윤을 획득할 수 있다.
⑤ 준강성 효율적 시장은 과거의 추세적 정보뿐만 아니라 현재 새로 공표되는 정보가 지체 없이 시장가치에 반영되므로 공식적으로 이용가능한 정보를 기초로 기본적 분석을 하여 투자해도 초과이윤을 얻을 수 없다.

> **함정을 피하는 TIP**
> - 반영되는 정보에 따른 효율적 시장의 구분과 분석방법, 초과이윤, 정상이윤 획득 여부를 위주로 정리해두어야 한다.

| 해 설 |

약성 효율적 시장에서는 투자자들이 현재가치에 대한 과거의 역사적 자료를 분석하는 기술적 분석을 이용하여 정상이윤을 초과하는 이윤을 획득할 수 없다.

정답 ④

단단하게 정리하는 핵심이론

1 효율적 시장의 개념 및 구분

(1) 효율적 시장의 개념

부동산시장이 새로운 정보를 얼마나 지체 없이 가격에 반영하는가 하는 것을 '시장의 효율성(market efficiency)'이라 하고, 정보가 지체 없이 가격에 반영되는 시장을 '효율적 시장(efficient market)'이라 한다.

(2) 효율적 시장의 구분

① 약성 효율적 시장(weak efficient market)
  ㉠ 현재의 부동산가격이 과거의 부동산가격 및 거래량 변동 등과 같은 역사적 정보(과거의 정보)를 완전히 반영하고 있는 시장을 의미한다.
  ㉡ 과거의 역사적 자료를 기초로 분석하는 것을 기술적 분석(technical analysis)이라고 하는데, 약성 효율적 시장에서는 투자자들이 기술적 분석을 이용하여 초과이윤(excess profit)을 얻을 수 없게 된다.
  ㉢ 약성 효율적 시장에서 기술적 분석을 통해 정상이윤은 획득 가능하다.

② 준강성 효율적 시장(semi-strong efficient market)
  ㉠ 일반투자자에게 공개되는 모든 정보(과거·현재의 정보)가 신속하고 정확하게 현재의 부동산가격에 반영되는 시장을 의미한다.
  ㉡ 일반에게 공개되는 모든 정보(과거와 현재의 정보)를 가지고 투자분석을 하는 것을 기본적 분석(fundamental analysis)이라고 하는데, 기본적 분석을 하여 투자해도 초과이윤을 얻을 수 없다.
  ㉢ 준강성 효율적 시장에서 기본적 분석을 통해 정상이윤은 획득 가능하다.

③ 강성 효율적 시장(strong efficient market)
  ㉠ 현재의 부동산가격이 부동산에 관한 모든 정보(과거·현재·미래의 정보), 즉 이미 투자자들에게 공개된 정보뿐만 아니라 공표되지 않은 정보까지도 신속 정확하게 반영하는 효율적 시장을 의미한다.
  ㉡ 공표된 정보나 공표되지 않은 어떤 정보이든 이미 시장가치에 반영되어 있어 어떤 투자자라도 초과이윤을 획득할 수 없다.
  ㉢ 강성 효율적 시장에서 정상이윤은 획득 가능하다.

핵심단단

효율적 시장	반영되는 정보	분석 방법	정상 이윤	초과이윤	정보 비용
약성 효율적 시장	과거의 정보	기술적 분석	획득 가능	획득 불가능(현재나 미래의 정보를 분석하면 가능)	존재
준강성 효율적 시장	공표된 정보(과거·현재)	기본적 분석	획득 가능	획득 불가능(미래의 정보를 분석하면 가능)	존재
강성 효율적 시장	공표된 정보(과거·현재) 및 공표되지 않은 정보(미래)	분석 불필요	획득 가능	어떤 경우도 획득 불가능	없음

└ 투자자가 과거의 정보를 가지고 투자분석을 하는 것 └ 투자자가 과거와 현재의 정보(일반에게 공개되는 모든 정보)를 가지고 투자분석을 하는 것

2 할당(적)효율적 시장

(1) 할당(적)효율성(allocationally efficient)의 의의

자원의 할당이 효율적으로 이루어지는 시장을 말한다. "자원이 효율적으로 할당되었다."라는 말은 부동산투자와 다른 투자대상에 따르는 위험을 감안하였을 때, 부동산투자의 수익률과 다른 투자대상의 수익률이 같도록 할당되었다는 의미이다.

(2) 불완전경쟁시장과 할당(적)효율성

① 완전경쟁시장은 항상 할당효율적 시장이지만, 할당효율적 시장이 완전경쟁시장을 의미하는 것은 아니다.
② 불완전경쟁시장에서 초과이윤이 발생할 경우, 초과이윤과 초과이윤 발생에 드는 비용이 동일하다면 불완전경쟁시장도 할당효율적 시장이 될 수 있다. 또한 독점시장도 독점을 획득하기 위하여 지불하는 기회비용이 모든 투자자에게 동일하다면 할당효율적 시장이 될 수 있다.
③ 완전경쟁시장에서는 정보가 모두 공개되어 있으므로 정보비용이 '0'이며, 따라서 정보비용이 존재하는 시장은 완전경쟁시장이 아니다. 즉, 부동산거래에 정보비용이 수반되는 것은 시장이 불완전하기 때문이다.
④ 소수의 사람들이 부동산을 매수하여 초과이윤을 획득할 수 있는 것은 정보시장이 공개적이지 못하기 때문이다.
⑤ 소수의 투자자가 다른 사람보다 값싸게 정보를 획득할 수 있는 시장은 할당효율적 시장이 되지 못한다.
⑥ 부동산투기가 성립되는 것은 시장이 불완전해서라기보다는 할당효율적이지 못하기 때문이다.
⑦ 부동산시장이 할당효율적 시장이 아니라면 정보가치와 정보비용이 달라져 부동산가격이 과대평가 또는 과소평가되므로 투자자가 초과이윤을 얻을 수도 있다. 그러나 할당효율적 시장은 정보가치와 정보비용이 같은 시장이므로 부동산가격의 과소평가 또는 과대평가 등의 왜곡가능성이 적어진다.

3 개발정보의 현재가치 계산

(1) 투자자가 살 수 있고 토지소유자가 팔 수 있는 가격(불확실성하의 현재가치)

$$불확실성하의 현재가치 = \frac{투자수익의\ 기댓값}{1 + 요구수익률}$$

(2) 정보의 현재가치

$$정보의\ 현재가치 = 확실성하의\ 현재가치 - 불확실성하의\ 현재가치$$

(3) 초과이윤

$$초과이윤 = 정보의\ 현재가치 - 정보비용$$

기본문제와 완성문제로 단단기출

01 부동산시장에 관한 설명으로 **틀린** 것은? (단, 다른 조건은 동일함)   제28회

기본 기출
① 준강성 효율적 시장은 공표된 것이건 그렇지 않은 것이건 어떠한 정보도 이미 가치에 반영되어 있는 시장이다.
② 부동산시장에서 정보의 비대칭성은 가격형성의 왜곡을 초래할 수 있다.
③ 부동산시장에서 기술의 개발로 부동산공급이 증가하는 경우, 수요의 가격탄력성이 작을수록 균형가격의 하락폭은 커진다.
④ 일반적으로 부동산은 일반 재화에 비해 거래비용이 많이 들고, 부동산이용의 비가역적 특성 때문에 일반 재화에 비해 의사결정지원분야의 역할이 더욱 중요하다.
⑤ 부동산은 다양한 공·사적 제한이 존재하며, 이는 부동산가격 변동에 영향을 미칠 수 있다.

키워드 > 부동산시장과 효율적 시장이론
난이도 >
해설 > 준강성 효율적 시장은 일반투자자에게 공개되는 모든 정보가 신속하고 정확하게 현재의 부동산가격에 반영되는 시장을 말한다. 공표된 것이건 그렇지 않은 것이건 어떠한 정보도 이미 가치에 반영되어 있는 시장은 강성 효율적 시장이다.

02 부동산시장과 효율적 시장이론에 관한 설명으로 **틀린** 것은?   제22회

기본 기출
① 효율적 시장은 본질적으로 제품의 동질성과 상호간의 대체성이 있는 시장이다.
② 준강성 효율적 시장에서는 기술적 분석으로 초과이익을 얻을 수 없다.
③ 강성 효율적 시장에서는 누구든지 어떠한 정보로도 초과이익을 얻을 수 없다.
④ 부동산시장은 여러 가지 불완전한 요소가 많으므로 할당효율적 시장(allocationally effcient market)이 될 수 없다.
⑤ 부동산증권화 및 실거래가신고제도 등으로 우리나라 부동산시장의 효율성이 점차 증대되고 있다고 평가할 수 있다.

키워드 > 부동산시장과 효율적 시장이론
난이도 >
해설 > 부동산시장도 우수한 정보로 인해 발생하는 이윤과 그 정보를 얻기 위해 지불되는 기회비용이 같다면 할당효율적이 될 수 있다.

정답 01 ① 02 ④

03 완성 기출

다음은 3가지 효율적 시장(A~C)의 유형과 관련된 내용이다. 시장별 해당되는 내용을 〈보기〉에서 모두 찾아 옳게 짝지어진 것은?

제32회

A. 약성 효율적 시장
B. 준강성 효율적 시장
C. 강성 효율적 시장

〈보기〉
㉠ 과거의 정보를 분석해도 초과이윤을 얻을 수 없다.
㉡ 현재시점에 바로 공표된 정보를 분석해도 초과이윤을 얻을 수 없다.
㉢ 아직 공표되지 않은 정보를 분석해도 초과이윤을 얻을 수 없다.

① A – (㉠),　　　　B – (㉡),　　C – (㉢)
② A – (㉠),　　　　B – (㉠, ㉡), C – (㉠, ㉡, ㉢)
③ A – (㉢),　　　　B – (㉡, ㉢), C – (㉠, ㉡, ㉢)
④ A – (㉠, ㉡, ㉢), B – (㉠, ㉡), C – (㉠)
⑤ A – (㉠, ㉡, ㉢), B – (㉡, ㉢), C – (㉢)

키워드 효율적 시장이론

난이도

해설 ㉠ 과거의 정보를 분석해도 초과이윤을 얻을 수 없는 시장은 약성 효율적 시장, 준강성 효율적 시장, 강성 효율적 시장 모두 해당한다.
㉡ 현재시점에 바로 공표된 정보를 분석해도 초과이윤을 얻을 수 없는 시장은 준강성 효율적 시장, 강성 효율적 시장이다.
㉢ 아직 공표되지 않은 정보를 분석해도 초과이윤을 얻을 수 없는 시장은 강성 효율적 시장이다.

정답 03 ②

04 복합쇼핑몰 개발사업이 진행된다는 정보가 있다. 다음과 같이 주어진 조건하에서 합리적인 투자자가 최대한 지불할 수 있는 이 정보의 현재가치는? (단, 주어진 조건에 한함)   제29회

- 복합쇼핑몰 개발예정지 인근에 일단의 A토지가 있다.
- 2년 후 도심에 복합쇼핑몰이 개발될 가능성은 50%로 알려져 있다.
- 2년 후 도심에 복합쇼핑몰이 개발되면 A토지의 가격은 6억 500만원, 개발되지 않으면 3억 250만원으로 예상된다.
- 투자자의 요구수익률(할인율)은 연 10%이다.

① 1억 500만원
② 1억 1,000만원
③ 1억 1,500만원
④ 1억 2,000만원
⑤ 1억 2,500만원

키워드 〉 정보의 현재가치

난이도 〉

해설 〉 1. 2년 후 불확실성하의 현재가치
$= \dfrac{(6억\ 500만원 \times 0.5)+(3억\ 250만원 \times 0.5)}{(1+0.1)^2} = 3억\ 7,500만원$

2. 2년 후 복합쇼핑몰이 개발될 경우 현재가치
$= \dfrac{6억\ 500만원}{(1+0.1)^2} = 5억원$

3. 2년 후 복합쇼핑몰의 개발이 확실할 경우의 정보의 현재가치
= 5억원 − 3억 7,500만원 = 1억 2,500만원

정답 04 ⑤

05 완성 기출

대형마트가 개발된다는 다음과 같은 정보가 있을 때 합리적인 투자자가 최대한 지불할 수 있는 이 정보의 현재가치는? (단, 주어진 조건에 한함)   제33회

- 대형마트 개발예정지 인근에 일단의 A토지가 있다.
- 2년 후 대형마트가 개발될 가능성은 45%로 알려져 있다.
- 2년 후 대형마트가 개발되면 A토지의 가격은 12억 1,000만원, 개발되지 않으면 4억 8,400만원으로 예상된다.
- 투자자의 요구수익률(할인율)은 연 10%이다.

① 3억 1,000만원
② 3억 2,000만원
③ 3억 3,000만원
④ 3억 4,000만원
⑤ 3억 5,000만원

키워드 정보의 현재가치

난이도

해설
1. 2년 후 불확실성하의 현재가치
$$= \frac{(12억\ 1{,}000만원 \times 0.45) + (4억\ 8{,}400만원 \times 0.55)}{(1+0.1)^2} = 6억\ 7{,}000만원$$

2. 2년 후 대형마트가 개발될 경우 현재가치
$$= \frac{12억\ 1{,}000만원}{(1+0.1)^2} = 10억원$$

3. 2년 후 대형마트의 개발이 확실할 경우 정보의 현재가치
= 10억원 − 6억 7,000만원 = 3억 3,000만원

정답 05 ③

THEME 08 지대 및 지대결정이론

| THEME 키워드 |
지대이론, 마샬의 준지대론, 알론소의 입찰지대이론

> **기출분석**
> - **기출회차:** 제24회
> - **키워드:** 지대이론
> - **난이도:**

> **함정을 피하는 TIP**
> - 지대결정이론에서는 차액지대설, 절대지대설, 위치지대설, 입찰지대설의 특징을 비교하여 정리해 두어야 한다.

기본으로 알아야 하는 대표기출

지대론에 관한 설명으로 틀린 것은?

① 리카도(D. Ricardo)는 비옥도의 차이, 비옥한 토지량의 제한, 수확체감법칙의 작동을 지대발생의 원인으로 보았다.
② 위치지대설에 따르면 다른 조건이 동일한 경우, 지대는 중심지에서 거리가 멀어질수록 하락한다.
③ 절대지대설에 따르면 토지의 소유 자체가 지대의 발생요인이다.
④ 입찰지대설에 따르면 토지이용은 최고의 지대지불의사가 있는 용도에 할당된다.
⑤ 차액지대설에 따르면 지대는 경제적 잉여가 아니고 생산비이다.

| 해 설 |

리카도(D. Ricardo)는 고전학파 학자로 지대를 불로소득으로 간주하였으며, 다른 생산요소에 대한 대가를 지불하고 남은 잔여인 경제적 잉여로 파악했다.

정답 ⑤

단단하게 정리하는 **핵심이론**

1 지대이론

(1) 지대의 의의
지대는 일정기간 동안의 토지서비스의 가격으로서 토지소유자의 소득으로 귀속되는 임대료를 말하며, 유량(流量, flow)의 개념이다.

(2) 지대와 지가
① 지가는 한 시점에서 자산으로서의 토지 자체의 매매가격으로, 저량(貯量, stock)의 개념이다.
② 지가는 장래 매 기간당 일정한 토지로부터 발생하는 지대를 이자율로 할인하여 합계한 것으로, 토지의 현재가치이다.
③ 지가와 지대는 정비례하고, 지가와 이자율은 반비례한다.

(3) 지대에 관한 논쟁

구분	고전학파	신고전학파
지대의 기능에 대한 입장	생산요소를 노동·자본·토지로 구분하고, 지대는 다른 생산요소에 대한 대가를 지불하고 남은 잔여인 잉여로 파악	지대는 잉여가 아니라 생산요소에 대한 대가이며, 생산물가격에 영향을 주는 요소비용으로 파악
생산물가격과의 관계	생산물가격이 지대를 결정	지대가 생산물가격에 영향을 미침
지대를 보는 관점	지대는 잉여로서 불로소득	지대는 요소비용

(4) 지대와 관련된 개념
① **전용수입**(transfer earnings): 어떤 생산요소가 다른 용도로 전용되지 않도록 하기 위해서 현재의 용도에서 지급되어야 하는 지급액이다.
② **경제지대**(economic rent): 생산요소가 실제로 얻고 있는 수입과 전용수입과의 차액이다.

2 지대결정이론

(1) 차액지대설 – 리카도(D. Ricardo)
① 발생 이유
  ㉠ 비옥한 토지의 양이 상대적으로 희소하기 때문이다.
  ㉡ 토지의 비옥도와 위치에 따라 생산성의 차이가 발생한다.
  ㉢ 수확체감의 법칙이 성립한다.

② 내용
  ⊙ 한계지(marginal land)는 생산성이 가장 낮아 생산비와 곡물가격이 일치하는 토지를 말하며, 지대가 발생하지 않는다.
  ⓒ 지대는 토지의 생산성과 한계지의 생산성의 차이와 동일하다.
  ⓒ 지대는 일종의 불로소득이라고 할 수 있다.
  ⓔ 지대가 곡물가격을 결정하는 것이 아니라, 곡물가격이 지대를 결정한다.
③ 평가
  ⊙ 토지의 위치 문제를 경시하였고, 비옥도 자체가 아닌 비옥도의 차이에만 중점을 두었다.
  ⓒ 최열등지라 하더라도 지대가 발생하는 것을 설명하지 못한다.

(2) 절대지대설 - 마르크스(K. Marx)
① 지대는 토지소유자가 토지를 소유하고 있다는 독점적 지위 때문에 받는 수입이므로 최열등지(한계지)에서도 지대가 발생한다는 이론이다.
② 토지의 비옥도나 생산력에 관계없이 지대가 발생한다.
③ 한계지에도 토지소유자의 요구로 지대가 발생한다.
④ 지대의 상승이 곡물가격을 상승시킨다.

(3) 준지대설 - 마샬(A. Marshall)
① 마샬은 일시적으로 토지와 유사한 성격을 가지는 생산요소에 귀속되는 소득을 준지대로 설명하고, 단기적으로 공급량이 일정한 생산요소에 지급되는 소득으로 보았다.
② 생산을 위하여 사람이 만든 기계와 기타 자본설비에서 발생하는 소득으로 일시적 독점이윤이 지대와 유사하다는 점에서 준지대(quasi-rent)라고 한다.
③ 고정생산요소의 공급량은 단기적으로 변동하지 않으므로 다른 조건이 동일하다면 준지대는 고정생산요소에 대한 수요에 의해 결정된다.
④ 준지대는 토지 이외의 고정생산요소에 귀속되는 소득으로서 단기간 일시적으로 발생한다.

(4) 위치지대설(입지교차지대설, 고립국이론) - 튀넨(J.H. von Thünen)

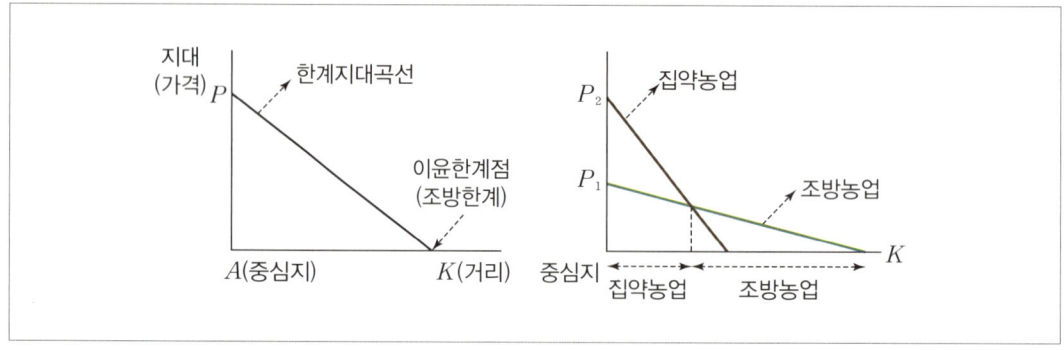

① 튀넨은 리카도의 차액지대이론에 위치 개념을 추가하여 이를 입지지대이론으로 발전시켰다.
② 튀넨은 도시중심지와의 접근성으로 거리에 따른 수송비 개념을 도입했는데, 도시중심지에 접근성이 높으면 수송비가 적게 들기 때문에 지대가 높다는 것이다.
③ 지대란 생산물가격에서 생산비와 수송비를 뺀 것으로서 수송비 절약이 곧 지대이다.

> 지대 = 생산물가격 − 생산비 − 수송비

④ 작물·경제활동에 따라 한계지대곡선이 달라진다.
⑤ 중심지에 가까운 곳은 집약적 토지이용현상이 나타난다.
⑥ 가장 많은 지대를 지불하는 입지주체가 중심지와 가장 가깝게 입지한다.

(5) 입찰지대설 – 알론소(W. Alonso)

① 토지이용은 가장 높은 지대를 지불할 의사가 있는 용도에 할당된다. 따라서 지대는 토지이용자에게는 최대지불용의액이라고 할 수 있다.
② 입찰지대(bid rent)란 단위면적의 토지에 대해 토지이용자가 지불하고자 하는 최대금액으로, 초과이윤이 '0'이 되는 수준의 지대를 말한다.
③ 입지경쟁의 결과 최대의 순현재가치를 올릴 수 있어서 최고의 지불능력을 가지고 있는 토지이용자에게 그 토지는 할당된다. 이때 도심으로부터의 거리에 따라 더 높은 지대를 지불할 수 있는 각 산업의 지대곡선들을 연결한 것을 입찰지대곡선이라 한다.
④ 입찰지대곡선의 기울기는 생산물의 단위당 한계교통비를 토지이용자의 토지사용량으로 나눈 값이다.

> 입찰지대곡선의 기울기 = $\dfrac{\text{생산물의 단위당 한계교통비}}{\text{토지이용자의 토지사용량}}$

보충

마찰비용이론 – 헤이그(R. M. Haig)
1. 마찰비용은 지대와 교통비로 구성되고, 토지의 이용자는 마찰비용으로 교통비와 지대를 지불한다.
2. 공간의 마찰비용은 지대와 교통비의 합이며, 토지는 고정되어 있으므로 교통비의 절약액이 지대라고 하였다.

기본문제와 완성문제로 **단단기출**

01 다음에서 설명하는 지대이론은? 제19회

기본 기출

- 지대가 발생하는 이유는 비옥한 토지의 양이 상대적으로 희소하고 토지에 수확체감현상이 있기 때문이다.
- 경작되고 있는 토지 가운데 생산성이 가장 낮은 토지를 한계지라고 하며, 한계지에서는 지대가 발생하지 않는다.
- 어떤 토지의 지대는 그 토지의 생산성과 한계지의 생산성과의 차이에 의해 결정된다.
- 지대는 토지생산물 가격의 구성요인이 되지 않으며 또한 될 수도 없다.

① 리카도(D. Ricardo)의 차액지대설
② 알론소(W. Alonso)의 입찰지대이론
③ 파레토(V. Pareto)의 경제지대이론
④ 마르크스(K. Marx)의 절대지대설
⑤ 마샬(A. Marshall)의 준지대설

키워드 지대이론
난이도
해설 리카도(D. Ricardo)의 차액지대설에 대한 설명이다.

02 다음의 내용을 모두 설명하는 지대는? 제27회

기본 기출

- 지대는 토지소유자가 토지를 소유하고 있다는 독점적 지위 때문에 받는 수입이므로 최열등지에서도 발생함
- 지대란 토지의 비옥도나 생산력에 관계없이 발생함
- 지대는 토지의 사유화로 인해 발생함

① 마샬(A. Marshall)의 준지대
② 리카도(D. Ricardo)의 차액지대
③ 알론소(W. Alonso)의 입찰지대
④ 튀넨(J.H. von Thünen)의 위치지대
⑤ 마르크스(K. Marx)의 절대지대

키워드 지대이론
난이도
해설 마르크스(K. Marx)의 절대지대설에서 지대는 자본주의하에서의 토지의 사유화로 인해 발생하며, 토지소유자가 토지를 소유하고 있다는 독점적 지위 때문에 받는 수입이므로 토지의 비옥도나 생산력에 관계없이 발생한다는 이론이다. 또한 최열등지(한계지)에서도 토지소유자의 요구로 지대가 발생한다. 절대지대설에 따르면 토지의 소유 자체가 지대의 발생요인이다. 지대의 상승이 곡물가격을 상승시킨다고 주장한다.

정답 01 ① 02 ⑤

03 지대론에 관한 설명으로 <u>틀린</u> 것은?   제20회

① 차액지대설에서는 토지 비옥도가 지대를 결정하게 되며, 수확체감의 법칙을 전제한다.
② 절대지대설에 따르면 토지소유자는 최열등지에 대해서는 지대를 요구할 수 없다.
③ 튀넨(Thünen)의 입지이론에 따르면 토지의 비옥도가 동일하더라도 위치에 따라 지대의 차이가 날 수 있다.
④ 입찰지대설에서는 가장 높은 지대를 지불할 의사가 있는 용도에 따라 토지이용이 이루어진다.
⑤ 차액지대설에 따르면 생산물의 가격과 생산비가 일치하는 한계지에서는 지대가 발생하지 않는다.

> 키워드 지대이론
> 난이도
> 해설 절대지대설에 따르면 최열등지에 대해서도 토지소유자의 요구로 지대가 발생한다.

04 다음 중 리카도(D. Ricardo)의 차액지대론에 관한 설명으로 옳은 것을 모두 고른 것은?   제31회

> ㉠ 지대 발생의 원인으로 비옥한 토지의 부족과 수확체감의 법칙을 제시하였다.
> ㉡ 조방적 한계의 토지에는 지대가 발생하지 않으므로 무지대(無地代) 토지가 된다.
> ㉢ 토지소유자는 토지소유라는 독점적 지위를 이용하여 최열등지에도 지대를 요구한다.
> ㉣ 지대는 잉여이기에 토지생산물의 가격이 높아지면 지대가 높아지고 토지생산물의 가격이 낮아지면 지대도 낮아진다.

① ㉠, ㉢
② ㉡, ㉣
③ ㉠, ㉡, ㉢
④ ㉠, ㉡, ㉣
⑤ ㉡, ㉢, ㉣

> 키워드 지대이론
> 난이도
> 해설 ㉢ 토지소유자는 토지소유라는 독점적 지위를 이용하여 최열등지에도 지대를 요구한다고 주장하는 지대론은 마르크스(K. Marx)의 절대지대론이다.

정답 03 ② 04 ④

05 지대이론에 관한 설명으로 옳은 것은? 제34회

① 튀넨(J.H. von Thünen)의 위치지대설에 따르면, 비옥도 차이에 기초한 지대에 의해 비농업적 토지이용이 결정된다.
② 마샬(A. Marshall)의 준지대설에 따르면, 생산을 위하여 사람이 만든 기계나 기구들로부터 얻은 일시적인 소득은 준지대에 속한다.
③ 리카도(D. Ricardo)의 차액지대설에서 지대는 토지의 생산성과 운송비의 차이에 의해 결정된다.
④ 마르크스(K. Marx)의 절대지대설에 따르면, 최열등지에서는 지대가 발생하지 않는다.
⑤ 헤이그(R. Haig)의 마찰비용이론에서 지대는 마찰비용과 교통비의 합으로 산정된다.

키워드 지대이론

난이도

해설 ① 튀넨(J.H. von Thünen)의 위치지대설에 따르면, 위치에 따른 수송비 차이에 기초한 지대에 의해 농업적 토지이용이 결정된다.
③ 리카도(D. Ricardo)의 차액지대설에서 지대는 토지의 비옥도 차이에 의해 결정된다.
④ 마르크스(K. Mark)의 절대지대설에 따르면, 최열등지에서도 토지소유자의 요구로 지대가 발생한다.
⑤ 헤이그(R. Haig)의 마찰비용이론에서 마찰비용은 지대와 교통비(수송비)의 합으로 산정된다.

06 마샬(A. Marshall)의 준지대론에 관한 설명으로 틀린 것은? 제24회

① 한계생산이론에 입각하여 리카도(D. Ricardo)의 지대론을 재편성한 이론이다.
② 준지대는 생산을 위하여 사람이 만든 기계나 기구들로부터 얻는 소득이다.
③ 토지에 대한 개량공사로 인해 추가적으로 발생하는 일시적인 소득은 준지대에 속한다.
④ 고정생산요소의 공급량은 단기적으로 변동하지 않으므로 다른 조건이 동일하다면 준지대는 고정생산요소에 대한 수요에 의해 결정된다.
⑤ 준지대는 토지 이외의 고정생산요소에 귀속되는 소득으로서, 다른 조건이 동일하다면 영구적으로 지대의 성격을 가지는 소득이다.

키워드 마샬의 준지대론

난이도

해설 준지대란 생산을 위하여 사람이 만든 기계나 기구들로부터 얻는 소득으로, 토지에 대한 개량공사로 인해 추가적으로 발생하는 일시적인 소득은 준지대에 해당한다. 그런데 기계나 기구와 같은 자본설비는 단기간에 증대하기가 어려우므로 자본설비에 대한 수요가 증가할 경우 설비의 소유자는 일시적인 이윤을 얻을 수 있게 된다. 이와 같이 기계와 기타 자본설비에서 발생하는 일시적 독점이윤이 지대와 유사하다는 점에서 준지대라 한다. 준지대는 단기간 일시적으로 발생한다.

정답 05 ② 06 ⑤

07 지대이론에 관한 설명으로 옳은 것을 모두 고른 것은? 제28회

⊙ 리카도(D. Ricardo)는 지대 발생의 원인을 비옥한 토지의 희소성과 수확체감현상으로 설명하고, 토지의 질적 차이에서 발생하는 임대료의 차이로 보았다.
ⓒ 마샬(A. Marshall)은 일시적으로 토지와 유사한 성격을 가지는 생산요소에 귀속되는 소득을 준지대로 설명하고, 단기적으로 공급량이 일정한 생산요소에 지급되는 소득으로 보았다.
ⓒ 튀넨(J.H. von Thünen)은 한계지의 생산비와 우등지의 생산비 차이를 절대지대로 보았다.
ⓔ 마르크스(K. Marx)는 도시로부터 거리에 따라 농작물의 재배형태가 달라진다는 점에 착안하여, 수송비의 차이가 지대의 차이를 가져온다고 보았다.

① ⊙, ⓒ
② ⓒ, ⓒ
③ ⊙, ⓒ, ⓔ
④ ⊙, ⓒ, ⓔ
⑤ ⓒ, ⓒ, ⓔ

키워드 지대이론

난이도

해설 ⓒ 튀넨(J.H. von Thünen)은 생산지와 시장 간의 거리가 지대를 결정하는데, 도시 중심지에 접근성이 높으면 수송비가 적게 들기 때문에 지대가 높게 나타난다고 보고, 다른 조건이 동일한 경우 지대는 중심지에서 거리가 멀어질수록 하락한다고 하였다. 어떤 토지의 지대는 해당 토지의 생산성과 한계지의 생산성의 차이에 의해 결정된다고 주장한 학자는 리카도(D. Ricardo)이다.
ⓔ 도시로부터 거리에 따라 농작물의 재배형태가 달라진다는 점에 착안하여, 수송비의 차이가 지대의 차이를 가져온다고 본 학자는 튀넨(J.H. von Thünen)이다.

정답 07 ①

08 지대이론에 관한 설명으로 옳은 것은? 　　　　제29회

① 차액지대는 토지의 위치를 중요시하고 비옥도와는 무관하다.
② 준지대는 토지사용에 있어서 지대의 성질에 준하는 잉여로 영구적 성격을 가지고 있다.
③ 절대지대는 토지의 생산성과 무관하게 토지가 개인에 의해 배타적으로 소유되는 것으로부터 발생한다.
④ 경제지대는 어떤 생산요소가 다른 용도로 전용되지 않고 현재의 용도에 그대로 사용되도록 지급하는 최소한의 지급액이다.
⑤ 입찰지대는 토지소유자의 노력과 희생 없이 사회 전체의 노력에 의해 창출된 지대이다.

키워드 〉 지대이론
난이도 〉
해설 〉 ① 차액지대는 비옥도의 차이, 비옥한 토지량의 제한, 수확체감법칙의 작동 등과 밀접한 관련이 있다.
② 준지대는 토지 이외의 고정생산요소에 귀속되는 소득으로서 단기간 일시적으로 발생한다.
④ 어떤 생산요소가 다른 용도로 전용되지 않고 현재의 용도에 그대로 사용되도록 지급하는 최소한의 지급액은 전용수입이다. 경제지대는 생산요소가 실제로 얻고 있는 수입과 전용수입의 차액을 말한다.
⑤ 토지소유자의 노력과 희생 없이 사회 전체의 노력에 의해 창출된 지대는 공공발생지대이다. 입찰지대는 단위면적의 토지에 대해 토지이용자가 지불하고자 하는 최대금액으로, 초과이윤이 '0'이 되는 수준의 지대를 말한다.

09 알론소(W. Alonso)의 입찰지대이론에 관한 설명으로 틀린 것은? 　　　　제23회

① 튀넨의 고립국이론을 도시공간에 적용하여 확장, 발전시킨 것이다.
② 운송비는 도심지로부터 멀어질수록 증가하고, 재화의 평균생산비용은 동일하다는 가정을 전제한다.
③ 지대는 기업주의 정상이윤과 투입생산비를 지불하고 남은 잉여에 해당하며, 토지이용자에게는 최소지불용의액이라 할 수 있다.
④ 도심지역의 이용 가능한 토지는 외곽지역에 비해 한정되어 있어 토지이용자들 사이에 경쟁이 치열해질 수 있다.
⑤ 교통비 부담이 너무 커서 도시민이 거주하려고 하지 않는 한계지점이 도시의 주거한계점이다.

키워드 〉 알론소의 입찰지대이론
난이도 〉
해설 〉 지대는 기업주의 정상이윤과 투입생산비를 지불하고 남은 잉여에 해당하며, 토지이용자에게는 최대지불용의액이라 할 수 있다.

정답 08 ③ 09 ③

THEME 09 도시공간구조이론

| THEME 키워드 |
도시공간구조이론

기본으로 알아야 하는 대표기출

기출분석
- **기출회차:** 제24회
- **키워드:** 도시공간구조이론
- **난이도:** ■■□□□

도시공간구조이론에 관한 설명으로 틀린 것은?

① 동심원이론에 따르면 저소득층일수록 고용기회가 적은 부도심과 접근성이 양호하지 않은 지역에 주거를 선정하는 경향이 있다.
② 선형이론에 의하면 고소득층의 주거지는 주요 교통노선을 축으로 하여 접근성이 양호한 지역에 입지하는 경향이 있다.
③ 동심원이론에 의하면 점이지대는 고소득층 주거지역보다 도심에 가깝게 위치한다.
④ 다핵심이론에서 도시는 하나의 중심지가 아니라 몇 개의 중심지들로 구성된다.
⑤ 동심원이론은 도시의 공간구조를 도시생태학적 관점에서 접근하였다.

함정을 피하는 TIP
- 시험에서는 동심원이론, 선형이론, 다핵심이론 위주로 출제되고 있다. 동심원이론, 선형이론은 단핵이론이며, 다핵심이론은 다핵이론이라는 데 주의하여야 한다.

해설

버제스(E. W. Burgess)의 동심원이론에 따르면 저소득층일수록 고용기회가 많은 도심과 접근성이 양호한 지역에 주거를 선정하는 경향이 있다. 반면, 호이트(H. Hoyt)의 선형이론에 따르면 주택구입능력이 높은 고소득층의 주거지는 주요 간선도로 인근에 입지하는 경향이 있다. 즉, 기존의 도심지역과 주요 교통노선을 축으로 하여 접근성이 양호한 지역에 입지하는 경향이 있다.

정답 ①

단단하게 정리하는 핵심이론

1 동심원이론 – 버제스(E. W. Burgess)

(1) 의의

도시는 그 중심지에서 동심원상으로 확대되어 5개 지구로 분화되면서 성장한다는 이론이다.
⇨ 튀넨(J.H. von Thünen)의 고립국이론을 도시공간구조를 설명하는 데 응용한 것이다.

(2) 토지이용 패턴

① 중심업무지대 ⇨ ② 천이(전이, 점이)지대 ⇨ ③ 근로자 주택지대 ⇨ ④ 중산층 주택지대 ⇨ ⑤ 통근자지대

(3) 특징

① 도시의 공간구조를 도시생태학적 관점에서 접근하였다.
② 도시의 공간구조 형성을 침입, 경쟁, 천이 등의 과정으로 설명하였다.
③ 주택지불능력이 낮은 저소득층일수록 고용기회가 많은 도심지역에 주거입지를 선정하는 경향이 있다.
④ 도시는 중심지에서 멀어질수록 접근성·지대·인구밀도 등이 낮아지고, 범죄·인구이동·빈곤·질병 등의 도시문제가 감소한다.

(4) 비판

① 시카고 시만을 대상으로 한 연구이므로 일반성이 결여되었다.
② 도로 및 교통수단의 발달이 동심원형을 변형시킬 수 있다는 점을 고려하지 않았다.

2 선형이론 - 호이트(H. Hoyt)

(1) 의의

토지이용은 도심에서 시작되어 점차 교통망을 따라 동질적으로 확장되므로 원을 변형한 모양으로 도시가 성장한다는 이론이다.

⇨ 부채꼴모양(선형), 쐐기형 지대모형

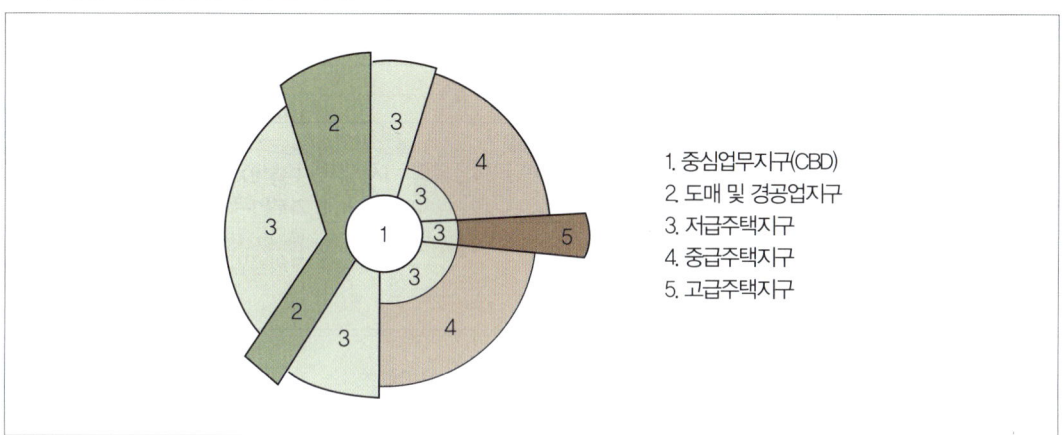

1. 중심업무지구(CBD)
2. 도매 및 경공업지구
3. 저급주택지구
4. 중급주택지구
5. 고급주택지구

(2) 특징

① 주택가격의 지불능력이 도시주거공간의 유형을 결정하는 중요한 요인으로 본다.
② 주택구입능력이 높은 고소득층의 주거지는 주요 간선도로 인근에 입지하는 경향이 있다.
③ 고소득층의 주거지는 주요 교통노선을 축으로 하여 접근성이 양호한 지역에 입지하는 경향이 있다.

(3) 비판

① 단순히 과거의 경향을 말하는 것일 뿐, 도시성장의 추세분석을 유도하기에는 미흡하다.
② 동일수준의 주택이 집적하는 것에 대한 설명은 있으나, 그 원인에 대한 설명이 없다.

3 다핵심이론 - 해리스(C. D. Harris)와 울만(E. L. Ullman)

(1) 의의

도시가 성장하면 핵심의 수가 증가하고 도시는 복수의 핵심 주변에서 발달한다는 이론이다.

⇨ 대도시에 적합한 이론

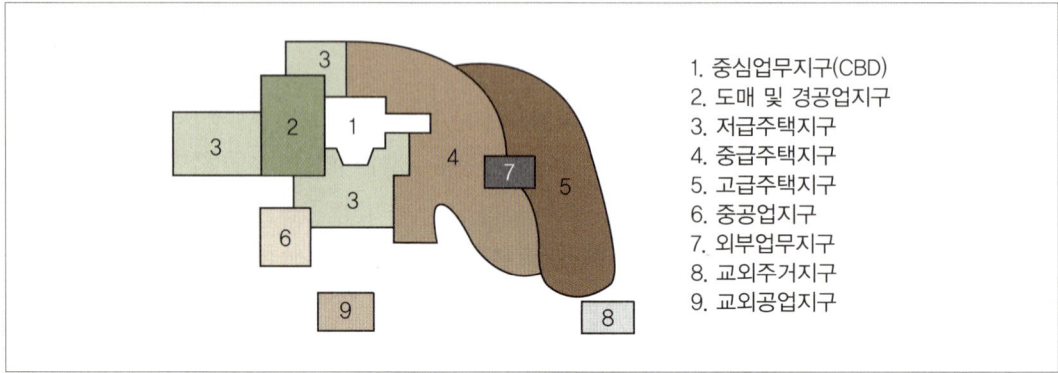

1. 중심업무지구(CBD)
2. 도매 및 경공업지구
3. 저급주택지구
4. 중급주택지구
5. 고급주택지구
6. 중공업지구
7. 외부업무지구
8. 교외주거지구
9. 교외공업지구

(2) 특징

① 도시 토지이용의 패턴은 하나의 핵으로 구성된 것이 아니라 같은 도시 내에 여러 개의 이산(離散)되는 핵으로 구성되어 있다는 이론이다.
② 도시는 하나의 중심이 아니라 여러 개의 전문화된 중심으로 이루어진다.
③ 도시성장은 분산된 핵을 따라 행하여졌으며, 핵의 형성은 입지조건에 따라 다르다.

(3) 다핵이 성립하는 요인

① 동종의 활동(유사활동)은 집적이익이 발생하므로 특정 지역에 모여서 입지한다(집중지향성).
② 이종의 활동(이질활동)은 상호간의 이해가 상반되므로 떨어져서 입지한다(입지적 비양립성).
③ 어떤 활동들은 특정한 위치나 특정 시설을 요구한다. 즉, 상업활동이나 공업활동 등은 각각의 활동에 적합한 곳에 입지하는 경향이 있다.
④ 업종에 따라서는 높은 지대를 지불할 능력이 없으므로 특정 위치를 원한다고 하더라도 지대가 높은 곳은 입지하지 못하므로 분리되어 입지한다.

기본문제와 완성문제로 단단기출

01 기본 기출
다음에서 설명하는 도시공간구조이론은? 제23회

- 미국의 도시경제학자인 호이트(H. Hoyt)가 주장하였다.
- 도시공간구조의 성장과 지역분화에 있어 중심업무지구로부터 도매·경공업지구, 저급주택지구, 중급주택지구, 고급주택지구들이 주요 교통노선에 따라 쐐기형(wedge) 지대모형으로 확대 배치된다.
- 주택가격의 지불능력이 도시주거공간의 유형을 결정하는 중요한 요인이다.

① 선형이론 ② 동심원이론 ③ 다핵심이론
④ 중력모형이론 ⑤ 분기점모형이론

키워드 도시공간구조이론

난이도

해설 선형이론은 호이트(H. Hoyt)가 주장한 것으로 도시공간구조의 성장과 지역분화에 있어 중심업무지구, 도매 및 경공업지구, 저급주택지구, 중급주택지구, 고급주택지구들이 주요 교통노선에 따라 쐐기형(wedge) 지대모형으로 확대 배치된다는 이론이다. 선형이론에서는 특히 주택가격의 지불능력이 도시주거공간의 유형을 결정하는 중요한 요인이 된다.

02 기본 기출
다음 내용을 모두 만족시키는 도시공간구조이론은? 제29회

- 유사한 도시활동은 집적으로부터 발생하는 이익 때문에 집중하려는 경향이 있다.
- 서로 다른 도시활동 중에서는 집적 불이익이 발생하는 경우가 있는데, 이러한 활동은 상호분리되는 경향이 있다.
- 도시활동 중에는 교통이나 입지의 측면에서 특별한 편익을 필요로 하는 기능들이 있다.
- 해리스(C. Harris)와 울만(E. Ullman)이 주장하였다.

① 동심원이론 ② 선형이론 ③ 다핵심이론
④ 입지지대이론 ⑤ 최소비용이론

키워드 도시공간구조이론

난이도

해설 해리스(C. Harris)와 울만(E. Ullman)의 다핵심이론에 의하면 도시는 하나의 중심지가 아니라 몇 개의 중심지들로 구성되며, 도시활동 중에는 교통이나 입지의 측면에서 특별한 편익을 필요로 하는 기능들이 있다. 따라서 대도시의 설명에 적합한 이론이다. 다핵심이론에 의하면 유사한 도시활동은 집적으로부터 발생하는 이익 때문에 집중하려는 경향이 있다. 또한 서로 다른 도시활동 중에서는 집적 불이익이 발생하는 경우가 있는데, 이러한 활동은 상호분리되는 경향이 있다.

정답 01 ① 02 ③

03 버제스(E. W. Burgess)의 동심원이론에 관한 설명 중 틀린 것은?
제19회

① 20세기 초반, 미국 시카고대학의 시카고학파를 중심으로 발전하였다.
② 도시의 공간구조를 도시생태학적 관점에서 접근하였다.
③ 도시의 공간구조 형성을 침입, 경쟁, 천이 등의 과정으로 설명하였다.
④ 튀넨의 고립국이론은 버제스의 동심원이론을 농업부문에 응용한 것이다.
⑤ 이 이론에 따르면 천이지대(혹은 점이지대)는 중심업무지구와 저소득층 주거지대의 사이에 위치한다.

키워드 〉 도시공간구조이론
난이도 〉
해설 〉 버제스의 동심원이론은 튀넨의 고립국이론을 도시내부구조이론에 응용한 것이다.

04 도시공간구조이론에 관한 설명으로 틀린 것은?
제20회

① 호이트(Hoyt)의 선형이론에 따르면 주택지불능력이 낮을수록 고용기회가 많은 도심지역과 접근성이 양호한 지역에 주거입지를 선정하는 경향이 있다.
② 헤이그(Haig)의 마찰비용이론은 중심지로부터 멀어질수록 수송비는 증가하고 지대는 감소한다고 보고 교통비의 중요성을 강조했다.
③ 버제스(Burgess)의 동심원이론은 거주지 분화현상의 연구를 통하여 도시팽창이 도시내부구조에 미치는 영향을 설명했다.
④ 해리스(Harris)와 울만(Ullman)의 다핵심이론에 의하면 도시는 하나의 중심이 아니라 여러 개의 전문화된 중심으로 이루어진다.
⑤ 다핵심이론에서는 지대를 지불하는 능력의 차이와 유사한 활동이 집중하는 성향을 도시의 다핵화 요인으로 설명하고 있다.

키워드 〉 도시공간구조이론
난이도 〉
해설 〉 호이트의 선형이론에 따르면 주택지불능력이 높을수록 기존의 도심지역과 접근성이 양호한 지역에 주거입지를 선정하는 경향이 있다.

정답 03 ④ 04 ①

05 도시공간구조이론에 관한 설명으로 옳은 것은? 제28회

① 도시공간구조의 변화를 야기하는 요인은 교통의 발달이지 소득의 증가와는 관계가 없다.
② 버제스(E. Burgess)는 도시의 성장과 분화가 주요 교통망에 따라 확대되면서 나타난다고 보았다.
③ 호이트(H. Hoyt)는 도시의 공간구조 형성을 침입, 경쟁, 천이 등의 과정으로 나타난다고 보았다.
④ 동심원이론에 의하면 점이지대는 고급주택지구보다 도심으로부터 원거리에 위치한다.
⑤ 다핵심이론의 핵심요소에는 공업, 소매, 고급주택 등이 있으며, 도시성장에 맞춰 핵심의 수가 증가하고 특화될 수 있다.

키워드 〉 도시공간구조이론

난이도 〉

해설 〉 ① 도시공간구조의 변화를 야기하는 요인은 교통의 발달뿐만 아니라 소득의 증가와도 관계가 있다.
② 도시의 성장과 분화가 주요 교통망에 따라 확대되면서 나타난다고 본 학자는 호이트(H. Hoyt)이다.
③ 도시의 공간구조 형성을 침입, 경쟁, 천이 등의 과정으로 나타난다고 본 학자는 버제스(E. Burgess)이다.
④ 동심원이론에 의하면 점이지대는 고급주택지구보다 도심으로부터 가까운 거리에 위치한다.

정답 05 ⑤

06 도시공간구조이론 및 입지이론에 관한 설명으로 옳은 것은? 제34회

① 버제스(E. Burgess)의 동심원이론에서 통근자지대는 가장 외곽에 위치한다.
② 호이트(H. Hoyt)의 선형이론에 따르면, 도시공간구조의 성장과 분화는 점이지대를 향해 직선으로 확대되면서 나타난다.
③ 해리스(C. Harris)와 울만(E. Ullman)의 다핵심이론에는 중심업무지구와 점이지대가 존재하지 않는다.
④ 뢰쉬(A. Lösch)의 최대수요이론은 운송비와 집적이익을 고려한 특정 사업의 팔각형 상권체계 과정을 보여준다.
⑤ 레일리(W. Reilly)의 소매인력법칙은 특정 점포가 최대 이익을 확보하기 위해 어떤 장소에 입지하는가에 대한 8원칙을 제시한다.

> 키워드 > 도시공간구조이론
> 난이도 >
> 해설 > ② 호이트(H. Hoyt)의 선형이론에 따르면, 도시공간구조의 성장과 분화는 주요 교통축을 따라 부채꼴 모양으로 확대되면서 나타난다.
> ③ 해리스(C. Harris)와 울만(E. Ullman)의 다핵심이론에서도 중심업무지구와 도매 및 경공업지구(점이지대)가 존재한다.
> ④ 뢰쉬(A. Lösch)의 최대수요이론은 장소에 따라 수요가 차별적이라는 전제하에 수요 측면에서 경제활동의 공간조직과 상권조직을 파악한 것이다.
> ⑤ 특정 점포가 최대이익을 확보하기 위해 어떤 장소에 입지하는가에 대한 8원칙을 제시하는 것은 넬슨(R. L. Nelson)의 소매입지이론이다.

정답 06 ①

THEME 10

상업입지론과 공업입지론

| THEME 키워드 |
상권에 관한 이론, 크리스탈러의 중심지이론, 레일리의 소매인력법칙, 컨버스의 분기점모형, 허프의 상권분석모형, 베버의 최소비용이론

기출분석
- **기출회차:** 제29회
- **키워드:** 상권에 관한 이론
- **난이도:**

함정을 피하는 TIP
- 상권에 관한 이론 중 크리스탈러, 레일리, 허프, 컨버스의 이론을 정리하되 특히 시험에서 자주 출제되는 레일리와 허프의 이론을 비교해두어야 한다.

기본으로 알아야 하는 대표기출

다음 이론에 관한 설명으로 틀린 것은?

① 레일리(W. Reilly)는 두 중심지가 소비자에게 미치는 영향력의 크기는 두 중심지의 크기에 반비례하고 거리의 제곱에 비례한다고 보았다.
② 베버(A. Weber)는 운송비·노동비·집적이익을 고려하여 비용이 최소화되는 지점이 공장의 최적입지가 된다고 보았다.
③ 컨버스(P. Converse)는 경쟁관계에 있는 두 소매시장 간 상권의 경계지점을 확인할 수 있도록 소매중력모형을 수정하였다.
④ 허프(D. Huff)는 소비자가 특정 점포를 이용할 확률은 소비자와 점포와의 거리, 경쟁점포의 수와 면적에 의해서 결정된다고 보았다.
⑤ 크리스탈러(W. Christaller)는 재화와 서비스에 따라 중심지가 계층화되며 서로 다른 크기의 도달범위와 최소요구범위를 가진다고 보았다.

해설

레일리(W. Reilly)는 두 중심지가 소비자에게 미치는 영향력의 크기는 두 중심지의 크기에 비례하고 거리의 제곱에 반비례한다고 보았다.

정답 ①

단단하게 정리하는 **핵심이론**

1 상권

(1) 의의

대상 상가가 흡인할 수 있는 실질적인 소비자의 숫자가 존재하는 권역으로, 상업활동을 성립시키는 지역조건을 가진 공간적 넓이, 즉 상업활동을 하는 곳을 말한다.

(2) 특징 및 분류

① 상권의 특징
  ㉠ 시장지역 또는 배후지(hinterland)라고도 부른다.
  ㉡ 배후지의 인구밀도가 높고, 지역 면적이 크며, 고객의 소득수준이 높아야 좋은 상권을 형성한다.
  ㉢ 상권마다 매매관습과 소비관습의 차이가 있다.
  ㉣ 경쟁자의 출현은 상권을 차단하는 중요한 장애물이다. 그 밖에 고속도로, 철도, 하천, 공원, 사회적 지위, 소득수준, 문화, 종교 등의 차이도 상권 차단의 장애물이다.
  ㉤ 취급 상품의 판매액에 따라 제1차·제2차·제3차 상권으로 분류하기도 한다.

② **상권의 분류**: 대표적인 상품 판매액의 90%를 차지하는 지역 또는 점포의 신용판매액의 75%가 거주하는 지역을 제1차 상권, 다음 14%가 거주하는 지역을 제2차 상권, 그 나머지를 제3차 상권이라고 한다.

2 크리스탈러(W. Christaller)의 중심지이론

(1) 의의

1933년 독일의 지리학자인 크리스탈러(W. Christaller)가 독일 남부지역의 도시를 실증적으로 분석한 결과를 기초로 하여 발전시킨 도시분포와 계층체계에 관한 이론이다.

(2) 주요 개념

① **중심지**: 도시가 위치한 지역의 중심에서 재화와 서비스를 생산·공급하는 곳이다.
② **재화의 도달거리**(범위, range of a goods): 특정 재화나 서비스를 얻기 위하여 사람들이 기꺼이 통행하려는 최대의 거리로, 중심지 기능이 주변지역에 미치는 최대한의 공간적인 범위를 말한다.
  ⇨ 수요가 '0'(또는 상품의 판매량이 '0')이 되는 지점
③ **최소요구치**: 중심지가 중심기능을 유지시키기 위하여 필요로 하는 최소한의 인구수, 즉 수요 또는 시장을 말한다.
④ **중심지가 유지되기 위한 조건**: 최소요구치의 범위보다 재화의 도달거리(범위)가 커야 한다.

(3) 내용

① 인구가 증가하거나 경제가 활성화될수록 중심지의 규모는 커지고, 중심지가 많아지며, 중심지 간의 거리는 가까워진다.
② 교통이 발달할수록 고차원 중심지는 발달하고, 저차원 중심지는 쇠락한다.
③ 중심지의 수는 고차원 중심지일수록 적고, 저차원 중심지일수록 많다.
④ 배후지는 고차원 중심지일수록 규모가 더 커지고 다양한 중심기능을 수행하며, 저차원 중심지일수록 규모가 더 작아지고 단순한 기능을 수행한다.
⑤ 수요자의 도달거리는 고차원 중심지일수록 멀고, 저차원 중심지일수록 가깝다.
⑥ 중심지 간의 거리는 고차원 중심지일수록 멀고, 저차원 중심지일수록 가깝다.
⑦ 고차원 중심지일수록 고급상품을, 저차원 중심지일수록 저급상품을 취급한다.
⑧ 소비자의 이용빈도는 고차원 중심지일수록 낮고, 저차원 중심지일수록 높다.
⑨ 저차원 중심지에서 고차원 중심지로 갈수록 중심지의 수는 피라미드형을 이룬다.
⑩ 중차원 중심지가 포용하는 저차원 중심지의 수는 고차원 중심지로 갈수록 그 분포도가 줄어든다.

> **보충**
>
> **허프(D. L. Huff)의 중심지이론**(미시적 분석)
> 1. 허프는 소비자 행태에 많은 관심을 쏟았는데, 수요의 개성, 즉 미시적 분석에 관심을 두고 중심지이론을 전개시켰다.
> 2. 일반적으로 소비할 때, 가장 가까운 곳에서 상품을 택하려는 경향이 있다.
> 3. 적당한 거리에 고차원 중심지가 있으면, 인근의 저차원 중심지를 지나칠 가능성이 커진다.

3 레일리(W. J. Reilly)의 소매인력법칙

① 중력모형을 이용한 상권의 범위를 획정하는 모형으로, 두 도시 사이에 존재하는 소비자들에 대하여 두 도시가 미치는 상권의 범위와 경계를 설명하는 이론이다.
② 레일리의 소매인력법칙에 따르면, ==두 중심지가 소비자에게 미치는 영향력의 크기는 두 중심지의 크기에 비례하고 거리의 제곱에 반비례한다==고 보았다. 즉, 2개 도시의 상거래 흡인력은 두 도시의 인구에 비례하고, 두 도시의 분기점으로부터 거리의 제곱에 반비례한다고 보았다.
③ A도시와 B도시 사이에 작은 C마을이 있다고 가정할 경우, C마을에 살고 있는 소비자들의 A, B도시에서의 구매지향비율은 A, B도시의 인구의 비에 비례하고, A, B도시까지의 거리의 제곱에 반비례한다.
④ B도시에 대한 A도시의 구매지향비율$\left(\dfrac{B_A}{B_B}\right)$은 다음과 같다.

$$\dfrac{B_A}{B_B} = \dfrac{P_A}{P_B} \times \left(\dfrac{D_B}{D_A}\right)^2 = \dfrac{\text{A도시의 인구수}}{\text{B도시의 인구수}} \times \left(\dfrac{\text{B도시까지의 거리}}{\text{A도시까지의 거리}}\right)^2$$

- B_A: A도시의 구매지향비율
- B_B: B도시의 구매지향비율
- P_A: A도시의 인구수
- P_B: B도시의 인구수
- D_A: C마을에서 A도시까지의 거리
- D_B: C마을에서 B도시까지의 거리

⑤ 고객유인력(상거래 흡인력)을 설명할 때 도시의 크기와 실측거리를 중심으로 연구했으며, 소비자가 선택 가능한 점포의 수가 제한된다는 문제점이 있다.

4 컨버스(P. D. Converse)의 분기점모형

레일리의 소매인력법칙을 응용하여 두 도시 간의 구매영향력이 같은 분기점(상권의 경계지점)의 위치를 구하는 방법을 제시한 것이다.

$$\text{도시로부터 상권의 분기점까지의 거리}(D_A) = \frac{\text{도시 A와 B 간의 거리}}{1+\sqrt{\frac{\text{B의 면적}}{\text{A의 면적}}}}$$

5 허프(D. L. Huff)의 확률적 상권모형

① 허프(D. L. Huff)는 대도시에서 쇼핑 패턴을 결정하는 확률모형을 제시하였다.
② 소비자는 소비자의 기호나 소득수준을 고려하여 구매활동을 하며, 가장 가까운 곳에서 상품을 선택하려는 경향이 있으나, 적당한 거리에 고차원 중심지가 있으면 인근의 저차원 중심지를 지나칠 가능성이 커진다.
③ 소비자들의 특정 상점의 구매를 설명할 때 실측거리, 시간거리, 매장규모와 같은 공간요인뿐만 아니라 효용이라는 비공간요인도 고려하였다. 즉, 소비자는 일반적으로 점포의 매장규모가 클수록, 점포까지의 거리가 가까울수록, 시간이 적게 소요될수록 구매 시 효용이 증가한다고 보았다.
④ 허프의 확률적 상권모형에 따를 경우, 어느 상점의 고객유인력은 매장규모에 비례하고 공간(거리)마찰계수승에 반비례한다.

$$\text{고객유인력} = \frac{\text{점포면적}}{\text{점포까지의 거리}^\lambda}$$

λ: 공간(거리)마찰계수

⑤ 소비자거주지에 거주하는 소비자가 A, B 두 할인매장 중 A매장으로 구매하러 갈 확률(시장점유율)은 다음과 같다.

$$\text{소비자가 A매장을 이용할 확률(시장점유율)} = \frac{\text{A매장의 고객유인력}}{\text{A매장의 고객유인력} + \text{B매장의 고객유인력}}$$

⑥ A매장의 이용객 수 = 소비자거주지 인구 × A매장을 이용할 확률(시장점유율)
⑦ 허프의 상권분석모형에 따르면, 소비자가 특정 점포를 이용할 확률은 경쟁점포의 수, 점포와의 거리, 점포의 면적에 의해 결정된다.

⑧ 모형을 적용하기 전에 공간(거리)마찰계수가 먼저 정해져야 하는데, 공간(거리)마찰계수는 시장의 교통조건과 쇼핑물건의 특성에 따라 달라지는 값이다. ==공간(거리)마찰계수는 교통조건이 나쁠수록 커지게 된다==.

― 특정 점포를 이용하는 데 따른 고객의 부담 정도

6 넬슨(R. L. Nelson)의 소매입지이론

① **의의**: 넬슨은 특정 점포가 최대 이익을 얻을 수 있는 매출액을 확보하기 위해서는 어떤 장소에 입지하여야 하는지를 제시하였다.

② **점포입지의 원칙**
  ㉠ 현재의 지역후보의 적합지점
  ㉡ 잠재적 발전성
  ㉢ 고객의 중간 유인
  ㉣ 상거래지역에 대한 적합지점
  ㉤ 집중흡인력
  ㉥ 양립성
  ㉦ 경합성의 최소화
  ㉧ 용지경제학

7 점포의 종류와 입지

(1) 입지유형별 점포(소재 위치에 따른 분류)

① **집심성 점포**: 배후지의 중심지(CBD)에 입지하여야 하는 유형의 점포이다.
  예 백화점, 고급음식점, 귀금속점, 대형서점, 영화관 등
② **집재성 점포**: 동일 업종의 점포가 서로 한 곳에 모여서 입지하여야 하는 유형의 점포이다.
  예 은행, 보험회사, 관공서, 기계점, 가구점 등
③ **산재성 점포**: 동일 업종의 점포가 입지하는 상권의 크기는 한정되어 있기 때문에 서로 분산입지하여야 하며, 한 곳에 집재하면 서로가 불리하다.
  예 잡화점, 이발소, 공중목욕탕, 세탁소, 기타 일용품 점포 등
④ **국부적 집중성 점포**: 동일 업종의 점포끼리 국부적 중심지에 입지하여야 하는 점포이다.
  예 농기구점, 석재점, 철공소, 비료상점, 종묘점 등

(2) 상품에 따른 상점의 종류(구매 관습에 의한 상점의 분류)

① **편의품점[최기품(最寄品)]**

의의	일상의 생활필수품을 판매하는 상점
특성	㉠ 상품이 주로 가정용이므로 고객도 주부가 많으며, 늘 통행하는 길목에 상점이 위치하는 경우가 대부분 ㉡ 입지는 고객 가까이에 위치해야 하므로 상권은 도보로는 10~20분 이내, 거리로는 1,000m를 넘지 않는 범위가 적당함

THEME 10 상업입지론과 공업입지론

② 선매품점[매회품(買回品)]

의의	고객이 상품의 가격·스타일·품질 등을 여러 상점을 통해서 비교한 후 구매하는 상품을 주로 판매하는 상점
특성	㉠ 상품의 특징으로서는 편의품에 비해 구매 횟수가 적으나 가격수준이나 이윤율이 높음 ㉡ 고객의 취미 등이 잘 반영되어야 하므로 표준화되기 어려움 ㉢ 상품의 성격상 이 점포들은 집심성·집재성 점포에 속하는 경우가 많음 ㉣ 비교적 원거리에서 고객이 찾아오기 때문에 교통수단이나 접근성이 좋아야 함 ㉤ 주로 중차원 또는 고차원 중심지에 입지하는 경우가 많음 ㉥ 가구, 부인용 의상, 보석류 등

③ 전문품점

의의	고객이 특수한 매력을 찾으려는 상품으로서 구매를 위한 노력을 아끼지 않고, 가격수준도 높으며, 광고된 유명상표 상품을 갖춘 상점
특성	㉠ 상품의 성격상 구매결정에 신중을 기해야 하는 것들임 ㉡ 구매빈도는 낮은 편이나 이윤율은 높음 ㉢ 전문품점은 고차원 중심지에 입지하는 경우가 많음 ㉣ 고급양복, 고급향수, 고급시계, 고급카메라, 고급자동차 등

8 베버(A. Weber)의 최소비용이론과 뢰쉬(A. Lösch)의 최대수요이론

(1) 베버(A. Weber)의 최소비용이론

① 의의: 수송비, 노동비, 집적이익을 고려해 최소생산비 지점을 찾아 공장의 최적입지를 결정하는 이론이다.

② 산업입지에 영향을 주는 요소: 산업입지에서 중요한 것은 수송비·노동비(임금)·집적이익(집적력) 등인데, 그중에서 수송비(운송비)가 가장 중요한 요소이다.

⚠ 등비용선(isodapane): 최소수송비 지점에서 거리가 멀어짐에 따라 증가하는 수송비가 동일한 지점을 연결한 선을 말한다. 따라서 등비용선상에서는 총수송비가 동일하다.

③ 원료지수와 입지중량

㉠ 원료지수: 베버는 원료를 보편원료와 국지원료로 구분하여 원료지수를 도출하였는데, 원료지수란 제품중량에 대한 국지원료중량의 비율을 말한다.

$$\text{원료지수} = \frac{\text{국지원료중량}}{\text{제품중량}} \begin{cases} > 1 \cdots \text{원료지향형 산업} \\ = 1 \cdots \text{자유입지형 산업} \\ < 1 \cdots \text{시장지향형 산업} \end{cases}$$

ⓛ **입지중량**: 제품 1단위의 이동에 필요한 중량으로서 제품중량에 대한 국지원료중량에 제품중량을 더한 값의 비율을 말한다.

$$입지중량 = \frac{국지원료중량 + 제품중량}{제품중량} \quad \begin{matrix} > 2 \cdots 원료지향형 산업 \\ = 2 \cdots 자유입지형 산업 \\ < 2 \cdots 시장지향형 산업 \end{matrix}$$
$$= 원료지수 + 1$$

④ 공장부지의 입지요인

㉠ 원료지향형 입지와 시장지향형 입지의 결정

원료지향형 입지	시장(소비지)지향형 입지
ⓐ 중량감소산업(예 시멘트공업, 제련공업 등)	ⓐ 중량증가산업(예 청량음료, 맥주 등)
ⓑ 원료수송비가 제품수송비보다 큰 산업	ⓑ 제품수송비가 원료수송비보다 큰 산업
ⓒ 원료중량이 제품중량보다 큰 산업	ⓒ 제품중량이 원료중량보다 큰 산업
ⓓ 부패하기 쉬운 원료·물품을 생산하는 산업 (예 통조림공업, 냉동공업)	ⓓ 부패하기 쉬운 완제품을 생산하는 산업
ⓔ 편재원료(국지원료)를 많이 사용하는 공장	ⓔ 보편원료를 많이 사용하는 공장

㉡ **자유입지형 산업**: 수송비가 입지선정에 거의 작용하지 않는 고도의 대규모 기술집약적 산업이다.
예 자동차, 항공기, 전자산업 등

㉢ **중간지향형 산업**: 제품이나 원료의 수송수단이 바뀌는 이적지점(移積地點 또는 적환지점, break-of-bulk point)은 운송비 절감효과가 크기 때문에 공장입지에 유리하다. 소비시장과 원료산지 사이에 이적지점이 있는 경우가 이에 해당된다.
예 제철, 정유, 합판

㉣ **집적지향형 산업**: 수송비의 비중이 적고 기술연관성이 높은 산업으로, 기술·정보·시설·원료 등을 공동이용함으로써 비용을 절감하는 경우가 이에 해당된다.
예 기계공업, 자동차공업, 석유화학, 제철 등

㉤ **노동지향형 산업**: 노동집약적이고 미숙련공을 많이 사용하는 의류산업이나 신발산업과 같은 것은 저임금지역에 공장이 입지하는 경향이 있다.

(2) 뢰쉬(A. Lösch)의 최대수요이론

① 뢰쉬는 베버의 입지론이 너무 생산비에만 치우쳐 있음을 지적하여 이의를 제기하였다.
② 뢰쉬는 이윤극대화를 꾀하기 위해 ==공장의 입지는 시장확대가능성이 가장 풍부한 곳에 이루어져야 한다==고 하였다.

기본문제와 완성문제로 **단단기출**

01 다음 설명에 모두 해당하는 입지이론은? 제33회

기본 기출

- 인간정주체계의 분포원리와 상업입지의 계층체계를 설명하고 있다.
- 재화의 도달거리와 최소요구치와의 관계를 설명하는 것으로 최소요구치가 재화의 도달범위 내에 있을 때 판매자의 존속을 위한 최소한의 상권범위가 된다.
- 고객의 다목적 구매행동, 고객의 지역 간 문화적 차이를 반영하지 않았다는 비판이 있다.

① 애플바움(W. Applebaum)의 소비자분포기법
② 레일리(W. Reilly)의 소매중력모형
③ 버제스(E. Burgess)의 동심원이론
④ 컨버스(P. Converse)의 중심지이론
⑤ 크리스탈러(W. Christaller)의 중심지이론

키워드 크리스탈러의 중심지이론
난이도
해설 크리스탈러(W. Christaller)의 중심지이론에 대한 설명이다.

02 허프(D. Huff) 모형에 관한 설명으로 **틀린** 것은? (단, 다른 조건은 동일함) 제30회

기본 기출

① 중력모형을 활용하여 상권의 규모 또는 매장의 매출액을 추정할 수 있다.
② 모형의 공간(거리)마찰계수는 시장의 교통조건과 쇼핑 물건의 특성에 따라 달라지는 값이다.
③ 모형을 적용하기 전에 공간(거리)마찰계수가 먼저 정해져야 한다.
④ 교통조건이 나쁠 경우, 공간(거리)마찰계수가 커지게 된다.
⑤ 전문품점의 경우는 일상용품점보다 공간(거리)마찰계수가 크다.

키워드 허프의 상권분석모형
난이도
해설 전문품점의 경우는 일상용품점보다 공간(거리)마찰계수가 작다.

정답 01 ⑤ 02 ⑤

03 다음을 모두 설명하는 입지이론은?

제32회

- 운송비의 관점에서 특정 공장이 원료지향적인지 또는 시장지향적인지를 판단하기 위해 '원료지수(MI: Material Index)' 개념을 사용한다.
- 최소운송비 지점, 최소노동비 지점, 집적이익이 발생하는 구역을 종합적으로 고려해서 최소비용 지점을 결정한다.
- 최소운송비 지점으로부터 기업이 입지를 바꿀 경우, 이에 따른 추가적인 운송비의 부담액이 동일한 지점을 연결한 것이 등비용선이다.

① 베버(A. Weber)의 최소비용이론
② 호텔링(H. Hotelling)의 입지적 상호의존설
③ 뢰쉬(A. Lösch)의 최대수요이론
④ 애플바움(W. Applebaum)의 소비자분포기법
⑤ 크리스탈러(W. Christaller)의 중심지이론

키워드 베버의 최소비용이론

난이도

해설 베버(A. Weber)의 최소비용이론은 운송비의 관점에서 특정 공장이 원료지향적인지 또는 시장지향적인지를 판단하기 위해 '원료지수(MI: Material Index)' 개념을 사용한다. 또한 최소운송비 지점, 최소노동비 지점, 집적이익이 발생하는 구역을 종합적으로 고려해서 최소비용 지점을 결정한다. 이때 최소운송비 지점으로부터 기업이 입지를 바꿀 경우, 이에 따른 추가적인 운송비의 부담액이 동일한 지점을 연결한 것이 등비용선이다.

04 베버(A. Weber)의 최소비용이론에 관한 설명으로 틀린 것은? (단, 기업은 단일 입지 공장이고, 다른 조건은 동일함)

제34회

① 최소비용지점은 최소운송비 지점, 최소노동비 지점, 집적이익이 발생하는 구역을 종합적으로 고려해서 결정한다.
② 등비용선(isodapane)은 최소운송비 지점으로부터 기업이 입지를 바꿀 경우, 운송비와 노동비가 동일한 지점을 연결한 곡선을 의미한다.
③ 원료지수(material index)가 1보다 큰 공장은 원료지향적 입지를 선호한다.
④ 제품 중량이 국지원료 중량보다 큰 제품을 생산하는 공장은 시장지향적 입지를 선호한다.
⑤ 운송비는 원료와 제품의 무게, 원료와 제품이 수송되는 거리에 의해 결정된다.

키워드 베버의 최소비용이론

난이도

해설 등비용선(isodapane)은 최소운송비 지점으로부터 기업이 입지를 바꿀 경우, 이에 따른 추가적인 운송비의 부담액이 동일한 지점을 연결한 곡선을 의미한다.

정답 03 ① 04 ②

05 완성 기출

A도시와 B도시 사이에 위치하고 있는 C도시는 A도시로부터 5km, B도시로부터 10km 떨어져 있다. A도시의 인구는 5만 명, B도시의 인구는 10만 명, C도시의 인구는 3만 명이다. 레일리(W. Reilly)의 '소매인력법칙'을 적용할 경우, C도시에서 A도시와 B도시로 구매활동에 유인되는 인구 규모는? (단, C도시의 모든 인구는 A도시와 B도시에서만 구매함) 제24회

	A도시	B도시		A도시	B도시
①	5,000명	25,000명	②	10,000명	20,000명
③	15,000명	15,000명	④	20,000명	10,000명
⑤	25,000명	5,000명			

키워드 레일리의 소매인력법칙

난이도

해설 레일리(W. Reilly)의 B도시에 대한 A도시의 구매지향비율 $\left(\dfrac{B_A}{B_B}\right)$은

$\dfrac{B_A}{B_B} = \dfrac{P_A}{P_B} \times \left(\dfrac{D_B}{D_A}\right)^2 = \dfrac{\text{A도시의 인구}}{\text{B도시의 인구}} \times \left(\dfrac{\text{B도시까지의 거리}}{\text{A도시까지의 거리}}\right)^2$ 이므로 $\dfrac{5}{10} \times \left(\dfrac{10}{5}\right)^2 = \dfrac{1}{2} \times 4 = \dfrac{2}{1}$ 이다.

따라서 A도시로의 인구유인비율 : B도시로의 인구유인비율은 2 : 1이다.
C도시 인구가 30,000명이므로 구매활동에 유인되는 인구 규모는 A도시 20,000명, B도시 10,000명이다.

06 완성 기출

레일리(W. Reilly)의 소매중력모형에 따라 C신도시의 소비자가 A도시와 B도시에서 소비하는 월 추정소비액은 각각 얼마인가? (단, C신도시의 인구는 모두 소비자이고, A, B도시에서만 소비하는 것으로 가정함) 제33회

- A도시 인구: 50,000명, B도시 인구: 32,000명
- C신도시: A도시와 B도시 사이에 위치
- A도시와 C신도시 간의 거리: 5km
- B도시와 C신도시 간의 거리: 2km
- C신도시 소비자의 잠재 월 추정소비액: 10억원

① A도시: 1억원,   B도시: 9억원
② A도시: 1억 5천만원, B도시: 8억 5천만원
③ A도시: 2억원,   B도시: 8억원
④ A도시: 2억 5천만원, B도시: 7억 5천만원
⑤ A도시: 3억원,   B도시: 7억원

정답 05 ④ 06 ③

키워드 〉 레일리의 소매인력법칙

난이도

해설 〉 레일리(W. Reilly)의 B도시에 대한 A도시의 구매지향비율$\left(\dfrac{B_A}{B_B}\right)$은

$\dfrac{B_A}{B_B} = \dfrac{P_A}{P_B} \times \left(\dfrac{D_B}{D_A}\right)^2 = \dfrac{\text{A도시의 인구}}{\text{B도시의 인구}} \times \left(\dfrac{\text{B도시까지의 거리}}{\text{A도시까지의 거리}}\right)^2$ 이므로

$\dfrac{50{,}000명}{32{,}000명} \times \left(\dfrac{2}{5}\right)^2 = \dfrac{1}{4} = \dfrac{2}{8}$ 이다.

따라서 A도시로의 인구유인비율 : B도시로의 인구유인비율은 2 : 8이다.
그런데 C신도시 소비자의 잠재 월 추정소비액이 10억원이므로, A도시와 B도시의 월 추정소비액은 A도시 2억원, B도시 8억원이 된다.

07 완성 기출

어떤 도시에 쇼핑센터 A, B가 있다. 두 쇼핑센터 간 거리는 8km이다. A의 면적은 1,000m²이고, B의 면적은 9,000m²이다. 컨버스(P. D. Converse)의 분기점모형에 따른 두 쇼핑센터의 상권 경계선은 어디인가? (컨버스의 분기점모형에 따르면, 상권은 거리의 제곱에 반비례하고, 상가의 면적에 비례함)

제18회

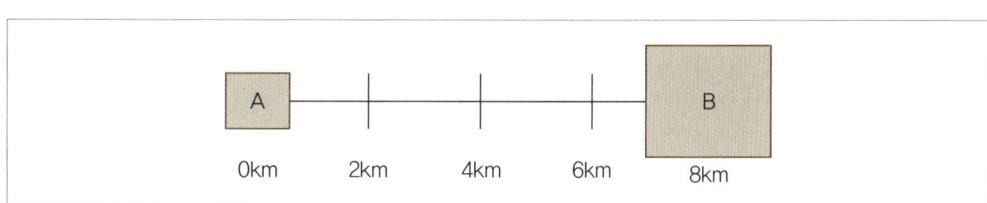

① A로부터 1km 지점
② A로부터 2km 지점
③ A로부터 4km 지점
④ A로부터 6km 지점
⑤ A로부터 7km 지점

키워드 〉 컨버스의 분기점모형

난이도

해설 〉 컨버스(P. D. Converse)의 분기점모형에서 쇼핑센터 A로부터의 분기점 = $\dfrac{\text{쇼핑센터 A와 B의 거리}}{1+\sqrt{\dfrac{\text{B의 면적}}{\text{A의 면적}}}}$ 이다.

따라서 쇼핑센터 A로부터의 분기점 = $\dfrac{8}{1+\sqrt{\dfrac{9{,}000}{1{,}000}}}$ = 2km이다.

정답 07 ②

08 컨버스(P. D. Converse)의 분기점모형에 기초할 때, A시와 B시의 상권 경계지점은 A시로부터 얼마만큼 떨어진 지점인가? (단, 주어진 조건에 한함)   제32회

- A시와 B시는 동일 직선상에 위치하고 있다.
- A시 인구: 64만 명
- B시 인구: 16만 명
- A시와 B시 사이의 직선거리: 30km

① 5km
② 10km
③ 15km
④ 20km
⑤ 25km

키워드 컨버스의 분기점모형

해설 컨버스(P. D. Converse)의 분기점모형에서 A시로부터의 분기점 = $\dfrac{\text{A시와 B시의 거리}}{1+\sqrt{\dfrac{\text{B시의 인구}}{\text{A시의 인구}}}}$ 이다.

따라서 A시로부터의 분기점 = $\dfrac{30}{1+\sqrt{\dfrac{16만 명}{64만 명}}} = \dfrac{30}{1+\sqrt{\dfrac{1}{4}}} = \dfrac{30}{1+\dfrac{1}{2}} = 20\text{km}$이다.

09 허프(D. Huff)모형에 관한 설명으로 옳은 것을 모두 고른 것은? (단, 다른 조건은 동일함)   제33회

㉠ 어떤 매장이 고객에게 주는 효용이 클수록 그 매장이 고객들에게 선택될 확률이 더 높아진다는 공리에 바탕을 두고 있다.
㉡ 해당 매장을 방문하는 고객의 행동력은 방문하고자 하는 매장의 크기에 비례하고, 매장까지의 거리에 반비례한다.
㉢ 공간(거리)마찰계수는 시장의 교통조건과 매장물건의 특성에 따라 달라지는 값이며, 교통조건이 나빠지면 더 커진다.
㉣ 일반적으로 소비자는 가장 가까운 곳에서 상품을 선택하려는 경향이 있다.
㉤ 고정된 상권을 놓고 경쟁함으로써 제로섬(zero-sum)게임이 된다는 한계가 있다.

① ㉠, ㉡
② ㉡, ㉢, ㉣
③ ㉢, ㉣, ㉤
④ ㉠, ㉡, ㉢, ㉤
⑤ ㉠, ㉡, ㉢, ㉣, ㉤

정답 08 ④ 09 모두 정답

키워드 〉 허프의 상권분석모형

난이도 〉

해설 〉 가답안에서는 정답을 ⑤로 발표했다가 후에 ⓒ이 틀린 지문이 되면서 정답을 찾을 수 없어 '모두 정답'으로 처리되었다.
허프(D. Huff)의 확률모형은 레일리의 소매인력법칙을 발전시켜 상권 사이의 자연적 또는 인문적 장애요인을 고려하여 마찰계수 개념을 도입하였다. 이에 ⓒ '해당 매장을 방문하는 고객의 행동력은 방문하고자 하는 매장의 크기에 비례하고, 매장까지의 거리에 반비례한다.'는 마찰계수를 고려하지 않은 잘못된 지문이다. 옳은 지문이 되려면 '해당 매장을 방문하는 고객의 행동력은 방문하고자 하는 매장의 크기에 비례하고, 매장까지의 거리의 마찰계수승에 반비례한다.'로 해야 한다.
출제자는 전체적으로 보아 고객의 행동력이 거리와 반비례관계에 있다는 것을 출제하려고 한 것이지만 정확하게 표현하려면 '그러한 관계에 있다'라고 하든가 또는 '거리의 마찰계수승에 반비례한다'라고 해야 한다.

10 완성 기출

C도시 인근에 A와 B 두 개의 할인점이 있다. 허프(D. L. Huff)의 상권분석모형을 적용할 경우, B할인점의 이용객 수는? (단, 거리에 대한 소비자의 거리마찰계수 값은 2이고, 도시인구의 60%가 할인점을 이용함)

제25회

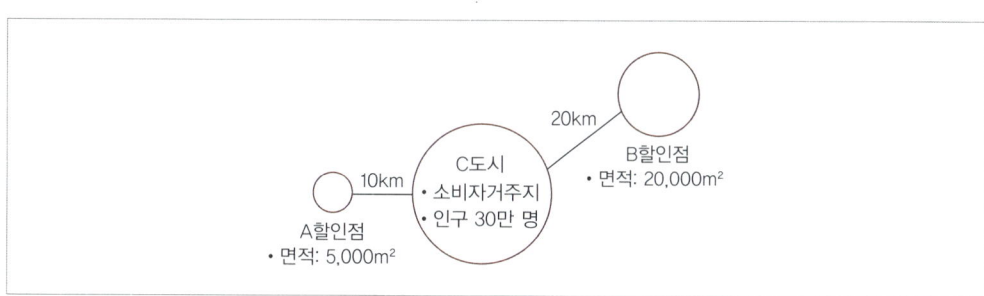

① 70,000명
② 80,000명
③ 90,000명
④ 100,000명
⑤ 110,000명

키워드 〉 허프의 상권분석모형

난이도 〉

해설 〉 거리마찰계수를 2로 적용하여 계산하면 다음과 같다.

1. B할인점의 시장점유율(%) = $\dfrac{\dfrac{20,000}{20^2}}{\dfrac{5,000}{10^2}+\dfrac{20,000}{20^2}}$ = 50%

2. B할인점의 이용객 수 = 30만 명 × 0.6 × 0.5 = 90,000명이다.

정답 10 ③

11 허프(D. Huff)모형을 활용하여, X지역의 주민이 할인점 A를 방문할 확률과 할인점 A의 월 추정매출액을 순서대로 나열한 것은? (단, 주어진 조건에 한함) 제28회

- X지역의 현재 주민: 4,000명
- 1인당 월 할인점 소비액: 35만원
- 공간마찰계수: 2
- X지역의 주민은 모두 구매자이고, A, B, C 할인점에서만 구매한다고 가정

구분	할인점 A	할인점 B	할인점 C
면적	500m²	300m²	450m²
X지역 거주지로부터의 거리	5km	10km	15km

① 80%, 10억 9,200만원
② 80%, 11억 2,000만원
③ 82%, 11억 4,800만원
④ 82%, 11억 7,600만원
⑤ 82%, 12억 400만원

키워드 허프의 상권분석모형

난이도

해설 허프(D. Huff)의 상권분석모형에서 소비자거주지에 거주하는 소비자가 A, B, C 매장 중 A매장으로 구매하러 갈 확률을 공간마찰계수(λ)를 2로 적용하여 계산하면 다음과 같다.

$$\frac{\dfrac{\text{A매장의 면적}}{\text{A매장까지의 거리}^\lambda}}{\dfrac{\text{A매장의 면적}}{\text{A매장까지의 거리}^\lambda} + \dfrac{\text{B매장의 면적}}{\text{B매장까지의 거리}^\lambda} + \dfrac{\text{C매장의 면적}}{\text{C매장까지의 거리}^\lambda}}$$

1. 할인점 A의 시장점유율(%) = $\dfrac{\dfrac{500}{5^2}}{\dfrac{500}{5^2} + \dfrac{300}{10^2} + \dfrac{450}{15^2}} = 0.8(80\%)$

2. 할인점 A의 이용객 수 = 4,000명 × 0.8 = 3,200명이다.
3. 그런데 1인당 월 할인점 소비액은 35만원이므로
   할인점 A의 월 추정매출액 = 35만원 × 3,200명 = 11억 2,000만원이다.

정답 11 ②

12 허프(D. Huff)모형을 활용하여 점포 A의 월 매출액을 추정하였는데, 착오에 의해 공간(거리)마찰계수가 잘못 적용된 것을 확인하였다. 올바르게 추정한 점포 A의 월 매출액은 잘못 추정한 점포 A의 월 매출액보다 얼마나 증가하는가? (단, 주어진 조건에 한함) 제34회

- X지역의 현재 주민: 10,000명
- 1인당 월 점포 소비액: 30만원
- 올바른 공간(거리)마찰계수: 2
- 잘못 적용된 공간(거리)마찰계수: 1
- X지역의 주민은 모두 구매자이고, 점포(A, B, C)에서만 구매한다고 가정함
- 각 점포의 매출액은 X지역 주민에 의해서만 창출됨

구분	점포 A	점포 B	점포 C
면적	750m²	2,500m²	500m²
X지역 거주지로부터의 거리	5km	10km	5km

① 1억원 ② 2억원 ③ 3억원
④ 4억원 ⑤ 5억원

키워드 허프의 상권분석모형

난이도

해설
1. 마찰계수가 1인 경우(잘못 추정한 경우)
  - 점포 A의 유인력 = $\frac{750}{5}$ = 150, B의 유인력 = $\frac{2,500}{10}$ = 250, C의 유인력 = $\frac{500}{5}$ = 100
  - 점포 A의 시장점유율(%) = $\frac{150}{150+250+100}$ = 0.3(30%)
  - 점포 A의 이용객 수 = 10,000명 × 0.3 = 3,000명
  - 점포 A의 월 추정매출액 = 30만원 × 3,000명 = 9억원
2. 마찰계수가 2인 경우(올바르게 추정한 경우)
  - 점포 A의 유인력 = $\frac{750}{5^2}$ = 30, B의 유인력 = $\frac{2,500}{10^2}$ = 25, C의 유인력 = $\frac{500}{5^2}$ = 20
  - 점포 A의 시장점유율(%) = $\frac{30}{30+25+20}$ = 0.4(40%)
  - 점포 A의 이용객 수 = 10,000명 × 0.4 = 4,000명
  - 점포 A의 월 추정매출액 = 30만원 × 4,000명 = 12억원

따라서 올바르게 추정한 점포의 A의 월 매출액은 잘못 추정한 점포 A의 월매출액보다 3억원 증가한다.

정답 12 ③

THEME 11 외부효과와 시장실패

| THEME 키워드 |
정부의 시장개입, 시장실패의 원인, 공공재, 외부효과

기본으로 알아야 하는 대표기출

> **기출분석**
> - 기출회차: 제26회
> - 키워드: 외부효과
> - 난이도: ■■□□□

외부효과에 관한 설명으로 틀린 것은?

① 외부효과란 어떤 경제활동과 관련하여 거래당사자가 아닌 제3자에게 의도하지 않은 혜택이나 손해를 가져다주면서도 이에 대한 대가를 받지도 지불하지도 않는 상태를 말한다.
② 정(+)의 외부효과가 발생하면 님비(NIMBY) 현상이 발생한다.
③ 인근지역에 쇼핑몰이 개발됨에 따라 주변 아파트 가격이 상승하는 경우, 정(+)의 외부효과가 나타난 것으로 볼 수 있다.
④ 부(-)의 외부효과를 발생시키는 시설의 경우, 발생된 외부효과를 제거 또는 감소시키기 위한 사회적 비용이 발생할 수 있다.
⑤ 여러 용도가 혼재되어 있어 인접지역 간 토지이용의 상충으로 인하여 토지시장의 효율적인 작동을 저해하는 경우, 부(-)의 외부효과가 발생할 수 있다.

> **함정을 피하는 TIP**
> - 외부효과는 소비 측면과 생산 측면의 외부효과로 구분하나, 주로 생산 측면의 외부효과를 위주로 정리해두어야 한다.

해설
정(+)의 외부효과가 발생하면 핌피(PIMFY) 현상이 발생하며, 부(-)의 외부효과가 발생하면 님비(NIMBY) 현상이 발생한다.

정답 ②

단단하게 정리하는 **핵심이론**

1 시장실패와 정부의 시장개입

(1) 부동산정책의 의의

부동산을 둘러싼 여러 가지 문제를 해결 내지는 개선함으로써 부동산과 인간의 관계를 보다 합리적으로 하려는 공적인 노력, 즉 공익추구를 위한 정부의 부동산활동이다.

(2) 기능 – 시장개입의 이유

① 정치적 기능: 사회적 목표를 달성하기 위해 시장에 개입하는 것을 말한다.
② 경제적 기능: 시장의 실패를 수정하기 위해 시장에 개입하는 것을 말한다.

> **보충**
>
> **정부의 부동산시장에 대한 개입수단**
>
> 1. 정부의 부동산시장에 대한 직접개입수단
>   - 공공토지비축
>   - 토지수용
>   - 공영개발
>   - 공공임대주택정책
> 2. 정부의 부동산시장에 대한 간접개입수단
>   - 취득세
>   - 종합부동산세
>   - 개발부담금제
>   - 임대료보조
>   - 대부비율(LTV)
>   - 부동산가격공시제도

(3) 시장실패

① 의의: 시장이 어떤 이유로 인해서 자원의 적정배분을 자율적으로 조정하지 못하는 것을 의미한다.
② 시장실패의 원인
   ㉠ 불완전경쟁(독과점 기업)의 존재
   ㉡ 규모의 경제 — 기업이 생산시설의 규모를 확장함에 따라 생산량이 증가할 때 장기평균비용이 감소하는 것
   ㉢ 외부효과의 존재
   ㉣ **공공재의 존재**: 공공재는 소비의 비경합성(非競合性)과 비배제성(非排除性)의 특징이 있는 재화로 생산을 시장기구에 맡기면 과소생산되는 경향이 있다. 따라서 일반적으로 정부가 세금이나 공공의 기금으로 공급하는 경우가 많다.
   ㉤ 거래 쌍방 간의 정보의 비대칭성 및 불확실성

2 외부효과

(1) 의의
어떤 경제활동과 관련하여 거래당사자가 아닌 제3자에게 의도하지 않은 이익이나 손해를 가져다주는데도 이에 대한 대가를 지불하지도 받지도 않는 상태를 말한다. 외부효과를 외부성(externality)이라고도 한다. 부동산의 특성 중 부동성과 인접성은 외부효과와 밀접한 관련이 있다.

(2) 구분

정(+)의 외부효과(외부경제)	부(-)의 외부효과(외부불경제)
다른 사람(제3자)에게 의도하지 않은 혜택을 입히고도 이에 대한 보상을 받지 못하는 것 예 과수원과 양봉업	다른 사람(제3자)에게 의도하지 않은 손해를 입히고도 이에 대한 대가를 지불하지 않는 것 예 양식업과 공장폐수
• 사적 편익 < 사회적 편익 • 사적 비용 > 사회적 비용	• 사적 편익 > 사회적 편익 • 사적 비용 < 사회적 비용
과소생산, 과다가격	과다생산, 과소가격
보조금 지급, 조세 경감, 행정규제의 완화	오염배출업체에 대한 조세 부과, 환경부담금 부과, 지역지구제 실시
PIMFY(please in my front yard)현상	NIMBY(not in my back yard)현상

※ 사적 비용에 생산활동으로 인해 제3자에게 미치는 피해까지를 합한 것

기본문제와 완성문제로 단단기출

01 정부의 부동산 시장개입에 관한 설명으로 <u>틀린</u> 것은? 제27회

① 개발부담금 부과제도는 정부의 직접적 시장개입수단이다.
② 공공임대주택의 공급은 소득재분배 효과를 기대할 수 있다.
③ 정부가 주택가격 안정을 목적으로 신규주택의 분양가를 규제할 경우, 신규주택 공급량이 감소하면서 사회적 후생 손실이 발생할 수 있다.
④ 시장에서 어떤 원인으로 인해 자원의 효율적 배분에 실패하는 현상을 시장의 실패라 하는데, 이는 정부가 시장에 개입하는 근거가 된다.
⑤ 토지수용과 같은 시장개입수단에서는 토지매입과 보상과정에서 사업시행자와 피수용자 간에 갈등이 발생하기도 한다.

> 키워드 › 정부의 시장개입
> 난이도 ›
> 해설 › 정부의 부동산 시장개입방법은 크게 직접적 개입방식과 간접적 개입방식이 있다. 직접적 개입은 정부나 공공기관이 시장에 직접 개입하여 수요자와 공급자의 역할을 적극적으로 수행하는 방법이다. 직접적 개입방법에는 도시재개발, 토지수용, 토지은행제도(공공토지비축), 공공소유제도, 공영개발, 공공임대주택 등이 있다. 반면에 간접적 개입은 기본적으로는 시장기구의 틀을 유지하면서 그 기능을 통해 소기의 효과를 거두려는 방법이다. 간접적 개입방법에는 조세부과, 보조금 지급, 개발부담금 부과제도, 금융지원, 행정상의 지원, 자료 및 정보체계의 구축 등이 있다. 따라서 정부의 부동산 시장개입방법 중 개발부담금 부과제도는 정부의 간접적 시장개입수단이다.

02 부동산정책에 관한 설명으로 <u>틀린</u> 것은? 제26회

① 부동산에 대한 부담금제도나 보조금제도는 정부의 부동산시장에 대한 직접개입방식이다.
② 정부가 부동산시장에 개입하는 이유에는 시장실패의 보완, 부동산시장의 안정 등이 있다.
③ 개발제한구역은 도시의 무질서한 팽창을 억제하는 효과가 있다.
④ 공공토지비축제도는 공익사업용지의 원활한 공급과 토지시장의 안정에 기여하는 것을 목적으로 한다.
⑤ 정부의 시장개입은 사회적 후생손실을 발생시킬 수 있다.

> 키워드 › 정부의 시장개입
> 난이도 ›
> 해설 › 부동산에 대한 부담금제도나 보조금제도는 정부의 부동산시장에 대한 간접개입방식이다.

정답 01 ① 02 ①

THEME 11 외부효과와 시장실패

03

부동산시장에서 시장실패의 원인으로 틀린 것은? 제29회

① 공공재
② 정보의 비대칭성
③ 외부효과
④ 불완전경쟁시장
⑤ 재화의 동질성

키워드 〉 시장실패의 원인

난이도 〉

해설 〉 재화의 동질성은 일반적으로 완전경쟁시장에서 나타나는 조건으로 시장실패의 원인에 해당하지 않는다. 반면에 공공재, 정보의 비대칭성, 외부효과, 불완전경쟁시장 등은 시장실패의 원인이 된다.

04

공공재에 관한 일반적인 설명으로 틀린 것은? 제30회

① 소비의 비경합적 특성이 있다.
② 비내구재이기 때문에 정부만 생산비용을 부담한다.
③ 무임승차 문제와 같은 시장실패가 발생한다.
④ 생산을 시장기구에 맡기면 과소생산되는 경향이 있다.
⑤ 비배제성에 의해 비용을 부담하지 않은 사람도 소비할 수 있다.

키워드 〉 공공재

난이도 〉

해설 〉 공공재란 소비에 있어서 비경합성(非競合性)과 비배제성(非排除性)의 특성을 가지는 재화로서 국방, 경찰, 소방, 도로, 의무교육, 공원 등을 말하는데, 생산을 시장에 맡길 경우 사회적 적정 생산량보다 과소하게 생산되는 경향이 있다. 따라서 공공재는 일반적으로 정부가 세금이나 공공의 기금으로 공급하는 경우가 많다. 하지만 반드시 정부만 생산비용을 부담하는 것은 아니다.

정답 03 ⑤ 04 ②

05 외부효과에 관한 설명 중 틀린 것은? 제19회

① 외부효과에는 외부경제와 외부불경제가 있다.
② 외부효과는 생산과정에서 발생하는 경우도 있고 소비과정에서 발생하는 경우도 있다.
③ 생산과정에서 외부불경제를 발생시키는 재화의 공급을 시장에 맡길 경우, 그 재화는 사회적인 최적 생산량보다 과다하게 생산되는 경향이 있다.
④ 외부효과는 어떤 경제주체의 경제활동의 의도적인 결과가 시장을 통하여 다른 경제주체의 후생에 영향을 주는 것을 말한다.
⑤ 토지이용 행위에서 발생하는 외부불경제는 토지이용규제의 명분이 된다.

키워드 외부효과
난이도
해설 외부효과란 어떤 경제주체의 경제활동의 의도하지 않은 결과가 시장(기구)을 통하지 않고 거래 당사자가 아닌 제3자(bystander)에게 의도하지 않은 이익이나 손해를 가져다주는데도 이에 대한 대가를 지불하지도 받지도 않는 상태를 말한다.

06 외부효과에 관한 설명으로 틀린 것은? (단, 다른 조건은 동일함) 제24회

① 한 사람의 행위가 제3자의 경제적 후생에 영향을 미치지만, 그에 대한 보상이 이루어지지 않는 현상을 말한다.
② 매연을 배출하는 석탄공장에 대한 규제가 전혀 없다면, 그 주변 주민들에게 부(−)의 외부효과가 발생하게 된다.
③ 부(−)의 외부효과가 발생하게 되면 법적 비용, 진상조사의 어려움 등으로 인해 당사자 간 해결이 곤란한 경우가 많다.
④ 부(−)의 외부효과를 발생시키는 공장에 대해서 부담금을 부과하면, 생산비가 증가하여 이 공장에서 생산되는 제품의 공급이 감소하게 된다.
⑤ 새로 조성된 공원이 쾌적성이라는 정(+)의 외부효과를 발생시키면, 공원 주변 주택에 대한 수요곡선이 좌측으로 이동하게 된다.

키워드 외부효과
난이도
해설 새로 조성된 공원이 쾌적성이라는 정(+)의 외부효과를 발생시키면, 공원 주변 주택에 대한 수요가 증가하여 주택의 수요곡선은 우측으로 이동하게 된다.

정답 05 ④ 06 ⑤

07 완성 기출

부동산시장과 관련된 부정적 외부효과(외부비경제; negative externality)의 사례와 해결 방안에 대한 설명 중 틀린 것은? 제18회

① 쓰레기 투기로 인해 지역사회가 피폐화되자, 지역주민들이 자율적인 규범을 통해 지역사회를 다시금 쾌적하게 만들었다.
② 주거지역에 청소년 유해시설이 들어서자, 지방자치단체가 해당 시설을 매입하여 해당 시설의 용도를 바꾸었다.
③ 공해를 유발하는 사업자에 정부가 공해방지시설의 설치를 명령하였고, 해당 사업장이 이에 응하지 않자 과징금을 부과하였다.
④ 신축 공사장의 소음으로 인근 주민들이 고통을 당하자, 주민 대표가 건축회사 대표와 협상하여 보상을 받았다.
⑤ 주택공급 부족으로 주택가격이 급등하자, 정부가 정책금리를 인상하여 주택시장을 안정시켰다.

키워드 〉 외부효과

난이도 〉

해설 〉 주택공급 부족으로 주택가격이 급등하자, 정부가 정책금리를 인상하였다면 주택수요가 감소하여 주택가격이 상승하는 것을 막을 수 있다. 그러나 주택공급 부족으로 주택가격이 급등하는 것은 외부효과에 의한 시장실패가 아니며, 정부가 정책금리를 인상하여 주택시장을 안정시켰다면 이는 외부효과의 해결방안이라고 할 수 없다.

정답 07 ⑤

THEME 12 토지정책

| THEME 키워드 |
토지정책의 수단, 토지이용규제, 용도지역지구제, 토지비축제도, 부동산정책의 수단

기본으로 알아야 하는 대표기출

> 기출분석
> - 기출회차: 제29회
> - 키워드: 토지정책의 수단
> - 난이도:

토지정책에 관한 설명으로 틀린 것은?

① 개발부담금제는 개발사업의 시행으로 이익을 얻은 사업시행자로부터 개발이익의 일정액을 환수하는 제도이다.
② 용도지역지구제는 토지이용계획의 내용을 구현하는 법적 수단이다.
③ 개발권양도제(TDR)는 개발이 제한되는 지역의 토지소유권에서 개발권을 분리하여 개발이 필요한 다른 지역에 개발권을 양도할 수 있도록 하는 제도이다.
④ 부동산가격공시제도에 있어 개별공시지가는 국토교통부장관이 공시한다.
⑤ 토지비축제도는 정부가 직접적으로 부동산시장에 개입하는 정책수단이다.

| 해설 |
개별공시지가란 시장·군수 또는 구청장이 결정·공시한 공시기준일 현재 관할구역 안의 개별토지의 단위면적당 가격을 말한다. 또한 개별공시지가는 시장·군수·구청장이 매년 5월 31일까지 결정·공시한다.

정답 ④

> 함정을 피하는 TIP
> - 토지정책의 수단에 대해 정리를 해두어야 한다.

단단하게 정리하는 핵심이론

1 토지정책의 수단

토지의 정책목표를 실현하는 정책수단으로는 일반적으로 토지이용규제, 직접적 개입, 간접적 개입을 들 수 있다.

(1) 토지이용규제

개별토지이용자의 토지이용행위를 사회적으로 바람직한 방향으로 유도하기 위해서 법률적·행정적 조치에 의거하여 구속하고 제한하는 방법들을 총칭하는 것이다.
  예 (용도)지역지구제, 건축규제, 각종 인·허가제, 계획단위개발

(2) 직접적 개입

정부나 공공기관이 토지시장에 직접 개입하여 토지에 대한 수요 및 공급자의 역할을 적극적으로 수행하는 방법이다.
  예 토지수용, 토지은행제도, 공영개발사업, 공공소유제도, 도시재개발

(3) 간접적 개입

기본적으로는 시장기구의 틀을 유지하면서 그 기능을 통해 소기의 효과를 거두려는 방법이다.
  예 금융지원 및 보조금 지급, 부동산조세, 정보체계구축

2 지역지구제

(1) 의의

토지용도를 구분함으로써 이용목적에 부합하지 않은 토지이용이나 건축 등의 행위를 <mark>토지의 효율적·합리적 이용을 도모하는 방향으로 규제하는 제도</mark>이다. 지역지구제를 실시함으로써 토지이용에 수반되는 부(−)의 외부효과를 제거하거나 감소시킬 수 있다.

(2) 목적 및 필요성

① 토지의 이용목적 및 입지특성에 따라 적합한 용도를 부여함으로써 국토이용질서를 확립하고 토지자원을 효율적이고 합리적으로 이용하기 위하여 필요하다.
② 용도에 맞지 않고 어울리지 않는 토지이용을 규제함으로써 부(−)의 외부효과를 제거 또는 감소시켜 효율적인 자원배분을 할 수 있게 한다.
③ 사적 시장이 외부효과에 대한 효율적인 해결책을 제시하지 못할 때, 정부에 의해 채택되는 부동산정책의 한 수단이다.
④ 토지자원의 개발과 보전의 적절한 조화를 목적으로 하며, 토지자원의 활용 측면에서 세대 간 형평성을 유지하기 위함이다.

(3) 효과

① 단기적 효과: 지역지구제 실시 ⇨ 부(−)의 외부효과 제거로 인하여 어울리는 토지이용 ⇨ 주택수요 증가 ⇨ 주택가치 상승 ⇨ 기존 투자자의 초과이윤 발생

② 장기적 효과: 신규기업의 시장진입 ⇨ 주택공급 증가 ⇨ 주택가치 하락 ⇨ 초과이윤 소멸

③ ┌ 비용불변산업: 주택가치는 원래 수준까지 하락하여 균형이 된다.
  ├ 비용증가산업: 주택가치는 원래보다 높은 수준에서 균형이 된다.
  └ 비용감소산업: 주택가치는 원래보다 낮은 수준에서 균형이 된다.

(4) 지역지구제와 독점의 문제

① 특정 지역에만 용도의 지정 또는 변경 등의 독점적 지위를 부여한다면 진입장벽으로 인해 더 이상 공급이 늘지 않으므로 장기적으로도 부동산가치는 하락하지 않으며, 초과이윤은 모두 독점적 지위를 누리는 투자자에게 돌아간다.

② 초과이윤의 문제는 위치적 이점이 부동산가치에 이미 반영된 사후적 독점이 아닌, 반영되지 않은 사전적 독점에서 야기된다.

(5) 문제점

① 토지이용의 경직성
② 다른 지역과 형평성 문제를 야기

3 개발이익환수제

(1) 개발이익의 개념

개발이익이란 개발사업의 시행이나 토지이용계획의 변경, 그 밖에 사회적·경제적 요인에 따라 정상지가(正常地價) 상승분을 초과하여 개발사업을 시행하는 자(사업시행자)나 토지소유자에게 귀속되는 토지가액의 증가분을 말한다(개발이익 환수에 관한 법률 제2조 제1호).

(2) 개발이익의 환수

국가는 공공기관의 개발사업 등으로 인하여 토지소유자의 노력과 관계없이 정상지가 상승분을 초과하여 개발이익이 발생한 경우, 이를 개발부담금으로 환수할 수 있다.

> **보충**
>
> **개발부담금**
> 개발이익 중 「개발이익 환수에 관한 법률」에 따라 특별자치시장·특별자치도지사·시장·군수 또는 구청장(자치구의 구청장)이 부과·징수하는 금액을 말한다(개발이익 환수에 관한 법률 제2조 제4호).

4 토지은행제도(공공토지비축제도)

(1) 의의
공공이 토지를 매입한 후 보유하고 있다가 적절한 때에 이를 매각하거나 공공용으로 사용하는 제도로서 정부가 직접적으로 부동산시장에 개입하는 정책수단이다.

(2) 장점
① 개인 등에 의한 무질서하고 무계획적인 토지개발을 막을 수 있어서 효과적인 도시계획 목표의 달성에 기여할 수 있다.
② 공공재나 공공시설을 위한 토지를 값싸게 제때에 공급할 수 있다.
③ 개발이익을 사회에 환원할 수 있다.
④ 사적 토지소유의 편중현상으로 인해 발생 가능한 토지보상비 등의 고비용 문제를 완화시킬 수 있다.

(3) 단점
① 막대한 토지매입비가 필요하다.
② 적절한 투기방지 대책 없이 대량으로 토지를 매입할 경우 지가 상승을 유발할 수 있다.
③ 토지 매입 시와 매출 시 사이의 과도기 동안 공공자유보유상태의 토지를 정부가 관리해야 하는 문제가 있다.
④ 토지은행의 취지에 따라 투기를 억제하고 개발이익을 사회에 환원하기 위해서는 토지매입 시 매입대상토지의 가격을 기회비용의 수준으로 묶어 둘 사전조치를 취해야 하는데 그것이 어렵다.

기본문제와 완성문제로 단단기출

01 공공부문이 직접 공급자나 수요자의 역할을 수행하면서 부동산시장에 개입하는 방법은? 제17회

기본 기출

① 용도지역지구 지정
② 개발부담금 부과
③ 공영개발사업 시행
④ 개발권양도제(TDR) 시행
⑤ 종합부동산세 부과

키워드 〉 토지정책의 수단

난이도 〉

해설 〉 정부나 공공기관이 토지시장에 직접 개입하여 수요자와 공급자의 역할을 적극적으로 수행하는 방법은 직접적인 개입에 해당한다. 이는 토지시장의 기능을 부분적으로 정부가 인수하는 방법으로 도시재개발, 토지수용, 토지은행제도, 공공소유제도, 공영개발 등을 들 수 있다.

02 다음 중 우리나라 정부의 부동산시장에 대한 직접개입수단은 모두 몇 개인가? 제24회

기본 기출

• 공공토지비축	• 취득세
• 종합부동산세	• 토지수용
• 개발부담금	• 공영개발
• 공공임대주택	• 대부비율(LTV)

① 3개 ② 4개
③ 5개 ④ 6개
⑤ 7개

키워드 〉 토지정책의 수단

난이도 〉

해설 〉 직접적 개입은 정부나 공공기관이 토지시장에 직접 개입하여 토지에 대한 수요자와 공급자의 역할을 적극적으로 수행하는 방법이다. 직접적 개입방법에는 도시재개발, 토지수용, 토지은행제도(공공토지비축), 공공소유제도, 공영개발, 공공임대주택 등이 있다.

정답 01 ③ 02 ②

03 정부의 부동산시장 직접개입 유형에 해당하는 것을 모두 고른 것은? 제31회

㉠ 토지은행	㉡ 공영개발사업
㉢ 총부채상환비율(DTI)	㉣ 종합부동산세
㉤ 개발부담금	㉥ 공공투자사업

① ㉠, ㉡, ㉢
② ㉠, ㉡, ㉥
③ ㉢, ㉣, ㉤
④ ㉢, ㉤, ㉥
⑤ ㉣, ㉤, ㉥

키워드 〉 토지정책의 수단

난이도 〉

해설 〉 정부의 부동산시장 개입 유형 중 토지은행, 공영개발사업, 공공투자사업은 직접개입에 해당하며, 총부채상환비율(DTI), 종합부동산세, 개발부담금은 간접개입에 해당한다.

04 토지이용규제에 관한 설명으로 틀린 것은? 제26회

① 용도지역지구제는 토지이용계획의 내용을 구현하는 법적·행정적 수단 중 하나이다.
② 토지이용규제를 통해, 토지이용에 수반되는 부(−)의 외부효과를 제거 또는 감소시킬 수 있다.
③ 지구단위계획을 통해, 토지이용을 합리화하고 그 기능을 증진시키며 미관을 개선하고 양호한 환경을 확보할 수 있다.
④ 용도지역지구제는 토지이용을 제한하여 지역에 따라 지가의 상승 또는 하락을 야기할 수도 있다.
⑤ 용도지역 중 자연환경보전지역은 도시지역 중에서 자연환경·수자원·해안·생태계·상수원 및 문화재의 보전과 수산자원의 보호·육성을 위하여 필요한 지역이다.

키워드 〉 토지이용규제

난이도 〉

해설 〉 국토는 토지의 이용실태 및 특성, 장래의 토지 이용 방향, 지역 간 균형발전 등을 고려하여 도시지역, 관리지역, 농림지역, 자연환경보전지역 등의 용도지역으로 구분한다. 용도지역 중 자연환경보전지역은 자연환경·수자원·해안·생태계·상수원 및 문화재의 보전과 수산자원의 보호·육성 등을 위하여 필요한 지역으로, 도시지역에 해당하는 것이 아니다.

정답 03 ② 04 ⑤

05 용도지역지구제에 관한 설명으로 틀린 것은? 제27회

① 토지이용에 수반되는 부(−)의 외부효과를 제거하거나 감소시킬 수 있다.
② 국토의 계획 및 이용에 관한 법령상 제2종 일반주거지역은 공동주택 중심의 양호한 주거환경을 보호하기 위해 필요한 지역이다.
③ 사적 시장이 외부효과에 대한 효율적인 해결책을 제시하지 못할 때, 정부에 의해 채택되는 부동산정책의 한 수단이다.
④ 용도지구는 하나의 대지에 중복지정될 수 있다.
⑤ 국토의 계획 및 이용에 관한 법령상 국토는 토지의 이용실태 및 특성 등을 고려하여 도시지역, 관리지역, 농림지역, 자연환경보전지역과 같은 용도지역으로 구분한다.

> **키워드** 용도지역지구제

> **난이도**

> **해설** 「국토의 계획 및 이용에 관한 법률」에서 용도지역은 주거지역·상업지역·공업지역·녹지지역으로 분류하는데, 이 중에서 주거지역은 다시 전용주거지역·일반주거지역·준주거지역으로 세분한다.
> 전용주거지역은 양호한 주거환경을 보호하기 위하여 필요한 지역을 말하는데 제1종, 제2종으로 세분된다. 제1종 전용주거지역은 단독주택 중심의 양호한 주거환경을 보호하기 위하여 필요한 지역이며, 제2종 전용주거지역은 공동주택 중심의 양호한 주거환경을 보호하기 위하여 필요한 지역이다.

> **보충** 주거지역의 분류

전용 주거지역	제1종	단독주택 중심의 양호한 주거환경을 보호하기 위하여 필요한 지역
	제2종	공동주택 중심의 양호한 주거환경을 보호하기 위하여 필요한 지역
일반 주거지역	제1종	저층주택을 중심으로 편리한 주거환경을 조성하기 위하여 필요한 지역
	제2종	중층주택을 중심으로 편리한 주거환경을 조성하기 위하여 필요한 지역
	제3종	중·고층주택을 중심으로 편리한 주거환경을 조성하기 위하여 필요한 지역
준주거 지역		주거기능을 위주로 이를 지원하는 일부 상업기능 및 업무기능을 보완하기 위하여 필요한 지역

정답 05 ②

06 토지비축제도에 관한 설명으로 틀린 것은? 제28회

① 토지비축제도는 정부가 직접적으로 부동산시장에 개입하는 정책수단이다.
② 토지비축제도의 필요성은 토지의 공적 기능이 확대됨에 따라 커질 수 있다.
③ 토지비축사업은 토지를 사전에 비축하여 장래 공익사업의 원활한 시행과 토지시장의 안정에 기여할 수 있다.
④ 토지비축제도는 사적 토지소유의 편중현상으로 인해 발생 가능한 토지보상비 등의 고비용 문제를 완화시킬 수 있다.
⑤ 공공토지의 비축에 관한 법령상 비축토지는 각 지방자치단체에서 직접 관리하기 때문에 관리의 효율성을 기대할 수 있다.

키워드 토지비축제도
난이도
해설 「공공토지의 비축에 관한 법률」에서 비축토지는 한국토지주택공사가 토지은행사업으로 취득하여 관리한다.

07 현재 우리나라에서 시행되고 있지 않는 부동산정책 수단을 모두 고른 것은? 제34회

㉠ 택지소유상한제	㉡ 부동산거래신고제
㉢ 토지초과이득세	㉣ 주택의 전매제한
㉤ 부동산실명제	㉥ 토지거래허가구역
㉦ 종합부동산세	㉧ 공한지세

① ㉠, ㉧
② ㉠, ㉢, ㉧
③ ㉠, ㉣, ㉤, ㉥
④ ㉡, ㉢, ㉣, ㉤, ㉦
⑤ ㉡, ㉣, ㉤, ㉥, ㉦, ㉧

키워드 부동산정책의 수단
난이도
해설 ㉠ 택지소유상한제는 1990년부터 실시되었으나 사유재산권 침해 이유로 1998년에 폐지되었다.
㉢ 토지초과이득세는 실현되지 않은 이익에 대해 과세한다는 논란 등으로 1998년에 폐지되었다.
㉧ 공한지세는 1974년부터 실시되었으나 1986년에 폐지되었다.

정답 06 ⑤ 07 ②

THEME 13 주택정책

| THEME 키워드 |
임대주택정책, 임대료 규제정책, 임대료 규제 계산문제, 임대료 보조정책, 분양가 상한제, 주택공급제도, 주거정책

기본으로 알아야 하는 대표기출

> **기출분석**
> - **기출회차:** 제26회
> - **키워드:** 임대주택정책
> - **난이도:**

정부의 주택임대정책에 관한 설명으로 틀린 것은? (단, 규제임대료가 시장임대료보다 낮다고 가정함)

① 주택 바우처(housing voucher)는 임대료 보조정책의 하나이다.
② 임대료 보조금 지급은 저소득층의 주거 여건 개선에 기여할 수 있다.
③ 임대료 규제는 장기적으로 민간 임대주택 공급을 위축시킬 우려가 있다.
④ 임대료 규제는 임대부동산을 질적으로 향상시키고 기존 세입자의 주거이동을 촉진시킨다.
⑤ 장기전세주택이란 국가나 지방자치단체의 재정이나 주택도시기금의 자금을 지원받아 전세계약의 방식으로 공급하는 공공임대주택을 말한다.

> **함정을 피하는 TIP**
> - 주택정책 중 임대주택정책에는 임대료 규제정책, 임대료 보조정책, 공공임대주택정책 등이 있으며, 분양주택정책에는 분양가 규제정책, 분양가 자율화 등이 있다. 이 중 특히 시험에서 자주 출제되는 임대료 규제정책, 임대료 보조정책, 분양가 규제정책 등에 중점을 두어 정리하여야 한다.

해설
임대료 규제는 임대부동산을 질적으로 저하시키고 기존 세입자의 주거이동을 감소시킨다.

정답 ④

단단하게 정리하는 **핵심이론**

1 임대주택정책

(1) 임대료 규제정책

① 의의: 임대료 규제를 임대료 한도제 또는 임대료 상한제라고도 하는데, 임대료 수준 또는 임대료 상승률을 일정범위 내에서 규제하여 임차가구를 보호하려는 가격통제(price control) 방법의 하나이며 최고가격제에 해당한다.

② 정책적 효과

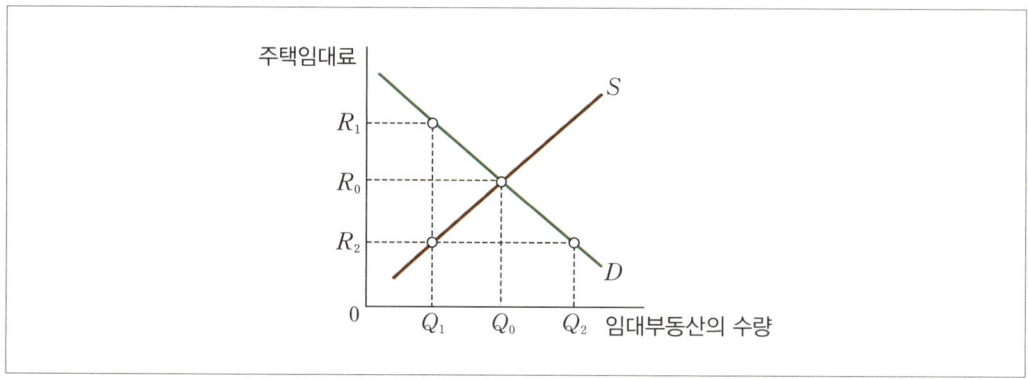

㉠ 임대주택에 대한 초과수요 발생 ⇨ 공급부족
㉡ 임차인
　ⓐ 임차인들이 임대주택 구하기가 어려워질 수 있다.
　ⓑ 임차인들의 주거이동이 저하될 수 있다. ⇨ 사회적 비용 증가
㉢ 임대인
　ⓐ 기존의 임대주택이 다른 용도로 전환될 수 있다.
　ⓑ 임대주택에 대한 투자를 기피하는 현상이 발생할 수 있다.
　ⓒ 임대주택 서비스의 질이 저하될 수 있다.
㉣ 정부: 정부의 임대소득세 수입이 감소할 수 있다.
㉤ 시장: 불법거래, 임대료에 대한 이중가격이 형성될 수 있다.

(2) 임대료 보조정책 ⇨ 간접적 개입

① 의의: 임대료보조정책은 저소득층의 주택문제를 해결하기 위해 일정수준 이하의 저소득층에게 정부가 임대료의 일부를 보조해 주는 것을 말한다. 임차인에게 보조금을 지급하는 방법으로 수요 측 보조금은 가격(임대료)보조방식과 소득보조방식이 있다.

② 수요 측 보조금

㉠ 가격보조와 소득보조

구분	가격(임대료)보조 ⇨ 집세보조	소득보조 ⇨ 현금보조
의의	주택의 상대가격을 낮춤으로써 저소득 임차가구의 주택소비를 증가시킴	실질소득이 현금보조액만큼 증가한 것과 같으므로 주택임차가구의 주택부담능력이 높아짐
정책적 효과	소비↑, 효용↑, 임대료↑, 공급량↑(장기) ⇨ 소비증대 효과가 큼	소비↑, 효용↑, 임대료↑, 공급량↑(장기) ⇨ 효용증대 효과가 큼

㉡ 장·단기 효과 비교

ⓐ 단기적 효과: 임차인에게 임대료를 보조 ⇨ 임차인 입장에서는 임대부동산의 공급가격이 그만큼 하락한 효과와 임차인의 실질소득이 상승하는 효과가 발생 ⇨ 임대주택에 대한 수요가 증가 ⇨ 시장임대료는 상승한다. 그러나 단기에 임대주택의 공급곡선이 수직이라면 임대주택의 공급은 불변 ⇨ 임대주택의 공급곡선이 수직인 단기에는 시장임대료만 상승하고 임대주택의 거래량은 불변이며, 보조금의 혜택은 임대주택공급자에게 돌아간다.

ⓑ 장기적 효과: 임대료 상승으로 인해 장기적으로 임대주택의 공급이 증가 ⇨ 시장임대료는 낮아져 임차인의 부담은 낮아지고, 그 결과 임대주택의 소비량이 증가하여 임대주택의 거래량도 증가한다.

⚠ 시장임대료는 원래 수준에서 균형을 이루지만(비용일정산업) 임대료보조로 인해 임차인이 실제 부담하는 지불임대료는 원래보다 낮아지게 된다.

③ 공급 측 보조금: 단기적으로는 공급곡선이 수직에 가까우므로 공급 측 보조금은 아무런 효과가 없으나, 장기적으로는 주택의 생산비를 절감시켜 주택공급이 증가하고 시장임대료가 하락하여 주택소비가 증가한다.

(3) 공공임대주택정책 ⇨ 직접적 개입

① 의의: <mark>공공부문이 시장임대료보다 낮은 수준의 임대주택을 공급하여 사적 시장의 임대료를 낮추도록 함으로써 임차인을 보호하는 방법</mark>의 하나로, 정부의 직접적인 개입에 해당하는 정책이다.

② 정책적 효과

구분		사적 시장	공공시장
단기		수요 감소 ⇨ 임대료 하락 ⇨ 임차인 혜택	공급 증가 & 낮은 임대료 ⇨ 수요 증가 ⇨ 임차인 혜택
		단기적으로 사적 시장과 공공시장의 임차인 모두 혜택	
장기		공급 감소 ⇨ 임대료 상승 ⇨ 임차인 혜택 소멸	공급 증가 & 낮은 임대료 ⇨ 임차인 혜택
		㉠ 장기적으로 공공시장으로 이동해 온 임차인만 혜택 ㉡ 장기적으로 사회 전체의 임대주택 공급량 ⇨ 불변	

2 분양주택정책

(1) 분양가 규제정책(분양가 상한제)

① 의의: 정부가 사적 시장에서 공급되는 신규주택가격을 시장균형가격보다 낮게 규제하는 것을 말한다. 분양가 상한제는 분양가 규제를 통해 주택가격을 안정시키기 위한 목적으로 시행되는 최고가격제에 해당한다.

② 분양가 상한제 적용주택(주택법 제57조)

  ㉠ 사업주체가 일반인에게 공급하는 공동주택 중 다음 어느 하나에 해당하는 지역에서 공급하는 주택의 경우에는 법률에서 정하는 기준에 따라 산정되는 분양가격 이하로 공급하여야 한다.

   ⓐ 공공택지

   ⓑ 공공택지 외의 택지로서 도심 공공주택 복합지구, 주거재생혁신지구, 주택가격 상승 우려가 있어 국토교통부장관이 주거정책심의위원회 심의를 거쳐 지정하는 지역

  ㉡ 분양가 상한제를 적용하지 않는 주택

   ⓐ 도시형 생활주택

   ⓑ 「경제자유구역의 지정 및 운영에 관한 특별법」에 따라 지정·고시된 경제자유구역에서 건설·공급하는 공동주택으로서 경제자유구역위원회에서 외자유치 촉진과 관련이 있다고 인정하여 「주택법」 제57조에 따른 분양가격 제한을 적용하지 아니하기로 심의·의결한 경우

   ⓒ 「관광진흥법」에 따라 지정된 관광특구에서 건설·공급하는 공동주택으로서 해당 건축물의 층수가 50층 이상이거나 높이가 150m 이상인 경우

  ㉢ 분양가격: 국토교통부장관이 매년 고시하는 기본형 건축비에 가산비용과 택지비를 적용하여 산출한다. ─ 품질 향상을 위해 추가적으로 발생한 비용

  > 택지비 + 택지비가산비 + 기본형 건축비 + 건축비가산비

  ㉣ 전매제한: 주택법령상 분양가 상한제 적용주택 및 그 주택의 입주자로 선정된 지위에 대하여 전매를 제한할 수 있다.

③ 정책적 효과

  ㉠ 분양가격과 시장가격의 차이 때문에 단기적으로 투기적 수요가 증대하며, 장기적으로 주택산업의 생산성을 저하시켜 신축주택의 공급 감소를 초래할 수 있다.

  ㉡ 수요와 공급의 가격탄력성이 탄력적일수록 초과수요량이 더 커진다.

  ㉢ 분양주택의 질적 수준이 저하될 수 있다.

  ㉣ 주택의 과소비가 초래될 수 있으며, 분양주택에 대한 프리미엄이 형성되면 분양권을 불법으로 전매하는 등의 현상이 나타날 수 있다.

  ㉤ 가격기능을 왜곡시켜 자원배분의 효율성을 저해하게 된다.

  ㉥ 도심지역보다는 외곽지역의 고밀도 개발을 촉진하여 토지이용의 비효율을 초래할 수 있다.

　　　　ⓐ 공급자의 채산성을 악화시켜 장기화될수록 민간주택공급을 위축시킴으로써 중고주택의 가격을 상승시키며, 저소득층의 주택난 심화를 초래할 수 있다.
　　　　ⓑ 장기적으로는 여과과정을 통한 저소득층의 주거안정가능성이 감소할 수 있다.

(2) 분양가 자율화 정책

① 의의: 정부가 사적 시장의 가격규제를 풀고 자율화함으로써 시장의 수요와 공급에 의해 가격이 결정되도록 하는 것을 말한다.

② 정책적 효과
　㉠ 분양가를 자율화하기 위해서는 택지의 확보, 금융지원 등을 통한 공급증대 노력이 선행되어야 한다.
　㉡ 신규주택가격이 상승하여 장기적으로 신규주택의 공급이 확대된다.
　㉢ 전매차익을 줄여 투기적 수요는 감소된다.
　㉣ 주택산업의 수익성이 향상되고, 경쟁으로 인해 주택의 품질이 개선된다.
　㉤ 대형주택 위주로 주택공급이 확대될 가능성이 높으므로 대형주택 보유에 관한 과세를 강화하여야 한다.
　㉥ 소형주택의 공급이 감소하고, 대형주택 위주로 주택공급이 확대되므로 저소득층의 주택부담이 가중된다.

3 주택 선분양제도와 후분양제도

구분	선분양제도	후분양제도
의의	주택이 완공되기 이전에 소비자에게 분양하고 계약금·중도금 등을 완공 이전에 납부하도록 하여 건설금융에 충당할 수 있게 허용한 제도	일정규모 이상 건설공사가 이루어진 뒤 공급하는 방식으로, 건설업자가 건설자금을 직접 조달하는 제도
장점	① 건설자금 조달이 용이 ② 주택공급 증가 ⇨ 주택시장 활성화 ③ 분양대금 분할납부로 금융부담 경감 ④ 소비자 위험부담하에 주택구입이 용이	① 분양권 매매차익 소멸 ⇨ 투기억제 ② 완제품의 비교 선택 가능 ③ 소비자의 선택폭 확대 ⇨ 최적선택 용이 ④ 업체의 품질경쟁 ⇨ 품질 향상
단점	① 분양권 매매차익 발생 ⇨ 투기 발생 ② 완제품을 비교하여 선택할 수 없음 ③ 소비자의 선택폭 축소 ⇨ 최적선택 곤란 ④ 부실공사 등 주택품질 저하 ⑤ 시장위험이 수요자에게 전가	① 건설자금조달이 곤란 ② 주택공급 감소 ⇨ 주택시장 침체 가능성 ③ 건설업체의 부도 가능성 확대 ④ 건설업체의 시장위험부담 증가 ⑤ 주택가격 일시납부로 목돈마련이 어려움

기본문제와 완성문제로 **단단기출**

01 임대주택정책에 관한 설명으로 **틀린** 것은? (다만, 다른 조건은 동일함) 제21회

기본 기출

① 장기공공임대주택은 공공부문이 시장임대료보다 낮은 수준의 임대주택을 공급하는 것이다.
② 임대료 규제는 임대료에 대한 이중가격을 형성시킬 우려가 있다.
③ 규제임대료가 시장균형임대료보다 낮을 경우 임대부동산의 질적인 저하를 초래할 수 있다.
④ 임대료 보조정책은 임차인의 임대료 부담을 줄여줄 수 있다.
⑤ 임대료 상한제의 실시는 임대주택에 대한 초과공급을 발생시킨다.

| 키워드 | 임대주택정책
| 난이도 |
| 해설 | 임대료 상한제는 최고가격제의 일환이다. 따라서 임대료 상한제를 실시하면 초과수요를 발생시킨다.

02 임대료 규제가 임대주택시장에 미치는 효과에 관한 설명으로 **틀린** 것은? (다만, 단기적으로 다른 조건은 일정하다고 가정함) 제20회

기본 기출

① 균형임대료보다 임대료 상한이 높을 경우, 균형임대료와 공급량에 아무런 영향을 미치지 않는다.
② 균형임대료보다 임대료 상한이 낮을 경우, 장기적으로 임대주택의 질이 낮아질 수 있다.
③ 균형임대료보다 임대료 상한이 낮을 경우, 임대주택에 대한 공급이 단기적으로는 탄력적, 장기적으로는 비탄력적으로 반응한다.
④ 균형임대료보다 임대료 상한이 낮을 경우, 임대료 규제가 지속되면 장기적으로는 음성적 거래가 발생할 수 있다.
⑤ 균형임대료보다 임대료 상한이 낮을 경우, 임대료가 규제 이전의 균형수준보다 낮아져서 단기에 비해 장기에 초과수요가 더 발생할 수 있다.

| 키워드 | 임대료 규제정책
| 난이도 |
| 해설 | 균형임대료보다 임대료 상한이 낮을 경우 임대주택에 대한 공급이 감소하는데, 단기에는 공급의 조정이 어렵고 장기에는 공급의 조정이 보다 쉬워진다. 따라서 임대주택에 대한 공급이 단기적으로는 비탄력적, 장기적으로는 탄력적으로 반응한다.

정답 01 ⑤ 02 ③

03 임대료 보조정책에 관한 설명 중 틀린 것은? 　제19회

① 저소득층에게 정부가 임대료의 일부를 보조해 주는 것을 말한다.
② 저소득층의 실질소득을 증가시키는 효과를 갖는다.
③ 다른 조건이 같을 경우 임대주택의 수요를 증가시킨다.
④ 다른 조건이 같을 경우 임대주택의 공급을 감소시킨다.
⑤ 저소득층의 주택문제를 해결하기 위한 정부의 시장개입정책 중 하나이다.

> 키워드 ▷ 임대료 보조정책
> 난이도 ▷
> 해설 ▷ 임대료 보조정책은 주택보조금정책에서 수요 측 보조에 해당하며 수요 측 보조 중 가격보조에 해당한다. 임대료를 보조하면 임대주택의 수요가 증가하여 임대료가 상승한다. 따라서 다른 조건이 같을 경우 임대주택의 공급을 증가시킨다.

04 임대 관련 제도에 관한 설명 중 틀린 것은? (단, 다른 요인은 불변이라고 가정) 　제16회

① 임대료 보조제도는 수요자 지원 주택정책의 한 형태이다.
② 임대료 보조 대신 동일한 금액을 현금으로 제공하면 저소득층의 효용은 감소한다.
③ 임대료 보조를 받은 저소득층의 주택소비가 증가하는 이유는 소득효과와 대체효과 때문이다.
④ 임대료 보조를 받는 저소득층의 효용은 임대료 보조를 받지 않은 경우보다 더 높아진다.
⑤ 시장균형가격보다 낮은 수준으로 임대료를 규제하면 저소득층 임차인들의 주거환경이 악화될 수 있다.

> 키워드 ▷ 임대주택정책
> 난이도 ▷
> 해설 ▷ 저소득층에게 임대료 보조 대신 동일한 금액을 현금으로 제공하면 제공받은 현금으로 저소득층은 주택의 임차는 물론 다른 재화의 소비도 늘릴 수 있기 때문에 저소득층의 효용은 증가한다.

정답 03 ④ 04 ②

05 분양가 상한제에 관한 설명 중 옳은 설명으로 묶인 것은?

제19회

기본 기출

㉠ 장기적으로 민간의 신규주택 공급을 위축시킴으로써 주택가격을 상승시킬 수 있다.
㉡ 상한가격이 시장가격보다 낮을 경우 일반적으로 초과공급이 발생한다.
㉢ 주택건설업체의 수익성을 낮추는 요인으로 작용하여 주택공급을 감소시킬 수 있다.
㉣ 시장가격 이상으로 상한가격을 설정하여 무주택자의 주택가격 부담을 완화시키고자 하는 제도이다.

① ㉠, ㉢
② ㉠, ㉢, ㉣
③ ㉡, ㉢
④ ㉠, ㉡, ㉢
⑤ ㉡, ㉣

키워드 〉 분양가 상한제

난이도 〉

해설 〉 ㉡ 상한가격이 시장가격보다 낮을 경우 일반적으로 초과수요가 발생한다.
㉣ 분양가 상한제는 시장가격보다 낮게 상한가격을 설정하여 무주택자의 주택가격 부담을 완화시키고자 하는 제도이다.

06 주거정책에 관한 설명으로 틀린 것을 모두 고른 것은?

제34회

완성 기출

㉠ 우리나라는 주거에 대한 권리를 인정하고 있지 않다.
㉡ 공공임대주택, 주거급여제도, 주택청약종합저축제도는 현재 우리나라에서 시행되고 있다.
㉢ 주택바우처는 저소득임차가구에 주택임대료를 일부 지원해주는 소비자보조방식의 일종으로 임차인의 주거지 선택을 용이하게 할 수 있다.
㉣ 임대료 보조정책은 민간임대주택의 공급을 장기적으로 감소시키고 시장임대료를 높인다.
㉤ 임대료를 균형가격 이하로 통제하면 민간임대주택의 공급량은 증가하고 질적 수준은 저하된다.

① ㉠, ㉡, ㉤
② ㉠, ㉢, ㉤
③ ㉠, ㉣, ㉤
④ ㉡, ㉢, ㉣
⑤ ㉢, ㉣, ㉤

키워드 〉 주거정책

난이도 〉

해설 〉 ㉠ 우리나라는 주거복지 등 주거정책의 수립·추진 등에 관한 사항을 정하고 주거권을 보장함으로써 국민의 주거안정과 주거수준의 향상에 이바지하는 것을 목적으로 「주거기본법」을 제정하여 시행하고 있다.
㉣ 임대료 보조정책은 민간임대주택의 공급을 장기적으로 증가시키고 시장임대료는 원래 수준이 된다.
㉤ 임대료를 균형가격 이하로 통제하면 민간임대주택의 공급량은 감소하고 질적 수준은 저하된다.

정답 05 ① 06 ③

07 분양가 상한제에 관한 설명으로 틀린 것은? 　　　　　　　　　　　　제27회

① 주택법령상 분양가 상한제 적용주택의 분양가격은 택지비와 건축비로 구성된다.
② 도입배경은 주택가격을 안정시키고, 무주택자의 신규주택구입 부담을 경감시키기 위해서이다.
③ 현재 정부가 시행 중인 정책이다.
④ 신규분양주택의 공급위축 현상과 질이 하락하는 문제점이 나타날 수 있다.
⑤ 주택법령상 사업주체가 일반인에게 공급하는 공동주택 중 공공택지에서 공급하는 도시형 생활주택은 분양가 상한제를 적용한다.

키워드	분양가 상한제
난이도	
해설	공공택지에서 공급되는 공동주택은 분양가 상한제를 적용하지만 민간택지에서 공급되는 공동주택은 원칙적으로는 적용하지 않고 탄력적으로 적용하고 있다. 단, 도시형 생활주택은 어떤 경우에도 적용되지 않는다.

08 분양가 규제에 관한 설명으로 틀린 것은? 　　　　　　　　　　　　제30회

① 주택법령상 분양가 상한제 적용주택의 분양가격은 택지비와 건축비로 구성된다.
② 주택법령상 분양가 상한제 적용주택 및 그 주택의 입주자로 선정된 지위에 대하여 전매를 제한할 수 있다.
③ 분양가 상한제의 목적은 주택가격을 안정시키고 무주택자의 신규주택 구입부담을 경감시키기 위해서이다.
④ 주택법령상 국민주택건설사업을 추진하는 공공사업에 의하여 개발·조성되는 공동주택이 건설되는 용지에는 주택의 분양가격을 제한할 수 없다.
⑤ 분양가 규제는 신규분양주택의 분양가격을 정부가 통제하는 것이다.

키워드	분양가 상한제
난이도	
해설	주택의 분양가격 제한

> 사업주체가 「주택법」 제54조에 따라 일반인에게 공급하는 공동주택 중 다음의 어느 하나에 해당하는 지역에서 공급하는 주택의 경우에는 「주택법」 제57조에서 정하는 기준에 따라 산정되는 분양가격 이하로 공급(이에 따라 공급되는 주택을 '분양가 상한제 적용주택'이라 한다)하여야 한다(주택법 제57조 제1항).
> 1. 공공택지
> 2. 공공택지 외의 택지로서 도심 공공주택 복합지구, 주거재생혁신지구, 주택가격 상승 우려가 있어 「주택법」 제58조에 따라 국토교통부장관이 「주거기본법」 제8조에 따른 주거정책심의위원회 심의를 거쳐 지정하는 지역

정답 07 ⑤ 08 ④

09 주택공급제도에 관한 설명으로 <u>틀린</u> 것은? 제30회

① 후분양제도는 초기 주택건설자금의 대부분을 주택구매자로부터 조달하므로 건설자금에 대한 이자의 일부를 주택구매자가 부담하게 된다.
② 선분양제도는 준공 전 분양대금의 유입으로 사업자의 초기 자금부담을 완화할 수 있다.
③ 후분양제도는 주택을 일정 절차에 따라 건설한 후에 분양하는 방식이다.
④ 선분양제도는 분양권 전매를 통하여 가수요를 창출하여 부동산시장의 불안을 야기할 수 있다.
⑤ 소비자 측면에서 후분양제도는 선분양제도보다 공급자의 부실시공 및 품질저하에 대처할 수 있다.

> 키워드 주택공급제도
> 난이도
> 해설 초기 주택건설자금의 대부분을 주택구매자로부터 조달하므로 건설자금에 대한 이자의 일부를 주택구매자가 부담하게 되는 방식은 선분양제도에 대한 설명이다. 후분양제도는 일정규모 이상 건설공사가 이루어진 뒤 공급하는 방식으로 건설자금을 건설업자가 직접 조달하는 제도이다.

10 임대아파트의 수요함수는 $Q_D = 1,400 - 2P$, 공급함수는 $Q_S = 200 + 4P$라고 하자. 이때 정부가 아파트 임대료를 150만원/m²으로 규제했다. 이 규제하에서 시장의 초과수요 또는 초과공급 상황과 그 수량은? [여기서 P는 가격(단위: 만원), Q_D, Q_S는 각각 수요량과 공급량(단위: m²), 다른 조건은 불변이라고 가정함] 제16회

① 초과수요 100m² ② 초과수요 300m²
③ 초과공급 100m² ④ 초과공급 200m²
⑤ 초과공급 300m²

> 키워드 임대료 규제 계산문제
> 난이도
> 해설 균형임대료는 수요량(Q_D)과 공급량(Q_S)이 일치할 때의 임대료이다.
> 따라서 균형임대료는 $1,400 - 2P = 200 + 4P$에서 $6P = 1,200$, $P = 200$이다.
> 그런데 정부가 아파트 임대료를 150만원/m²으로 규제했으므로 $P = 150$을 수요함수와 공급함수에 대입하면 수요량은 1,100, 공급량은 800이므로 300m²의 초과수요가 발생한다.

정답 09 ① 10 ②

THEME 14 부동산조세정책

| THEME 키워드 |
부동산조세, 부동산조세의 경제적 효과

기본으로 알아야 하는 대표기출

기출분석
- **기출회차:** 제32회
- **키워드:** 부동산조세
- **난이도:**

부동산조세에 관한 설명으로 틀린 것은?

① 조세의 중립성은 조세가 시장의 자원배분에 영향을 미치지 않아야 한다는 원칙을 의미한다.
② 양도소득세를 중과하면 부동산의 보유기간이 늘어나는 현상이 발생할 수 있다.
③ 조세의 사실상 부담이 최종적으로 어떤 사람에게 귀속되는 것을 조세의 귀착이라 한다.
④ 양도소득세는 양도로 인해 발생하는 소득에 대해 부과되는 것으로 타인에게 전가될 수 있다.
⑤ 재산세와 종합부동산세는 보유세로서 지방세이다.

함정을 피하는 TIP
- 조세를 부과할 경우 나타나는 조세의 전가, 자원배분의 왜곡, 공급의 동결효과, 사회적 후생손실 등을 정리해두어야 한다.

해설
재산세와 종합부동산세는 보유세로서 재산세는 지방세이나 종합부동산세는 국세에 해당한다.

정답 ⑤

단단하게 정리하는 **핵심이론**

1 부동산조세의 전가와 귀착, 중립성

(1) 조세의 전가

조세가 부과되었을 때 각 경제주체들이 자신의 활동을 조정함으로써 조세의 실질적인 부담의 일부 또는 전부를 타인에게 이전시키는 현상을 말한다.

(2) 조세의 귀착

조세가 부과되었을 때 실질적인 조세부담이 전가를 통해 각 경제주체에게 귀속되는 결과를 말한다.

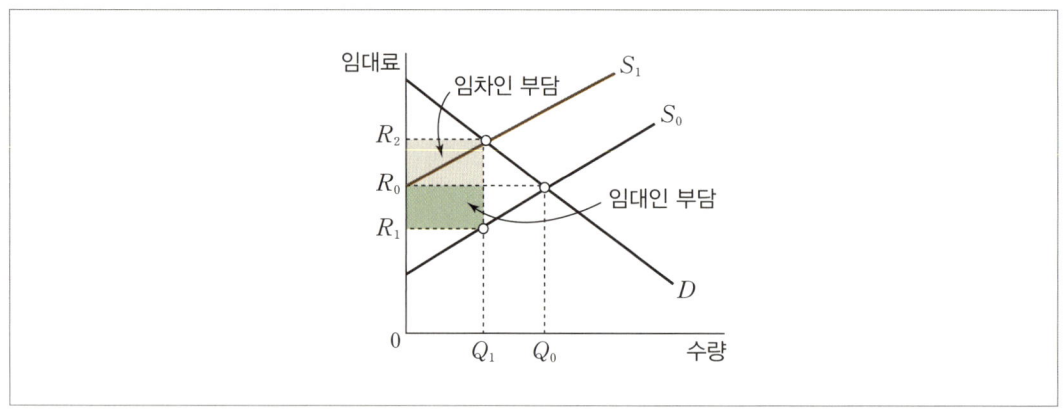

① 재산세 부과는 임대인 입장에서는 재산세 부과액만큼 비용이 증가한 것이 된다. 따라서 임대주택시장에서 임대주택에 대한 공급곡선은 상방으로 이동한다.

② 재산세 부과로 인한 조세부담을 구분할 경우 임대료가 상승한 것은 임대인이 임대료 인상을 통해 재산세 부과액 중 일부를 임차인에게 전가한 것이며, 나머지는 임대인이 부담하는 것이 된다.

③ 임차인이 실질적으로 지불하는 금액이 상승하므로 소비자잉여는 감소하며, 임대인이 받는 임대료는 하락하므로 생산자잉여도 감소한다.
  ┗ 소비자의 최대지불용의 금액과 실제로 지불한 금액의 차이를 말한다.
  ┗ 공급자의 총수입과 공급자가 받고자 하는 최소금액(기회비용)의 차이를 말한다.

④ 재산세 부과로 인해 주택임대료는 상승하여 임차인은 재산세 부과 전보다 더 높은 금액을 지불하고 임대인은 더 낮은 금액을 받게 되므로 소비자잉여와 생산자잉여가 감소하여 사회적 후생손실(경제적 순손실)이 발생한다.

(3) 조세의 중립성

세금 부과의 결과로 납세자의 상대적인 경제 상황에 변화가 초래되어서는 안 된다는 일반적 과세 원칙을 말한다. 즉, 조세가 시장의 자원배분에 영향을 미치지 않아야 한다는 원칙을 의미한다.

2 탄력성과 조세귀착

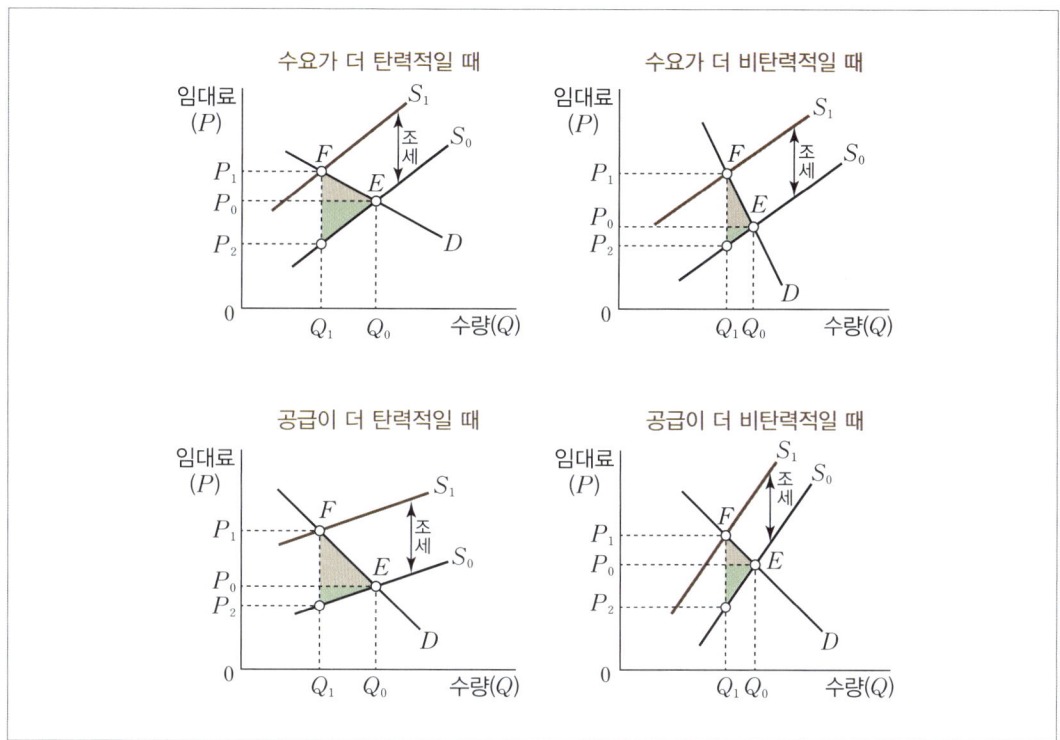

① 수요가 탄력적일수록 수요자 부담은 작아지고, 수요가 비탄력적일수록 수요자 부담은 커진다.
② 공급이 탄력적일수록 공급자 부담은 작아지고, 공급이 비탄력적일수록 공급자 부담은 커진다.
③ 수요가 완전비탄력적이거나 공급이 완전탄력적일 때는 수요자가 모두 부담한다.
④ 수요가 완전탄력적이거나 공급이 완전비탄력적일 때는 공급자가 모두 부담한다.

3 사회적 후생손실(경제적 순손실)

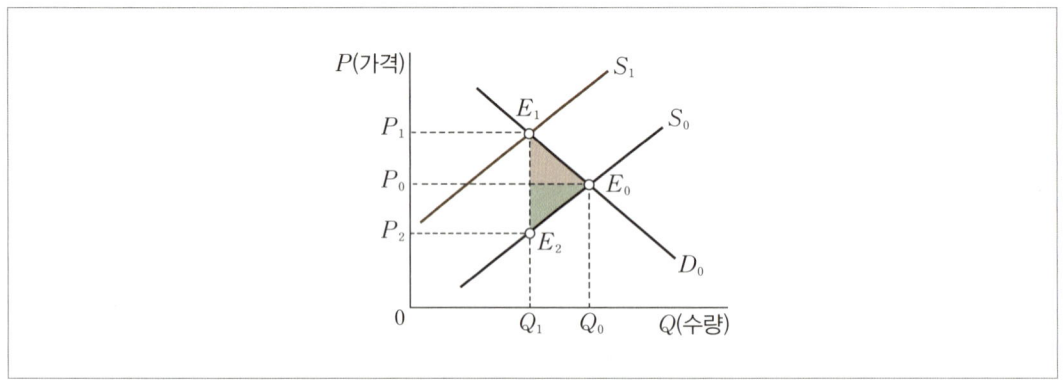

① 조세 부과로 인해 공급이 감소하게 되면 가격은 상승하여 수요자는 조세부과 전보다 더 높은 가격을 지불하고 공급자는 더 낮은 가격을 받게 되므로 소비자잉여와 생산자잉여가 감소하여 사회적 후생손실(경제적 순손실)이 발생한다.

② 사회적 후생손실(경제적 순손실)은 세금 부과로 인한 소비자잉여 감소분과 생산자잉여 감소분의 합이 정부의 조세수입(임차인부담액+임대인부담액)보다 크기 때문에 발생한다고 볼 수 있다.

③ 수요와 공급이 탄력적일수록 조세 부과 시 거래량은 크게 감소하므로 사회적 후생손실(경제적 순손실)은 증가하며, 수요와 공급이 비탄력적일수록 조세 부과 시 거래량은 작게 감소하므로 사회적 후생손실(경제적 순손실)은 감소한다.

④ 수요곡선은 불변이라고 가정할 때, 세금 부과에 의한 사회적 후생손실(경제적 순손실)은 공급이 비탄력적일수록 작아지고, 공급이 탄력적일수록 커진다.

기본문제와 완성문제로 **단단기출**

01 부동산 관련 조세에서 ( )에 들어갈 내용으로 옳은 것은? 제30회

기본 기출

구분	보유단계	취득단계	처분단계
국세	(㉠)	상속세	(㉢)
지방세	(㉡)	취득세	–

① ㉠: 종합부동산세, ㉡: 재산세, ㉢: 양도소득세
② ㉠: 종합부동산세, ㉡: 양도소득세, ㉢: 재산세
③ ㉠: 재산세, ㉡: 종합부동산세, ㉢: 양도소득세
④ ㉠: 재산세, ㉡: 양도소득세, ㉢: 종합부동산세
⑤ ㉠: 양도소득세, ㉡: 재산세, ㉢: 종합부동산세

키워드 부동산조세

난이도

해설 종합부동산세는 국세로서 보유단계에 부과하는 조세이며, 재산세는 지방세로서 보유단계에 부과하는 조세이다. 양도소득세는 국세로서 처분단계에 부과하는 조세이다.

02 우리나라의 부동산 조세정책에 관한 설명으로 틀린 것은? 제31회

기본 기출

① 취득세 감면은 부동산 거래의 활성화에 기여할 수 있다.
② 증여세는 국세로서 취득단계에 부과하는 조세이다.
③ 양도소득세의 중과는 부동산 보유자로 하여금 매각을 뒤로 미루게 하는 동결효과(lock-in effect)를 발생시킬 수 있다.
④ 종합부동산세는 국세로서 보유단계에 부과하는 조세이다.
⑤ 재산세는 지방세로서 취득단계에 부과하는 조세이다.

키워드 부동산조세

난이도

해설 재산세는 지방세로서 보유단계에 부과하는 조세이다.

정답 01 ① 02 ⑤

THEME 14 부동산조세정책

03 부동산조세의 경제적 효과에 대한 설명 중 <u>틀린</u> 것은? (단, 다른 조건은 일정하다고 가정함) 제18회

① 양도소득세가 중과되면, 주택공급의 동결효과(lock-in effect)로 인해 주택가격이 상승할 수 있다.
② 임대주택에 재산세가 부과되면, 부과된 세금은 장기적으로 임차인에게 전가될 수 있다.
③ 공급의 가격탄력성은 탄력적인 반면 수요의 가격탄력성은 비탄력적인 시장에서 세금이 부과될 경우, 실질적으로 수요자가 공급자보다 더 많은 세금을 부담하게 된다.
④ 토지이용을 특정 방향으로 유도하기 위해 정부가 토지보유세를 부과할 때에는 토지용도에 관계없이 동일한 세금을 부과해야 한다.
⑤ 토지의 공급곡선이 완전비탄력적인 상황에서는 토지보유세가 부과되더라도 자원배분의 왜곡이 초래되지 않는다.

키워드 〉 부동산조세의 경제적 효과
난이도 〉
해설 〉 토지이용을 특정 방향으로 유도하기 위해 정부가 토지보유세를 부과할 때에는 토지용도에 따라 차등과세를 하여야 한다.

04 부동산조세정책에 관한 설명으로 <u>틀린</u> 것은? (단, 다른 조건은 동일함) 제25회

① 토지이용을 특정 방향으로 유도하기 위해 정부가 토지보유세를 부과할 때에는 토지용도에 관계없이 동일한 세금을 부과해야 한다.
② 임대주택에 재산세가 중과되면, 증가된 세금은 장기적으로 임차인에게 전가될 수 있다.
③ 주택의 보유세 감면은 자가소유를 촉진할 수 있다.
④ 주택의 취득세율을 낮추면 주택수요가 증가할 수 있다.
⑤ 공공임대주택의 공급확대는 임대주택의 재산세가 임차인에게 전가되는 현상을 완화시킬 수 있다.

키워드 〉 부동산조세
난이도 〉
해설 〉 토지이용을 특정 방향으로 유도하기 위해 정부가 토지보유세를 부과할 때에는 토지용도에 따라 차등과세를 하여야 한다.

정답 03 ④ 04 ①

05 정부에서 주택시장을 안정시키기 위해 주택의 매도인(공급자)에게 양도소득세를 중과하기로 했다. 만약 주택수요의 가격탄력성이 비탄력적이고, 공급의 가격탄력성이 탄력적이라고 할 때 주택시장에 미치는 영향을 가장 적절하게 설명한 것은? (단, 다른 조건은 일정하다고 가정함) 제15회

① 양도소득세 납부 후 매도인(공급자)이 받는 대금은 양도소득세가 중과되기 전보다 항상 높아질 것이다.
② 양도소득세가 중과되기 전보다 중과 후 주택거래량이 늘어날 것이다.
③ 양도소득세의 중과 후에 매수인(수요자)이 지불하는 가격은 양도소득세가 중과되기 전보다 낮아진다.
④ 양도소득세의 중과효과는 매도인(공급자)보다 매수인(수요자)에게 더 크게 나타날 것이다.
⑤ 매도인(공급자)은 가격변화에 민감하게 반응하지 않는 반면, 매수인(수요자)은 매우 민감하게 반응할 것이다.

키워드 〉 부동산조세

난이도 〉

해설 〉 ④ 세금의 전가 문제는 수요와 공급의 상대적 탄력성의 크기에 따라 다르다. 그런데 문제에서 주택수요의 가격탄력성이 비탄력적이고 공급의 가격탄력성이 탄력적이라고 했으므로 양도세 중과는 비탄력적인 수요자가 더 많이 부담한다. 따라서 양도소득세의 중과효과는 매수인에게 더 크게 나타날 것이다.
① 양도소득세는 매수인과 매도인 모두 부담하므로 양도소득세 납부 후 매도인(공급자)이 받는 대금은 양도소득세가 중과되기 전보다 낮아질 것이다.
② 양도소득세의 전가로 가격이 올랐으므로 양도소득세가 중과되기 전보다 중과 후 주택거래량이 감소할 것이다.
③ 조세전가로 인해 양도소득세의 중과 후에 매수인(수요자)이 지불하는 가격은 양도소득세가 중과되기 전보다 높아진다.
⑤ 가격탄력성이 비탄력적인 매수인(수요자)은 가격변화에 민감하게 반응하지 않는 반면, 가격탄력성이 탄력적인 매도인(공급자)은 매우 민감하게 반응할 것이다.

정답 05 ④

06 부동산조세에 관한 설명으로 옳은 것은? (단, 우하향하는 수요곡선을 가정함) 제28회

① 소유자가 거주하는 주택에 재산세를 부과하면, 주택수요가 증가하고 주택가격은 상승하게 된다.
② 임대주택에 재산세를 부과하면 임대주택의 공급이 증가하고 임대료는 하락할 것이다.
③ 주택의 취득세율을 낮추면, 주택의 수요가 감소한다.
④ 주택공급의 동결효과(lock-in effect)란 가격이 오른 주택의 소유자가 양도소득세를 납부하기 위해 주택의 처분을 적극적으로 추진함으로써 주택의 공급이 증가하는 효과를 말한다.
⑤ 토지공급의 가격탄력성이 '0'인 경우, 부동산조세 부과 시 토지소유자가 전부 부담하게 된다.

키워드 › 부동산조세
난이도 ›
해설 › ① 소유자가 거주하는 주택에 재산세를 부과하면, 주택수요가 감소하고 주택가격은 하락하게 된다.
② 임대주택에 재산세를 부과하면 임대주택의 공급이 감소하고 임대료는 상승할 것이다.
③ 주택의 취득세율을 낮추면, 주택의 수요가 증가한다.
④ 주택공급의 동결효과(lock-in effect)란 가격이 오른 부동산의 소유자가 양도소득세를 납부하지 않기 위해 주택의 처분을 기피함으로써 주택의 공급이 감소하는 효과를 말한다.

07 주택구입에 대한 거래세 인상에 따른 경제적 후생의 변화로 틀린 것은? (단, 우상향하는 공급곡선과 우하향하는 수요곡선을 가정하며, 다른 조건은 일정함) 제26회

① 수요곡선이 공급곡선에 비해 더 탄력적이면 수요자에 비해 공급자의 부담이 더 커진다.
② 공급곡선이 수요곡선에 비해 더 탄력적이면 공급자에 비해 수요자의 부담이 더 커진다.
③ 수요자가 실질적으로 지불하는 금액이 상승하므로 소비자 잉여는 감소한다.
④ 공급자가 받는 가격이 하락하므로 생산자 잉여는 감소한다.
⑤ 거래세 인상에 의한 세수입 증가분은 정부에 귀속되므로 경제적 순손실은 발생하지 않는다.

키워드 › 부동산조세
난이도 ›
해설 › 거래세 인상으로 인해 주택가격은 상승하여 수요자는 거래세 부과 전보다 더 높은 금액을 지불하고 공급자는 더 낮은 금액을 받게 되므로 소비자 잉여와 생산자 잉여의 감소분이 세수입 증가분을 초과한다. 즉, 소비자 잉여와 생산자 잉여의 감소분이 세수입 증가분을 초과하여 사회적 후생손실(경제적 순손실)이 발생하게 된다.

정답 06 ⑤ 07 ⑤

THEME 15

지렛대효과

□ 1회독 □ 2회독

| THEME 키워드 |
레버리지효과(지렛대효과), 자기자본수익률, 자기자본수익률을 상승시키는 전략

기출분석
- **기출회차:** 제25회
- **키워드:** 자기자본수익률
- **난이도:**

기본으로 알아야 하는 대표기출

부동산투자에 따른 1년간 자기자본수익률은? (단, 주어진 조건에 한함)

- 투자 부동산가격: 3억원
- 금융기관 대출: 2억원, 자기자본: 1억원
- 대출조건
  - 대출기간: 1년
  - 대출이자율: 연 6%
  - 대출기간 만료 시 이자지급과 원금은 일시상환
- 1년간 순영업이익(NOI): 2천만원
- 1년간 부동산가격 상승률: 0%

① 8% ② 9%
③ 10% ④ 11%
⑤ 12%

함정을 피하는 TIP
- 자기자본수익률의 공식을 기억해두고 주어지는 조건에 따라 대입하여 자기자본수익률을 구할 수 있어야 한다.

> **해 설**
>
> 1년간 순영업소득은 2,000만원이고, 자기자본이 1억원, 타인자본이 2억원이며, 대출금리가 연 6%이므로 이자지급액은 1,200만원이다. 또한 1년간 부동산가격 상승률이 0%이므로 자본이득은 존재하지 않는다.
>
> ∴ 자기자본수익률 = $\dfrac{2{,}000만원 - (2억원 \times 0.06)}{1억원} \times 100(\%) = 8\%$
>
> 정답 ①

단단하게 정리하는 **핵심이론**

1 지렛대효과(leverage effect)의 개념과 구분

(1) 개념

부채의 사용이 지분수익률(자기자본수익률)에 미치는 영향을 말하는데, 투자자는 부채를 사용함으로써 지분수익률을 증대시킬 수 있다.

(2) 구분

① 정(+)의 지렛대효과: 자기자본수익률 > 총자본(종합)수익률 > 저당수익률(차입이자율)
② 부(−)의 지렛대효과: 자기자본수익률 < 총자본(종합)수익률 < 저당수익률(차입이자율)
③ 영(0)의 지렛대효과: 자기자본수익률 = 총자본(종합)수익률 = 저당수익률(차입이자율)

(3) 지렛대효과와 금융적 위험

정(+)의 레버리지는 차입금의 사용이 지분투자자의 지분수익을 증대시키는 방향으로, 부(−)의 레버리지는 지분투자자의 지분수익을 감소시키는 방향으로 작용한다. 따라서 타인자본을 사용하는 데 드는 금리비용보다 높은 수익률이 기대되는 경우에는 타인자본을 적극적으로 활용하는 것이 유리하지만, 경기가 어려울 때 타인자본을 과도하게 도입하면 금리부담으로 인한 도산위험이 높아진다. 이를 금융적 위험이라고 한다.

2 자기자본수익률의 계산

(1) 자기자본수익률(지분수익률)

- 자기자본수익률(지분수익률) = $\dfrac{\text{지분수익}}{\text{지분투자액(자기자본)}} \times 100(\%)$
- 자기자본수익률(지분수익률) = $\dfrac{\text{총자본수익} - \text{이자지급액}}{\text{지분투자액}} \times 100(\%)$

(2) 총자본수익률

- 총자본수익률 = $\dfrac{\text{총자본수익}}{\text{총투자액}} \times 100(\%)$
- 총자본수익률 = $\dfrac{\text{소득이득} + \text{자본이득}}{\text{총투자액}} \times 100(\%)$

기본문제와 완성문제로 단단기출

01 부동산투자에서 재무레버리지효과(지렛대효과)에 관한 설명으로 틀린 것은? 제20회

① 레버리지효과란 타인자본을 이용할 경우 부채비율의 증감이 자기자본수익률에 미치는 효과를 말한다.
② 정(+)의 레버리지효과는 총자본수익률(종합수익률)이 저당수익률보다 높을 때 발생한다.
③ 중립적 레버리지란 부채비율이 변화해도 자기자본수익률은 변하지 않는 경우를 말한다.
④ 부(-)의 레버리지효과란 부채비율이 커질수록 자기자본수익률이 하락하는 것을 말한다.
⑤ 정(+)의 레버리지효과를 예상하고 투자했을 때 부채비율이 커질수록 경기변동이나 금리변동에 따른 투자위험이 감소한다.

키워드 레버리지효과(지렛대효과)

난이도

해설 정(+)의 레버리지효과를 예상하고 투자했을 때 부채비율이 커질수록 경기변동이나 금리변동에 따른 투자위험이 증가한다.

02 다음 〈보기〉와 같은 상황에서 임대주택 투자자의 1년간 자기자본수익률은? 제28회

〈보기〉
- 임대주택 총투자액: 100백만원
  - 차입금: 60백만원
  - 자기자본: 40백만원
- 차입조건: 이자율 연 8%, 대출기간 동안 매 1년 말에 이자만 지급하고 만기에 원금을 일시 상환
- 1년간 순영업소득: 8백만원
- 1년간 임대주택의 가격 상승률: 2%

① 7% ② 10%
③ 13% ④ 16%
⑤ 20%

키워드 자기자본수익률

난이도

해설 순영업소득은 800만원, 임대주택의 가격상승률은 2%, 즉 200만원이므로 전체 순수익은 1,000만원이다.

따라서 자기자본수익률 = $\dfrac{1{,}000만원 - (6{,}000만원 \times 0.08)}{4{,}000만원} \times 100(\%) = 13\%$이다.

정답 01 ⑤ 02 ③

03 부동산투자에서 ㉠ 타인자본을 40% 활용하는 경우와 ㉡ 타인자본을 활용하지 않는 경우, 각각의 1년간 자기자본수익률(%)은? (단, 주어진 조건에 한함)　　　제33회

- 부동산 매입가격: 20,000만원
- 1년 후 부동산 처분
- 순영업소득(NOI): 연 700만원(기간 말 발생)
- 보유기간 동안 부동산가격 상승률: 연 3%
- 대출조건: 이자율 연 5%, 대출기간 1년, 원리금은 만기일시상환

① ㉠: 7.0, ㉡: 6.0
② ㉠: 7.0, ㉡: 6.5
③ ㉠: 7.5, ㉡: 6.0
④ ㉠: 7.5, ㉡: 6.5
⑤ ㉠: 7.5, ㉡: 7.0

키워드 자기자본수익률

난이도

해설 1. 타인자본을 40% 활용하는 경우
　　타인자본을 40% 활용하는 경우는 부동산 매입가격 20,000만원 중 자기자본이 12,000만원이고 타인자본이 8,000만원이다.

　　따라서 자기자본수익률 = $\dfrac{1,300만원 - (8,000만원 \times 0.05)}{12,000만원} \times 100(\%) = 7.5\%$ 이다.

2. 타인자본을 활용하지 않는 경우
　　1년간 소득이득(순영업소득)은 700만원이고, 1년간 부동산가격 상승률이 3%이므로 자본이득은 600만원이 존재하여 총자본수익은 1,300만원이 된다. 타인자본을 활용하지 않는 경우는 부동산 매입가격 20,000만원을 전액 자기자본으로 충당해야 한다.

　　따라서 자기자본수익률 = $\dfrac{1,300만원(=700만원+600만원)}{20,000만원} \times 100(\%) = 6.5\%$ 이다.

정답 03 ④

04 부동산투자의 레버리지효과에 관한 설명으로 옳은 것을 모두 고른 것은? (단, 주어진 조건에 한함)

제27회

> ㉠ 타인자본의 이용으로 레버리지를 활용하면 위험이 감소된다.
> ㉡ 부채비율이 50%, 총자본수익률(또는 종합수익률)이 10%, 저당수익률이 8%라면 자기자본수익률은 12%이다.
> ㉢ 부(−)의 레버리지효과가 발생할 경우 부채비율을 낮추어서 정(+)의 레버리지효과로 전환할 수 있다.
> ㉣ 총자본수익률과 저당수익률이 동일한 경우 부채비율의 변화는 자기자본수익률에 영향을 미치지 못한다.

① ㉠, ㉢
② ㉡, ㉢
③ ㉡, ㉣
④ ㉠, ㉡, ㉢
⑤ ㉠, ㉢, ㉣

키워드 레버리지효과(지렛대효과)

난이도

해설 가답안에서는 정답이 ③으로 발표되었으나 ㉡의 경우 대부비율과 부채비율이 혼동하여 출제되어, 최종 정답에서는 '정답 없음'으로 모두 정답 처리하였다.

㉠ 타인자본의 이용으로 레버리지를 활용하면 자기자본수익률은 증가하나 금융적 위험도 증가한다.
㉡ 부채비율이 50%, 총자본수익률(또는 종합수익률)이 10%, 저당수익률이 8%라고 주어졌으므로, 전체 투자액을 1억 5,000만원이라고 가정하면 종합수익률(총자본수익률)이 10%이므로 순수익은 1,500만원이 된다. 그런데 부채비율이 50%이면 자기자본이 1억원, 타인자본이 5,000만원이 된다.

따라서 자기자본수익률 = $\dfrac{1,500만원 - (5,000만원 \times 0.08)}{1억원} \times 100(\%) = 11\%$가 된다.

만일 대부비율이 50%라면 부채비율이 100%가 되어 자기자본수익률은 12%가 된다.
㉢ 부(−)의 레버리지효과가 발생할 경우 부채비율이 높아지면 자기자본수익률이 낮아지고 부채비율이 낮아지면 자기자본수익률이 높아진다. 하지만 부채비율을 낮춘다고 하여 반드시 정(+)의 레버리지효과로 전환되는 것은 아니다.

정답 04 모두 정답

05 수익형 부동산의 간접투자에서 자기자본수익률을 상승시키는 전략으로 틀린 것은? (단, 세후기준이며, 다른 조건은 동일함)

완성 기출
제31회

① 임대관리를 통한 공실률 최소화
② 자본이득(capital gain) 증대를 위한 자산가치 극대화
③ 세금이 감면되는 도관체(conduit)를 활용한 절세효과 도모
④ 효율적 시설관리를 통한 운영경비 절감
⑤ 저당수익률이 총자본수익률보다 클 때, 부채비율을 높이는 자본구조 조정

| 키워드 | 자기자본수익률을 상승시키는 전략

| 난이도 |

| 해설 | '저당수익률이 총자본수익률보다 클 때'는 부(−)의 레버리지상황이며 이때는 부채비율을 높이면 자기자본 대비 타인자본의 비율이 높아지므로 이자비용이 높아져서 오히려 자기자본수익률은 하락할 수 있다. 따라서 '저당수익률이 총자본수익률보다 클 때'는 부채비율을 낮추어야 자기자본 대비 타인자본의 비율이 낮아지므로 이자비용도 낮아져서 자기자본수익률은 상승할 수 있다. 그러나 부채비율을 낮춘다고 하여 반드시 정(+)의 레버리지로 전환되는 것은 아니다.

정답 05 ⑤

THEME 16 부동산투자의 위험과 수익

| THEME 키워드 |
부동산투자의 위험, 부동산투자의 위험분석, 부동산투자의 수익과 위험, 부동산투자의 기대수익률과 분산, 부동산투자의 기대수익률, 투자수익률, 부동산의 투자가치

기본으로 알아야 하는 대표기출

> **기출분석**
> - **기출회차:** 제32회
> - **키워드:** 투자수익률
> - **난이도:**

부동산 투자수익률에 관한 설명으로 옳은 것은? (단, 위험회피형 투자자를 가정함)

① 기대수익률이 요구수익률보다 높을 경우 투자자는 투자가치가 있는 것으로 판단한다.
② 기대수익률은 투자에 대한 위험이 주어졌을 때, 투자자가 투자부동산에 대하여 자금을 투자하기 위해 충족되어야 할 최소한의 수익률을 말한다.
③ 요구수익률은 투자가 이루어진 후 현실적으로 달성된 수익률을 말한다.
④ 요구수익률은 투자에 수반되는 위험이 클수록 작아진다.
⑤ 실현수익률은 다른 투자의 기회를 포기한다는 점에서 기회비용이라고도 한다.

> **해설**
> ② 투자에 대한 위험이 주어졌을 때, 투자자가 투자부동산에 대하여 자금을 투자하기 위해 충족되어야 할 최소한의 수익률은 요구수익률이다.
> ③ 투자가 이루어진 후 현실적으로 달성된 수익률은 실현수익률이다.
> ④ 요구수익률은 투자에 수반되는 위험이 클수록 커진다.
> ⑤ 다른 투자의 기회를 포기한다는 점에서 기회비용이라고도 하는 것은 요구수익률이다.
>
> 정답 ①

> **함정을 피하는 TIP**
> - 기대수익률과 요구수익률을 비교하여 투자결정을 판단한다는 것에 유의하여야 한다.

단단하게 정리하는 **핵심이론**

1 위험의 개념, 위험과 수익의 측정

(1) 위험의 개념

① 부동산투자에서 예상한 결과와 실현된 결과가 달라질 가능성을 말한다.
② 어떤 투자안으로부터 얻게 될 결과에 대해 불확실성이 존재함으로써 발생하는 변동성, 즉 투자수익이 기대치를 벗어날 변동가능성을 뜻한다.

(2) 위험과 수익의 측정

① 수익의 측정
　㉠ **기댓값**: 각 상황이 발생할 경우 실현될 수 있는 값들을 평균한 것을 말한다.

$$기댓값 = \Sigma(각\ 상황이\ 발생할\ 경우\ 실현되는\ 값 \times 발생확률)$$

　㉡ **기대수익률**: 각 상황이 발생할 경우 실현될 수 있는 수익률들을 평균한 것을 말한다.

$$기대수익률 = \Sigma(각\ 경제상황별\ 추정수익률 \times 발생확률)$$

② 위험의 측정
　㉠ **의의**: 투자의 위험은 그 투자로부터 예상되는 수익률의 분산도로 측정한다.
　㉡ **분산과 표준편차**: 분산은 각 경제상황별 추정수익률과 기대수익률의 차이를 제곱하여 이에 각 상태가 발생할 확률을 곱해서 모두 더한 값으로 다음과 같이 계산된다.

$$분산 = \Sigma[(각\ 경제상황별\ 추정수익률 - 기대수익률)^2 \times 발생확률]$$

　　⇨ 분산의 제곱근이 표준편차인데, 표준편차 값이 클수록 변동성이 심하므로 위험이 크고, 표준편차 값이 작을수록 위험이 작다.
　㉢ **변이계수**: 기대수익률 한 단위당 위험도를 말한다.

$$변이계수 = \frac{표준편차}{기대수익률}$$

2 부동산투자의 위험

(1) 사업상의 위험

부동산사업 자체에서 연유하는 수익성에 관한 위험을 말한다.

① **시장위험**: 부동산 수요와 공급의 변동 등과 같은 시장상황의 변동으로 야기되는 위험이다.

② **운영위험**: 근로자의 파업, 영업경비의 변동 등 부동산의 운영과 관련하여 야기되는 위험이다.

③ **위치적 위험**: 부동산의 지리적 위치의 고정성으로 인해 야기되는 위험을 말한다.

(2) 금융적 위험(재무적 위험)

자기자본에 대한 부채의 비율이 클수록 자기자본수익률은 증가할 수 있지만, 부담해야 할 위험도 커져 파산할 위험도 아울러 증가할 수 있다는 것을 말한다.

⇨ 투자금액을 모두 자기자본으로 조달할 경우 금융적 위험을 제거할 수 있다.

(3) 법적 위험(행정적 위험)

부동산에 가지는 재산권의 법적 환경변화에 따른 위험을 말한다.

(4) 인플레이션 위험(구매력 위험)

└ 물가가 지속적으로 올라 화폐가치가 떨어지는 현상(디플레이션과 반대 개념)

투자기간 동안의 전반적인 물가 상승으로 인해 발생하는 구매력의 하락 위험을 말한다.

(5) 유동성 위험(환금성 위험)

└ 어떤 자산이 얼마나 쉽게 현금으로 전환될 수 있는지를 나타내는 척도

투자대상 부동산을 급하게 현금으로 전환하는 과정에서 발생하는 시장가치의 손실가능성을 말한다.

3 부동산투자의 수익률

투하된 자본에 대한 수익의 비율을 말하는데, 투자의사결정에 있어 가장 중요한 변수 가운데 하나이다.

$$수익률 = \frac{순수익}{투하자본}$$

(1) 수익률의 종류

① **요구수익률**(required rate of return): 투자에 대한 위험이 주어졌을 때 투자자가 대상부동산에 투자를 결정하기 위해 보장되어야 할 최소한의 수익률로서 필수수익률, 외부수익률, 투자의 기회비용이라고도 한다.

② **기대수익률**(expected rate of return): 어떤 투자대상으로부터 투자로 인해 기대되는 예상수익률(=내부수익률)로서, 각 경제상황이 발생할 경우 실현될 수 있는 수익률들을 평균한 것이다.

③ **실현수익률**(realized rate of return): 투자가 이루어지고 난 후에 실제로 실현된 수익률로서 실제수익률, 사후수익률, 역사적 수익률이라고도 한다.

(2) 기대수익률과 요구수익률의 관계

① 기대수익률＞요구수익률: 투자↑ ⇨ 대상부동산 가치↑ ⇨ 기대수익률↓
② 기대수익률＝요구수익률: 균형투자량
③ 기대수익률＜요구수익률: 투자↓ ⇨ 대상부동산 가치↓ ⇨ 기대수익률↑

(3) 투자가치와 시장가치

① **투자가치**: 부동산을 소유함으로써 예상되는 미래의 편익이 부동산투자자에게 주는 현재의 가치를 말한다. ⇨ 대상부동산이 특정한 투자자에게 부여한 주관적 가치
② **시장가치**: 부동산이 시장에서 매매되었을 때 형성될 수 있는 가치를 말한다. ⇨ 대상부동산이 시장에서 가지는 객관적 가치

> 투자가치 ≥ 시장가치 ⇨ 투자 채택
> 투자가치 ＜ 시장가치 ⇨ 투자 기각

4 부동산투자의 위험과 수익의 관계

(1) 위험에 대한 투자자의 태도

기대수익률이 동일할 경우, 투자자들은 덜 위험한 투자대안을 선택하는데, 투자자들의 위험에 대한 이러한 태도를 위험회피적(risk averse)이라고 한다.

> ⚠ 위험회피적인 투자자라도 피할 수 없는 위험이나 감수할 만한 유인책이 있는 위험은 감수하며, 투자이론에서는 특별한 언급이 없으면 위험회피형 투자자를 가정한다.

(2) 위험·수익의 상쇄관계

> ┌ 무위험자산에 대한 수익률
> 요구수익률＝무위험률 ⇦ 위험이 전혀 없는 경우
> ＝무위험률＋위험할증률 ⇨ 위험조정률(risk-adjusted rate)
> ＝무위험률＋위험할증률＋예상인플레이션율 ⇨ 피셔(Fisher)효과

위험이 큰 투자대상일수록 투자자들은 높은 위험에 대한 대가를 요구하게 되므로 요구수익률이 커지게 된다. 이때 위험에 대한 대가를 위험할증률(risk premium, 위험대가율)이라고 하고, 위험할증률이 가산된 요구수익률을 위험조정률(risk-adjusted rate)이라고 한다.

(3) 위험과 부동산의 투자가치

$$부동산의\ 투자가치 = \frac{투자에\ 대한\ 예상순수익}{요구수익률}$$

부동산의 투자가치란 **부동산에 투자함으로써 예상되는 미래의 편익의 현재가치**로서 이때의 할인율로 요구수익률이 사용된다. 위험이 커질수록 높은 위험조정률을 적용하게 되어 부동산의 투자가치는 하락하므로 위험과 부동산의 투자가치는 반비례관계에 있게 된다.

5 위험의 관리방법과 처리방법

(1) 위험의 관리방법

① 의의: 위험 발생원인을 사전에 파악하여 위험을 분산·경감시키는 일련의 과정을 말한다.

② 위험관리의 방법

　㉠ 위험의 전가: 잠재적 손실의 발생빈도나 결과의 강도에는 영향을 주지 않고 경제적 부담과 책임을 제3의 계약자나 보험회사에게 넘기는 방법이다.

　㉡ 위험의 보유: 위험으로 인한 장래의 손실을 스스로 부담하는 방법이다.

　㉢ 위험의 회피: 가장 기본적인 위험에 대한 대비수단으로서 손실의 가능성을 원천적으로 회피해 버리는 방법이다.

　㉣ 위험의 통제: 손실의 발생횟수나 발생규모를 줄이려는 방법이다.

　　예 민감도 분석, 보수적 예측방법, 위험조정할인율의 사용, 평균-분산지배원리, 포트폴리오 기법

(2) 위험의 처리방법

① 위험한 투자를 제외시키는 방법: 정부채권이나 정기예금에 투자하는 방법이다.

② 보수적 예측방법: 투자수익을 가능한 한 낮게 추계하고 이를 기준으로 투자를 결정하는 방법이다.

③ 위험조정할인율의 적용: 기대되는 미래수익을 현재가치로 환원할 때 높은 위험이 존재하는 투자안일수록 높은 위험조정할인율을 적용하여 할인을 하는 방법이다.

(3) 민감도 분석(감응도 분석)

① 투자효과를 분석하는 모형의 투입요소가 변화함에 따라, 그 결과치에 어떠한 영향을 주는가를 분석하는 기법이다.

② 예상임대료, 공실률, 영업경비, 감가상각의 방법, 보유기간, 가치의 변동 등과 같은 투입요소가 변동할 때 그 투자안의 순현가나 내부수익률 등이 어떠한 영향을 받는가를 분석하는 것을 말한다.

기본문제와 완성문제로 **단단기출**

01 부동산투자의 위험에 관한 설명으로 틀린 것은? 제23회

기본 기출

① 장래에 인플레이션이 예상되는 경우 대출자는 변동이자율 대신 고정이자율로 대출하기를 선호한다.
② 부채의 비율이 크면 지분수익률이 커질 수 있지만, 마찬가지로 부담해야 할 위험도 커진다.
③ 운영위험(operating risk)이란 사무실의 관리, 근로자의 파업, 영업경비의 변동 등으로 인해 야기될 수 있는 수익성의 불확실성을 폭넓게 지칭하는 개념이다.
④ 위치적 위험(locational risk)이란 환경이 변하면 대상부동산의 상대적 위치가 변화하는 위험이다.
⑤ 유동성 위험(liquidity risk)이란 대상부동산을 현금화하는 과정에서 발생하는 시장가치의 손실가능성을 말한다.

키워드 ▶ 부동산투자의 위험

난이도 ▶

해설 ▶ 장래에 인플레이션이 예상되는 경우 대출자는 고정이자율 대신 변동이자율로 대출하기를 선호한다.

---

02 부동산투자 위험에 관한 설명으로 옳은 것을 모두 고른 것은? 제34회

기본 기출

㉠ 표준편차가 작을수록 투자에 수반되는 위험은 커진다.
㉡ 위험회피형 투자자는 변이계수(변동계수)가 작은 투자안을 더 선호한다.
㉢ 경기침체, 인플레이션 심화는 비체계적 위험에 해당한다.
㉣ 부동산투자자가 대상부동산을 원하는 시기와 가격에 현금화하지 못하는 경우는 유동성 위험에 해당한다.

① ㉠, ㉡
② ㉠, ㉢
③ ㉡, ㉢
④ ㉡, ㉣
⑤ ㉢, ㉣

키워드 ▶ 부동산투자의 위험

난이도 ▶

해설 ▶ ㉠ 표준편차가 작을수록 투자에 수반되는 위험은 작아진다.
㉢ 경기침체, 인플레이션 심화는 체계적 위험에 해당한다.

정답 01 ① 02 ④

03 부동산투자에 관한 설명으로 <u>틀린</u> 것은? (단, 주어진 조건에 한함) 제34회

① 시중금리 상승은 부동산투자자의 요구수익률을 하락시키는 요인이다.
② 기대수익률은 투자로 인해 기대되는 예상수입과 예상지출로부터 계산되는 수익률이다.
③ 정(+)의 레버리지효과는 자기자본수익률이 총자본수익률(종합수익률)보다 높을 때 발생한다.
④ 요구수익률은 투자에 대한 위험이 주어졌을 때, 투자자가 대상부동산에 자금을 투자하기 위해 충족되어야 할 최소한의 수익률이다.
⑤ 부동산투자자는 담보대출과 전세를 통해 레버리지를 활용할 수 있다.

> 키워드 부동산투자의 위험분석
> 난이도
> 해설 시중금리 상승은 부동산투자자의 요구수익률을 상승시키는 요인이다.

04 부동산투자의 수익과 위험에 관한 설명으로 <u>틀린</u> 것은? (단, 다른 조건은 동일함) 제29회

① 기대수익률이 요구수익률보다 클 경우 투자안이 채택된다.
② 개별부동산의 특성으로 인한 비체계적 위험은 포트폴리오의 구성을 통해 감소될 수 있다.
③ 무위험률의 하락은 투자자의 요구수익률을 상승시키는 요인이다.
④ 투자자가 대상부동산을 원하는 시기에 현금화하지 못할 가능성은 유동성 위험에 해당한다.
⑤ 평균-분산지배원리로 투자 선택을 할 수 없을 때 변동계수(변이계수)를 활용하여 투자안의 우위를 판단할 수 있다.

> 키워드 부동산투자의 수익과 위험
> 난이도
> 해설 요구수익률은 무위험률에 위험할증률을 가산한 것으로 무위험(수익)률의 상승은 투자자의 요구수익률을 상승시키는 요인이다.

정답 03 ① 04 ③

05 완성 기출

다음과 같은 투자안에서 부동산의 투자가치는? (단, 연간 기준이며, 주어진 조건에 한함) 제34회

- 무위험률: 3%
- 예상인플레이션율: 2%
- 위험할증률: 4%
- 예상순수익: 4,500만원

① 4억원
② 4억 5천만원
③ 5억원
④ 5억 5천만원
⑤ 6억원

키워드 부동산의 투자가치

난이도

해설 요구수익률은 무위험률+위험할증률+예상인플레이션율이므로
요구수익률=3%+4%+2%=9%이다.

따라서 투자가치 = $\dfrac{순수익}{요구수익률}$ = $\dfrac{4,500만원}{0.09}$ = 5억원이다.

06 완성 기출

가상적인 아파트 투자사업에 대해 미래의 경제환경조건에 따라 추정된 수익률의 예상치가 아래와 같다고 가정할 때 기대수익률은? (단, 다른 조건은 동일함) 제19회

경제환경변수	발생확률(%)	수익률(%)
비관적	20	4.0
정상적	60	8.0
낙관적	20	13.0

① 4.8%
② 6.8%
③ 7.4%
④ 8.2%
⑤ 9.6%

키워드 부동산투자의 기대수익률

난이도

해설 개별자산의 기대수익률이란 실제의 수익률이 가질 수 있는 여러 가지 가능한 값들의 평균적인 값을 말한다. 이는 해당 상품의 경제상황별 추정수익률에 경제상황별 확률을 곱하여 계산한다.

기대수익률 = Σ(각 경제상황별 추정수익률×발생확률)
= (4%×0.2)+(8%×0.6)+(13%×0.2) = 8.2%

정답 05 ③ 06 ④

07 상가 경제상황별 예측된 확률이 다음과 같을 때, 상가의 기대수익률이 8%라고 한다. 정상적 경제상황의 경우 ( )에 들어갈 예상수익률은? (단, 주어진 조건에 한함) 제30회

상가의 경제상황		경제상황별 예상수익률(%)	상가의 기대수익률(%)
상황별	확률(%)		
비관적	20	4	8
정상적	40	( )	
낙관적	40	10	

① 4 ② 6 ③ 8
④ 10 ⑤ 12

> 키워드 부동산투자의 기대수익률

> 난이도

> 해설 상가의 기대수익률이 8%라고 주어졌으므로 정상적 경제상황의 경우 예상수익률을 x%라고 가정하면
> 기대수익률 = Σ(각 경제상황별 추정수익률 × 발생확률)이므로
> (4% × 0.2) + (x% × 0.4) + (10% × 0.4) = 8%이다.
> 0.8% + (x% × 0.4) + 4% = 8%이며 x% × 0.4 = 3.2%이다.
> 따라서 x = 8이 된다.

---

08 시장상황별 추정수익률의 예상치가 다음과 같은 부동산의 기대수익률과 분산은? 제22회

시장상황	수익률	확률
불황	10%	30%
보통	20%	40%
호황	30%	30%

① 기대수익률: 20%, 분산: 0.6%
② 기대수익률: 20%, 분산: 0.4%
③ 기대수익률: 25%, 분산: 4%
④ 기대수익률: 25%, 분산: 5%
⑤ 기대수익률: 25%, 분산: 6%

> 키워드 부동산투자의 기대수익률과 분산

> 난이도

> 해설
> • 기대수익률 = Σ(각 경제상황별 추정수익률 × 발생확률) = (0.1 × 0.3) + (0.2 × 0.4) + (0.3 × 0.3) = 0.2(20%)
> • 분산 = Σ[(각 경제상황별 추정수익률 − 기대수익률)^2 × 발생확률]
>   = (0.1 − 0.2)^2 × 0.3 + (0.2 − 0.2)^2 × 0.4 + (0.3 − 0.2)^2 × 0.3 = 0.006(0.6%)

정답 07 ③ 08 ①

THEME 17 포트폴리오 이론

| THEME 키워드 |
포트폴리오 이론, 포트폴리오의 기대수익률

기출분석
- **기출회차:** 제30회
- **키워드:** 포트폴리오 이론
- **난이도:** ■■□□□

기본으로 알아야 하는 대표기출

포트폴리오 이론에 관한 설명으로 틀린 것은?

① 분산투자효과는 포트폴리오를 구성하는 투자자산 종목의 수를 늘릴수록 체계적 위험이 감소되어 포트폴리오 전체의 위험이 감소되는 것이다.
② 포트폴리오전략에서 구성자산 간에 수익률이 반대 방향으로 움직일 경우 위험감소의 효과가 크다.
③ 효율적 프런티어(효율적 전선)란 평균-분산지배원리에 의해 모든 위험수준에서 최대의 기대수익률을 얻을 수 있는 포트폴리오의 집합을 말한다.
④ 효율적 프런티어(효율적 전선)의 우상향에 대한 의미는 투자자가 높은 수익률을 얻기 위해 많은 위험을 감수하는 것이다.
⑤ 포트폴리오 이론은 투자 시 여러 종목에 분산투자함으로써 위험을 분산시켜 안정된 수익을 얻으려는 자산투자 이론이다.

> **해설**
분산투자효과는 포트폴리오를 구성하는 투자자산 종목의 수를 늘릴수록 비체계적 위험이 감소되어 포트폴리오 전체의 위험이 감소되는 것이다. 체계적 위험은 분산투자를 하더라도 제거할 수 없다.

정답 ①

함정을 피하는 TIP
- 포트폴리오의 위험은 체계적 위험과 비체계적 위험으로 구분되며, 포트폴리오 구성을 통해 제거할 수 있는 위험은 비체계적 위험이다.

단단하게 정리하는 핵심이론

1 포트폴리오(portfolio)의 위험과 수익

(1) 의의

포트폴리오 이론은 개인 투자자나 개별 기업이 한 종류의 자산에 투자함으로써 발생할 수 있는 위험(비체계적 위험)을 제거하기 위하여 여러 종류의 자산에 분산투자하여 안정된 편익을 획득하도록 하는 자산관리의 방법 및 원리를 말한다.

(2) 포트폴리오의 수익 – 포트폴리오의 기대수익률

포트폴리오를 구성하는 개별자산들의 기대수익률을 구성비율로 가중평균한 값이다.

> 포트폴리오의 기대수익률 = Σ(개별자산의 기대수익률 × 각 개별자산의 구성비율)

(3) 포트폴리오의 위험 – 포트폴리오의 분산

부동산투자에 수반되는 위험은 체계적 위험(systematic risk)과 비체계적 위험(nonsystematic risk)으로 구분할 수 있다.

① 체계적 위험과 비체계적 위험

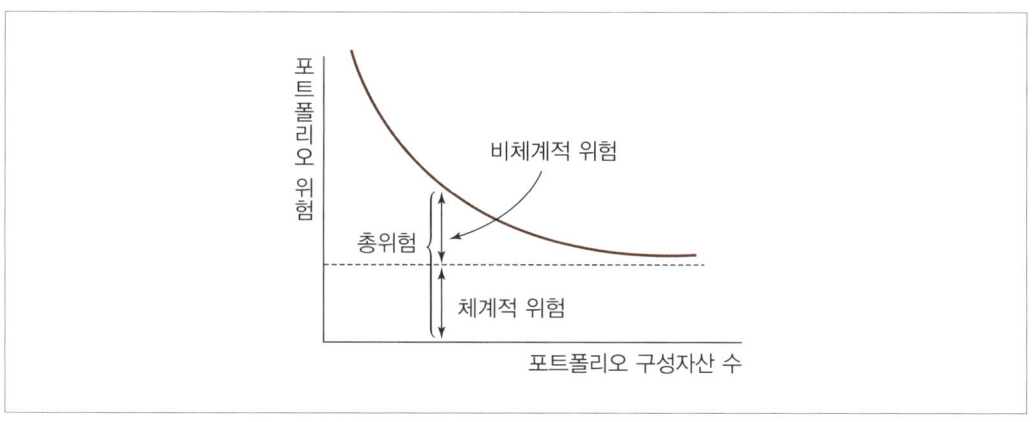

㉠ **체계적 위험**: 시장의 힘에 의해 야기되는 시장위험으로, 모든 부동산에 영향을 미치는 위험을 말한다. 이는 전쟁의 발생이나 예상 밖의 높은 인플레이션의 발표 등과 같이 전체 시장에 영향을 미치는 위험으로서 '피할 수 없는 위험'이다.

㉡ **비체계적 위험**: 시장의 전반적인 움직임과는 무관한 기업 고유의 요인 때문에 발생하는 위험으로, 노사문제나 매출액 변동 등과 같이 특정 개별자산에 국한하여 영향을 미치는 위험을 말한다. 이는 투자대상을 다양화하여 분산투자함으로써 해결할 수 있는 '피할 수 있는 위험'이다.

> 총위험=체계적 위험+비체계적 위험

② **포트폴리오 효과**: 포트폴리오에 포함된 자산 수가 늘어남에 따라 포트폴리오 위험에 대한 개별자산 위험의 영향력, 즉 비체계적 위험이 감소한다는 것이 위험분산효과의 본질이다.
③ **상관계수**: 두 개의 확률변수가 함께 움직이는 정도를 나타내는 척도로서 언제나 −1에서 +1까지의 값만을 갖는다.
  ㉠ 상관계수의 크기에 따라 제거 정도는 달라진다고 할 수 있으며, 음(−)의 값을 가지면 위험분산효과가 커진다.
  ㉡ 두 자산을 이용하여 포트폴리오를 구성한다고 하더라도 상관계수가 +1의 값을 갖는 경우는 위험(비체계적 위험)이 제거되지 않으며, −1의 값을 갖는 경우는 완전히 제거될 수도 있다.
  ㉢ 포트폴리오 분석에서 상관계수가 +1의 값을 갖는 경우를 제외하면 포트폴리오에 편입되는 투자자산 수를 늘림으로써 비체계적 위험을 줄여나갈 수 있으며, 그 결과로 총위험은 줄어들게 된다.

2 평균−분산지배원리(평균−분산결정법)

(1) 의의
기대수익률의 평균과 분산을 이용하여 투자대안을 선택하는 방법이다.

(2) 내용
두 투자안의 기대수익률이 동일하다면 표준편차가 작은 투자안을 선택하고, 두 투자안의 표준편차가 동일하다면 기대수익률이 큰 투자안을 선택한다는 원리를 말한다. 평균−분산지배원리에 의해 선택되는 투자안을 효율적 투자대상(efficient investment) 또는 효율적 포트폴리오(efficient portfolio)라고 한다.

(3) 한계 및 극복방안
① **한계**: 기대수익률도 크고 표준편차도 큰 대안과 기대수익률도 작고 표준편차도 작은 대안은 비교하기가 어려우며, 어느 투자안을 선택해야 할지 우선순위 결정기준을 제시하지 못한다.
② **극복방안**: 변이계수(변동계수)를 활용하여 투자안의 우위를 판단할 수 있다. 또한 포트폴리오 기법을 통해 분산투자로 투자조합을 구성하여 최적의 포트폴리오를 선택하여 해결하기도 한다.

3 최적 포트폴리오의 선택

(1) 효율적 프론티어[효율적 투자선, 효율적 전선(前線), efficient frontier]

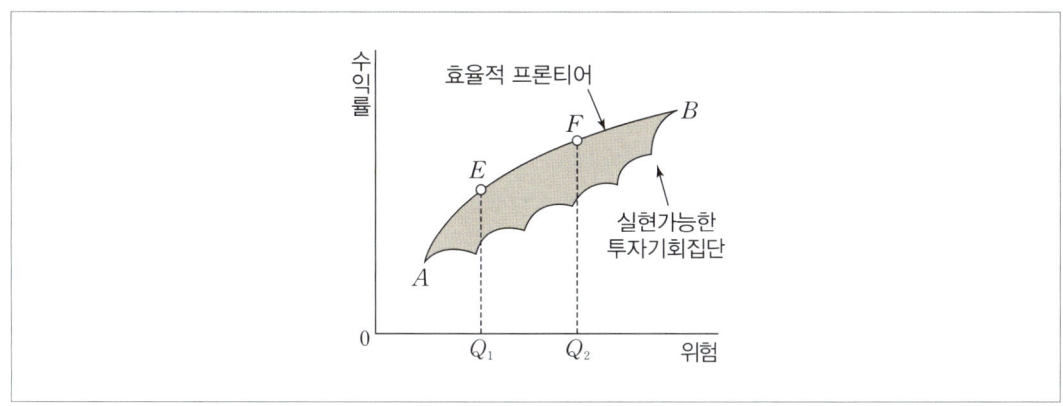

① 평균-분산지배원리에 의해 동일한 위험수준에서 최대의 기대수익률을 얻을 수 있는 포트폴리오의 집합을 말한다.

② 효율적 프론티어에서는 추가적인 위험을 감수하지 않으면 수익률을 증가시킬 수 없다. 따라서 투자위험(표준편차)과 기대수익률은 정(+)의 상관관계를 가진다.

(2) 무차별곡선

투자자들의 위험에 대한 태도는 무차별곡선으로 표시되는데, 무차별곡선이 아래로 볼록한(convex) 우상향의 형태를 갖는 것은 투자자가 위험회피적이라는 것을 의미한다. 이때 위험회피도의 차이에 따라 무차별곡선의 모양이나 기울기가 달라지는데, 투자자의 위험회피도가 클수록 더욱 가파르게 된다.

(3) 최적 포트폴리오의 선택

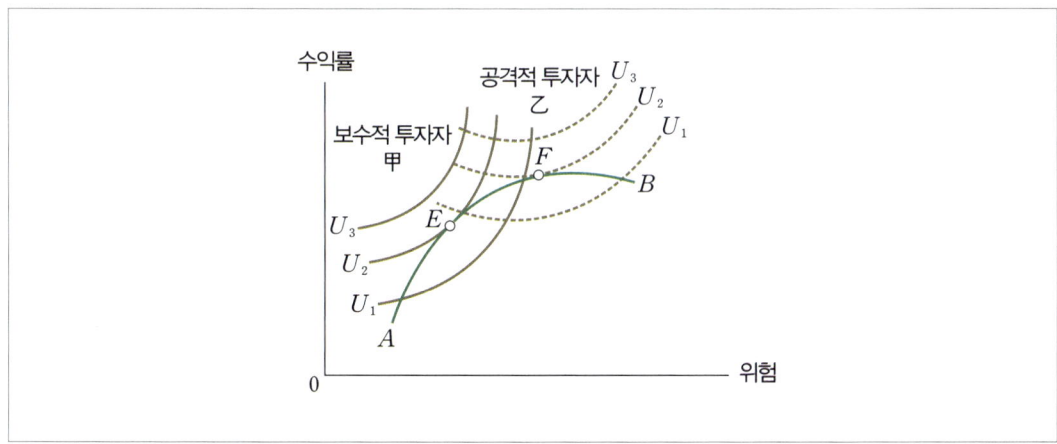

① 효율적 프론티어(또는 효율적 투자선, 효율적 전선)와 투자자의 무차별곡선이 접하는 지점에서 결정된다.

② 위험회피형 투자자 중에서 공격적인 투자자는 보수적인 투자자에 비해 위험이 높더라도 기대수익률이 높은 투자안을 선호한다고 할 수 있다.

THEME 17 포트폴리오 이론

기본문제와 완성문제로 **단단기출**

01 포트폴리오 이론에 관한 설명 중 **틀린** 것은? 제19회

기본 기출

① 주식, 회사채, 국채로 구성된 포트폴리오에 부동산이 추가 편입되면 위험분산 혜택 등을 얻을 수 있다.
② 경기변동, 인플레이션, 이자율의 변화 등에 의해 야기되는 시장위험은 피할 수 없는 위험으로 이를 비체계적 위험이라 한다.
③ 투자자 자신의 무차별곡선과 효율적 프론티어의 접점에서 최적의 포트폴리오가 선택된다.
④ 기대수익률의 분산 또는 표준편차는 투자안의 위험을 측정하는 전통적인 방법이다.
⑤ 투자를 분산하는 것은 위험을 줄이는 방법 중 하나이다.

키워드 포트폴리오 이론
난이도
해설 부동산투자의 위험에는 피할 수 있는 위험과 피할 수 없는 위험이 있는데, 전자를 비체계적 위험이라 하고 후자를 체계적 위험이라 한다. 따라서 경기변동, 인플레이션, 이자율의 변화 등에 의해 야기되는 시장위험인 피할 수 없는 위험은 체계적 위험에 해당한다. 반면, 비체계적 위험은 시장의 전반적인 움직임과는 무관한 기업 고유의 요인 때문에 발생하는 위험으로, 개별자산에 국한하여 영향을 미치는 위험을 말한다.

02 부동산 포트폴리오에 관한 설명으로 **틀린** 것은? (다만, 위험회피형 투자자를 가정함) 제20회

기본 기출

① 두 자산으로 포트폴리오를 구성할 경우, 포트폴리오에 포함된 개별자산의 수익률 간 상관계수가 1인 경우에는 분산투자효과가 없다.
② 효율적 프론티어(efficient frontier)는 평균분산기준에 의해 동일한 위험에서 최고의 기대수익률을 나타내는 포트폴리오를 선택하여 연결한 선이다.
③ 위험회피형 투자자 중에서 공격적인 투자자는 보수적인 투자자에 비해 위험이 높더라도 기대수익률이 높은 투자안을 선호한다.
④ 포트폴리오 분산투자를 통해 비체계적 위험뿐만 아니라 체계적 위험도 상쇄시킬 수 있다.
⑤ 부동산상품을 지역, 유형 등으로 구분하여 부동산 포트폴리오를 구성할 수 있다.

키워드 포트폴리오 이론
난이도
해설 포트폴리오 분산투자를 통해 비체계적 위험은 제거될 수 있으나 체계적 위험까지 제거될 수는 없다.

정답 01 ② 02 ④

03 다음과 같은 조건에서 부동산 포트폴리오의 기대수익률(%)은? (단, 포트폴리오의 비중은 A부동산: 50%, B부동산: 50%임) 제24회

경제상황	각 경제상황이 발생할 확률(%)	각 경제상황에 따른 예상수익률(%)	
		A부동산	B부동산
불황	40	20	10
호황	60	70	30

① 24 ② 28 ③ 32
④ 36 ⑤ 40

키워드 포트폴리오의 기대수익률

난이도

해설 포트폴리오 기대수익률은 포트폴리오를 구성하는 개별자산들의 기대수익률을 구성비율로 가중평균한 값이다.
개별자산의 기대수익률 = Σ(각 경제상황별 추정수익률 × 발생확률)
포트폴리오의 기대수익률 = Σ(개별자산의 기대수익률 × 개별자산의 구성비율)
  • A부동산의 기대수익률 = (20% × 0.4) + (70% × 0.6) = 50%
  • B부동산의 기대수익률 = (10% × 0.4) + (30% × 0.6) = 22%
∴ 포트폴리오의 기대수익률 = (50% × 0.5) + (22% × 0.5) = 36%

04 포트폴리오 이론에 관한 설명으로 틀린 것은? (단, 다른 조건은 동일함) 제33회

① 개별자산의 기대수익률 간 상관계수가 '0'인 두 개의 자산으로 포트폴리오를 구성할 때 포트폴리오의 위험감소효과가 최대로 나타난다.
② 포트폴리오의 기대수익률은 개별자산의 기대수익률을 가중평균하여 구한다.
③ 동일한 자산들로 포트폴리오를 구성하여도 개별자산의 투자비중에 따라 포트폴리오의 기대수익률과 분산은 다를 수 있다.
④ 무차별곡선은 투자자에게 동일한 효용을 주는 수익과 위험의 조합을 나타낸 곡선이다.
⑤ 최적 포트폴리오의 선정은 투자자의 위험에 대한 태도에 따라 달라질 수 있다.

키워드 포트폴리오 이론

난이도

해설 개별자산의 기대수익률 간 상관계수가 '-1'인 두 개의 자산으로 포트폴리오를 구성할 때 포트폴리오의 위험감소효과가 최대로 나타난다.

정답 03 ④ 04 ①

05 포트폴리오 이론에 관한 설명으로 옳은 것은? (단, 위험회피형 투자자를 가정함)   제32회

① 포트폴리오 분산투자를 통해 체계적 위험뿐만 아니라 비체계적 위험도 감소시킬 수 있다.
② 효율적 프론티어(efficient frontier)는 평균-분산지배원리에 의해 동일한 기대수익률을 얻을 수 있는 상황에서 위험을 최소화할 수 있는 포트폴리오의 집합을 말한다.
③ 분산투자효과는 포트폴리오를 구성하는 투자자산 비중을 늘릴수록 체계적 위험이 감소되어 포트폴리오 전체의 위험이 감소되는 것이다.
④ 최적의 포트폴리오는 투자자의 무차별곡선과 효율적 프론티어의 접점에서 선택된다.
⑤ 두 자산으로 포트폴리오를 구성할 경우, 포트폴리오에 포함된 개별자산의 수익률 간 상관계수에 상관없이 분산투자효과가 있다.

키워드 포트폴리오 이론

난이도

해설 ② 효율적 프론티어란 평균-분산지배원리에 의해 동일한 위험수준에서 최대의 기대수익률을 얻을 수 있는 포트폴리오의 집합을 말한다. 따라서 이는 평균-분산지배원리에 의해 동일한 기대수익률을 얻을 수 있는 상황에서 위험을 최소화할 수 있는 포트폴리오의 집합을 말한다고 표현할 수도 있다. 출제자는 ④를 정답으로 의도하고 출제했으나 ②의 출제오류로 최종 정답은 ②④로 발표되었다.
① 포트폴리오 분산투자를 통해 체계적 위험은 감소시킬 수 없고 비체계적 위험만 감소시킬 수 있다.
③ 분산투자효과는 포트폴리오를 구성하는 투자자산 비중을 늘릴수록 비체계적 위험이 감소되어 포트폴리오 전체의 위험이 감소되는 것이다.
⑤ 두 자산으로 포트폴리오를 구성할 경우, 포트폴리오에 포함된 개별자산의 수익률 간 상관계수가 +1이 아니면 분산투자효과가 있다. 즉, 상관계수가 +1인 경우에는 분산투자효과가 없으므로 상관계수에 따라 분산효과는 다르다. 또한 두 자산의 수익률 간의 상관계수가 -1에 가까울수록 포트폴리오 효과는 크게 나타난다고 볼 수 있다.

정답 05 ②, ④

06 자산비중 및 경제상황별 예상수익률이 다음과 같을 때, 전체 구성자산의 기대수익률은? (단, 확률은 호황 40%, 불황 60%임)   제25회

구분	자산비중	경제상황별 예상수익률	
		호황	불황
상가	20%	20%	10%
오피스텔	30%	25%	10%
아파트	50%	10%	8%

① 11.5%   ② 12.0%
③ 12.5%   ④ 13.0%
⑤ 13.5%

키워드 〉 포트폴리오의 기대수익률

난이도 〉

해설 〉 전체 구성자산의 기대수익률, 즉 포트폴리오의 기대수익률은 포트폴리오를 구성하는 개별자산들의 기대수익률을 구성비율로 가중평균한 값이다.

포트폴리오의 기대수익률 = Σ(개별자산의 기대수익률 × 개별자산의 구성비율)
- 상가의 기대수익률 = (20% × 0.4) + (10% × 0.6) = 14%
- 오피스텔의 기대수익률 = (25% × 0.4) + (10% × 0.6) = 16%
- 아파트의 기대수익률 = (10% × 0.4) + (8% × 0.6) = 8.8%
∴ 포트폴리오의 기대수익률 = (14% × 0.2) + (16% × 0.3) + (8.8% × 0.5) = 12.0%

정답 06 ②

THEME 18 화폐의 시간가치

| THEME 키워드 |
화폐의 시간가치, 현재가치, 미래가치

기본으로 알아야 하는 대표기출

> 기출분석
> - 기출회차: 제26회
> - 키워드: 화폐의 시간가치
> - 난이도:

화폐의 시간가치에 관한 설명으로 틀린 것은?

① 연금의 미래가치계수를 계산하는 공식에서는 이자 계산방법으로 복리방식을 채택한다.
② 원리금균등상환방식으로 주택저당대출을 받은 경우, 저당대출의 매기 원리금상환액을 계산하려면, 저당상수를 활용할 수 있다.
③ 5년 후 주택구입에 필요한 자금 3억원을 모으기 위해 매월 말 불입해야 하는 적금액을 계산하려면, 3억원에 연금의 현재가치계수(월 기준)를 곱하여 구한다.
④ 매월 말 50만원씩 5년간 들어올 것으로 예상되는 임대료 수입의 현재가치를 계산하려면, 저당상수(월 기준)의 역수를 활용할 수 있다.
⑤ 상환비율과 잔금비율을 합하면 1이 된다.

> 함정을 피하는 TIP
> - 화폐의 시간가치 계산에서 자본환원계수의 의미와 활용에 대해 확실하게 이해하고 정리를 해두어야 한다.

해설 ▶
5년 후 주택구입에 필요한 자금 3억원을 모으기 위해 매월 말 불입해야 하는 적금액을 계산하려면, 3억원에 감채기금계수(월 기준)를 곱하여 구한다.

정답 ③

단단하게 정리하는 **핵심이론**

1 의의

① 화폐는 시간이 지남에 따라 그 가치가 달라지는 것이므로 현금흐름의 발생시점이 다를 경우 동일시점의 가치로 환산해야 비교가 가능하다.
② 화폐의 평가는 현시점에서 이루어지는 데 반해, 이로 인한 현금흐름은 미래에 발생하므로 서로 다른 시점의 현금흐름을 동일시점의 가치로 환산함을 화폐의 시간가치 계산이라고 한다.
③ ==화폐의 시간가치를 계산하는 공식에서는 원금에 대한 이자뿐만 아니라 이자에 대한 이자도 함께 계산하는 복리방식을 채택==한다.

2 자본환원계수

미래가치계수	현재가치계수
① 일시불의 내가계수 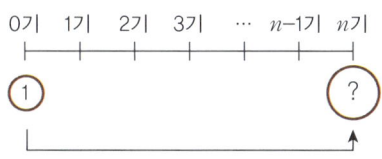 ⊙ 1원을 이자율 r로 예금했을 때 n년 후에 받게 될 금액 ⓒ 공식: $(1+r)^n$	① 일시불의 현가계수 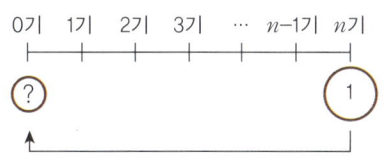 ⊙ n년 후의 1원을 할인율 r로 할인할 경우의 현재의 금액 ⇨ 일시불의 내가계수의 역수 ⓒ 공식: $\dfrac{1}{(1+r)^n}=(1+r)^{-n}$
② 연금의 내가계수 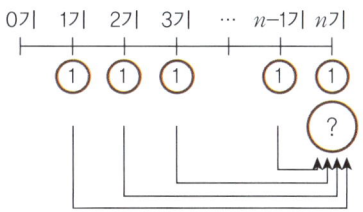 ⊙ 매년 1원씩을 이자율 r로 계속해서 적립했을 때 n년 후에 받게 될 금액 ⓒ 공식: $\dfrac{(1+r)^n-1}{r}$	② 연금의 현가계수 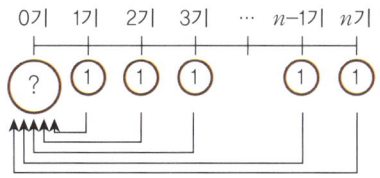 ⊙ n년간 매년 1원씩 받게 될 금액을 이자율 r로 할인할 경우 현재의 금액 ⓒ 공식: $\dfrac{1-(1+r)^{-n}}{r}$

③ 감채기금계수

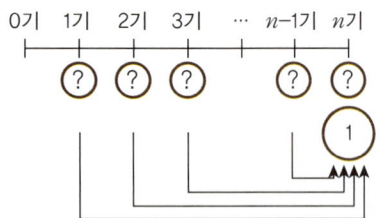

㉠ n년 후에 1원을 만들기 위해서 매 기간 불입해야 할 금액 ⇨ 연금의 내가계수의 역수

㉡ 공식: $\dfrac{r}{(1+r)^n-1}$

③ 저당상수

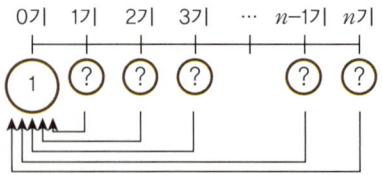

㉠ 1원을 이자율 r로 빌린 후 n년 동안 매년 지불해야 하는 금액 ⇨ 연금의 현가계수의 역수

㉡ 공식: $\dfrac{r}{1-(1+r)^{-n}}$

⚠️ **상환비율과 잔금비율**
- 상환비율: 저당대부액 중 원금상환분의 비율
- 잔금비율: 저당대부액 중 미상환저당잔금의 비율

상환비율 + 잔금비율 = 1

3 자본환원계수들의 관계

① 연금의 현재가치계수와 일시불의 미래가치계수를 곱하면 연금의 미래가치계수가 된다.

② 연금의 미래가치계수와 일시불의 현재가치계수를 곱하면 연금의 현재가치계수가 된다.

③ 감채기금계수와 연금의 현재가치계수를 곱하면 일시불의 현재가치계수가 된다.

④ 저당상수와 연금의 미래가치계수를 곱하면 일시불의 미래가치계수가 된다.

⑤ 일시불의 미래가치계수와 일시불의 현재가치계수를 곱하면 1이 된다.

⑥ 감채기금계수와 연금의 내가계수를 곱하면 1이 된다.

⑦ 저당상수와 연금의 현가계수를 곱하면 1이 된다.

기본문제와 완성문제로 단단기출

01 부동산학에서 이용하는 계수에 관한 설명 중 틀린 것은? 　　　제16회

① 일시불의 미래가치계수는 일시불의 현재가치계수의 역수이다.
② 연금의 미래가치계수는 연금의 현재가치계수의 역수이다.
③ 감채기금계수는 미래에 사용할 금액을 적립하기 위한 매월의 적립금을 계산하는 데 사용한다.
④ 저당상수는 원리금균등분할상환 시 융자금액에 대한 월불입액을 계산하는 데 사용한다.
⑤ 연금의 현재가치계수는 미상환 대출잔액을 계산하는 데 사용한다.

키워드 〉 화폐의 시간가치
난이도 〉
해설 〉 연금의 미래가치계수의 역수는 감채기금계수이고, 연금의 현재가치계수의 역수는 저당상수이다. 따라서 연금의 미래가치계수와 연금의 현재가치계수는 역수관계가 아니다.

02 화폐의 시간가치 계산에 관한 설명으로 틀린 것은? 　　　제21회

① 주택마련을 위해 은행으로부터 원리금균등분할상환방식으로 주택구입자금을 대출한 가구가 매월 상환할 금액을 산정하는 경우 저당상수를 사용한다.
② 현재 5억원인 주택이 매년 5%씩 가격이 상승한다고 가정할 때, 일시불의 미래가치계수를 사용하여 10년 후의 주택가격을 산정할 수 있다.
③ 정년퇴직자가 매월 연금형태로 받는 퇴직금을 일정기간 적립한 후에 달성되는 금액을 산정할 경우 연금의 미래가치계수를 사용한다.
④ 10년 후에 1억원이 될 것으로 예상되는 토지의 현재가치를 계산할 경우 일시불의 현재가치계수를 사용한다.
⑤ 연금의 미래가치계수는 저당상수의 역수이다.

키워드 〉 화폐의 시간가치
난이도 〉
해설 〉 연금의 미래가치계수는 감채기금계수의 역수이다.

정답　01 ②　02 ⑤

03 화폐의 시간가치에 관한 설명으로 옳은 것을 모두 고른 것은? (단, 다른 조건은 동일함) 제30회

㉠ 은행으로부터 주택구입자금을 대출한 가구가 매월 상환할 금액을 산정하는 경우 감채기금계수를 사용한다.
㉡ 연금의 현재가치계수와 저당상수는 역수관계이다.
㉢ 연금의 미래가치란 매 기간마다 일정 금액을 불입해 나갈 때, 미래의 일정시점에서의 원금과 이자의 총액을 말한다.
㉣ 일시불의 현재가치계수는 할인율이 상승할수록 작아진다.

① ㉠
② ㉡, ㉢
③ ㉠, ㉡, ㉣
④ ㉡, ㉢, ㉣
⑤ ㉠, ㉡, ㉢, ㉣

키워드 화폐의 시간가치
난이도
해설 ㉠ 저당상수에 대한 설명이다. 저당상수는 은행으로부터 주택구입자금을 대출한 가구가 매월 상환할 금액을 산정하는 경우에 사용한다.

04 화폐의 시간가치와 관련된 설명으로 옳은 것은? (단, 다른 조건은 동일함) 제29회

① 잔금비율과 상환비율의 합은 '0'이 된다.
② 연금의 현재가치계수와 감채기금계수는 역수관계에 있다.
③ 원금균등상환방식으로 주택저당대출을 받은 경우 저당대출의 매 기간 원리금상환액은 저당상수를 이용하여 계산한다.
④ 원금에 대한 이자뿐만 아니라 이자에 대한 이자도 함께 계산하는 것은 단리방식이다.
⑤ 현재 5억원인 주택가격이 매년 전년 대비 5%씩 상승한다고 가정할 때, 5년 후의 주택가격은 일시불의 미래가치계수를 사용하여 계산할 수 있다.

키워드 화폐의 시간가치
해설 ① 잔금비율과 상환비율의 합은 '1'이 된다.
② 연금의 현재가치계수와 저당상수는 역수관계에 있으며, 연금의 미래가치계수와 감채기금계수는 역수관계에 있다.
③ 원금균등상환방식이 아니라 원리금균등상환방식이다. 즉, 원리금균등상환방식으로 주택저당대출을 받은 경우 저당대출의 매 기간 원리금상환액은 저당상수를 이용하여 계산한다.
④ 원금에 대한 이자뿐만 아니라 이자에 대한 이자도 함께 계산하는 것은 복리방식이다.

정답 03 ④ 04 ⑤

05 화폐의 시간가치 계산에 관한 설명으로 옳은 것은? 제32회

완성 기출

① 현재 10억원인 아파트가 매년 2%씩 가격이 상승한다고 가정할 때, 5년 후의 아파트가격을 산정하는 경우 연금의 미래가치계수를 사용한다.
② 원리금균등상환방식으로 담보대출받은 가구가 매월 상환할 금액을 산정하는 경우, 일시불의 현재가치계수를 사용한다.
③ 연금의 현재가치계수에 감채기금계수를 곱하면 일시불의 현재가치계수이다.
④ 임대기간 동안 월임대료를 모두 적립할 경우, 이 금액의 현재시점 가치를 산정한다면 감채기금계수를 사용한다.
⑤ 나대지에 투자하여 5년 후 8억원에 매각하고 싶은 투자자는 현재 이 나대지의 구입금액을 산정하는 경우, 저당상수를 사용한다.

키워드 › 화폐의 시간가치

난이도

해설 ① 현재 10억원인 아파트가 매년 2%씩 가격이 상승한다고 가정할 때, 5년 후의 아파트가격을 산정하는 경우 일시불의 미래가치계수를 사용한다.
② 원리금균등상환방식으로 담보대출받은 가구가 매월 상환할 금액을 산정하는 경우, 저당상수를 사용한다.
④ 임대기간 동안 월임대료를 모두 적립할 경우, 이 금액의 현재시점 가치를 산정한다면 연금의 현재가치계수를 사용한다.
⑤ 나대지에 투자하여 5년 후 8억원에 매각하고 싶은 투자자는 현재 이 나대지의 구입금액을 산정하는 경우, 일시불의 현재가치계수를 사용한다.

06 투자자 甲은 부동산 구입자금을 마련하기 위하여 3년 동안 매년 연말 3,000만원씩을 불입하는 정기적금에 가입하였다. 이 적금의 이자율이 복리로 연 10%라면, 3년 후 이 적금의 미래가치는? 제24회

완성 기출

① 9,600만원　　　　　　　　　② 9,650만원
③ 9,690만원　　　　　　　　　④ 9,930만원
⑤ 9,950만원

키워드 › 미래가치

난이도

해설 3년 후 정기적금의 미래가치는 연금의 내가계수를 통해 계산하므로, 3,000만원×연금의 내가계수(3년)로 구한다.

연금의 내가계수(3년) = $\dfrac{(1+0.1)^3 - 1}{0.1}$ = 3.31

∴ 3,000만원 × 3.31 = 9,930만원

정답 05 ③ 06 ④

07

5년 후 1억원의 현재가치는? (단, 주어진 조건에 한함) 제28회

- 할인율: 연 7%(복리 계산)
- 최종 현재가치 금액은 십만원 자리 반올림함

① 6,100만원 ② 6,600만원
③ 7,100만원 ④ 7,600만원
⑤ 8,100만원

키워드 현재가치

난이도

해설 5년 후 1억원의 현재가치는 일시불의 현가계수를 통해 계산하므로, 1억원×일시불의 현가계수(5년)로 구한다.

$$\text{일시불의 현가계수(5년)} = (1+0.07)^{-5} = \frac{1}{(1+0.07)^5} \fallingdotseq 0.712986$$

따라서 1억원×0.712986=71,298,600원이다. 그런데 최종 현재가치 금액은 십만원 자리 반올림하라고 했으므로 7,100만원이 된다.

08

A는 부동산자금을 마련하기 위하여 20×1년 1월 1일 현재, 2년 동안 매년 연말 2,000원씩을 불입하는 투자상품에 가입했다. 투자상품의 이자율이 연 10%라면, 이 상품의 현재가치는? (단, 십원 단위 이하는 절사함) 제22회

① 3,400원 ② 3,600원
③ 3,700원 ④ 3,200원
⑤ 3,300원

키워드 현재가치

난이도

해설 연금의 현가계수(2년)를 이용하여 구할 수 있다.
즉, 2,000원×연금의 현가계수(2년)로 구한다.

$$\text{연금의 현가계수(2년)} = \frac{1-(1+0.1)^{-2}}{0.1} \fallingdotseq 1.7356$$

따라서 2,000원×1.7356=3,471.2이다.
그런데 십원 단위 이하는 절사하라고 했으므로 3,400원이다.

정답 07 ③ 08 ①

THEME 19 현금흐름의 측정

| THEME 키워드 |
현금흐름의 측정

기출분석
- 기출회차: 제28회
- 키워드: 현금흐름의 측정
- 난이도: ■■□□

기본으로 알아야 하는 대표기출

부동산 운영수지분석에 관한 설명으로 틀린 것은?

① 가능총소득은 단위면적당 추정 임대료에 임대면적을 곱하여 구한 소득이다.
② 유효총소득은 가능총소득에서 공실손실상당액과 불량부채액(충당금)을 차감하고, 기타 수입을 더하여 구한 소득이다.
③ 순영업소득은 유효총소득에 각종 영업외수입을 더한 소득으로 부동산 운영을 통해 순수하게 귀속되는 영업소득이다.
④ 세전현금흐름은 순영업소득에서 부채서비스액을 차감한 소득이다.
⑤ 세후현금흐름은 세전현금흐름에서 영업소득세를 차감한 소득이다.

> 함정을 피하는 TIP
- 현금흐름의 측정과정을 정확하게 이해하고 문장으로도 표현할 수 있어야 한다.

| 해설 |
순영업소득은 유효총소득에서 영업경비를 뺀 소득으로 순운영소득이라고도 한다.

정답 ③

단단하게 정리하는 핵심이론

1 영업 현금흐름의 측정

<mark>투자대상 부동산의 운영(영업)으로 인해 연간 발생하는 예상된 현금유입과 현금유출을 측정하는 것을</mark> 말한다.

```
         단위당 연간 예상임대료
    ×    임대단위 수
    ─────────────────────────────
         가능총소득(PGI; potential gross income)
    −    공실 및 불량부채
    +    기타 소득
    ─────────────────────────────
         유효총소득(EGI; effective gross income)
    −    영업경비(OE; operating expenses)
    ─────────────────────────────
         순영업소득(NOI; net operating income)
    −    부채서비스액(DS; debt service)
    ─────────────────────────────
         세전현금흐름(BTCF; before-tax cash flow)
    −    영업소득세(TO; taxes from operation)
    ─────────────────────────────
         세후현금흐름(ATCF; after-tax cash flow)
```

① **가능총소득**(可能總所得): 투자한 부동산에서 얻을 수 있는 최대한의 수입을 말한다.

② **공실 및 불량부채**: 공실이나 임대료 회수가 불가능한 금액 등으로 인해 발생하는 손실액을 의미하며, 공실 및 대손충당금이라고도 한다.

③ **기타 소득**: 주차장 임대료, 유료 세탁기, 자판기 수입 등의 기타 수입을 말한다.

④ **유효총소득**(有效總所得): 가능총소득에서 공실 및 불량부채에 대한 충당금을 빼고 기타 소득을 더한 것을 말한다.

⑤ **순영업소득**: 유효총소득에서 영업경비를 뺀 것을 말한다.

⑥ **영업경비**: 부동산을 운영하는 데 들어가는 수리비, 관리비, 수수료, 재산세, 보험료, 광고비 등을 말한다.

⚠ **영업경비 계산 시 불포함 항목**: 취득세, 공실·불량부채, 부채서비스액, 영업소득세, 감가상각비, 소유자 급여, 개인적 업무비

⑦ **부채서비스액 또는 저당지불액**: 매 기간 갚아야 할 원금상환분과 이자지급분의 합을 말한다.

⑧ **세전현금흐름**: 순영업소득에서 부채서비스액을 뺀 것을 말한다.

⑨ **세후현금흐름**: 세전현금흐름에서 영업소득세를 뺀 것을 말한다.

2 지분복귀액의 측정

투자자들이 일정기간 동안 투자부동산을 운영한 후 처분 시에 지분투자자에게 돌아오는 수입(지분복귀액)을 측정하는 것을 말한다.

```
        매도가격(selling price)
    -   매도경비(selling expense)
    ─────────────────────────────
        순매도액(net sales proceed)
    -   미상환 저당잔금(unpaid mortgage balance)
    ─────────────────────────────
        세전지분복귀액(before-tax equity reversion)
    -   자본이득세(capital gain tax)
    ─────────────────────────────
        세후지분복귀액(after-tax equity reversion)
```

① **순매도액**: 매도가격에서 매도경비를 뺀 것을 말한다.
② **매도경비**: 투자한 부동산의 처분과 관련된 비용(예 중개수수료 등)을 말한다.
③ **세전지분복귀액**: 순매도액에서 미상환 저당잔금을 뺀 것을 말한다.
④ **세후지분복귀액**: 세전지분복귀액에서 자본이득세를 뺀 것을 말한다.

3 영업소득세의 측정

① **대체충당금**: 정기적으로 냉난방설비, 위생설비, 소화설비 등의 대체를 위해 매 기간 일정액씩 적립하는 금액을 말한다.
② **이자지급액과 원금상환액**: 부채서비스액 중 이자지급액은 영업소득세 공제가 되지만, 원금상환액은 투자자의 지분가치를 증가시키므로 세금공제가 되지 않는다.
③ **감가상각액**: 감가상각액(감가상각비)도 영업소득세 공제가 된다. 따라서 영업소득세를 계산하기 위해서는 건물의 감가상각비를 알아야 한다.

기본문제와 완성문제로 **단단기출**

01 부동산투자분석의 현금흐름 계산에서 유효총소득(effective gross income)을 산정할 경우, 다음 중 필요한 항목은 모두 몇 개인가?

기본 기출   제25회

- 임대료수입
- 영업소득세
- 이자상환액
- 영업외수입
- 영업경비
- 감가상각비

① 1개
② 2개
③ 3개
④ 4개
⑤ 5개

> 키워드 현금흐름의 측정
>
> 난이도
>
> 해설 영업의 현금흐름 계산에서 유효총소득을 산정할 때 유효총소득 아래에 있는 것은 필요한 항목이 아니다. 따라서 영업경비, 이자상환액, 영업소득세, 감가상각비는 필요한 항목에 해당하지 않는다. 그러나 가능총소득을 산정하기 위해서는 임대료수입이 필요하고, 가능총소득에서 유효총소득을 산정하려면 기타 소득에 해당하는 영업외수입이 필요하다.

정답 01 ②

02 다음 ( )에 들어갈 내용으로 옳게 나열된 것은? 제24회

기본 기출

```
        임대단위당 연간 예상임대료
      × 임대단위 수
      ─────────────────────
      = ( A )
      − 공실 및 불량부채액
      + 기타 소득
      ─────────────────────
      = ( B )
      − 영업경비
      ─────────────────────
      = ( C )
      − 부채서비스액
      ─────────────────────
      = 세전현금흐름
      − 영업소득세
      ─────────────────────
      = 세후현금흐름
```

	A	B	C
①	유효총소득	순영업소득	가능총소득
②	가능총소득	순영업소득	유효총소득
③	순영업소득	가능총소득	유효총소득
④	유효총소득	가능총소득	순영업소득
⑤	가능총소득	유효총소득	순영업소득

키워드 현금흐름의 측정

난이도

해설 영업의 현금흐름 계산과정은 다음과 같다.

```
        단위당 예상임대료
      × 임대단위 수
      ─────────────────
        가능총소득
      − 공실 및 불량부채
      + 기타 소득
      ─────────────────
        유효총소득
      − 영업경비
      ─────────────────
        순영업소득
      − 부채서비스액
      ─────────────────
        세전현금수지(흐름)
      − 영업소득세
      ─────────────────
        세후현금수지(흐름)
```

정답 02 ⑤

03 기본기출

부동산투자분석의 현금흐름 계산에서 (가)순영업소득과 (나)세전지분복귀액을 산정하는 데 각각 필요한 항목을 모두 고른 것은? (단, 투자금의 일부를 타인자본으로 활용하는 경우를 가정함) 제29회

㉠ 기타 소득	㉡ 매도비용
㉢ 취득세	㉣ 미상환 저당잔금
㉤ 재산세	㉥ 양도소득세

① (가): ㉢   (나): ㉣
② (가): ㉠, ㉤   (나): ㉡, ㉣
③ (가): ㉠, ㉤   (나): ㉡, ㉥
④ (가): ㉠, ㉢, ㉤ (나): ㉡, ㉥
⑤ (가): ㉠, ㉢, ㉤ (나): ㉡, ㉣, ㉥

키워드 〉 현금흐름의 측정

난이도 〉

해설 〉 (가) 영업의 현금흐름 계산에서 순영업소득의 산정: 가능총소득에서 유효총소득을 산정하려면 기타 소득이 필요하고 유효총소득에서 순영업소득을 산정하려면 영업경비가 필요한데, 재산세는 영업경비에 해당한다. 그러나 취득세는 취득 시에 납부하는 세금으로서 순영업소득의 산정과정에 필요한 항목에 해당하지 않는다.

(나) 지분복귀액의 계산에서 세전지분복귀액의 산정: 매도가격에서 순매도액을 산정하려면 매도비용이 필요하고, 순매도액에서 세전지분복귀액을 산정하려면 미상환 저당잔금이 필요하다. 그러나 양도소득세는 자본이득세에 해당하는 것으로 세전지분복귀액에서 세후지분복귀액을 산정할 때는 필요하나 세전지분복귀액을 산정할 때는 필요하지 않다.

따라서 (가)를 산정하는 데 ㉠㉤이, (나)를 산정하는 데 ㉡㉣이 필요하다.

정답 03 ②

04 수익성 부동산의 장래 현금흐름에 관한 설명으로 틀린 것은? 제20회

① 투자에 따른 현금흐름은 영업 현금흐름과 매각 현금흐름으로 나누어 예상할 수 있다.
② 유효총소득은 잠재(가능)총소득에 공실 및 불량부채에 대한 손실과 기타 수입을 반영한 것이다.
③ 세전현금흐름은 순영업소득에서 부채서비스액(debt service)을 차감하여 계산한다.
④ 영업소득세를 계산하기 위해서는 건물의 감가상각비를 알아야 한다.
⑤ 영업경비에는 임대소득에 대한 소득세가 포함되어야 한다.

키워드 현금흐름의 측정
난이도
해설 영업경비는 투자부동산을 운영하는 데 들어가는 수리비, 관리비, 수수료, 재산세, 보험료, 광고비 등을 포함한다. 반면 영업경비에는 취득세, 공실 및 불량부채에 대한 손실, 부채서비스액, 임대소득에 대한 소득세, 감가상각비 등은 포함되지 않는다.

05 부동산투자의 현금흐름 추정에 관한 설명으로 틀린 것은? 제30회

① 순영업소득은 유효총소득에서 영업경비를 차감한 소득을 말한다.
② 영업경비는 부동산 운영과 직접 관련 있는 경비로, 광고비, 전기세, 수선비가 이에 해당된다.
③ 세전현금흐름은 지분투자자에게 귀속되는 세전소득을 말하는 것으로, 순영업소득에 부채서비스액(원리금상환액)을 가산한 소득이다.
④ 세전지분복귀액은 자산의 순매각금액에서 미상환저당잔액을 차감하여 지분투자자의 몫으로 되돌아오는 금액을 말한다.
⑤ 부동산투자에 대한 대가는 보유 시 대상부동산의 운영으로부터 나오는 소득이득과 처분 시의 자본이득의 형태로 나타난다.

키워드 현금흐름의 측정
난이도
해설 세전현금흐름은 지분투자자에게 귀속되는 세전소득을 말하는 것으로서, 순영업소득에서 부채서비스액(원리금상환액)을 차감한 소득이다.

정답 04 ⑤ 05 ③

06 다음 임대주택사업의 세후현금수지는 얼마인가? (단, 다른 조건은 고려하지 않음) 제19회

- 순운영소득　　　140,000,000원
- 재산세　　　　　　5,000,000원
- 연간 융자월부금　　90,000,000원
- 융자이자　　　　　70,000,000원
- 감가상각　　　　　10,000,000원
- 소득세율　　　　　　　　30%

① 18,000,000원
② 27,000,000원
③ 32,000,000원
④ 45,000,000원
⑤ 50,000,000원

키워드 현금흐름의 측정

난이도

해설
- 세후현금수지

	순영업소득(NOI)	140,000,000원
−	부채서비스액	− 90,000,000원
	세전현금수지	50,000,000원
−	영업소득세	− 18,000,000원
	세후현금수지	32,000,000원

- 영업소득세 계산

	순영업소득	140,000,000원
−	이자지급분	− 70,000,000원
−	감가상각액	− 10,000,000원
	과세소득	60,000,000원
×	세율	× 0.3
	영업소득세	18,000,000원

정답 06 ③

07 어느 회사의 1년 동안의 운영수지이다. 세후현금수지는? (단, 주어진 조건에 한함) 제25회

- 가능총소득: 4,800만원
- 공실: 가능총소득의 5%
- 영업소득세율: 연 20%
- 원금상환액: 200만원
- 이자비용: 800만원
- 영업경비: 240만원
- 감가상각비: 200만원

① 2,496만원
② 2,656만원
③ 2,696만원
④ 2,856만원
⑤ 2,896만원

키워드 현금흐름의 측정

난이도

해설 • 세후현금수지

	가능총소득		4,800만원
−	공실·불량부채	−	240만원(= 4,800만원×0.05)
	유효총소득		4,560만원
−	영업경비	−	240만원
	순영업소득		4,320만원
−	부채서비스액	−	1,000만원
	세전현금수지		3,320만원
−	영업소득세	−	664만원
	세후현금수지		2,656만원

• 영업소득세 계산

	순영업소득		4,320만원
−	이자지급분	−	800만원
−	감가상각액	−	200만원
	과세소득		3,320만원
×	세율	×	0.2
	영업소득세		664만원

정답 07 ②

08 완성 기출

다음은 임대주택의 1년간 운영실적에 관한 자료이다. 이와 관련하여 틀린 것은? (단, 문제에서 제시한 것 외의 기타 조건은 고려하지 않음)   제23회

- 호당 임대료: 6,000,000원
- 공실률: 10%
- 원리금상환액: 90,000,000원
- 감가상각액: 10,000,000원
- 임대가능 호수: 40호
- 운영비용: 16,000,000원
- 융자이자: 20,000,000원
- 소득세율: 30%

① 유효총소득은 216,000,000원이다.
② 순영업소득은 200,000,000원이다.
③ 세전현금수지는 110,000,000원이다.
④ 영업소득세는 50,000,000원이다.
⑤ 세후현금수지는 59,000,000원이다.

키워드 〉 현금흐름의 측정

난이도 〉

해설 〉 • 세후현금수지

호당 임대료		6,000,000원
× 임대가능 호수	×	40호
가능총소득		240,000,000원
− 공실·불량부채	−	24,000,000원
유효총소득		216,000,000원
− 영업경비	−	16,000,000원
순영업소득		200,000,000원
− 부채서비스액	−	90,000,000원
세전현금수지		110,000,000원
− 영업소득세	−	51,000,000원
세후현금수지		59,000,000원

• 영업소득세 계산

순영업소득		200,000,000원
− 이자지급분	−	20,000,000원
− 감가상각액	−	10,000,000원
과세소득		170,000,000원
× 세율	×	0.3
영업소득세		51,000,000원

정답 08 ④

THEME 20

어림셈법과 비율분석법, 회수기간법과 회계적 이익률법

| THEME 키워드 |
어림셈법, 순소득승수, 비율분석법, 부채감당률(DCR), 어림셈법과 비율분석법, LTV와 DTI 제약하의 대출가능액

기본으로 알아야 하는 대표기출

> **기출분석**
> - **기출회차:** 제26회
> - **키워드:** 어림셈법과 비율분석법
> - **난이도:**

부동산투자와 관련한 재무비율과 승수를 설명한 것으로 틀린 것은?

① 동일한 투자안의 경우, 일반적으로 순소득승수가 총소득승수보다 크다.
② 동일한 투자안의 경우, 일반적으로 세전현금수지승수가 세후현금수지승수보다 크다.
③ 부채감당률(DCR)이 1보다 작으면, 투자로부터 발생하는 순영업소득이 부채서비스액을 감당할 수 없다고 판단된다.
④ 담보인정비율(LTV)을 통해서 투자자가 재무레버리지를 얼마나 활용하고 있는지를 평가할 수 있다.
⑤ 총부채상환비율(DTI)은 차입자의 상환능력을 평가할 때 사용할 수 있다.

> **함정을 피하는 TIP**
> - 어림셈법 중 승수법에서 승수는 작을수록 유리하고, 수익률법에서 수익률은 클수록 유리하다. 또한 재무비율의 의미를 이해하고 공식을 기억해두어야 한다.

해설

동일한 투자안의 경우, 일반적으로 세후현금수지승수가 세전현금수지승수보다 크다.

정답 ②

단단하게 정리하는 **핵심이론**

1 어림셈법

어림셈법은 현재가치로 할인하지 않으므로 화폐의 시간가치를 고려하지 않는다. 어림셈법에는 승수법과 수익률법이 있으며, 승수와 수익률은 서로 역수관계에 있다.

(1) 승수법

일반적으로 총소득승수, 순소득승수, 세전현금흐름승수, 세후현금흐름승수 등이 사용된다. 투자에서 ==승수는 회수기간을 의미하므로 작을수록 유리==하다.

(2) 수익률법

수익률로는 종합자본환원율, 지분배당률, 세후수익률 등이 있다. ==수익률은 승수와 역수관계이며, 클수록 유리==하다.

승수법		관계	수익률법	
총소득승수	$\dfrac{\text{총투자액}}{\text{총소득}}$	역수 관계	총자산회전율과 역수	
순소득승수 ⇨ 자본회수기간	$\dfrac{\text{총투자액}}{\text{순영업소득}}$		종합자본환원율	$\dfrac{\text{순영업소득}}{\text{총투자액}}$
세전현금흐름승수 (세전현금수지승수)	$\dfrac{\text{지분투자액}}{\text{세전현금흐름}}$		지분배당률	$\dfrac{\text{세전현금흐름}}{\text{지분투자액}}$
세후현금흐름승수 (세후현금수지승수)	$\dfrac{\text{지분투자액}}{\text{세후현금흐름}}$		세후수익률	$\dfrac{\text{세후현금흐름}}{\text{지분투자액}}$

└ 총투자액 중 자기자본액

2 비율분석법

(1) 대부비율(융자비율, 저당비율, LTV)

$$\text{대부비율} = \dfrac{\text{부채잔금(융자액)}}{\text{부동산가치}(=\text{총투자액})}$$

⚠ 부채비율 = $\dfrac{\text{타인자본}}{\text{자기자본}}$

자기자본비율 + 타인자본비율 = 1
 (지분비율)   (저당비율)

⚠ 총부채상환비율(소득 대비 부채비율, DTI) = $\dfrac{\text{연간 부채상환액}}{\text{연간 소득액}}$

(2) 부채감당률(DCR)

$$부채감당률 = \frac{순영업소득}{부채서비스액}$$

(3) 채무불이행률

$$채무불이행률 = \frac{영업경비 + 부채서비스액}{유효총소득}$$

(4) 총자산회전율

$$총자산회전율 = \frac{총소득}{부동산가치}$$

(5) 영업경비비율

$$영업경비비율 = \frac{영업경비}{(유효)총소득}$$

3 (단순)회수기간법과 회계적 이익률법

(1) 회수기간법

① 의의
  ㉠ **자본회수기간**(payback period): 최초로 투자된 금액을 전액 회수하는 데 걸리는 기간이다.
  ㉡ 회수기간법: 투자안의 회수기간을 목표회수기간과 비교하여 투자결정하는 방법이다.

② 투자안의 결정
  ㉠ 독립적인 투자안

  > 투자안의 회수기간 ≤ 목표회수기간 ⇨ 투자 채택
  > 투자안의 회수기간 > 목표회수기간 ⇨ 투자 기각

  ㉡ 상호배타적인 투자안: 투자안의 회수기간이 목표회수기간보다 짧은 투자안들 중에서 회수기간이 가장 짧은 투자안을 선택한다.

③ 특징

ⓐ 화폐의 시간가치를 고려하지 않는다.

ⓑ 자본회수기간 이후의 현금흐름을 전혀 고려하고 있지 않다.

(2) 회계적 이익률법

① 의의

ⓐ **회계적 이익률**(회계적 수익률): 예상되는 투자안의 미래평균이익(감가상각비 및 세금공제 후)을 투자안의 평균 순장부가치(평균투자액)로 나누어 계산한다.

ⓑ **회계적 이익률**(회계적 수익률)**법**: 회계적 이익률(회계적 수익률)을 목표 회계적 이익률과 비교하여 투자결정하는 방법이다.

② 투자안의 결정

ⓐ 독립적인 투자안

> 투자안의 회계적 이익률 ≥ 목표 회계적 이익률 ⇨ 투자 채택
> 투자안의 회계적 이익률 < 목표 회계적 이익률 ⇨ 투자 기각

ⓑ **상호배타적인 투자안**: 투자안의 회계적 이익률이 목표 회계적 이익률보다 높은 투자안들 중에서 회계적 이익률이 가장 높은 투자안을 선택한다.

③ 특징

ⓐ 화폐의 시간가치를 고려하지 않는다.

ⓑ 현금흐름이 아닌 회계적 이익(장부상의 이익을 나타내는 인위적인 수치)을 이용한다.

기본문제와 완성문제로 **단단기출**

01 다음 자료를 활용하여 산정한 대상 부동산의 순소득승수는? (단, 주어진 조건에 한함) 제33회

기본 기출

- 총투자액: 10,000만원
- 지분투자액: 6,000만원
- 가능총소득(PGI): 1,100만원/년
- 유효총소득(EGI): 1,000만원/년
- 영업비용(OE): 500만원/년
- 부채서비스액(DS): 260만원/년
- 영업소득세: 120만원/년

① 6 ② 9
③ 10 ④ 12
⑤ 20

키워드 › 순소득승수

난이도 ›

해설 › 순영업소득 = 유효총소득 − 영업비용 = 1,000만원 − 500만원 = 500만원

$$순소득승수 = \frac{총투자액}{순영업소득} = \frac{10,000만원}{500만원} = 20$$

02 부동산투자의 분석기법에 관한 설명으로 틀린 것은? (단, 다른 조건은 동일함) 제33회

기본 기출

① 수익률법과 승수법은 투자현금흐름의 시간가치를 반영하여 투자타당성을 분석하는 방법이다.
② 투자자산의 현금흐름에 따라 복수의 내부수익률이 존재할 수 있다.
③ 세후지분투자수익률은 지분투자액에 대한 세후현금흐름의 비율이다.
④ 투자의 타당성은 총투자액 또는 지분투자액을 기준으로 분석할 수 있으며, 총소득승수는 총투자액을 기준으로 분석하는 지표이다.
⑤ 총부채상환비율(DTI)이 높을수록 채무불이행 위험이 높아진다.

키워드 › 어림셈법

난이도 ›

해설 › 수익률법과 승수법은 투자현금흐름의 시간가치를 반영하지 않는 투자타당성을 분석하는 방법이다.

정답 01 ⑤ 02 ①

03 부동산투자 분석기법 중 비율분석법에 관한 설명으로 틀린 것은?

제28회

① 채무불이행률은 유효총소득이 영업경비와 부채서비스액을 감당할 수 있는 능력이 있는지를 측정하는 비율이며, 채무불이행률을 손익분기율이라고도 한다.
② 대부비율은 부동산가치에 대한 융자액의 비율을 가리키며, 대부비율을 저당비율이라고도 한다.
③ 부채비율은 부채에 대한 지분의 비율이며, 대부비율이 50%일 경우에는 부채비율은 100%가 된다.
④ 총자산회전율은 투자된 총자산에 대한 총소득의 비율이며, 총소득으로 가능총소득 또는 유효총소득이 사용된다.
⑤ 비율분석법의 한계로는 요소들에 대한 추계산정의 오류가 발생하는 경우에 비율 자체가 왜곡될 수 있다는 점을 들 수 있다.

키워드 비율분석법

난이도

해설 부채비율은 타인자본(부채)을 자기자본(지분)으로 나눈 비율, 즉 자기자본(지분)에 대한 타인자본(부채)의 비율이다. 그런데 대부비율은 부동산가치에 대한 융자액의 비율이므로 대부비율이 50%라면 부채비율은 100%가 된다.

04 부채감당률(debt coverage ratio)에 관한 설명으로 틀린 것은?

제28회

① 부채감당률이란 순영업소득이 부채서비스액의 몇 배가 되는가를 나타내는 비율이다.
② 부채서비스액은 매월 또는 매년 지불하는 이자지급액을 제외한 원금상환액을 말한다.
③ 부채감당률이 2, 대부비율이 50%, 연간 저당상수가 0.1이라면 (종합)자본환원율은 10%이다.
④ 부채감당률이 1보다 작다는 것은 순영업소득이 부채서비스액을 감당하기에 부족하다는 것이다.
⑤ 대출기관이 채무불이행 위험을 낮추기 위해서는 해당 대출조건의 부채감당률을 높이는 것이 유리하다.

키워드 부채감당률(DCR)

난이도

해설 부채서비스액은 매월 또는 매년 지불하는 원금상환액과 이자지급액을 합한 것을 말한다.

정답 03 ③ 04 ②

05 비율분석법을 이용하여 산출한 것으로 틀린 것은? (단, 주어진 조건에 한하며, 연간 기준임) 제30회

- 주택담보대출액: 1억원
- 주택담보대출의 연간 원리금상환액: 500만원
- 부동산가치: 2억원
- 차입자의 연소득: 1,250만원
- 가능총소득: 2,000만원
- 공실손실상당액 및 대손충당금: 가능총소득의 25%
- 영업경비: 가능총소득의 50%

① 담보인정비율(LTV)=0.5
② 부채감당률(DCR)=1.0
③ 총부채상환비율(DTI)=0.4
④ 채무불이행률(DR)=1.0
⑤ 영업경비비율(OER, 유효총소득 기준)=0.8

키워드 비율분석법

난이도

해설

	가능총소득	2,000만원
−	공실손실상당액 및 대손충당금	− 500만원 (=2,000만원×0.25)
	유효총소득	1,500만원
−	영업경비	− 1,000만원 (=2,000만원×0.5)
	순영업소득	500만원

주택담보대출의 연간 원리금상환액은 부채서비스액을 의미하므로 부채서비스액은 500만원이다.

⑤ 영업경비비율(OER, 유효총소득 기준) = $\frac{영업경비}{유효총소득} = \frac{1,000만원}{1,500만원} ≒ 0.67$

① 담보인정비율(LTV) = $\frac{부채잔금(융자액)}{부동산가치} = \frac{1억원}{2억원} = 0.5(50\%)$

② 부채감당률(DCR) = $\frac{순영업소득}{부채서비스액} = \frac{500만원}{500만원} = 1.0$

③ 총부채상환비율(DTI) = $\frac{연간 부채상환액}{연간 소득액} = \frac{500만원}{1,250만원} = 0.4$

④ 채무불이행률(DR) = $\frac{영업경비+부채서비스액}{유효총소득} = \frac{1,000만원+500만원}{1,500만원} = 1.0$

정답 05 ⑤

06 완성 기출

甲은 시장가치 5억원의 부동산을 인수하고자 한다. 해당 부동산의 부채감당률(DCR)은? (단, 모든 현금유출입은 연말에만 발생하며, 주어진 조건에 한함) 제34회

- 담보인정비율(LTV): 시장가치의 50%
- 연간 저당상수: 0.12
- 가능총소득(PGI): 5,000만원
- 공실손실상당액 및 대손충당금: 가능총소득의 10%
- 영업경비비율: 유효총소득의 28%

① 1.08 ② 1.20
③ 1.50 ④ 1.67
⑤ 1.80

키워드 부채감당률(DCR)

난이도

해설 저당대부액(대출액): 5억원×0.5 = 2억 5,000만원
부채서비스액(원리금상환액): 2억 5,000만원×0.12 = 3,000만원

	가능총소득	5,000만원
-	공실손실상당액 및 대손충당금	- 500만원 (=5,000만원×0.1)
	유효총소득	4,500만원
-	영업경비	- 1,260만원 (=4,500만원×0.28)
	순영업소득	3,240만원

부채감당률(DCR) = $\dfrac{\text{순영업소득}}{\text{부채서비스액}}$ = $\dfrac{3{,}240\text{만원}}{3{,}000\text{만원}}$ = 1.08

정답 06 ①

07 완성기출

甲은 아래 조건으로 부동산에 10억원을 투자하였다. 이에 관한 투자분석의 산출값으로 **틀린** 것은?
(단, 주어진 조건에 한함) 제34회

- 순영업소득(NOI): 2억원/년
- 원리금상환액: 2,000만원/년
- 유효총소득승수: 4
- 지분투자액: 8억원

① 유효총소득은 2억 5천만원
② 부채비율은 25%
③ 지분환원율은 25%
④ 순소득승수는 5
⑤ 종합환원율은 20%

키워드 어림셈법과 비율분석법

난이도

해설
① 유효총소득 = $\dfrac{\text{총투자액}}{\text{유효총소득승수}}$ = $\dfrac{10억원}{4}$ = 2억 5천만원

② 부채비율 = $\dfrac{\text{부채총계}}{\text{자본총계}}$ = $\dfrac{2억원}{8억원}$ × 100(%) = 25%

③ 지분환원율 = $\dfrac{\text{세전현금흐름}}{\text{지분투자액}}$ = $\dfrac{1억\ 8,000만원}{8억원}$ × 100(%) = 22.5%

④ 순소득승수 = $\dfrac{\text{총투자액}}{\text{순영업소득}}$ = $\dfrac{10억원}{2억원}$ = 5

⑤ 종합환원율 = $\dfrac{\text{순영업소득}}{\text{총투자액}}$ = $\dfrac{2억원}{10억원}$ × 100(%) = 20%

정답 07 ③

08 다음 자료를 활용하여 산정한 순소득승수, 채무불이행률, 세후현금흐름승수를 순서대로 나열한 것은? (단, 주어진 조건에 한함) 제29회

> - 총투자액: 15억원
> - 지분투자액: 4억원
> - 유효총소득승수: 6
> - 영업경비비율(유효총소득 기준): 40%
> - 부채서비스액: 6천만원/년
> - 영업소득세: 1천만원/년

① 10, 64%, 5
② 10, 64%, 5.5
③ 10, 65%, 5.5
④ 11, 65%, 6
⑤ 11, 66%, 6

키워드 어림셈법과 비율분석법

난이도

해설 유효총소득 = $\dfrac{\text{총투자액}}{\text{유효총소득승수}} = \dfrac{15억원}{6} = 2억\,5{,}000만원$

	유효총소득	2억 5,000만원
−	영업경비	− 1억원 (= 2억 5,000만원 × 0.4)
	순영업소득	1억 5,000만원
−	부채서비스액	− 6,000만원
	세전현금흐름	9,000만원
−	영업소득세	− 1,000만원
	세후현금흐름	8,000만원

1. 순소득승수 = $\dfrac{\text{총투자액}}{\text{순영업소득}} = \dfrac{15억원}{1억\,5{,}000만원} = 10$

2. 채무불이행률 = $\dfrac{\text{영업경비} + \text{부채서비스액}}{\text{유효총소득}} = \dfrac{1억원 + 6{,}000만원}{2억\,5{,}000만원} \times 100(\%) = 64\%$

3. 세후현금흐름승수 = $\dfrac{\text{지분투자액}}{\text{세후현금흐름}} = \dfrac{4억원}{8{,}000만원} = 5$

정답 08 ①

09 완성 기출

주택담보대출을 희망하는 A의 소유 주택 시장가치가 3억원이고 연소득이 5,000만원이며 다른 부채가 없다면, A가 받을 수 있는 최대 대출가능금액은? (단, 주어진 조건에 한함) 제26회

- 연간 저당상수: 0.1
- 대출승인기준
  - 담보인정비율(LTV): 시장가치기준 60%
  - 총부채상환비율(DTI): 40%
  ※ 두 가지 대출승인기준을 모두 충족시켜야 함

① 1억원
② 1억 5,000만원
③ 1억 8,000만원
④ 2억원
⑤ 2억 2,000만원

키워드 LTV와 DTI 제약하의 대출가능액

난이도

해설

1. 담보인정비율(LTV) = $\dfrac{융자액}{부동산가치} = \dfrac{x}{3억원} = 60\%$

   따라서 담보인정비율(LTV)에 의한 대출가능액(x)은 1억 8,000만원이다. 즉, 부동산가치가 3억원이므로 LTV 60%를 적용할 경우 최대 대출가능금액은 1억 8,000만원이다.

2. 총부채상환비율(DTI) = $\dfrac{연간 부채상환액}{연간 소득} = \dfrac{x}{5,000만원} = 40\%$

   따라서 연간 부채상환액(원리금상환액)(x) = 5,000만원 × 0.4 = 2,000만원이다. 즉, A의 연간 소득이 5,000만원이고 DTI 40%를 적용할 경우 총부채의 연간 원리금상환액(부채상환)이 2,000만원을 초과하지 않도록 대출규모가 제한된다.

   따라서 저당대부액 × 저당상수 = 부채서비스액이므로

   DTI조건에 의한 대출가능액(저당대부액) = $\dfrac{부채서비스액}{저당상수} = \dfrac{2,000만원}{0.1} = 2억원$이 된다.

3. 두 가지의 대출승인기준을 모두 충족시켜야 하는데, 다른 부채가 없다고 가정하므로 LTV조건의 1억 8,000만원과 DTI조건의 2억원 중 적은 1억 8,000만원이 최대 대출가능금액이 된다.

정답 09 ③

10 A는 연소득이 5,000만원이고 시장가치가 3억원인 주택을 소유하고 있다. 현재 A가 이 주택을 담보로 5,000만원을 대출받고 있을 때, 추가로 대출가능한 최대금액은? (단, 주어진 조건에 한함) 제31회

- 연간 저당상수: 0.1
- 대출승인기준
  - 담보인정비율(LTV): 시장가치기준 50% 이하
  - 총부채상환비율(DTI): 40% 이하
  ※ 두 가지 대출승인기준을 모두 충족하여야 함

① 5,000만원
② 7,500만원
③ 1억원
④ 1억 5,000만원
⑤ 2억원

키워드 > LTV와 DTI 제약하의 대출가능액

난이도 >

해설
1. 담보인정비율(LTV) = $\dfrac{융자액}{부동산가치}$ = $\dfrac{x}{3억원}$ = 50%

   따라서 담보인정비율(LTV)에 의한 최대 대출가능금액(x)은 1억 5,000만원이다. 즉, 부동산가치가 3억원이므로 LTV 50%를 적용할 경우 최대 대출가능금액은 1억 5,000만원이다.

2. 총부채상환비율(DTI) = $\dfrac{연간\ 부채상환액}{연간\ 소득액}$ = $\dfrac{x}{5,000만원}$ = 40%

   따라서 연간 부채상환액(x) = 5,000만원 × 0.4 = 2,000만원이다. 즉, A의 연간 소득이 5,000만원이고 DTI 40%를 적용할 경우 총부채의 연간 원리금상환액이 2,000만원을 초과하지 않도록 대출규모가 제한된다.
   따라서 연간 부채상환액 2,000만원을 우선 부채서비스액으로 간주한다면
   저당대부액 × 저당상수 = 부채서비스액이므로
   DTI조건에 의한 대출가능액(저당대부액) = $\dfrac{부채서비스액}{저당상수}$ = $\dfrac{2,000만원}{0.1}$ = 2억원이 된다.

3. 두 가지의 대출승인기준을 모두 충족시켜야 하므로 LTV조건의 1억 5,000만원과 DTI조건의 2억원 중 적은 1억 5,000만원이 최대 대출가능금액이 된다. 그런데 기존 주택담보대출 5,000만원이 존재하므로 추가로 대출가능한 최대금액은 1억 5,000만원에서 기존 주택담보대출 5,000만원을 뺀 금액이 된다.
   따라서 추가로 대출가능한 최대금액은 1억 5,000만원 − 5,000만원 = 1억원이다.

정답 10 ③

11 A씨는 이미 은행에서 부동산을 담보로 7,000만원을 대출받은 상태이다. A씨가 은행으로부터 추가로 받을 수 있는 최대 담보대출금액은? (단, 주어진 조건에 한함)   제28회

- 담보 부동산의 시장가치: 5억원
- 연소득: 6,000만원
- 연간 저당상수: 0.1
- 대출승인기준
  - 담보인정비율(LTV): 시장가치기준 50%
  - 총부채상환비율(DTI): 40%
  ※ 두 가지 대출승인기준을 모두 충족시켜야 함

① 1억 5,000만원 ② 1억 7,000만원
③ 1억 8,000만원 ④ 2억 4,000만원
⑤ 2억 5,000만원

키워드 LTV와 DTI 제약하의 대출가능액

난이도

해설
1. 담보인정비율(LTV) = $\dfrac{융자액}{부동산가치} = \dfrac{x}{5억원} = 50\%$

   따라서 담보인정비율(LTV)에 의한 대출가능액(x)은 2억 5,000만원이다. 즉, 부동산가치가 5억원이므로 LTV 50%를 적용할 경우 최대 대출가능금액은 2억 5,000만원이다.

2. 총부채상환비율(DTI) = $\dfrac{연간\ 부채상환액}{연간\ 소득액} = \dfrac{x}{6,000만원} = 40\%$

   따라서 연간 부채상환액(x) = 6,000만원 × 0.4 = 2,400만원이다. 즉, A의 연간소득이 6,000만원이고 DTI 40%를 적용할 경우 총부채의 연간 원리금상환액이 2,400만원을 초과하지 않도록 대출규모가 제한된다. 따라서 연간 부채상환액 2,400만원을 우선 부채서비스액으로 간주한다면
   저당대부액 × 저당상수 = 부채서비스액이므로
   DTI조건에 의한 대출가능액(저당대부액) = $\dfrac{부채서비스액}{저당상수} = \dfrac{2,400만원}{0.1}$ = 2억 4,000만원이 된다.

3. 두 가지의 대출승인기준을 모두 충족시켜야 하므로 LTV조건의 2억 5,000만원과 DTI조건의 2억 4,000만원 중 적은 2억 4,000만원이 최대 대출가능금액이 된다. 그런데 기존 부동산담보대출이 7,000만원 존재하므로 추가 대출가능한 최대금액은 2억 4,000만원에서 기존 부동산담보대출 7,000만원을 뺀 금액이 된다.
   따라서 추가로 대출가능한 최대금액은 2억 4,000만원 - 7,000만원 = 1억 7,000만원이다.

정답 11 ②

12 완성기출

시장가격이 5억원이고 순영업소득이 연 1억원인 상가를 보유하고 있는 A가 추가적으로 받을 수 있는 최대 대출가능금액은? (단, 주어진 조건에 한함)   제27회

- 연간 저당상수: 0.2
- 대출승인조건(모두 충족하여야 함)
  - 담보인정비율(LTV): 시장가격기준 60% 이하
  - 부채감당률(DCR): 2 이상
- 상가의 기존 저당대출금: 1억원

① 1억원
② 1억 5천만원
③ 2억원
④ 2억 5천만원
⑤ 3억원

키워드 ▶ LTV와 DTI 제약하의 대출가능액

난이도 ▶

해설 ▶ 1. 담보인정비율(LTV) = $\dfrac{융자액}{부동산가치}$ = $\dfrac{x}{5억원}$ × 100(%) = 60%

따라서 담보인정비율(LTV)에 의한 대출가능액(x)은 3억원이다.

2. 총부채상환비율(DTI) = $\dfrac{순영업소득}{부채서비스액}$ = $\dfrac{1억원}{x}$ = 2

부채서비스액(x) = 5,000만원이다.
그런데 저당대부액 × 저당상수 = 부채서비스액이므로

DTI조건에 의한 대출가능액(x) = $\dfrac{부채서비스액}{저당상수}$ = $\dfrac{5,000만원}{0.2}$ = 2억 5,000만원이 된다.

3. 두 가지의 대출승인기준을 모두 충족시켜야 하므로 LTV조건과 DTI조건의 대출가능액 중 적은 2억 5,000만원이 최대 대출가능금액이 된다. 그런데 상가의 기존 저당대출금 1억원이 존재하므로 추가로 대출가능한 최대금액은 2억 5,000만원에서 1억원을 뺀 1억 5,000만원이 된다.

정답 12 ②

에듀윌이
너를
지지할게

ENERGY

도중에 포기하지 말라.
망설이지 말라.
최후의 성공을 거둘 때까지 밀고 나가자.

– 헨리 포드(Henry Ford)

THEME 21 할인현금흐름분석법

| THEME 키워드 |
부동산투자분석의 기법, 수익성 지수(PI)

기본으로 알아야 하는 대표기출

> **기출분석**
> - **기출회차:** 제30회
> - **키워드:** 부동산투자분석의 기법
> - **난이도:**

부동산투자의 할인현금흐름기법(DCF)과 관련된 설명으로 틀린 것은?

① 내부수익률(IRR)은 투자로부터 발생하는 현재와 미래 현금흐름의 순현재가치를 1로 만드는 할인율을 말한다.
② 순현재가치(NPV)는 투자자의 요구수익률로 할인한 현금유입의 현가에서 현금유출의 현가를 뺀 값이다.
③ 할인현금흐름기법이란 부동산투자로부터 발생하는 현금흐름을 일정한 할인율로 할인하는 투자의사결정기법이다.
④ 수익성 지수(PI)는 투자로 인해 발생하는 현금유입의 현가를 현금유출의 현가로 나눈 비율이다.
⑤ 민감도 분석은 모형의 투입요소가 변화함에 따라, 그 결과치인 순현재가치와 내부수익률이 어떻게 변화하는지를 분석하는 것이다.

> **함정을 피하는 TIP**
> - 부동산투자분석의 기법 중 할인현금흐름분석법에 해당하는 순현가법, 내부수익률법, 수익성 지수법을 비교하여 정리해 두어야 한다.

| 해설 |

내부수익률(IRR)은 투자로부터 예상되는 현금유입의 현가합과 현금유출의 현가합을 서로 같게 만드는 할인율이다. 즉, 투자로부터 발생하는 현재와 미래 현금흐름의 순현재가치를 0으로 만드는 할인율이다.

정답 ①

단단하게 정리하는 **핵심이론**

할인현금흐름분석법은 장래 예상되는 현금유입과 현금유출을 현재가치로 할인하고 그 값을 비교하여 투자여부를 결정하는 방법으로 순현가법, 내부수익률법, 수익성 지수법 등이 있다.

> **핵심단단** 부동산투자분석의 기법
>
> 1. 화폐의 시간가치를 고려: 순현가법, 내부수익률법, 수익성 지수법, 현가회수기간법
> 2. 화폐의 시간가치를 고려하지 않음: 승수법, 수익률법, 비율분석법, 단순회수기간법, 회계적 이익률법

1 순현가법(net present value method)

(1) 의의

순현가란 투자로부터 발생하는 미래의 모든 현금유입액을 적절한 자본비용으로 할인한 현재가치에서 현금유출의 현재가치를 공제한 금액을 말하며, 순현가법이란 순현가를 0과 비교하여 투자결정을 하는 방법을 말한다.

⇨ **현금유입**: 세후현금흐름, **재투자율**: 요구수익률

(2) 투자안의 결정

① 독립적인 투자안

> 순현가(NPV) ≥ 0 ⇨ 투자 채택
> 순현가(NPV) < 0 ⇨ 투자 기각

② **상호배타적인 투자안**: 순현가가 '0'보다 큰 투자안들 중에서 순현가가 가장 높은 투자안을 최적 투자안으로 선택한다.

(3) 특징

① 투자자들의 부(富)는 그 투자안의 순현가 크기만큼 증가한다.
② 순현가는 투자안의 모든 현금흐름을 사용한다.
③ 순현가는 화폐의 시간적 가치를 고려한다.
④ 순현가를 구할 때 할인율은 요구수익률을 사용한다. 따라서 순현가를 계산하기 위해서는 사전에 요구수익률이 결정되어야 한다.
⑤ 동일한 현금흐름의 투자안이라도 요구수익률에 따라 순현가는 달라질 수 있다.
⑥ 순현가법에서는 가치의 가산원칙(value additivity)이 성립한다.

> **보충**
>
> **연평균순현가**
> 1. **의의**: 전체 순현가에 대한 연간 복리평균을 말하는 것으로, 순현가는 연평균 얼마의 순수익과 같은지를 의미한다.
> 2. **계산**: 연평균순현가의 계산은 전체 순현가에 저당상수를 곱하거나, 연금의 현가계수로 나누어 계산한다.
>
> $$연평균순현가 = 전체\ 순현가 \times 저당상수$$
> $$= 전체\ 순현가 \div 연금의\ 현가계수$$
>
> 3. **특징**: 연평균순현가는 사업기간이 서로 다른 사업 간의 비교를 가능하게 한다.

2 수익성 지수법(PI; profitability index)

(1) 의의

수익성 지수란 현금유입의 현가합을 현금유출의 현가합으로 나눈 것을 말하며, 수익성 지수를 1과 비교하여 투자결정을 하는 방법이다.

⇨ **현금유입**: 세후현금흐름, **재투자율**: 요구수익률

$$수익성\ 지수 = \frac{현금유입의\ 현가합}{현금유출의\ 현가합}$$

(2) 투자안의 결정

① 독립적인 투자안

$$수익성\ 지수 \geq 1 \Rightarrow 투자\ 채택$$
$$수익성\ 지수 < 1 \Rightarrow 투자\ 기각$$

② **상호배타적인 투자안**: 수익성 지수가 1보다 큰 투자안들 중에서 수익성 지수가 가장 큰 투자안을 최적 투자안으로 선택한다.

3 내부수익률법(internal rate of return method)

(1) 의의
① 내부수익률은 예상된 현금유입의 현가합과 현금유출의 현가합을 서로 같게 만드는 할인율, 순현가를 0으로 만드는 할인율, 수익성 지수를 1로 만드는 할인율이다.
② 내부수익률법은 내부수익률을 요구수익률과 비교하여 투자결정을 하는 방법이다.
   ⇨ 현금유입: 세후현금흐름, 재투자율: 내부수익률

(2) 투자안의 결정
① 독립적인 투자안

> 내부수익률 ≥ 요구수익률 ⇨ 투자 채택
> 내부수익률 < 요구수익률 ⇨ 투자 기각

② 상호배타적인 투자안: 내부수익률이 요구수익률보다 큰 투자안들 중에서 내부수익률이 가장 높은 투자안을 최적 투자안으로 선택한다.

(3) 내부수익률의 특징
① 내부수익률의 부재: 내부수익률의 값이 전혀 존재하지 않을 수 있다. 이 경우 내부수익률법에 의해서는 투자결정을 할 수 없다.
② 재투자율: 내부수익률법에서는 예상되는 미래현금흐름이 내부수익률로 재투자된다는 가정을 하고 있다.

(4) 순현가법과 내부수익률법의 비교
① 순현가법에서는 모든 예상되는 미래현금흐름이 투자자의 요구수익률로 재투자된다는 가정을 하지만, 내부수익률법은 내부수익률로 재투자된다고 가정한다.
② 순현가법은 가치의 가산원칙이 성립하나, 내부수익률법은 가치의 가산원칙이 성립하지 않는다.
③ 순현가법을 이용하여 투자안의 경제성을 평가하는 것이 기업의 부(富)의 극대화에 부합되는 의사결정방법이 된다.
④ 일반적으로 순현가법이 내부수익률법보다 투자판단의 준거로서 선호된다.

> **보충**
>
> **현가회수기간법**
> 1. **의의**: 초기에 투자된 비용(금액)을 현금유입의 현재가치로 회수하는 데 걸리는 기간을 말한다.
> 2. **특징**: 화폐의 시간가치를 고려한다.

기본문제와 완성문제로 **단단기출**

01 부동산투자의 타당성 판단기준 중 화폐의 시간가치를 고려하지 <u>않는</u> 것은? 제17회

기본 기출

① 회계적 수익률(accounting rate of return)법
② 내부수익률(internal rate of return)법
③ 순현재가치(net present value)법
④ 수익성 지수(profitability index)법
⑤ 현가회수기간(present value payback period)법

키워드 ▶ 부동산투자분석의 기법

난이도 ▶

해설 ▶ 할인현금수지분석법(②③④)이나 현가회수기간법은 화폐의 시간가치를 고려하나, 단순회수기간법이나 회계적 수익률법은 화폐의 시간가치를 고려하지 않는다.

02 다음 부동산투자 타당성 분석방법 중 할인기법이 <u>아닌</u> 것은? 제22회

기본 기출

㉠ 순현가(net present value)법
㉡ 회수기간(payback period)법
㉢ 내부수익률(internal rate of return)법
㉣ 수익성 지수(profitability index)법
㉤ 회계적 수익률(accounting rate of return)법

① ㉠, ㉤ ② ㉡, ㉢
③ ㉡, ㉣ ④ ㉡, ㉤
⑤ ㉢, ㉣

키워드 ▶ 부동산투자분석의 기법

난이도 ▶

해설 ▶ 할인기법(화폐의 시간가치를 고려한 투자분석기법)에는 순현가법, 내부수익률법, 수익성 지수법 등의 할인현금수지분석법과 현가회수기간법이 있다. 그러나 화폐의 시간가치를 고려하지 않은 투자분석기법에는 승수법, 수익률법 등의 어림셈법과 비율분석법, 단순회수기간법, 평균회계이익률법 등이 있다. 일반적으로 회수기간법이라고 하면 단순회수기간법을 의미한다.

정답 01 ① 02 ④

03 부동산투자분석기법에 관한 설명으로 틀린 것은? 제21회

① 투자의 가치를 측정하는 데 있어서 화폐의 시간가치를 고려한 방법으로는 순현재가치법, 내부수익률법, 회계이익률법(평균수익률법) 등이 있다.
② 순현재가치법이란 장래 기대되는 소득의 현재가치 합계와 투자비용으로 지출된 금액의 현재가치 합계를 서로 비교하여 투자결정을 하는 방법을 말한다.
③ 내부수익률이란 순현가를 '0'으로 만드는 할인율을 말한다.
④ 순현재가치법으로 타당성이 있는 사업이 내부수익률법으로는 타당성이 없을 수도 있다.
⑤ 비율분석법에 의한 투자대안 판단 시 사용지표에 따라 투자결정이 달라질 수 있다.

키워드 부동산투자분석의 기법
난이도
해설 화폐의 시간가치를 고려한 투자분석기법에는 순현가법, 내부수익률법, 수익성 지수법 등의 할인현금수지분석법과 현가회수기간법이 있다. 그러나 화폐의 시간가치를 고려하지 않은 투자분석기법에는 승수법, 수익률법 등의 어림셈법과 비율분석법, 단순회수기간법, 평균회계이익률법 등이 있다.

04 부동산투자분석에 관한 설명으로 틀린 것은? 제34회

① 내부수익률은 수익성 지수를 0으로, 순현재가치를 1로 만드는 할인율이다.
② 회계적 이익률법은 현금흐름의 시간적 가치를 고려하지 않는다.
③ 내부수익률법에서는 내부수익률과 요구수익률을 비교하여 투자 여부를 결정한다.
④ 순현재가치법, 내부수익률법은 할인현금수지분석법에 해당한다.
⑤ 담보인정비율(LTV)은 부동산가치에 대한 융자액의 비율이다.

키워드 부동산투자분석의 기법
난이도
해설 내부수익률은 수익성 지수를 1로, 순현재가치를 0으로 만드는 할인율이다.

정답 03 ① 04 ①

05 다음과 같은 현금흐름을 갖는 투자안 A의 순현가(NPV)와 내부수익률(IRR)은? [단, 할인율은 연 20%, 사업기간은 1년이며, 사업 초기(1월 1일)에 현금지출만 발생하고 사업 말기(12월 31일)에 현금유입만 발생함]

제24회

투자안	초기 현금지출	말기 현금유입
A	5,000원	6,000원

	NPV	IRR
①	0원	20%
②	0원	25%
③	0원	30%
④	1,000원	20%
⑤	1,000원	25%

키워드 부동산투자분석의 기법

난이도

해설 1. 순현가(NPV)는 현금유입의 현가합에서 현금유출의 현가합을 뺀 값이다.

사업기간은 1년이므로 순현가=현금유입의 현재가치−현금유출의 현재가치이다.

이때 현금유입의 현재가치는 $\frac{6{,}000원}{1+0.2}$=5,000원이고, 현금유출의 현재가치도 5,000원이므로,

순현가=5,000원−5,000원=0원이다.

2. 내부수익률은 현금유입의 현재가치$\left(\frac{6{,}000원}{1+x}\right)$와 현금유출의 현재가치(5,000원)를 일치시켜 주는 할인율이다.

따라서 $\frac{6{,}000원}{1+x}$=5,000원이므로 내부수익률(x)=0.2(20%)이다.

정답 05 ①

06 완성 기출

다음 표와 같은 투자사업(A~C)이 있다. 모두 사업기간이 1년이며, 사업 초기(1월 1일)에 현금지출만 발생하고 사업 말기(12월 31일)에는 현금유입만 발생한다고 한다. 할인율이 연 5%라고 할 때 다음 중 옳은 것은?

제32회

투자사업	초기 현금지출	말기 현금유입
A	3,800만원	6,825만원
B	1,250만원	2,940만원
C	1,800만원	4,725만원

① 수익성 지수(PI)가 가장 큰 사업은 A이다.
② 순현재가치(NPV)가 가장 큰 사업은 B이다.
③ 수익성 지수가 가장 작은 사업은 C이다.
④ A의 순현재가치는 B의 순현재가치의 2.5배이다.
⑤ A와 C의 순현재가치는 같다.

키워드 부동산투자분석의 기법

난이도

해설

사업	초기 현금지출	말기 현금유입	현금유입의 현가	순현가 (유입현가− 유출현가)	수익성 지수 $\left(\dfrac{유입현가}{유출현가}\right)$
A	3,800만원	6,825만원	$\dfrac{6,825만원}{1+0.05}=6,500만원$	2,700만원	1.71
B	1,250만원	2,940만원	$\dfrac{2,940만원}{1+0.05}=2,800만원$	1,550만원	2.24
C	1,800만원	4,725만원	$\dfrac{4,725만원}{1+0.05}=4,500만원$	2,700만원	2.5

⑤ A와 C의 순현재가치는 2,700만원으로 같다.
① 수익성 지수(PI)가 가장 큰 사업은 C이다.
② 순현재가치(NPV)가 가장 작은 사업은 B이다.
③ 수익성 지수가 가장 작은 사업은 A이다.
④ A의 순현재가치는 2,700만원이고, B의 순현재가치는 1,550만원이다.
　따라서 $\dfrac{2,700만원}{1,550만원}≒1.74$이므로 A의 순현재가치는 B의 순현재가치의 약 1.74배이다.

정답 06 ⑤

07 완성 기출

다음 표와 같은 투자사업들이 있다. 이 사업들은 모두 사업기간이 1년이며, 사업 초기(1월 1일)에 현금지출만 발생하고 사업 말기(12월 31일)에 현금유입만 발생한다고 한다. 할인율이 연 7%라고 할 때 다음 중 **틀린** 것은?

제23회

투자사업	초기 현금지출	말기 현금유입
A	3,000만원	7,490만원
B	1,000만원	2,675만원
C	1,500만원	3,210만원
D	1,500만원	4,815만원

① B와 C의 순현재가치(NPV)는 같다.
② 수익성 지수(PI)가 가장 큰 사업은 D이다.
③ 순현재가치(NPV)가 가장 큰 사업은 A이다.
④ 수익성 지수(PI)가 가장 작은 사업은 C이다.
⑤ A의 순현재가치(NPV)는 D의 2배이다.

키워드 부동산투자분석의 기법

난이도

해설

투자사업	초기 현금지출	말기 현금유입	현금유입의 현가	순현가 (유입현가 − 유출현가)	수익성 지수 $\left(\dfrac{\text{유입현가}}{\text{유출현가}}\right)$
A	3,000만원	7,490만원	$\dfrac{7{,}490\text{만원}}{(1+0.07)} = 7{,}000$만원	4,000만원	2.33
B	1,000만원	2,675만원	$\dfrac{2{,}675\text{만원}}{(1+0.07)} = 2{,}500$만원	1,500만원	2.5
C	1,500만원	3,210만원	$\dfrac{3{,}210\text{만원}}{(1+0.07)} = 3{,}000$만원	1,500만원	2
D	1,500만원	4,815만원	$\dfrac{4{,}815\text{만원}}{(1+0.07)} = 4{,}500$만원	3,000만원	3

따라서 A의 순현재가치(NPV) 4,000만원은 D의 순현재가치 3,000만원의 2배가 되지 않는다.

정답 07 ⑤

08 완성기출

향후 2년간 현금흐름을 이용한 다음 사업의 수익성 지수(PI)는? (단, 연간 기준이며, 주어진 조건에 한함)

제31회

- 모든 현금의 유입과 유출은 매년 말에만 발생
- 현금유입은 1년차 1,000만원, 2년차 1,200만원
- 현금유출은 현금유입의 80%
- 1년 후 일시불의 현가계수 0.95
- 2년 후 일시불의 현가계수 0.90

① 1.15 ② 1.20 ③ 1.25
④ 1.30 ⑤ 1.35

키워드 수익성 지수(PI)

난이도

해설 현금유입의 현가합은 1,000만원×0.95 + 1,200만원×0.9 = 2,030만원이다. 현금유출은 현금유입의 80%이므로 현금유출의 현가합은 2,030만원×0.8 = 1,624만원이다.

따라서 수익성 지수 = $\frac{\text{현금유입의 현가합}}{\text{현금유출의 현가합}} = \frac{2,030만원}{1,624만원} = 1.25$이다.

09 완성기출

다음은 투자부동산의 매입, 운영 및 매각에 따른 현금흐름이다. 이에 기초한 순현재가치는? (단, 0년차 현금흐름은 초기투자액, 1년차부터 7년차까지 현금흐름은 현금유입과 유출을 감안한 순현금흐름이며, 기간이 7년인 연금의 현가계수는 3.50, 7년 일시불의 현가계수는 0.60이고, 주어진 조건에 한함)

제32회

(단위: 만원)

기간(년)	0	1	2	3	4	5	6	7
현금흐름	−1,100	120	120	120	120	120	120	1,420

① 100만원 ② 120만원 ③ 140만원
④ 160만원 ⑤ 180만원

키워드 부동산투자분석의 기법

난이도

해설 7년차의 현금흐름 1,420만원을 120만원 + 1,300만원으로 구분한다. 그러면 현금흐름이 120만원씩 7년간 발생하는 금액의 현재가치는 연금의 현가계수를 이용하여 구하고 7년 후에 발생하는 1,300만원의 현재가치는 일시불의 현가계수를 이용하여 구한다.

- 120만원 × 연금의 현가계수(7년) = 120만원 × 3.5 = 420만원
- 1,300만원 × 일시불의 현가계수(7년) = 1,300만원 × 0.6 = 780만원

따라서 현금유입의 현가합은 420만원 + 780만원 = 1,200만원이므로
순현가는 1,200만원 − 1,100만원 = 100만원이다.

정답 08 ③ 09 ①

THEME 22 부동산금융의 기초

| THEME 키워드 |
부동산금융, 지분금융과 부채금융, 부채금융, 메자닌금융, 주택담보대출

기본으로 알아야 하는 대표기출

> **기출분석**
> - **기출회차:** 제31회
> - **키워드:** 지분금융과 부채금융
> - **난이도:** ■■□□□

부동산금융의 자금조달방식 중 지분금융(equity financing)에 해당하는 것을 모두 고른 것은?

> ㉠ 부동산투자회사(REITs)
> ㉡ 자산담보부기업어음(ABCP)
> ㉢ 공모(public offering)에 의한 증자
> ㉣ 프로젝트금융
> ㉤ 주택상환사채

① ㉠, ㉡
② ㉠, ㉢
③ ㉢, ㉤
④ ㉡, ㉣, ㉤
⑤ ㉠, ㉡, ㉣, ㉤

해설

부동산 신디케이트(syndicate), 조인트 벤처(joint venture), 부동산투자회사(REITs)(㉠), 공모(public offering)에 의한 증자(㉢) 등은 지분금융에 해당하고, 신탁증서금융, 주택상환사채(㉤), 저당금융(mortgage financing), 자산유동화증권(asset-backed securities), 주택저당채권담보부채권(MBB), 자산담보부기업어음(ABCP)(㉡), 프로젝트금융(㉣) 등은 부채금융에 해당한다.

정답 ②

> **함정을 피하는 TIP**
> - 부동산금융이 가지는 특징을 일반금융과 비교하여 정리해두어야 한다.
> - 자금조달방법에는 크게 자기가 소유한 것을 파는 방법인 지분금융과 빌리는 방법인 부채금융이 있다는 것을 기억해야 한다.

단단하게 정리하는 **핵심이론**

1 부동산금융의 개요

(1) 부동산금융
① 의의: 부동산과 관련된 자금조달행위이다.
② 구분: 주택금융과 토지금융으로 나뉘는데, 주택금융이 대종을 이룬다.

(2) 주택금융
① 의의: 주택의 구입, 개·보수, 건설 등 주택 관련 사업에 대한 자금대여와 관리 등을 포괄하는 특수 금융을 말한다.
② 구분
　㉠ **주택소비금융**: 가계에 대한 금융으로, 주택을 구입하려는 사람이 주택을 담보로 제공하고 자금을 제공받는 형태의 금융을 의미한다(소비자금융). **예** 저당대부
　㉡ **주택개발금융**: 주택건설업자에 대한 금융으로, 이는 주택건설을 촉진하려는 목적으로 건설활동에 필요한 자금을 주택건설업자에게 대출해 주는 것을 말한다(공급자금융). **예** 건축대부

저당대부	건축대부
일시불 대출	단계적 대출
단계적 상환	일시불 상환
장기 저리	단기 고리
(반)영구적 저당	일시적(한시적) 저당

(3) 부동산금융의 용어 및 기초개념
① **저당**(mortgage): 부동산을 담보로 필요한 자금을 조달하는 것을 말한다.
② **융자원금 및 대출잔액**(저당잔금)
　㉠ **융자원금**(loan principal): 처음에 융자받은 금액을 말한다.
　㉡ **대출잔액**(저당잔금, loan balance): 융자기간 중 상환되지 않은 융자원금의 부분을 말한다.
③ **융자기간**: 차입자에게 융자원금을 상환할 수 있도록 부여한 기간을 말한다.
④ **융자상환**: 정기적 혹은 주기적인 원금의 상환을 말한다.
　㉠ 상환기간이 길어질수록 매기의 상환금(월부금)은 적어진다.
　㉡ 실제 융자상환은 만기까지 가는 경우가 드물며, 시장금리 조건에 따라서 조기상환이 이루어지는 경우가 많다(시장금리의 하락 등).
⑤ **원리금상환액**(융자월부금, 부채서비스액, 저당지불액, debt service): 융자기간 중에 원금상환분과 이자의 합계로 매달 대출자에게 납입하는 금액을 말한다.

2 지분금융, 부채금융, 메자닌 금융

(1) 지분금융

지분권을 판매하여 자기자본을 조달하는 것을 말한다.

예 부동산신디케이트, 조인트벤처, 부동산투자회사(REITs), 공모에 의한 증자, 부동산펀드 등

(2) 부채금융

저당을 설정하거나 사채를 발행하여 타인자본을 조달하는 것을 말한다.

예 저당금융, 신탁금융, 자산유동화증권, 주택저당증권, 주택상환사채 등

(3) 메자닌(mezzanine)금융

기업이 주식을 통한 자금조달이 어렵거나 담보나 신용이 없어 대출을 받기 어려울 때, 대출기관이 기업에 주식 관련 권리를 받고 무담보로 자금을 제공하는 금융기법을 말한다.

예 신주인수권부 사채(BW), 전환사채(CB), 후순위대출 등

3 주택담보대출의 이자율

(1) 이자율(금리)

오늘의 소비를 포기하고 이를 미래로 미루는 데 대한 화폐의 시간선호가치를 말한다.

⇨ 항상 대출잔액(저당잔금)에 대해서 적용

대출금리 = 기준금리 + 가산금리

- **기준금리**: 코픽스(COFIX, 자금조달비용지수)나 CD금리 적용
  - ⇨ 자금조달비용지수
- **가산금리**: 각 은행별 내부정책에 따라 결정
  - ⇨ 차입자의 거래실적, 연체실적 등 개인의 신용도 등에 기초하여 다르게 적용
  - ⇨ 대출자와 차입자 간의 약정에 의해 정해지면 고정

실질이자율 = 명목이자율 − 인플레이션율
명목이자율 = 실질이자율 + 예상 인플레이션율

---

(2) 고정이자율저당

① **의의**: 융자기간 동안 초기 이자율에 변동이 없는 고정된 이자율을 적용하는 융자제도를 말한다.

② **재융자**: 융자상환 도중에 시장이자율이 하락할 경우에는 기존의 융자를 조기에 상환하고 재융자를 할 가능성이 높아진다.

③ **대출잔액(저당잔금)할인 및 조기상환**: 시장이자율이 상승할 경우 ⇨ 차입자는 기존의 대출 유지, 대출자는 이자수익이 손해가 나는 이자율 위험에 직면

④ **특징**
  ㄴ 예상하지 못한 인플레이션으로 인해 대출자의 실질이자율이 시장의 실질이자율보다 낮아질 변동가능성

  ㉠ 융자기간 동안 대출 시 계약된 명목이자율이 고정(동일하게 적용)되기 때문에 예상치 못한 인플레이션이 발생하면 그만큼 대출자의 실질이자율은 하락하게 된다.

  ㉡ 대출자의 명목(저당, 계약)이자율은 고정되어 있는데 예상치 못한 인플레이션이 발생하여 시장명목이자율이 상승하면 대출기관의 수익성은 악화되고 이자율(금리) 위험이 발생한다.

(3) 변동이자율저당

① **의의**: 시장상황에 따라 이자율을 변동시켜 이자율 변동위험의 전부 혹은 일부를 대출자로부터 차입자에게 전가시키기 위해 고안된 융자제도를 말한다.

② **이자율 조정주기**: 이자율 조정주기도 변동이자율저당의 대출조건에서 차입자와 대출자 간에 합의해야 하는 중요한 사항이다. 인플레이션기에 대출자는 짧은 조정주기, 차입자는 긴 조정주기를 원한다.

③ **월부금 상한**: 이자율 조정으로 이자율이 상승하게 되면 월부금은 늘어나게 된다. 월부금의 상한으로 인하여 월부금이 이자도 감당하지 못할 정도로 적게 된 경우에는 그 차액만큼 대출잔액(저당잔금)이 증가하게 된다. ⇨ 부(−)의 상환(negative amortization)

④ **금리상한**: 융자약정서에 이자율의 변동범위에 대해 사전에 약정해 두는 것을 금리상한이라 한다.

⑤ **특징**

  ㉠ 융자기간 동안 시장상황의 변동에 따라 예상치 못한 인플레이션이 발생하면 그만큼 명목이자율이 변동하므로 대출자의 실질이자율은 불변이다. 따라서 예상치 못한 인플레이션이 발생하면 저당(계약)이자율에 반영되므로 이자율변동위험은 대출자로부터 차입자에게 전가된다.

  ㉡ 이자율변동의 부담을 상당부분 차입자에게 전가시키게 되므로 채무불이행 위험도는 고정이자율저당에 비해서 커지게 된다.

  ㉢ ==대출시점의 초기 이자율은 상환기간 동안 이자율의 변동이 없는 고정이자율저당보다 낮은 것이 보통==이다.

기본문제와 완성문제로 단단기출

01 부동산금융에 관한 설명으로 틀린 것은? 제26회

기본 기출

① 한국주택금융공사는 주택저당채권을 기초로 하여 주택저당증권을 발행하고 있다.
② 시장이자율이 대출약정이자율보다 높아지면 차입자는 기존 대출금을 조기상환하는 것이 유리하다.
③ 자금조달방법 중 부동산 신디케이트(syndicate)는 지분금융(equity financing)에 해당한다.
④ 부동산금융은 부동산을 운용대상으로 하여 필요한 자금을 조달하는 일련의 과정이라 할 수 있다.
⑤ 프로젝트금융은 비소구 또는 제한적 소구금융의 특징을 가지고 있다.

키워드 > 부동산금융

난이도 >

해설 시장이자율이 대출약정이자율보다 낮아지면 차입자는 기존 대출금을 조기상환하는 것이 유리하다.

02 다음 자금조달 방법 중 지분금융(equity financing)에 해당하는 것은? 제29회

기본 기출

① 주택상환사채
② 신탁증서금융
③ 부동산투자회사(REITs)
④ 자산담보부기업어음(ABCP)
⑤ 주택저당채권담보부채권(MBB)

키워드 > 지분금융과 부채금융

난이도 >

해설 자금조달방법 중 부동산 신디케이트(syndicate), 조인트벤처(joint venture), 부동산투자회사(REITs), 공모(public offering)에 의한 증자 등은 지분금융에, 신탁증서금융, 주택상환사채, 저당금융(mortgage financing), 자산유동화증권(asset-backed securities), 주택저당채권담보부채권(MBB), 자산담보부기업어음(ABCP) 등은 부채금융에 해당한다.

정답 01 ② 02 ③

03 부채금융(debt financing)에 해당하는 것을 모두 고른 것은?   제32회

기본 기출

㉠ 주택저당대출
㉡ 조인트벤처(joint venture)
㉢ 신탁증서금융
㉣ 자산담보부기업어음(ABCP)
㉤ 부동산투자회사(REITs)

① ㉠, ㉡, ㉢   ② ㉠, ㉡, ㉣
③ ㉠, ㉢, ㉣   ④ ㉡, ㉢, ㉤
⑤ ㉢, ㉣, ㉤

키워드 > 부채금융

난이도 >

해설 > 주택저당대출(㉠), 신탁증서금융(㉢), 자산담보부기업어음(ABCP)(㉣)은 부채금융에 해당하고, 조인트벤처(joint venture)(㉡), 부동산투자회사(REITs)(㉤)는 지분금융에 해당한다.

04 메자닌금융(mezzanine financing)에 해당하는 것을 모두 고른 것은?   제32회

완성 기출

㉠ 후순위대출   ㉡ 전환사채
㉢ 주택상환사채   ㉣ 신주인수권부사채
㉤ 보통주

① ㉠, ㉡, ㉢   ② ㉠, ㉡, ㉣
③ ㉠, ㉢, ㉣   ④ ㉡, ㉢, ㉤
⑤ ㉡, ㉣, ㉤

키워드 > 메자닌금융

난이도 >

해설 > 후순위대출(㉠), 전환사채(㉡), 신주인수권부사채(㉣) 등은 메자닌금융에 해당하고, 주택상환사채(㉢)는 부채금융에 해당하며, 보통주(㉤)는 지분금융에 해당한다.

정답 03 ③ 04 ②

THEME 22 부동산금융의 기초

05 주택담보대출에 관한 설명으로 옳은 것은? (다만, 다른 조건은 동일하고, 단기금리가 장기금리보다 낮으며 금리변동위험이 상환불이행위험보다 크다고 가정함)

`완성 기출`   제20회

① CD(양도성예금증서)금리가 상승하면 CD금리를 기준금리로 하는 변동금리 주택담보대출의 금리는 반대로 하락한다.
② 대출시점에 고정금리 주택담보대출의 금리가 변동금리 주택담보대출의 금리보다 높다.
③ 주택담보대출금리가 하락하면 정상재인 주택의 수요는 줄어든다.
④ 대출금리가 고정금리일 때, 대출시점의 예상인플레이션보다 실제인플레이션이 높으면 금융기관에게는 이익이고 차입자에게는 손해이다.
⑤ 대출비율(loan to value)이 높아질수록 주택담보대출금리는 낮아진다.

| 키워드 | 주택담보대출

| 난이도 |

| 해설 | ① CD(양도성예금증서)금리가 상승하면 CD금리를 기준금리로 하는 변동금리 주택담보대출의 금리도 상승한다.
③ 주택담보대출금리가 하락하면 정상재인 주택의 수요는 증가한다.
④ 대출금리가 고정금리일 때, 대출시점의 예상인플레이션보다 실제인플레이션이 높으면 금융기관에게는 손해이고 차입자는 이익이다.
⑤ 대출비율이 높아질수록 금융기관의 위험도가 커지므로 주택담보대출금리는 높아진다.

정답 05 ②

THEME 23 저당의 상환방법

| THEME 키워드 |
저당의 상환방법, 가중평균상환기간(duration), 원금균등분할상환과 원리금균등분할상환, 원금균등상환방식에서의 상환액, 원리금균등상환방식에서의 상환액

기본으로 알아야 하는 대표기출

> **기출분석**
> - **기출회차:** 제26회
> - **키워드:** 저당의 상환방법
> - **난이도:**

대출상환방식에 관한 설명으로 옳은 것을 모두 고른 것은? (단, 대출금액과 기타 대출조건은 동일함)

㉠ 상환 첫 회의 원리금상환액은 원리금균등상환방식이 원금균등상환방식보다 크다.
㉡ 체증(점증)상환방식의 경우, 미래 소득이 감소될 것으로 예상되는 은퇴예정자에게 적합하다.
㉢ 원금균등상환방식의 경우, 매기에 상환하는 원리금이 점차적으로 감소한다.
㉣ 원리금균등상환방식의 경우, 매기에 상환하는 원금액이 점차적으로 늘어난다.

① ㉠, ㉡
② ㉠, ㉢
③ ㉠, ㉣
④ ㉡, ㉣
⑤ ㉢, ㉣

> **함정을 피하는 TIP**
> - 저당의 상환방법 중 원금균등상환방식, 원리금균등상환방식, 체증(점증)상환방식의 특징을 비교하여 정리해두어야 한다.

해설

㉠ 상환 첫 회의 원리금상환액은 원금균등상환방식이 원리금균등상환방식보다 크다.
㉡ 체증(점증)상환방식의 경우, 미래 소득이 증가될 것으로 예상되는 젊은층에게 적합하다.

정답 ⑤

단단하게 정리하는 **핵심이론**

1 저당의 상환방법

(1) 원금균등상환방법

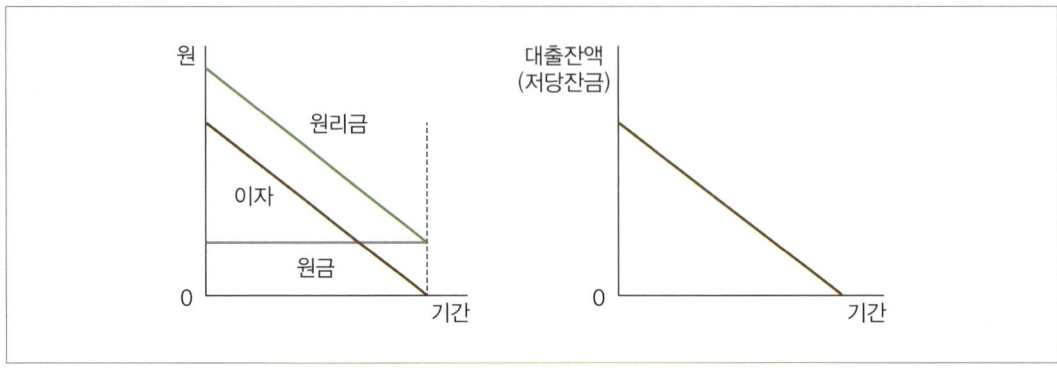

① 융자기간 동안 원금상환액은 동일하나, 이자지급액은 점차 감소하여 매 기간에 상환하는 원리금상환액과 대출잔액(저당잔금)이 점차적으로 감소하는 상환방식이다.
② 시간이 지날수록 대출잔액(저당잔금)이 적어지므로 이자분은 줄어든다.
③ 원리금은 초기에 많고 후기에 적어진다.

(2) 원리금균등상환방법

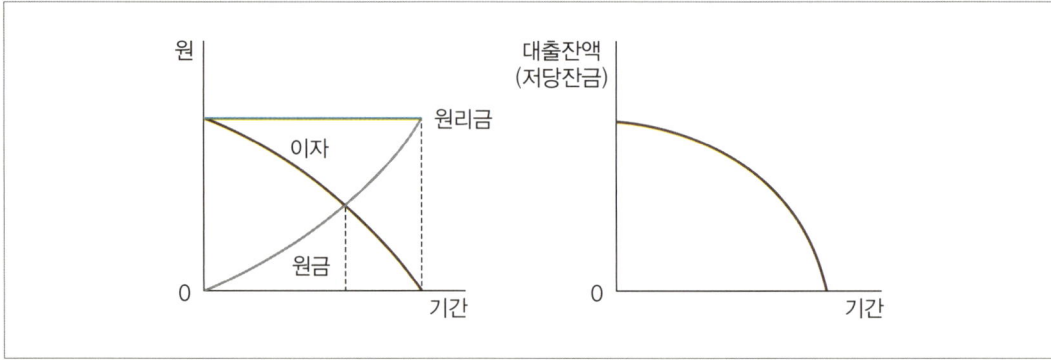

① 원리금상환액은 매기 동일하지만 원리금에서 원금과 이자가 차지하는 비중이 상환시기에 따라 다른 방식이다.
② 원리금상환액은 동일하나 원금상환액은 점차 증가하고, 이자지급액은 점차 감소한다.
③ 원리금상환액(저당지불액) = 저당대부액 × 저당상수
④ 이해하기 쉽고 차입자 편에서 장차 계획을 세우기 쉽다.

(3) 원금균등상환방법과 원리금균등상환방법의 비교

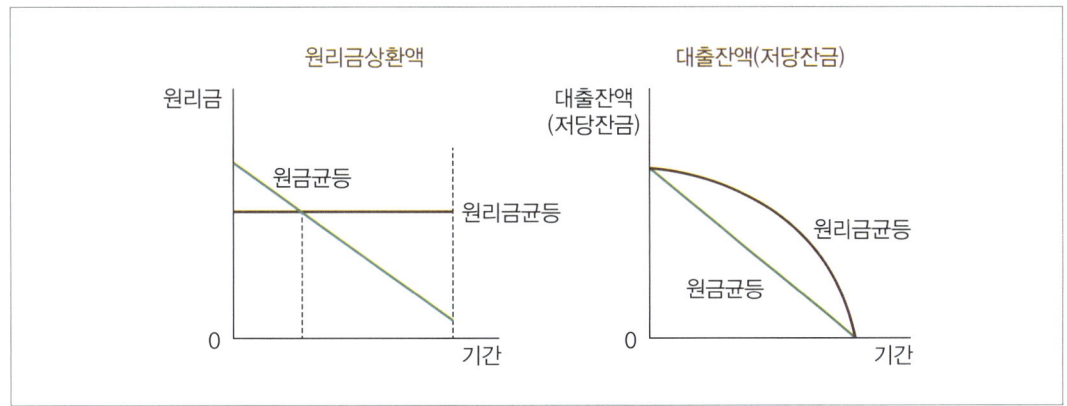

① 상환 첫 회의 원리금상환액은 원금균등상환방식이 원리금균등상환방식보다 크다.
② 대출자 입장에서는 차입자에게 원리금균등상환방식보다 원금균등상환방식으로 대출해 주는 것이 원금회수 측면에서 보다 안전하다.
③ 원리금균등상환방식은 원금균등상환방식에 비해 초기 원리금에서 이자가 차지하는 비중이 크다.
④ 차입자가 대출액을 중도상환할 경우 원금균등상환방식은 원리금균등상환방식보다 대출잔액이 적다.
⑤ 원금균등상환방식은 원리금균등상환방식에 비해 전체 대출기간 만료 시 누적원리금상환액이 더 적다.
⑥ 원금균등상환방식의 경우, 원리금균등상환방식보다 대출금의 가중평균상환기간(duration)이 더 짧다.
  └ 현재가치를 기준으로 회수하는 데 걸리는 시간을 의미하는데, 초기에 현금흐름이 많이 발생하는 원금균등상환이 원리금균등상환보다 가중평균상환기간이 더 짧다.

(4) 체증식 융자금상환방법(점증상환방법)

① 원리금상환액 부담을 초기에는 적게 하는 대신 점차 그 부담액을 늘려 가는 방식으로, 장래에 소득이나 매출액이 늘어날 것으로 예상되는 개인과 기업에 대한 대출방식이다.
② 대출 초기에 상환액이 적기 때문에 이자도 상환하지 못하는 경우가 발생되기도 한다.
  ⇨ 부(−)의 상환이 나타날 수 있다.
③ 미래의 소득증가가 예상되는 젊은 저소득자에게 유리하며, 주택의 보유예정기간이 짧은 경우에 유리하다.
④ 인플레이션기에 유리하지만 디플레이션기에 채무불이행 가능성이 크다.

2 저당의 상환방법 계산

(1) 원금균등상환방식에서는 원리금을 구하는 문제

원금균등상환방식에서는 주로 원리금을 구하라는 문제가 출제되는데, 매기의 원금에 이자를 가산하여 원리금을 구한다.

- **매회 상환할 원금**: 저당대부액 ÷ 융자기간(납입횟수)
- **첫 회 지급할 이자**: 저당대부액 × 연이자율(월이자율)
- **첫 회 원리금상환액**: 매회 원금상환액 + 첫 회 이자지급액

(2) 원리금균등상환방식에서는 원금을 구하는 문제

원리금균등상환방식에서는 주로 원금을 구하라는 문제가 출제되는데, 매기의 원리금에서 이자를 차감하여 원금을 구한다.

- **매회 저당지불액**(원리금상환액): 저당대부액 × 저당상수(월저당상수)
- **첫 회 지급할 이자**: 저당대부액 × 연이자율(월이자율)
- **첫 회 원금**: 매회 저당지불액 − 첫 회 이자지급액

기본문제와 완성문제로 단단기출

01 다음 [그림 1]은 주택저당대출 원리금지급액의 추이를, [그림 2]는 주택저당대출 대출잔액의 추이
기본 기출 를 표시한 것이다. (ㄱ)과 (ㄴ)에 해당되는 주택저당대출의 상환방식은?   제18회

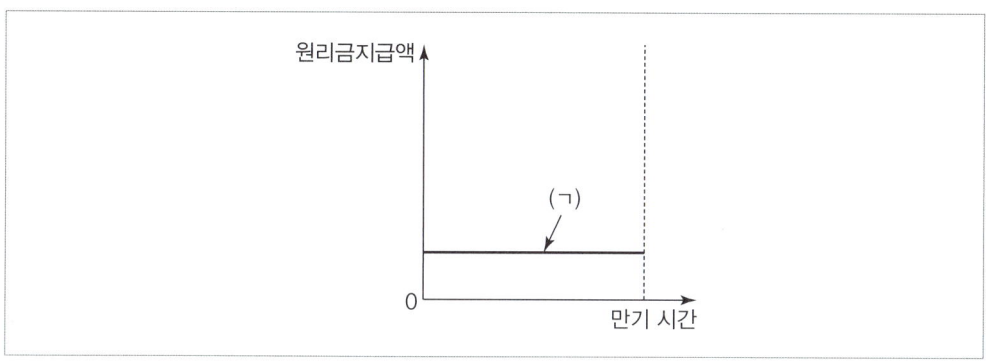

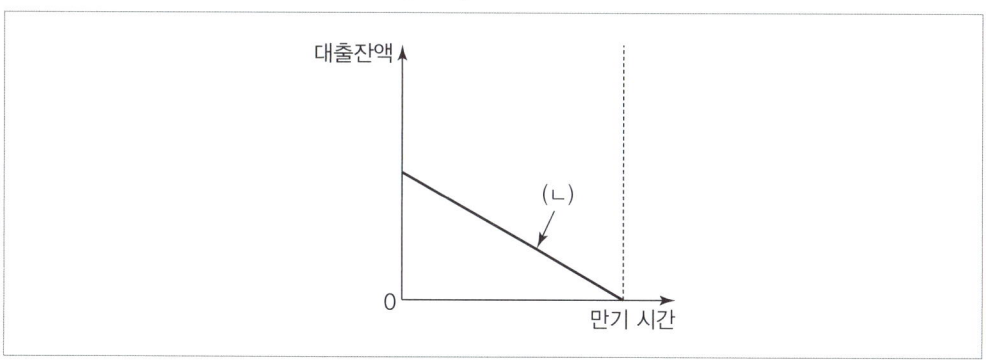

	(ㄱ)	(ㄴ)
①	원리금균등분할상환방식	원금균등분할상환방식
②	원금균등분할상환방식	원리금균등분할상환방식
③	원리금균등분할상환방식	점증상환방식
④	점증상환방식	원금균등분할상환방식
⑤	원금균등분할 상환방식	점증상환방식

키워드 저당의 상환방법

난이도

해설 [그림 1]의 경우는 원리금지급액이 융자기간 동안 일정한 원리금균등분할상환방식에 해당하며, [그림 2]의 경우는 대출잔액이 시간이 경과함에 따라 일정하게 감소하는 경우이므로 원금균등분할상환방식에 해당한다.

정답 01 ①

02 기본 기출

일정기간 동안 상환액을 특정비율로 증액하여 원리금상환액을 초기에는 적게 부담하고, 시간의 경과에 따라 부담을 늘려 가는 방식은?

제25회

① 원리금균등분할상환방식
② 체증식 분할상환방식
③ 체감식 분할상환방식
④ 만기일시상환방식
⑤ 잔액일시상환방식

키워드 저당의 상환방법

난이도

해설 일정기간 동안 상환액을 특정비율로 증액하여 원리금상환액을 초기에는 적게 부담하고, 시간의 경과에 따라 부담을 늘려 가는 방식은 체증식 분할상환방식이다. 즉, 체증식 분할상환방식은 원리금상환액 부담을 초기에는 적게 하는 대신 점차 그 부담액을 늘려 가는 방식으로, 장래에 소득이나 매출액이 늘어날 것으로 예상되는 개인과 기업에 대한 대출방식이다.

03 기본 기출

대출조건이 동일할 경우 대출상환방식별 대출채권의 가중평균상환기간(duration)이 짧은 기간에서 긴 기간의 순서로 옳은 것은?

제33회

㉠ 원금균등분할상환
㉡ 원리금균등분할상환
㉢ 만기일시상환

① ㉠ ⇨ ㉡ ⇨ ㉢
② ㉠ ⇨ ㉢ ⇨ ㉡
③ ㉡ ⇨ ㉠ ⇨ ㉢
④ ㉡ ⇨ ㉢ ⇨ ㉠
⑤ ㉢ ⇨ ㉡ ⇨ ㉠

키워드 가중평균상환기간(duration)

난이도

해설 대출채권의 가중평균상환기간(duration)은 원금균등분할상환이 가장 짧고 만기일시상환이 가장 길다. 따라서 대출조건이 동일할 경우 대출상환방식별 대출채권의 가중평균상환기간(duration)이 짧은 기간에서 긴 기간의 순서는 원금균등분할상환(㉠) ⇨ 원리금균등분할상환(㉡) ⇨ 만기일시상환(㉢)이다.

정답 02 ② 03 ①

04 다음 ( )에 들어갈 것으로 옳은 것은? 제24회

기본 기출

- (A)방식이란 원리금상환액 부담을 초기에는 적게 하는 대신 점차 그 부담액을 늘려 가는 방식으로, 장래에 소득이나 매출액이 늘어날 것으로 예상되는 개인과 기업에 대한 대출방식이다.
- (B)방식이란 원리금상환액은 매기 동일하지만 원리금에서 원금과 이자가 차지하는 비중이 상환시기에 따라 다른 방식이다.

	A	B
①	체증(점증)분할상환	원금균등분할상환
②	체증(점증)분할상환	만기일시상환
③	체증(점증)분할상환	원리금균등분할상환
④	원리금균등분할상환	체증(점증)분할상환
⑤	만기일시상환	체증(점증)분할상환

키워드 저당의 상환방법

난이도

해설 원리금상환액 부담을 초기에는 적게 하는 대신 점차 그 부담액을 늘려 가는 방식으로, 장래에 소득이나 매출액이 늘어날 것으로 예상되는 개인과 기업에 대한 대출방식은 체증(점증)분할상환방식이다. 또한 원리금상환액은 매기 동일하지만 원리금에서 원금과 이자가 차지하는 비중이 상환시기에 따라 달라 기간이 지남에 따라 원금상환액은 점차 증가하고 이자지급액은 점차 감소하는 방식은 원리금균등분할상환방식이다.

정답 04 ③

05 저당상환방법에 관한 설명 중 옳은 것을 모두 고른 것은? (단, 대출금액과 기타 대출조건은 동일함)

제29회

> ㉠ 원금균등상환방식의 경우, 매 기간에 상환하는 원리금상환액과 대출잔액이 점차적으로 감소한다.
> ㉡ 원리금균등상환방식의 경우, 매 기간에 상환하는 원금상환액이 점차적으로 감소한다.
> ㉢ 점증(체증)상환방식의 경우, 미래 소득이 증가될 것으로 예상되는 차입자에게 적합하다.
> ㉣ 대출기간 만기까지 대출기관의 총 이자수입 크기는 '원금균등상환방식 > 점증(체증)상환방식 > 원리금균등상환방식' 순이다.

① ㉠, ㉡
② ㉠, ㉢
③ ㉠, ㉣
④ ㉡, ㉣
⑤ ㉢, ㉣

키워드 저당의 상환방법

난이도

해설 ㉡ 원리금균등상환방식의 경우, 상환 초기보다 후기로 갈수록 매기 상환액 중 원금상환액은 점차 커지며 이자지급액은 점차 감소한다.
㉣ 대출기간 만기까지 대출기관의 총 이자수입 크기는 '점증(체증)상환방식 > 원리금균등상환방식 > 원금균등상환방식' 순이다.

06 주택저당대출방식 중 고정금리대출방식인 원금균등분할상환과 원리금균등분할상환에 관한 설명으로 틀린 것은? (단, 다른 대출조건은 동일하다고 가정함)

제23회

① 대출기간 초기에는 원금균등분할상환방식의 원리금이 원리금균등분할상환방식의 원리금보다 많다.
② 대출자 입장에서는 차입자에게 원리금균등분할상환방식보다 원금균등분할상환방식으로 대출해 주는 것이 원금회수 측면에서 보다 안전하다.
③ 원리금균등분할상환방식은 원금균등분할상환방식에 비해 대출 초기에 소득이 낮은 차입자에게 유리하다.
④ 원리금균등분할상환방식은 원금균등분할상환방식에 비해 초기 원리금에서 이자가 차지하는 비중이 크다.
⑤ 중도상환 시 차입자가 상환해야 하는 저당잔금은 원리금균등분할상환방식이 원금균등분할상환방식보다 적다.

키워드 원금균등분할상환과 원리금균등분할상환

난이도

해설 중도상환 시 차입자가 상환해야 하는 저당잔금은 원금균등분할상환방식이 원리금균등분할상환방식보다 적다.

정답 05 ② 06 ⑤

07 대출상환방식에 관한 설명으로 옳은 것은? (단, 고정금리 기준이고, 다른 조건은 동일함) 제32회

① 원리금균등상환방식의 경우, 매기 상환하는 원금이 점차 감소한다.
② 원금균등상환방식의 경우, 매기 상환하는 원리금이 동일하다.
③ 원금균등상환방식의 경우, 원리금균등상환방식보다 대출금의 가중평균상환기간(duration)이 더 짧다.
④ 점증(체증)상환방식의 경우, 장래 소득이 줄어들 것으로 예상되는 차입자에게 적합하다.
⑤ 만기일시상환방식의 경우, 원금균등상환방식에 비해 대출 금융기관의 이자수입이 줄어든다.

키워드 저당의 상환방법

난이도

해설 ① 원리금균등상환방식의 경우, 매기 상환하는 원금이 점차 증가한다.
② 원금균등상환방식의 경우, 매기 상환하는 원금이 동일하다.
④ 점증(체증)상환방식의 경우, 장래 소득이 늘어날 것으로 예상되는 차입자에게 적합하다.
⑤ 만기일시상환방식의 경우, 만기 이전에는 이자만 상환하다가 만기에 일시로 원금을 상환하는 방식이 므로 원금균등상환방식에 비해 대출 금융기관의 이자수입이 더 크다.

08 주택구입을 위해 은행으로부터 2억원을 대출받았다. 대출조건이 다음과 같을 때, 2회차에 상환해야 할 원리금은? (단, 주어진 조건에 한함) 제26회

- 대출금리: 고정금리, 연 5%
- 대출기간: 20년
- 원리금상환조건: 원금균등상환방식으로 연 단위로 매기 말 상환

① 1,800만원 ② 1,850만원
③ 1,900만원 ④ 1,950만원
⑤ 2,000만원

키워드 원금균등상환방식에서의 상환액

난이도

해설 • 매 기간 원금상환액: 2억원÷20년=1,000만원
• 1년 말까지의 원금상환액: 1,000만원×1=1,000만원
• 1년 말의 대출잔액(저당잔금): 2억원-1,000만원=1억 9,000만원
• 2년 말의 이자지급액: 1억 9,000만원×0.05=950만원
따라서 2년 말의 원리금상환액은 1,000만원+950만원=1,950만원이다.

정답 07 ③ 08 ④

09 완성기출

A씨는 주택을 구입하기 위해 은행으로부터 5억원을 대출받았다. 은행의 대출조건이 다음과 같을 때, 9회차에 상환할 원리금상환액과 13회차에 납부하는 이자납부액을 순서대로 나열한 것은? (단, 주어진 조건에 한함)
제28회

> • 대출금리: 고정금리, 연 5%
> • 대출기간: 20년
> • 원리금상환조건: 원금균등상환이고, 연단위 매기 말 상환

① 4,000만원, 1,000만원
② 4,000만원, 1,100만원
③ 4,500만원, 1,000만원
④ 4,500만원, 1,100만원
⑤ 5,000만원, 1,100만원

키워드 원금균등상환방식에서의 상환액

난이도

해설
1. 9회차에 상환할 원리금상환액
   • 매 기간 원금상환액: 5억원÷20년＝2,500만원
   • 8회차까지의 원금상환액: 2,500만원×8회＝2억원
   • 8회차의 대출잔액(저당잔금): 5억원－2억원＝3억원
   • 9회차의 이자지급액: 3억원×0.05＝1,500만원
   따라서 9회차의 원리금상환액은 2,500만원+1,500만원＝4,000만원이다.
2. 13회차에 상환할 이자납부액
   • 12회차까지의 원금상환액: 2,500만원×12회＝3억원
   • 12회차의 대출잔액(저당잔금): 5억원－3억원＝2억원
   따라서 13회차의 이자지급액은 2억원×0.05＝1,000만원이다.

정답 09 ①

10 A는 주택 구입을 위해 연초에 6억원을 대출받았다. A가 받은 대출 조건이 다음과 같을 때, (㉠) 대출금리와 3회차에 상환할 (㉡) 원리금은? (단, 주어진 조건에 한함) 제32회

- 대출금리: 고정금리
- 대출기간: 30년
- 원리금상환조건: 원금균등상환방식
  매년 말 연단위로 상환
- 1회차 원리금상환액: 4,400만원

① ㉠: 연 4%, ㉡: 4,240만원
② ㉠: 연 4%, ㉡: 4,320만원
③ ㉠: 연 5%, ㉡: 4,240만원
④ ㉠: 연 5%, ㉡: 4,320만원
⑤ ㉠: 연 6%, ㉡: 4,160만원

키워드 원금균등상환방식에서의 상환액

난이도

해설
- 매 기간 원금상환액: 6억원 ÷ 30년 = 2,000만원
- 1회차에 지급해야 할 이자지급액: 4,400만원 − 2,000만원 = 2,400만원
  대출금리는 2,400만원 ÷ 6억원 = 0.04(4%)이다.
- 2회차까지의 원금상환액: 2,000만원 × 2회 = 4,000만원
- 2회차 말 대출잔액: 6억원 − 4,000만원 = 5억 6,000만원
- 3회차 이자지급액: 5억 6,000만원 × 0.04 = 2,240만원
따라서 3회차에 상환할 원리금은 2,000만원 + 2,240만원 = 4,240만원이다.

11 가격이 10억원인 아파트를 구입하기 위해 3억원을 대출받았다. 대출이자율은 연리 7%이며, 20년간 원리금균등분할상환방식으로 매년 상환하기로 하였다. 첫 회에 상환해야 할 원금은? (단, 연리 7%·기간 20년의 저당상수는 0.094393이며, 매기 말에 상환하는 것으로 함) 제17회

① 7,290,000원
② 7,317,900원
③ 8,127,400원
④ 8,647,200원
⑤ 8,951,200원

키워드 원리금균등상환방식에서의 상환액

난이도

해설 원리금균등상환방식에서 원리금은 저당대부액에 저당상수를 곱해 구한다.
즉, 원리금(저당지불액) = 저당대부액 × 저당상수
- 매 회 저당지불액(원리금): 3억원 × 0.094393 = 28,317,900원
- 첫 회 지급해야 할 이자: 3억원 × 0.07 = 21,000,000원
따라서 첫 회 상환해야 할 원금은 28,317,900원 − 21,000,000원 = 7,317,900원이다.

정답 10 ① 11 ②

12 A씨는 8억원의 아파트를 구입하기 위해 은행으로부터 4억원을 대출받았다. 은행의 대출조건이 다음과 같을 때, A씨가 2회차에 상환할 원금과 3회차에 납부할 이자액을 순서대로 나열한 것은? (단, 주어진 조건에 한함) 　　제29회

> - 대출금리: 고정금리, 연 6%
> - 대출기간: 20년
> - 저당상수: 0.087
> - 원리금상환조건: 원리금균등상환방식, 연단위 매 기간 말 상환

① 10,800,000원, 23,352,000원
② 11,448,000원, 22,665,120원
③ 11,448,000원, 23,352,000원
④ 12,134,880원, 22,665,120원
⑤ 12,134,880원, 23,352,000원

키워드 원리금균등상환방식에서의 상환액

난이도

해설 1. 2회차에 상환할 원금상환액
　　원리금균등상환에서 원리금은 저당대부액에 저당상수를 곱하여 구한다.
　　즉, 원리금(저당지불액) = 저당대부액 × 저당상수이다.
　　- 매회의 원리금(저당지불액): 4억원 × 0.087 = 3,480만원
　　- 1회차에 지급해야 할 이자: 4억원 × 0.06 = 2,400만원
　　- 1회차에 상환해야 할 원금: 3,480만원 − 2,400만원 = 1,080만원
　　- 1회차에 대출잔액(저당잔금): 4억원 − 1,080만원 = 389,200,000원
　　- 2회차에 지급해야 할 이자: 389,200,000원 × 0.06 = 23,352,000원
　　- 2회차에 상환해야 할 원금: 34,800,000원 − 23,352,000원 = 11,448,000원
2. 3회차에 납부할 이자액
　　- 2회차에 대출잔액(저당잔금): 389,200,000원 − 11,448,000원 = 377,752,000원
　　- 3회차에 지급해야 할 이자: 377,752,000원 × 0.06 = 22,665,120원

정답 12 ②

13 A는 아파트를 구입하기 위해 은행으로부터 연초에 4억원을 대출받았다. A가 받은 대출의 조건이 다음과 같을 때, 대출금리(㉠)와 2회차에 상환할 원금(㉡)은? (단, 주어진 조건에 한함) 제31회

- 대출금리: 고정금리
- 대출기간: 20년
- 연간 저당상수: 0.09
- 1회차 원금상환액: 1,000만원
- 원리금상환조건: 원리금균등상환방식, 매년 말 연단위 상환

① ㉠: 연간 5.5%, ㉡: 1,455만원
② ㉠: 연간 6.0%, ㉡: 1,260만원
③ ㉠: 연간 6.0%, ㉡: 1,455만원
④ ㉠: 연간 6.5%, ㉡: 1,065만원
⑤ ㉠: 연간 6.5%, ㉡: 1,260만원

키워드 원리금균등상환방식에서의 상환액

난이도

해설 ㉠ 원리금균등상환에서 원리금은 저당대부액에 저당상수를 곱하여 구한다.
즉, 원리금(저당지불액)＝저당대부액×저당상수이다.
따라서 매회의 원리금(저당지불액)은 4억원×0.09＝3,600만원이다.
또한 1회차에 상환해야 할 원금은 1,000만원이므로 3,600만원－이자지급액＝1,000만원이며, 이자지급액은 2,600만원이다.
따라서 1회차에 지급해야 할 이자지급액은 4억원×대출금리(x)＝2,600만원이며, 대출금리(x)는 2,600만원÷4억원 ＝ 0.065(6.5%)이다.
㉡ 1회차 대출잔액(저당잔금)은 4억원－1,000만원＝3억 9,000만원이며, 2회차에 지급해야 할 이자지급액은 3억 9,000만원×0.065＝2,535만원이다.
따라서 2회차에 상환해야 할 원금은 3,600만원－2,535만원＝1,065만원이다.

정답 13 ④

THEME 24
부동산금융의 조달방법과 주택연금제도

| THEME 키워드 |
프로젝트 금융, 주택연금제도

기본으로 알아야 하는 대표기출

> 기출분석
> - **기출회차:** 제27회
> - **키워드:** 프로젝트 금융
> - **난이도:** ■■□□□

프로젝트 금융에 관한 설명으로 틀린 것은?

① 특정 프로젝트로부터 향후 일정한 현금흐름이 예상되는 경우, 사전 계약에 따라 미래에 발생할 현금흐름과 사업 자체자산을 담보로 자금을 조달하는 금융기법이다.
② 일반적으로 기업대출보다 금리 등이 높아 사업이 성공할 경우 해당 금융기관은 높은 수익을 올릴 수 있다.
③ 프로젝트 금융의 자금은 건설회사 또는 시공회사가 자체계좌를 통해 직접 관리한다.
④ 프로젝트 금융이 부실화될 경우 해당 금융기관의 부실로 이어질 수 있다.
⑤ 비소구 또는 제한적 소구 금융의 특징을 가지고 있다.

> 함정을 피하는 TIP
> - 공급자금융의 하나인 프로젝트 금융은 담보대출이 아니라 사업성이 담보가 된다는 점에 유의해야 한다.

해설

프로젝트 금융(project financing)의 자금은 건설회사 또는 시공회사가 자체계좌를 통해 직접 관리하는 것이 아니라 금융기관이 에스크로우 계정(escrow account), 즉 위탁관리계좌의 운영을 통하여 부동산개발사업의 현금흐름을 통제하며, 그로 인해 사업주의 도덕적 해이를 방지할 수 있다.

정답 ③

단단하게 정리하는 **핵심이론**

1 부동산금융의 조달방법(부동산개발금융)

(1) 부동산 신디케이트와 조인트 벤처

① 부동산 신디케이션(syndication, 투자자의 합동조합)

의의	㉠ 여러 명의 투자자가 부동산 전문가의 경험을 동원하여 공동의 부동산 프로젝트를 수행하는 것 ㉡ 다수의 소액투자자 ㉢ 지분금융방식
특징	㉠ 투자자: 유한책임으로서 투자한도 내에서 책임을 지며 출자비율에 따라 배당을 받음 ㉡ 개발업자: 무한책임으로서 관리·운영의 책임을 짐 ㉢ 당초의 사업계획을 완성할 때 자동적으로 해산되는 경우가 많음

② 조인트벤처

의의	㉠ 특정 목적을 달성하기 위해 공동으로 사업을 전개하는 조직체로서의 공동벤처회사 ㉡ 소수의 개인이나 기관투자자 ㉢ 지분금융방식(∵ 대출기관은 개발사업에 저당투자자가 아닌 지분파트너로 참여하기 때문)
특징	조인트벤처는 주로 부동산개발업자와 대출기관 사이에 형성

(2) 프로젝트 금융(project financing)

① 의의: ==특정한 프로젝트로부터 미래에 발생하는 현금흐름을 담보로 하여 프로젝트를 수행하는 데 필요한 자금을 조달하는 금융기법==이다.

② 특징

㉠ 사업성이 담보가 되며, 사업성을 기초로 자금을 조달하는 방식이다.
㉡ 사업주(차입자)의 개인적인 채무가 없는 비소구금융(비상환청구금융)이나 현실적으로 제한적 소구금융에 해당한다.
㉢ 해당 프로젝트에서 발생하는 현금흐름에 의존한다.
㉣ 대규모 자금이 소요되고 공사기간이 장기인 사업에 적합하다.
㉤ 자금은 차주가 임의로 관리하는 것이 아니라 금융기관이 에스크로우 계정(escrow account), 즉 위탁관리계좌의 운영을 통해 부동산개발사업의 현금흐름을 통제하여 사업주의 도덕적 해이를 방지할 수 있다.
㉥ 대출기관 입장에서는 위험을 줄이기 위해 부동산개발사업의 자금지출 우선순위를 정할 때, 개발에 따른 공사비를 개발이익에 우선하여 지출하게 한다.
㉦ 프로젝트의 채무불이행위험이 높아질수록 대출기관이 요구하는 금리가 높아진다.

③ 장점
　㉠ 일반적으로 기업대출보다 금리 등이 높아 사업이 성공할 경우 해당 금융기관은 높은 수익을 올릴 수 있다.
　㉡ 다양한 사업주체가 참여하고 이해당사자 간에 위험배분이 가능하다.
　㉢ 사업주 입장에서는 부외금융효과(off-balance effect)를 누릴 수 있어, 채무수용능력이 제고된다.
　　⇨ 사업주의 재무상태표에 해당 부채가 표시되지 않는다.
　㉣ 일정한 요건을 갖춘 프로젝트 회사는 법인세 감면을 받을 수 있다.
　㉤ 당해 개발사업에 대한 사업성 검토에 집중하면 되기 때문에 정보의 비대칭성 문제가 줄어든다.
　㉥ 개발사업주와 개발사업의 현금흐름을 분리시킬 수 있어 개발사업주의 파산이 개발사업에 영향을 미치지 못하게 할 수 있다.

④ 단점
　㉠ 여러 이해관계자가 참여하므로 절차의 복잡성으로 인해 사업지연이 초래될 가능성도 있다.
　㉡ 이해당사자 사이에 이견이 있을 경우 사업지연으로 추가비용이 발생할 가능성도 있다.
　㉢ 프로젝트 금융이 부실화될 경우 해당 금융기관의 부실로 이어질 수 있다.

2 주택연금제도

(1) 의의
한국주택금융공사가 지급을 보증하는 역모기지제도로 만 55세 이상(부부 기준)의 주택연금 가입자가 소유주택을 담보로 맡기고 매월 연금 등의 방식으로 노후생활자금을 평생 동안 대출받는 제도이며, 한국주택금융공사는 연금가입자를 위해 보증하고, 은행은 연금가입자에게 주택연금을 지급한다.

(2) 주택연금담보제공방식
주택연금은 주택소유자가 소유권을 가지고 한국주택금융공사는 담보주택에 저당권을 설정하는 저당권 방식과, 주택소유자가 주택을 공사에 신탁(소유권 이전)하고 한국주택금융공사는 우선수익권을 담보로 취득하는 신탁방식이 있다.

구분	저당권방식	신탁방식
담보제공(소유권)	근저당권 설정(가입자)	신탁등기(공사)
가입자 사망 시 배우자 연금승계	소유권 이전등기 절차 필요	소유권 이전 없이 자동승계
보증금 있는 일부 임대	불가능	가능

(3) 주택연금의 종류
① 일반 주택연금: 55세 이상의 주택연금 가입자가 주택을 담보로 제공하고 노후생활자금을 평생 동안 매월 연금으로 수령하는 방식이다.

② **주택담보대출 상환용 주택연금**: 주택담보대출 상환용으로 인출한도(연금대출한도의 50~90%) 범위 안에서 일시에 목돈으로 찾아 쓰고 나머지는 평생 동안 매월 연금으로 수령하는 방식이다.

③ **우대지급방식**: 부부 기준 2억원 미만의 1주택 소유자이면서, 1인 이상이 기초연금 수급권자일 경우 일반 주택연금 대비 최대 20% 더 수령하는 방식이다.

(4) 주택연금 수령방식

종신방식과 확정기간방식이 있다.

① **종신방식**: 평생 동안 매월 연금방식으로 수령하는 종신방식이다.

② **확정기간방식**: 가입연령에 따라 일정기간(10년, 15년, 20년, 25년, 30년 중 선택) 동안 매월 동일한 금액을 수령하고 평생 거주하는 방식이다(대출한도의 5%를 의무설정 인출한도 설정).

(5) 가입요건

① **가입가능연령**: 주택소유자 또는 배우자가 만 55세 이상

㉠ 확정기간 방식은 연소자가 만 55세~만 74세

㉡ 우대방식은 주택소유자 또는 배우자가 만 65세 이상(기초연금 수급자)

② **주택보유 수**

㉠ 부부 기준 공시가격 등이 12억원 이하 1주택 소유자

ⓐ 다주택자라도 공시가격 등의 합산가격이 12억원 이하이면 가능

ⓑ 공시가격 등이 12억원 초과 2주택자는 3년 이내 1주택 팔면 가능

㉡ 우대방식의 경우 2억원 미만 1주택자만 가입 가능

(6) 대상주택

① 공시가격 등이 12억원 이하 주택, 「노인복지법」상 분양형 노인복지주택 및 주거목적 오피스텔[상가 등 복합용도 주택은 전체 면적 중 주택이 차지하는 면적이 1/2 이상인 경우 가입 가능(단, 신탁방식으로 가입 시에는 불가)]

② 우대방식의 경우 2억원 미만 주택만 가입 가능

(7) 보증기한(종신)

① 소유자 및 배우자 사망 시까지

② 단, 이용 도중에 이혼을 한 경우 이혼한 배우자, 이용 도중에 재혼을 한 경우 재혼한 배우자는 주택연금을 받을 수 없다.

(8) 가입비(초기 보증료) 및 연보증료

① **초기보증료**: 주택가격의 1.5%(대출상환방식의 경우 1.0%)를 최초 연금지급일에 납부

② **연보증료**: 보증잔액의 연 0.75%(대출상환방식의 경우 1.0%)를 매월 납부

③ 보증료는 취급 금융기관이 가입자 부담으로 공사에 납부하므로 연금지급총액(대출잔액)에 가산된다. 따라서 가입자가 직접 현금으로 납부할 필요가 없다.

(9) 적용금리

① **적용금리**: '기준금리 + 가산금리'

② **기준금리**: 다음 중 한 가지를 선택한다.
  ㉠ CD금리(3개월 주기로 변동)
  ㉡ 신규취급액 COFIX 금리(6개월 주기로 변동)

③ 이자는 매월 연금지급총액(대출잔액)에 가산되나 가입자가 직접 현금으로 납부할 필요가 없다.

④ 가입 이후에는 대출 기준금리 변경이 불가능하다.

(10) 대출금 상환

이용자 사망 후 주택 처분금액으로 일시상환한다.

① 채무부담한도(대출금 상환액)는 담보주택 처분가격범위 내로 한정한다.

② 대출금은 언제든지 별도의 중도상환수수료 없이 전액 또는 일부 정산 가능하다(다만, 초기 보증료는 환급되지 않으나 연보증료는 잔여기간 확인 후 정산하여 환급).

상환시점	상환할 금액	비고
주택처분금액 > 연금지급총액	연금지급총액	남은 부분은 채무자(상속인)에게 돌아감
주택처분금액 < 연금지급총액	주택처분금액	부족분에 대해 채무자(상속인)에게 별도 청구 없음

기본문제와 완성문제로 단단기출

01 PF(project financing)방식에 의한 부동산개발사업 시 금융기관이 위험을 줄이기 위해 취할 수 있는 조치가 아닌 것은? (단, 다른 조건은 동일함) 제25회

① 위탁관리계좌(escrow account)의 운영
② 시공사에 책임준공 의무부담
③ 대출금 보증에 대한 시공사의 신용보강 요구
④ 시행사·시공사에 추가출자 요구
⑤ 시행사 개발이익의 선지급

키워드 프로젝트 금융

난이도

해설 시행사 개발이익의 선지급은 PF(project financing)방식에 의한 부동산개발사업 시 금융기관이 위험을 줄이기 위해 취할 수 있는 조치가 아니라 오히려 위험을 증가시킨다. 따라서 금융기관이 시행사에게 프로젝트 금융(PF)을 제공하고 대출 원리금의 회수를 원활하게 하기 위해서는 부동산개발사업의 자금지출 우선순위를 정할 때, 주로 시행사나 시공사의 개발이익보다 공사비가 먼저 인출되도록 한다.

02 사업주(sponsor)가 특수목적회사인 프로젝트 회사를 설립하여 프로젝트 금융을 활용하는 경우에 관한 설명으로 옳은 것은? (단, 프로젝트 회사를 위한 별도의 보증이나 담보 제공은 없음) 제29회

① 프로젝트 금융의 상환재원은 사업주의 모든 자산을 기반으로 한다.
② 사업주의 재무상태표에 해당 부채가 표시된다.
③ 해당 프로젝트가 부실화되더라도 대출기관의 채권회수에는 영향이 없다.
④ 일정한 요건을 갖춘 프로젝트 회사는 법인세 감면을 받을 수 있다.
⑤ 프로젝트 사업의 자금은 차주가 임의로 관리한다.

키워드 프로젝트 금융

난이도

해설
① 프로젝트 금융의 상환재원은 해당 프로젝트에서 발생하는 현금흐름에 의존한다.
② 프로젝트 사업주의 재무상태표에 해당 부채가 표시되지 않는다.
③ 프로젝트 사업주가 프로젝트 회사를 위해 보증이나 담보제공을 하지 않는다면, 프로젝트 회사가 파산하더라도 금융회사는 프로젝트 사업주에 대해 원리금상환을 청구할 수 없다. 따라서 해당 프로젝트가 부실화되면 대출기관은 채권회수를 하지 못할 수도 있다.
⑤ 프로젝트 사업의 자금은 차주가 임의로 관리하는 것이 아니라 금융기관이 에스크로우 계정(escrow account), 즉 위탁관리계좌의 운영을 통해 부동산개발사업의 현금흐름을 통제하여 사업주의 도덕적 해이를 방지할 수 있다.

정답 01 ⑤ 02 ④

03 주택연금(주택담보노후연금) 관련 법령상 주택연금의 보증기관은? 제33회

① 한국부동산원
② 신용보증기금
③ 주택도시보증공사
④ 한국토지주택공사
⑤ 한국주택금융공사

키워드 〉 주택연금제도
난이도 〉
해설 〉 주택연금(주택담보노후연금) 관련 법령상 주택연금의 보증기관은 한국주택금융공사이다.

04 금융기관이 시행사에게 프로젝트 금융(PF)을 제공하고 대출 원리금의 회수를 원활하게 하기 위하여 시행사나 시공사에게 요구할 수 있는 사항으로 적합하지 <u>않은</u> 것은? 제20회

① 부동산개발사업의 현금흐름을 통제하기 위해서 에스크로우 계정(escrow account)을 운영한다.
② 부동산개발사업의 자금지출 우선순위를 정할 때, 주로 시행사의 개발이익이 공사비보다 먼저 인출되도록 한다.
③ 시행사와 시공사의 부도 등과 같은 사유가 발생할 경우 사업권이나 시공권을 포기하겠다는 각서를 받는다.
④ 시공사에게 책임준공 의무를 지우는 동시에 PF 대출의 채무를 인수하게 하거나 이에 대한 보증을 제공하도록 한다.
⑤ 부동산개발 사업지를 부동산신탁회사에 담보신탁하고 받은 수익권 증서에 질권을 설정한다.

키워드 〉 프로젝트 금융
난이도 〉
해설 〉 금융기관이 시행사에게 프로젝트 금융(PF)을 제공하고 대출 원리금의 회수를 원활하게 하기 위하여 부동산개발사업의 자금지출 우선순위를 정할 때, 주로 공사비가 시행사의 개발이익보다 먼저 인출되도록 한다.

정답 03 ⑤ 04 ②

THEME 25 부동산증권

| THEME 키워드 |
부동산증권

기출분석
- 기출회차: 제24회
- 키워드: 부동산증권
- 난이도:

기본으로 알아야 하는 대표기출

저당담보부증권(MBS)에 관련된 설명으로 **틀린** 것은?

① MPTS(mortgage pass-through securities)는 지분형 증권이기 때문에 증권의 수익은 기초자산인 주택저당채권 집합물(mortgage pool)의 현금흐름(저당지불액)에 의존한다.
② MBB(mortgage-backed bond)의 투자자는 최초의 주택저당채권집합물에 대한 소유권을 갖는다.
③ CMO(collateralized mortgage obligation)의 발행자는 주택저당채권 집합물을 가지고 일정한 가공을 통해 위험-수익 구조가 다양한 트랜치의 증권을 발행한다.
④ MPTB(mortgage pay-through bond)는 MPTS와 MBB를 혼합한 특성을 지닌다.
⑤ CMBS(commercial mortgage backed securities)란 금융기관이 보유한 상업용 부동산 모기지(mortgage)를 기초자산으로 하여 발행하는 증권이다.

함정을 피하는 TIP
- 주택저당증권의 종류는 학자마다 부르는 명칭이 다르므로 우리말 용어 이외에도 MPTS, MBB, MPTB, CMO 등으로 함께 알아두어야 한다.

해설

주택저당담보부채권(MBB; mortgage-backed bond)은 저당채권의 집합에 대한 채권적 성격의 주택저당증권으로 발행기관이 원리금수취권과 주택저당채권집합물에 대한 소유권을 보유한다. 따라서 MBB의 투자자는 최초의 주택저당채권집합물에 대한 소유권을 갖지 않는다.

정답 ②

단단하게 정리하는 핵심이론

01 지분증권과 부채증권

(1) 지분증권(equity securities)

부동산투자회사나 개발회사 등이 지분금융을 얻을 목적으로 발행하는 증권을 말한다.

　예 부동산 뮤추얼 펀드, 리츠(REITs)

(2) 부채증권(debt securities)

부채금융을 조달할 목적으로 발행하는 증권을 말한다.

　예 자산유동화증권(ABS; asset backed securities), 주택저당증권(MBS)
　　└ 금융기관이나 기업 등이 보유하고 있는 대출 관련 자산을 특수목적회사(SPC)에 매각하여
　　　그 자산을 바탕으로 발행하는 증권으로, 자산담보부증권이라고도 한다.

02 주택저당증권(MBS; mortgage backed securities)

1 주택저당증권의 개념 및 저당시장의 구조

(1) 개념

저당대출기관이나 저당회사, 기타 기관투자자 등이 그들이 설정하거나 매입한 저당을 담보로 하여 발행하는 증권으로, 저당담보부증권(MBS; mortgage backed securities)이라고도 한다.

(2) 저당시장의 구조

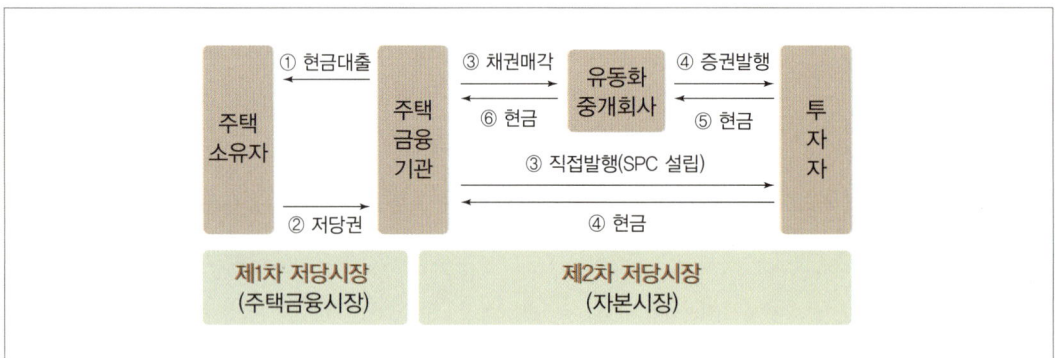

① 제1차 저당시장(primary mortgage market) ⇨ 주택자금 대출시장

　㉠ 저당대부를 원하는 수요자와 저당대부를 제공하는 금융기관으로 이루어지는 시장이다.

　㉡ 제1차 저당대출자들은 설정된 저당을 자신들의 자산포트폴리오의 일부로 보유하기도 하고, 자금의 여유가 없을 경우에는 제2차 저당시장에 팔기도 한다.

② **제2차 저당시장**(secondary mortgage market) ⇨ **주택자금 공급시장**
　㉠ 저당대출기관과 다른 기관투자자들 사이에 저당을 사고파는 시장이다.
　㉡ 제2차 시장에서 제1차 대출기관들은 자신들이 설정한 저당을 팔아 저당대부에 필요한 자금을 조달한다.
　㉢ 저당의 유동화에 기여하는 시장은 제2차 저당시장이다.
　㉣ 제2차 저당시장이 활성화되기 위해서는 주택대출상품과 대출심사기준을 표준화하는 것이 필요하다.

2 저당유동화의 기능 및 전제조건

(1) 기능
① 주택금융 등과 같은 부동산금융의 활성화에 기여한다.
② 투자자 입장에서는 자산포트폴리오 선택의 대안을 제공하는 역할을 한다.
③ 대출자(금융기관)들은 보다 적은 재원을 가지고 보다 많은 차입자(자금수요자)에게 자금을 공급할 수 있다.
④ 자본시장 침체 시 자금흐름이 왜곡되는 것을 방지할 수 있는 제도적 장치로서의 기능을 한다.
⑤ 주택저당채권의 유동화를 통해 자본시장으로부터 주택자금대출 재원조달을 확대한다.
⑥ 장기대출채권을 투자자에게 매각함으로써 국제결제은행(BIS; bank for international settlements) 기준 자기자본비율을 제고한다.
⑦ 주택금융기관의 대출자금의 장기고정화에 따른 유동성 위험과 금리변동에 따른 금리위험이 감소된다.

(2) 전제조건
저당대부를 위해서는 필요한 자금이 저당시장(mortgage market)에 원활하게 공급되는 것이 매우 중요한데, 이를 위해서는 적어도 저당수익률이 투자자들의 요구수익률보다는 커야 한다.

3 유동화중개기관 – 한국주택금융공사

(1) 의의
우리나라의 경우 한국주택금융공사가 저당시장에서 제2차 대출기관의 역할을 수행하고 있다.

(2) 한국주택금융공사의 업무
① 보금자리론과 적격대출 공급
② 주택보증 공급
③ 주택연금 보증 공급
④ 유동화증권(MBS, MBB) 발행

4 주택저당증권의 종류

(1) 지분형 MBS – MPTS(mortgage pass-through securities, 이체증권)

① 의의: 주택저당채권집합물(mortgage pool)에 대한 소유권과 원리금수취권을 투자자에게 모두 매각하는 방식을 말한다.

② 특징

㉠ 발행자는 주택저당채권집합물에 대한 소유권과 원리금수취권을 투자자에게 모두 이전한다.

㉡ 이자율위험과 조기상환위험(만기 전 변제위험)을 투자자가 부담한다.

㉢ 초과담보 제공이 필요 없으며 주택저당총액과 MPTS의 발행액이 같게 된다.

(2) 채권형 MBS – MBB(mortgage backed bond, 저당채권)

① 의의: 주택저당채권집합물에 대한 소유권과 원리금수취권을 발행자가 가지면서, 저당대출을 담보로 하여 자신의 부채로 채권을 발행하여 자금을 조달하는 방식을 말한다.

② 특징

㉠ 주택저당채권집합물에 대한 소유권과 원리금수취권을 발행자가 보유한다.

㉡ 이자율위험, 조기상환위험(만기 전 변제위험), 채무불이행위험을 발행자가 부담한다.

㉢ 주택저당대출차입자의 채무불이행이 발생하더라도 MBB에 대한 원리금을 발행자가 투자자에게 지급하여야 한다.

㉣ MBB의 투자자(매수자)가 발행자의 조기상환(만기 전 변제)에 대해 방어할 수 있는 콜방어(call protection)가 인정된다.

㉤ 발행자는 투자의 안전성을 높이기 위해 초과담보를 확보하므로 MBB발행액은 주택저당총액보다 적다.

(3) 혼합형 MBS – MPTB, CMO

원리금수취권은 투자자에게 이체되지만, 주택저당채권집합물에 대한 소유권은 발행기관이 가지는 방식을 말한다.

① MPTB(mortgage pay-through bond, 지불이체채권)

㉠ 의의: 발행자가 주택저당채권집합물에 대한 소유권은 보유하고 투자자에게 원리금수취권을 이전하는 것으로 다른 조건이 같은 경우 MBB보다 작은 규모의 초과담보가 필요하다

㉡ 특징

ⓐ MPTS와 MBB의 혼합형이다.

ⓑ 주택저당채권집합물에 대한 소유권은 발행자가 보유, 원리금수취권은 투자자에게 이전한다.

ⓒ 이자율위험과 조기상환위험(만기 전 변제위험)을 MPTB 투자자가 부담한다.

② **CMO**(collateralized mortgage obligation, 다계층채권)
　㉠ 의의: 저당채권의 집합을 담보로 발행된 다계층의 채권으로 위험의 분산과 다양한 투자욕구를 충족하기 위해서 하나의 집합에서 만기와 이자율을 다양화한 여러 가지 종류의 채권을 발행한다.
　㉡ 특징
　　ⓐ MPTS와 MBB의 혼합형으로 조기상환위험은 투자자가 부담한다.
　　ⓑ 다양한 만기구조를 갖고 만기구조별로 수익률이 다르며, 계층선택에 따라 조기상환위험도 달라진다.
　　　⇨ 하나의 저당집합에서 상환우선순위와 만기가 다른 다양한 저당담보부증권(MBS)을 발행할 수 있다.
　　ⓒ 저당채권의 집합을 담보로 발행된 총금액을 몇 개의 그룹으로 나누는데, 이 그룹을 트랜치(tranche)라 하며, 트랜치별로 서로 다른 이자율이 적용되고 원금의 지급순서도 달라진다.
　　ⓓ 고정이자율이 적용되는 트랜치가 있고, 변동이자율이 적용되는 트랜치가 있다.
　　ⓔ 장기투자자들이 원하는 콜방어(call protection)를 시킬 수 있다.

핵심단단 주택저당증권의 비교

구분	MPTS	MBB	MPTB	CMO
유형	증권	채권	채권	채권
트랜치 수	1	1	1	여러 개
주택저당채권집합물에 대한 소유권자	투자자	발행자	발행자	발행자
원리금수취권자	투자자	발행자	투자자	투자자
조기상환위험부담자 (만기 전 변제위험)	투자자	발행자	투자자	투자자
콜방어	불가	가능	-	가능 (장기트랜치에 투자 시)
초과담보	없음	큼	작음	작음

기본문제와 완성문제로 단단기출

01 부동산금융에 관한 설명으로 <u>틀린</u> 것은? 제27회

기본 기출
① CMO(collateralized mortgage obligation)는 트랜치별로 적용되는 이자율과 만기가 다른 것이 일반적이다.
② MBB(mortgage backed bond)는 채권형 증권으로 발행자는 초과담보를 제공하는 것이 일반적이다.
③ MPTS(mortgage pass-through securities)의 조기상환위험은 투자자가 부담한다.
④ 고정금리대출을 실행한 대출기관은 금리상승 시 차입자의 조기상환으로 인한 위험이 커진다.
⑤ 2차 저당시장은 1차 저당시장에 자금을 공급하는 역할을 한다.

키워드 › 부동산증권
난이도 ›
해설 › 고정금리대출을 실행한 대출기관은 금리하락 시 차입자의 조기상환으로 인한 위험이 커진다. 우선 고정금리대출(고정이자율저당)방식은 융자기간 동안 대출 시의 초기 이자율에 변동이 없는 고정된 명목이자율을 적용하는 융자방식이다. 융자상환 도중에 시장이자율이 저당(계약)이자율보다 하락할 경우 차입자들은 기존의 융자를 조기에 상환하려고 할 것이며, 이 경우 대출자는 조기상환위험(만기 전 변제위험)에 직면하게 된다.

02 부동산증권에 관한 설명으로 <u>틀린</u> 것은? 제22회

기본 기출
① 우리나라 자산유동화증권(asset-backed securities)제도는 「자산유동화에 관한 법률」에 의해 도입되었다.
② 저당대출자동이체채권(mortgage pay-through bond)은 하나의 저당집합에서 만기와 이자율을 다양화하여 발행한 여러 종류의 채권을 말한다.
③ 저당대출자동이체채권은 저당채권이체증권(mortgage pass-through securities)과 주택저당담보부채권(mortgage backed bond)을 혼합한 성격의 주택저당증권(mortgage backed securities)이다.
④ 주택저당담보부채권은 저당채권의 집합에 대한 채권적 성격의 주택저당증권이다.
⑤ 다계층저당증권(collateralized mortgage obligation)의 발행자는 저당채권의 풀(pool)에 대한 소유권을 가지면서 동 풀(pool)에 대해 채권을 발행하는 것이다.

키워드 › 부동산증권
난이도 ›
해설 › 하나의 저당집합에서 만기와 이자율을 다양화하여 발행한 여러 종류의 채권은 다계층채권(CMO; collateralized mortgage obligation)이다.

정답 01 ④ 02 ②

03 부동산금융과 관련된 설명 중 틀린 것은? 제17회

① MBB(mortgage backed bond)의 투자자는 최초의 주택저당채권집합물에 대한 소유권을 갖지 않는다.
② 한국주택금융공사는 보유하고 있는 주택저당채권집합물을 기초로 주택저당증권을 발행하고 있다.
③ MPTS(mortgage pass-through securities)란 지분형 주택저당증권으로 관련 위험이 투자자에게 이전된다.
④ 역모기지론(reverse mortgage loan)은 한국은행에서 채권형태로 발행된다.
⑤ CMO(collateralized mortgage obligation)의 발행자는 주택저당채권집합물의 소유권을 갖는다.

키워드 > 부동산증권

난이도 >

해설 > 역모기지론은 일정기간마다 대출자가 차입자에게 일정액을 지불하며, 기간 말에 그동안 지불한 원금과 누적이자를 일시불로 지급받는 것이다. 일반 은행에서 발행하고 한국주택금융공사에서 지급보증을 하지만 채권형태로 발행되지는 않는다.

04 모기지(mortgage) 유동화에 관한 설명으로 틀린 것은? 제32회

① MPTS(mortgage pass-through securities)는 지분형 증권이다.
② MPTB(mortgage pay-through bond)의 경우, 조기상환위험은 증권발행자가 부담하고, 채무불이행위험은 투자자가 부담한다.
③ MBB(mortgage backed bond)의 경우, 신용보강을 위한 초과담보가 필요하다.
④ CMO(collateralized mortgage obligation)는 상환우선순위와 만기가 다른 다수의 층(tranche)으로 구성된 증권이다.
⑤ 우리나라의 모기지 유동화중개기관으로는 한국주택금융공사가 있다.

키워드 > 부동산증권

난이도 >

해설 > MPTB(mortgage pay-through bond)의 경우, 조기상환위험은 투자자가 부담하고, 채무불이행위험은 증권발행자가 부담한다.

정답 03 ④ 04 ②

THEME 26 부동산투자회사

| THEME 키워드 |
부동산투자회사, 「부동산투자회사법」상의 규정

기본으로 알아야 하는 대표기출

> **기출분석**
> - **기출회차:** 제27회
> - **키워드:** 부동산투자회사
> - **난이도:** ■□□

부동산투자회사법령상 부동산투자회사에 관한 설명으로 틀린 것은?

① 부동산투자회사는 자기관리, 위탁관리, 기업구조조정 부동산투자회사로 구분할 수 있다.
② 자기관리 부동산투자회사의 설립 자본금은 3억원 이상으로 한다.
③ 감정평가사 또는 공인중개사로서 해당 분야에 5년 이상 종사한 사람은 자기관리 부동산투자회사의 상근 자산운용 전문인력이 될 수 있다.
④ 위탁관리 부동산투자회사는 본점 외의 지점을 설치할 수 없으며, 직원을 고용하거나 상근 임원을 둘 수 없다.
⑤ 영업인가를 받거나 등록을 한 날부터 6개월이 지난 기업구조조정 부동산투자회사의 자본금은 50억원 이상이 되어야 한다.

> **함정을 피하는 TIP**
> - 부동산투자회사 부분에서는 주로 출제되는 「부동산투자회사법」을 잘 정리해두어야 한다.

해설
부동산투자회사의 설립 자본금은 자기관리 부동산투자회사의 경우 5억원 이상, 위탁관리 부동산투자회사 및 기업구조조정 부동산투자회사의 경우 3억원 이상으로 한다.

정답 ②

단단하게 정리하는 **핵심이론**

1 의의

① 자산을 부동산에 투자하여 운용하는 것을 주된 목적으로 설립된 회사이다.
② 주식발행을 통하여 다수의 투자자로부터 모은 자금을 부동산에 투자·운용하여 얻은 수익(부동산임대소득, 개발이득, 매매차익 등)을 투자자에게 배당하는 것을 목적으로 하는 주식회사이다.

2 종류

(1) 자기관리 부동산투자회사

자산운용 전문인력을 포함한 임·직원을 상근으로 두고 자산의 투자·운용을 직접 수행하는 회사를 말한다.

(2) 위탁관리 부동산투자회사

자산의 투자·운용을 자산관리회사에 위탁하는 회사를 말한다.

(3) 기업구조조정 부동산투자회사

「부동산투자회사법」에서 규정하는 부동산을 투자대상으로 하며, 자산의 투자·운용을 자산관리회사에 위탁하는 회사를 말한다.

3 개요

(1) 법인격

① 부동산투자회사는 주식회사로 한다.
② 부동산투자회사는 「부동산투자회사법」에서 특별히 정한 경우를 제외하고는 「상법」의 적용을 받는다.
③ 부동산투자회사는 그 상호에 부동산투자회사라는 명칭을 사용하여야 한다.
④ 「부동산투자회사법」에 따른 부동산투자회사가 아닌 자는 부동산투자회사 또는 이와 유사한 명칭(대통령령으로 정하는 외국어문자를 포함)을 사용하여서는 아니 된다.

(2) 부동산투자회사의 설립

① 부동산투자회사는 발기설립의 방법으로 하여야 한다.
② 부동산투자회사는 현물출자에 의한 설립을 할 수 없다.

(3) 설립자본금

① 자기관리 부동산투자회사의 설립자본금은 5억원 이상으로 한다.

② 위탁관리 부동산투자회사 및 기업구조조정 부동산투자회사의 설립자본금은 3억원 이상으로 한다.

(4) 자기관리 부동산투자회사의 설립보고
① 자기관리 부동산투자회사는 그 설립등기일부터 10일 이내에 대통령령으로 정하는 바에 따라 설립보고서를 작성하여 국토교통부장관에게 제출하여야 한다.
② 자기관리 부동산투자회사는 설립등기일부터 6개월 이내에 국토교통부장관에게 인가를 신청하여야 한다.

(5) 등록
① 위탁관리 부동산투자회사 및 기업구조조정 부동산투자회사가 「부동산투자회사법」에서 규정하는 업무를 하려면 대통령령으로 정하는 바에 따라 국토교통부장관에게 등록하여야 한다.
② 등록을 하려는 자는 국토교통부장관에게 등록신청서를 제출하여야 한다.

(6) 영업인가를 받은 부동산투자회사의 최저자본금
영업인가를 받거나 등록을 한 날부터 6개월(최저자본금준비기간)이 지난 부동산투자회사의 자본금은 다음에서 정한 금액 이상이 되어야 한다.
① 자기관리 부동산투자회사: 70억원
② 위탁관리 부동산투자회사 및 기업구조조정 부동산투자회사: 50억원

(7) 위탁관리 부동산투자회사의 지점 설치 금지
위탁관리 부동산투자회사는 본점 외의 지점을 설치할 수 없으며, 직원을 고용하거나 상근 임원을 둘 수 없다.

(8) 주식의 공모
① 부동산투자회사는 영업인가를 받거나 등록을 하기 전(총자산 중 부동산개발사업에 대한 투자비율이 100분의 30을 초과하는 부동산투자회사의 경우에는 그가 투자하는 부동산개발사업에 관하여 관계 법령에 따른 시행에 대한 인가·허가 등이 있기 전)까지는 발행하는 주식을 일반의 청약에 제공할 수 없다.
② 부동산투자회사는 영업인가를 받거나 등록을 한 날(총자산 중 부동산개발사업에 대한 투자비율이 100분의 30을 초과하는 부동산투자회사의 경우에는 그가 투자한 부동산개발사업에 관하여 관계 법령에 따른 사용승인·준공검사 등을 받은 날)부터 2년 이내에 발행하는 주식 총수의 100분의 30 이상을 일반의 청약에 제공하여야 한다.
③ 부동산투자회사가 영업인가를 받거나 등록을 한 날부터 2년 이내에 국민연금공단이나 그 밖에 대통령령으로 정하는 주주가 단독이나 공동으로 인수 또는 매수한 주식의 합계가 부동산투자회사가 발행하는 주식 총수의 100분의 50 이상인 경우, 부동산투자회사의 총자산의 100분의 70 이상을 임대주택으로 구성하는 경우는 주식을 일반의 청약에 제공하지 아니할 수 있다.

(9) 주식의 분산

주주 1인과 그 특별관계자는 최저자본금 준비기간이 끝난 후(총자산 중 부동산개발사업에 대한 투자비율이 100분의 30을 초과하는 부동산투자회사의 경우에는 부동산개발사업에 관하여 관계 법령에 따른 시행에 대한 인가·허가 등이 있은 날부터 6개월이 지난 후)에는 부동산투자회사가 발행한 주식 총수의 100분의 50(1인당 주식소유한도)을 초과하여 주식을 소유하지 못한다.

(10) 현물출자

① 부동산투자회사는 영업인가를 받거나 등록을 하고 최저자본금 이상을 갖추기 전에는 현물출자를 받는 방식으로 신주를 발행할 수 없다.

② 부동산투자회사의 영업인가 또는 등록 후에 「상법」에 따라 부동산투자회사에 현물출자를 하는 재산은 다음의 어느 하나에 해당하여야 한다.

㉠ 부동산

㉡ 지상권·임차권 등 부동산 사용에 관한 권리

㉢ 신탁이 종료된 때에 신탁재산 전부가 수익자에게 귀속하는 부동산신탁의 수익권

㉣ 부동산소유권의 이전등기청구권

㉤ 「공익사업을 위한 토지 등의 취득 및 보상에 관한 법률」에 따라 공익사업의 시행으로 조성한 토지로 보상을 받기로 결정된 권리(대토보상권이라 함)

(11) 자산의 투자·운용방법

① 부동산투자회사는 그 자산을 다음의 어느 하나에 투자하여야 한다.

㉠ 부동산

㉡ 부동산개발사업

㉢ 지상권, 임차권 등 부동산 사용에 관한 권리

㉣ 신탁이 종료된 때에 신탁재산 전부가 수익자에게 귀속하는 부동산신탁의 수익권

㉤ 증권, 채권

㉥ 현금(금융기관의 예금을 포함)

② 부동산투자회사는 위 ①에 대하여 다음의 어느 하나에 해당하는 방법으로 투자·운용하여야 한다.

㉠ 취득, 개발, 개량 및 처분

㉡ 관리(시설운영을 포함), 임대차 및 전대차

㉢ 부동산개발사업을 목적으로 하는 법인 등 대통령령으로 정하는 자에 대하여 부동산에 대한 담보권 설정 등 대통령령으로 정한 방법에 따른 대출, 예치

(12) 자산관리회사의 인가

자산관리회사를 설립하려는 자는 다음의 요건을 갖추어 국토교통부장관의 인가를 받아야 한다.

① 자기자본(자산총액에서 부채총액을 뺀 가액을 말한다)이 70억원 이상일 것
② 자산운용 전문인력을 대통령령으로 정하는 수 이상 상근으로 둘 것
③ 자산관리회사와 투자자 간, 특정 투자자와 다른 투자자 간의 이해상충을 방지하기 위한 체계와 대통령령으로 정하는 전산설비, 그 밖의 물적 설비를 갖출 것

(13) 자산의 구성

부동산투자회사는 최저자본금 준비기간이 끝난 후에는 매 분기 말 현재 총자산의 100분의 80 이상을 부동산, 부동산 관련 증권 및 현금으로 구성하여야 한다. 이 경우 총자산의 100분의 70 이상은 부동산(건축 중인 건축물을 포함)이어야 한다.

(14) 배당

① 부동산투자회사는 「상법」에 따른 해당 연도 이익배당한도의 100분의 90 이상을 주주에게 배당하여야 한다. 이 경우 이익준비금은 적립하지 아니한다.
② 위 ①에도 불구하고 자기관리 부동산투자회사의 경우 「상법」에 따른 해당 연도 이익배당한도의 100분의 50 이상을 주주에게 배당하여야 하며 「상법」에 따른 이익준비금을 적립할 수 있다.
③ 위탁관리 부동산투자회사가 위 ①에 따라 이익을 배당할 때에는 이익을 초과하여 배당할 수 있다. 이 경우 초과배당금의 기준은 해당 연도 감가상각비의 범위에서 대통령령으로 정한다.

(15) 차입 및 사채의 발행

① 부동산투자회사는 영업인가를 받거나 등록을 한 후에 자산을 투자·운용하기 위하여 또는 기존 차입금 및 발행사채를 상환하기 위하여 대통령령으로 정하는 바에 따라 자금을 차입하거나 사채를 발행할 수 있다.
② 자금차입 및 사채발행은 자기자본의 2배를 초과할 수 없다. 다만, 주주총회의 특별결의를 한 경우에는 그 합계가 자기자본의 10배를 넘지 아니하는 범위에서 자금차입 및 사채발행을 할 수 있다.

핵심단단

구분	일반리츠(K-REITs)		기업구조조정리츠 (CR-REITs)
	자기관리 부동산투자회사	위탁관리 부동산투자회사	
회사 형태	「상법」상 주식회사		
실체 형태	실체회사(상근 임직원)	명목회사(비상근)	
설립자본금	5억원	3억원	
최저자본금	70억원	50억원	
현물출자	영업인가 또는 등록 후, 최저자본금 갖춘 후 현물출자는 가능 ※ 부동산 + 지상권, 임차권 등 부동산 사용에 관한 권리, 신탁 수익권 등도 허용		
주식의 분산 (1인당 보유한도)	발행주식의 100분의 50을 초과하지 못함		제한 없음
주식공모	영업인가를 받거나 등록한 날부터 2년 이내에 발행 주식 총수의 100분의 30 이상을 일반의 청약에 제공		의무사항 아님
상장	상장요건을 갖춘 후 즉시		
회사의 자산구성	매 분기 말 현재 총자산의 100분의 80 이상을 부동산, 부동산 관련 증권 및 현금으로 구성(총자산의 100분의 70 이상은 부동산으로 구성)		매 분기 말 현재 총자산의 100분 70 이상을 구조조정 관련된 부동산으로 구성
배당	50% 이상 의무 배당	90% 이상 배당 시 법인세 비과세	
차입과 사채	자기자본의 2배를 초과할 수 없음. 주주총회 특별결의 시 10배 범위에서 가능		
합병제한	같은 종류의 부동산투자회사 간의 흡수합병의 방법으로 합병 가능		
세제혜택	법인세 면제(×)	90% 이상 배당 시 법인세 면제	

[위탁관리 & 기업구조조정 부동산투자회사] 지점설치(×), 직원고용(×), 상근 임원(×)

기본문제와 완성문제로 단단기출

01 부동산투자회사법령상 ( )에 들어갈 내용으로 옳은 것은? 제33회

기본 기출

- (㉠) 부동산투자회사: 자산운용 전문인력을 포함한 임직원을 상근으로 두고 자산의 투자·운용을 직접 수행하는 회사
- (㉡) 부동산투자회사: 자산의 투자·운용을 자산관리회사에 위탁하는 회사

① ㉠: 자치관리, ㉡: 위탁관리
② ㉠: 자치관리, ㉡: 간접관리
③ ㉠: 자기관리, ㉡: 위탁관리
④ ㉠: 자기관리, ㉡: 간접관리
⑤ ㉠: 직접관리, ㉡: 간접관리

키워드 부동산투자회사
난이도
해설 ㉠ 자기관리 부동산투자회사는 자산운용 전문인력을 포함한 임직원을 상근으로 두고 자산의 투자·운용을 직접 수행하는 회사를 말한다.
㉡ 위탁관리 부동산투자회사는 자산의 투자·운용을 자산관리회사에 위탁하는 회사를 말한다.

02 「부동산투자회사법」상의 규정에 관한 설명으로 틀린 것은? 제24회 수정

기본 기출

① 자기관리 부동산투자회사의 설립자본금은 5억원 이상으로 한다.
② 자기관리 부동산투자회사는 그 설립등기일부터 10일 이내에 대통령령으로 정하는 바에 따라 설립보고서를 작성하여 국토교통부장관에게 제출하여야 한다.
③ 위탁관리 부동산투자회사는 본점 외의 지점에 설치할 수 있으며, 직원을 고용하거나 상근 임원을 둘 수 있다.
④ 감정평가사 또는 공인중개사로서 해당 분야에 5년 이상 종사한 사람은 자기관리 부동산투자회사의 상근 자산운용 전문인력이 될 수 있다.
⑤ 위탁관리 부동산투자회사 및 기업구조조정 부동산투자회사의 설립자본금은 3억원 이상으로 한다.

키워드 「부동산투자회사법」상의 규정
난이도
해설 위탁관리 부동산투자회사는 본점 외의 지점을 설치할 수 없으며, 직원을 고용하거나 상근 임원을 둘 수 없다(부동산투자회사법 제11조의2).

정답 01 ③ 02 ③

03 「부동산투자회사법」상 위탁관리 부동산투자회사(REITs)에 관한 설명으로 틀린 것은? 제30회

기본 기출

① 주주 1인당 주식소유의 한도가 제한된다.
② 주주를 보호하기 위해서 직원이 준수해야 할 내부통제기준을 제정하여야 한다.
③ 자산의 투자·운용을 자산관리회사에 위탁하여야 한다.
④ 주요 주주의 대리인은 미공개 자산운용정보를 이용하여 부동산을 매매하거나 타인에게 이용하게 할 수 없다.
⑤ 설립자본금은 3억원 이상으로 한다.

키워드 부동산투자회사

난이도

해설 자기관리 부동산투자회사 및 자산관리회사는 법령을 준수하고 자산운용을 건전하게 하며 주주를 보호하기 위하여 임직원이 따라야 할 기본적인 절차와 기준(내부통제기준)을 제정하여 시행하여야 한다(부동산투자회사법 제47조). 그러나 위탁관리 부동산투자회사는 상근 임직원이 없는 명목회사로 자산의 투자·운용업무를 자산관리회사에 위탁하는 회사이다. 따라서 주주를 보호하기 위해서 직원이 준수해야 할 내부통제기준은 제정할 필요가 없다.

04 「부동산투자회사법」상 '자기관리 부동산투자회사'(REITs, 이하 '회사'라 한다)에 관한 설명으로 틀린 것은? 제34회

완성 기출

① 국토교통부장관은 회사가 최저자본금을 준비하였음을 확인한 때에는 지체 없이 주요 출자자(발행주식 총수의 100분의 5를 초과하여 주식을 소유하는 자)의 적격성을 심사하여야 한다.
② 최저자본금준비기간이 지난 회사의 최저자본금은 70억원 이상이 되어야 한다.
③ 주요 주주는 미공개 자산운용정보를 이용하여 부동산을 매매하거나 타인에게 이용하게 하여서는 아니 된다.
④ 회사는 그 자산을 투자·운용할 때에는 전문성을 높이고 주주를 보호하기 위하여 자산관리회사에 위탁하여야 한다.
⑤ 주주총회의 특별결의에 따른 경우, 회사는 해당 연도 이익배당한도의 100분의 50 이상 100분의 90 미만으로 이익배당을 정한다.

키워드 부동산투자회사

난이도

해설 자기관리 부동산투자회사는 그 자산을 투자·운용할 때에는 전문성을 높이고 주주를 보호하기 위하여 대통령령으로 정하는 바에 따라 자산운용 전문인력을 상근으로 두어야 한다(부동산투자회사법 제22조 제1항).

정답 03 ② 04 ④

05 우리나라의 부동산투자회사(REITs)에 관한 설명으로 옳은 것은? 제26회 수정

완성 기출

① 자기관리 부동산투자회사의 설립자본금은 5억원 이상으로 한다.
② 위탁관리 부동산투자회사의 설립자본금은 3억원 이상이며, 등록을 한 날부터 6개월이 지난 자본금은 30억원 이상이 되어야 한다.
③ 자기관리 부동산투자회사와 기업구조조정 부동산투자회사는 모두 실체형 회사의 형태로 운영된다.
④ 위탁관리 부동산투자회사는 본점 외의 지점을 설치할 수 있으며, 직원을 고용하거나 상근 임원을 둘 수 있다.
⑤ 부동산투자회사는 금융기관으로부터 자금을 차입할 수 없다.

키워드 ▶ 부동산투자회사

난이도 ▶

해설 ▶ ② 위탁관리 부동산투자회사의 설립자본금은 3억원 이상이며, 등록을 한 날부터 6개월이 지난 자본금은 50억원 이상이 되어야 한다.
③ 자기관리 부동산투자회사는 실체형 회사의 형태로, 기업구조조정 부동산투자회사는 명목형 회사의 형태로 운영된다.
④ 위탁관리 부동산투자회사는 본점 외의 지점을 설치할 수 없으며, 직원을 고용하거나 상근 임원을 둘 수 없다.
⑤ 부동산투자회사는 금융기관으로부터 자금을 차입할 수 있다.

정답 05 ①

06 부동산금융에 관한 설명으로 <u>틀린</u> 것은?

제25회

① 자기관리 부동산투자회사란 다수투자자의 자금을 받아 기업이 구조조정을 위해 매각하는 부동산을 매입하고, 개발·관리·운영하여 수익을 분배하는 뮤추얼펀드(mutual fund)로서 서류상으로 존재하는 명목회사(paper company)이다.

② 주택연금이란 주택을 금융기관에 담보로 맡기고, 금융기관으로부터 연금과 같이 매월 노후생활자금을 받는 제도이다.

③ 코픽스(cost of funds index)는 은행자금조달비용을 반영한 대출금리로 이전의 CD금리가 은행의 자금조달비용을 제대로 반영하지 못한다는 지적에 따라 도입되었다.

④ 고정금리 주택담보대출은 차입자가 대출기간 동안 지불해야 하는 이자율이 동일한 형태로 시장금리의 변동에 관계없이 대출 시 확정된 이자율이 만기까지 계속 적용된다.

⑤ 변동금리 주택담보대출은 이자율 변동으로 인한 위험을 차입자에게 전가하는 방식으로 금융기관의 이자율 변동위험을 줄일 수 있는 장점이 있다.

키워드 부동산투자회사, 부동산금융

난이도

해설 ① 다수투자자의 자금을 받아 기업이 구조조정을 위해 매각하는 부동산을 매입하고 관리·운영하여 수익을 분배하는 뮤추얼펀드(mutual fund)로서 서류상으로만 존재하는 명목회사(paper company)는 기업구조조정 부동산투자회사이다. 자기관리 부동산투자회사란 자산운용 전문인력을 포함한 임직원을 상근으로 두고 자산의 투자·운용을 직접 수행하는 실체상 회사이다.
③ 코픽스는 대출금리 중 '기준금리'에 해당하지 그 자체가 '대출금리'는 아니다.
따라서 ①로 공개된 가답안과 달리 최종 정답은 ①③으로 발표되었다.

정답 06 ①, ③

THEME 27

부동산이용

| THEME 키워드 |
도시스프롤 현상, 토지가격, 도시회춘화 현상

기본으로 알아야 하는 대표기출

기출분석
- **기출회차:** 제23회
- **키워드:** 도시스프롤 현상
- **난이도:** ■■□□□

도시스프롤(urban sprawl) 현상에 관한 설명으로 틀린 것은?

① 도시의 성장이 무질서하고 불규칙하게 확산되는 현상이다.
② 주로 도시 중심부의 오래된 상업지역과 주거지역에서 집중적으로 발생한다.
③ 도시의 교외로 확산되면서 중간중간에 공지를 남기기도 한다.
④ 스프롤 현상이 발생한 지역의 토지는 최유효이용에서 괴리될 수 있다.
⑤ 간선도로를 따라 확산이 전개되는 현상이 나타나기도 한다.

함정을 피하는 TIP
- 도시스프롤 현상은 산발적인 도시의 확대이고, 대도시 외곽부에서 더욱 발생하는 무계획적 시가지 현상이라는 점을 알아두어야 한다.

해설
도시스프롤(urban sprawl) 현상은 산발적인 도시의 확대이고 대도시 외곽부에서 발달하는 무계획적 시가지 현상이다. 따라서 대도시의 도심지보다는 외곽부에서 더욱 발생한다.

정답 ②

단단하게 정리하는 **핵심이론**

1 토지이용의 집약도

(1) 의의

토지이용에 있어 단위면적당 투입되는 노동과 자본의 양을 말한다.

$$토지이용의\ 집약도 = \frac{투입되는\ 노동과\ 자본의\ 양}{단위면적}$$

(2) 집약적 토지이용 — 토지가 고정되어 있는 상태에서 노동이나 자본의 투입량을 늘리면 총생산량(총수확량)은 증가하나 추가적인 생산량은 점점 감소하게 되는 것

① **의의**: 토지이용의 집약도가 높은 토지이용을 말한다.
② **수확체감의 법칙 적용**: 도시의 토지이용에 있어서 건물의 고층화에도 적용된다.
③ **집약한계**: 투입되는 한계비용이 산출되는 한계수입과 일치되는 데까지 추가투입되는 경우의 집약도를 말한다. ⇨ 이윤극대화를 가져오는 토지이용의 집약도

(3) 조방적 토지이용

① **의의**: 토지이용의 집약도가 낮은 토지이용을 말한다.
② **조방한계**: 최적의 조건하에서 겨우 생산비를 감당할 수 있는 수익밖에 얻을 수 없는 집약도를 말한다.
    ⇨ 총수입과 총비용이 일치하는 손익분기점에서의 토지이용의 집약도

(4) 입지잉여

① **의의**: 동일한 산업경영이라도 입지조건이 양호한 경우에는 특별한 이익을 낳는데, 이를 입지잉여라 한다.
② **발생요건**: 어떤 위치의 가치가 한계입지 이상이고 또한 그 위치를 최유효이용할 수 있는 입지주체가 이용하는 경우여야 발생한다.
③ **한계입지**: 입지조건이 상대적으로 나쁜 곳으로 초과수익을 전혀 기대할 수 없는 곳에 입지하는 것, 즉 입지잉여가 '0'이 되는 위치이다.

2 부동산이용

(1) 지가구배 현상(地價勾配現象)

도시의 지가 패턴은 도심이 가장 높고 도심에서 멀어질수록 점점 낮아지는데, 이와 같이 지가가 도심에서 도로를 따라 외곽으로 나갈수록 점점 낮아지는 현상을 지가구배 현상이라 한다.

(2) 한계지의 지가법칙

의의	특정의 지점과 시점을 기준으로 한 택지이용의 최원방권
특징	① 한계지는 농경지 등의 용도전환으로 개발되는 것이 대부분이지만, 한계지의 지가수준은 농경지 등의 지가수준과는 무관한 경우가 많음 ⇨ 단절지가(斷絕地價) ② 한계지의 지가와 도심부의 지가는 상호 무관하지 않고, 각 한계지의 지가 상호간에는 밀접한 대체관계가 성립 ③ 한계지는 철도와 같은 대중교통수단을 주축으로 하여 연장 ④ 농경지가 택지화된 한계지는 초기에 지가의 상승이 빠름 ⑤ 자가(自家)의 한계지는 차가(借家)의 한계지보다 더욱 택지이용의 원방권에 위치

(3) 도시스프롤(sprawl) 현상

의의	도시의 성장·개발현상이 무질서·불규칙하게 평면적으로 확산되는 것
원인	개발도상국에서 도시계획이나 토지이용계획의 소홀
유형	① 저밀도 연쇄개발현상 ② 고밀도 연쇄개발현상(우리나라) ③ 간선도로를 따라 스프롤이 전개되는 현상 ④ 개구리가 뛰는 것처럼 도시에서 중간중간에 상당한 공지를 남기면서 교외로 확산되는 현상 ⇨ 비지적(飛地的) 현상
특징	① 토지의 최유효이용에서 괴리됨으로써 일어나는 현상 ② 주거지역에서만 생기는 것이 아니고 상업지역이나 공업지역에서도 발생 ③ 대도시의 도심지보다는 외곽부에서 더욱 발생 ④ 도시 외곽부의 팽창인 도시의 평면적 확산이며, 경우에 따라 입체 슬럼형태를 보임 ⑤ 스프롤 지대의 지가현상은 지역특성에 따라 다양하며, 예외적인 경우를 제외하면 지가수준은 표준 이하

(4) 직·주분리와 직·주접근

직·주분리	의의	직장을 도심에 두고 있는 근로자가 그 거처를 도심에서 멀리 두는 현상
	원인	① 도심의 지가 상승 ② 도심의 환경 악화 ③ 도심의 재개발(주택의 철거) ④ 교통의 발달
	결과	① 인구의 시외곽 이주로 도심의 상주인구가 감소하면서 도심의 주·야간 인구 차가 커지는 공동화 현상(도넛 현상)이 나타남 ② 외곽은 침상도시(寢牀都市, bed town)화됨 ③ 도심고동(都心鼓動)의 비율이 커져 출퇴근 시 교통혼잡 발생 ④ 외곽지역의 지가 상승

직·주접근	의의	직장과 주거지를 가급적 가까운 곳에 두려는 현상 ⇨ 회귀(return) 현상
	원인	① 도심의 상대적 지가 하락 ② 도심의 환경 개선 ③ 정책적으로 유도 ④ 교통체증의 심화
	결과	① 도심의 주거용 건물이 고층화됨 ② 도시회춘화 현상

(5) 침입적 토지이용

의의	일정지역에서 기존의 이용주체가 새로운 인자(因子)의 침입으로 인해 새로운 이용주체로 변화하는 것
유의점	① 침입은 확대적 침입과 축소적 침입으로 구분되는데, 확대적 침입이 통상적임 ② 낮은 지가수준, 강한 흡인력 등은 침입활동을 유발하는 인자라고 할 수 있음 ③ 지가수준이 낮은 곳에 침입적 이용을 함으로써 지가수준을 끌어올릴 수 있음 ④ 주로 기존의 영세적인 취락이나 지역에서 침입활동이 이루어지며, 때로는 원주민의 저항을 초래하기도 함 ⑤ 행정적 규제와의 관계도 고려하여야 함

기본문제와 완성문제로 **단단기출**

01 도시지역의 토지가격이 정상지가상승분을 초과하여 급격히 상승한 경우 발생할 수 있는 현상이 <u>아닌</u> 것은?

기본기출　　　　　　　　　　　　　　　　　　　　　　　　　　　　　　제23회

① 택지가격을 상승시켜 택지취득을 어렵게 만든다.
② 직주분리현상을 심화시켜 통근거리가 길어진다.
③ 토지의 조방적 이용을 촉진하고, 주거지의 외연적 확산을 조장한다.
④ 한정된 사업비 중 택지비의 비중이 높아져 상대적으로 건축비의 비중이 줄어들기 때문에 주택의 성능이 저하될 우려가 있다.
⑤ 높은 택지가격은 공동주택의 고층화를 촉진시킨다.

키워드　토지가격

난이도

해설　도시지역의 토지가격이 정상지가상승분을 초과하여 급격히 상승한 경우 토지의 집약적 이용을 촉진하고, 주거지의 외연적 확산을 조장한다.

02 최근 도심의 오래된 건물이 재건축됨에 따라 도심에 거주하는 소득계층이 저소득층에서 중·고소득층으로 유입, 대체되는 현상을 말하는 것은?

기본기출　　　　　　　　　　　　　　　　　　　　　　　　　　　　　　제13회

① 집중반전 현상
② 공동화 현상
③ 도시회춘화 현상
④ 직·주접근 현상
⑤ 도심고등 현상

키워드　도시회춘화 현상

난이도

해설　도시회춘화 현상이란 직·주접근 현상과 밀접한 관련이 있는 것으로, 최근 도심의 오래된 건물이 재건축됨에 따라 도심에 거주하는 소득계층이 저소득층에서 중·고소득층으로 유입, 대체되는 현상을 말한다.

정답　01 ③　02 ③

THEME 28 부동산개발의 위험과 타당성 분석

| THEME 키워드 |
부동산개발, 부동산개발의 위험, 부동산분석의 단계별 분석과정

기본으로 알아야 하는 대표기출

> **기출분석**
> - **기출회차:** 제23회
> - **키워드:** 부동산개발의 위험
> - **난이도:**

부동산개발의 위험에 관한 설명으로 틀린 것은?

① 부동산개발사업은 그 과정에 내포되어 있는 불확실성으로 인해 위험요소가 존재한다.
② 부동산개발사업의 위험은 법률적 위험(legal risk), 시장위험(market risk), 비용위험(cost risk) 등으로 분류할 수 있다.
③ 이용계획이 확정된 토지를 구입하는 것은 법률적 위험 부담을 줄이기 위한 방안 중 하나이다.
④ 개발사업부지에 군사시설보호구역이 일부 포함되어 사업이 지연되었다면 이는 시장위험 분석을 소홀히 한 결과이다.
⑤ 공사기간 중 이자율의 변화, 시장침체에 따른 공실의 장기화 등은 시장위험으로 볼 수 있다.

> **함정을 피하는 TIP**
> - 부동산개발의 위험은 법률위험, 시장위험, 비용위험 등으로 구분한다. 시험에서는 각 위험의 개념 및 위험을 최소화하는 방법을 묻는 문제가 출제되고 있으므로 이를 정리해두어야 한다.

해설
개발사업부지에 군사시설보호구역이 일부 포함되어 사업이 중단되었다면 이는 법률적 위험분석을 소홀히 한 결과이다.

정답 ④

단단하게 정리하는 **핵심이론**

1 부동산개발의 의의

타인에게 공급할 목적으로 토지를 조성하거나 건축물을 건축, 공작물을 설치하는 행위로 조성·건축·대수선·리모델링·용도변경 또는 설치되거나 될 예정인 부동산을 공급하는 것을 말한다. 다만, 시공을 담당하는 행위는 제외된다.

2 부동산개발의 과정

(1) 아이디어단계(구상단계)

모든 부동산개발은 구상으로부터 시작한다.

(2) 예비적 타당성 분석단계(전실행가능성 분석단계)

부동산개발에서 얻은 수익이 비용을 상회할 가치가 있느냐를 조사하는 것이다.

(3) 부지구입단계(부지모색과 확보단계)

전실행가능성 분석단계가 끝났으면, 곧바로 부지의 구입에 착수한다.

(4) 타당성 분석단계(실행가능성 분석 및 디자인단계)

① **공법상의 규제분석**: 법적·행정적으로 개발할 수 있는 공간의 양 및 종류를 결정한다.
② **부지분석**: 토양의 구조물 지지능력 및 건설에 따른 특별문제 등에 대한 정보를 조사한다.
③ **시장분석**: 택지조성의 경우는 택지면적·규모 등을, 공간창조의 경우는 건축면적·방의 수 또는 개발단위, 기대되는 임대료수익 및 고객이 원하는 형태 등에 대한 정보를 조사한다.
④ **재정분석**: 최적이윤을 가져다주는 규모 및 디자인을 결정하는 데 사용한다.

(5) 금융단계

택지조성 및 건설자금의 융자 등을 고려하는 국면이다.

(6) 건설단계(택지조성)

물리적인 공간을 창조하는 국면이다.

(7) 마케팅단계(분양)

3 부동산개발의 위험분석

부동산개발은 그것이 내포하고 있는 불확실성(부동산개발은 현재에 이루어지지만 수익성은 미래에 나타남) 때문에 위험요소가 개재한다.

(1) 법률적 위험부담

토지이용규제와 같은 공법적인 측면과 소유권 관계와 같은 사법적인 측면에서 발생할 수 있는 위험을 말한다.

⇨ 법률적 위험부담을 최소화하기 위한 최선의 선택은 이미 이용계획이 확정된 토지를 구입하는 것이다.

(2) 시장위험부담

부동산시장의 불확실성이 개발업자에게 지우는 부담을 말한다.

⇨ 부동산개발업자는 시장위험을 줄이기 위해 시장연구(market study)와 시장성 연구(marketability study)가 필요하다.

(3) 비용위험부담

개발기간이 예상보다 길어진다든지, 예상하지 못한 인플레이션이 발생한다든지 하여 비용부담이 증가하는 위험을 말한다.

⇨ 개발사업으로부터의 적정한 수익획득의 여부는 생산에 투입된 비용에 좌우되는 경우가 많다. 비용위험을 줄이기 위해 개발업자는 시공사와 최대가격보증계약을 맺기도 한다.

4 부동산개발의 타당성 분석

(1) 부동산분석의 체계

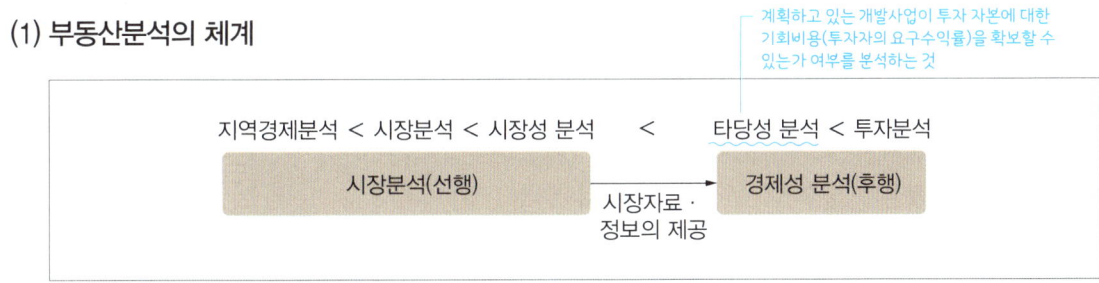

(2) 부동산분석의 유형

① **지역경제분석**: 대상 시장지역의 인구, 고용, 소득 등 모든 부동산의 수요와 시장에 영향을 미치는 요인을 분석·확인 및 예측하는 작업 ⇨ 거시적 시장분석의 한 부분

② **시장분석**: 특정 부동산에 대한 시장의 수요와 공급상황을 분석하는 것

⚠ **시장차별화와 시장세분화**
- 시장차별화(market disaggregation): 제품의 특성에 따라 대상부동산을 범주화하여 다른 부동산과 구별하는 것을 말한다.
- 시장세분화(market segmentation): 소비자의 특성에 따라 가능사용자를 범주화하여 다른 사람과 구별하는 것을 말한다.

③ 시장성 분석
　㉠ 의의: 향후 개발될 부동산이 현재나 미래의 시장상황에서 매매되거나 임대될 수 있는지에 대한 경쟁력을 분석하는 것을 말한다.
　㉡ 흡수율 분석
　　ⓐ 흡수율이나 흡수시간 등을 분석하여 부동산의 수요와 공급을 구체적으로 조사하는 것 ⇨ 흡수율이 높을수록 시장위험은 작다.
　　ⓑ 목적: 단순히 과거의 추세를 파악하는 것만이 아니라 이를 기초로 개발사업의 미래의 흡수율을 파악하는 것이다.
④ **타당성 분석**: 개발사업에 투자자금을 끌어들일 수 있을 정도로 충분한 수익이 발생하는지 분석하는 것을 말한다.
⑤ **투자분석**: 투자자의 목적, 다른 투자대안의 수익성 등을 검토하여 대상개발사업의 채택 여부를 결정하는 것을 말한다.

(3) 시장분석과 경제성 분석

① 시장분석
　㉠ 의의: 특정 개발사업이 시장에서 채택될 수 있는가를 분석하는 것을 말한다.
　　⇨ 개발사업이 안고 있는 물리적·법률적·경제적·사회적 제약조건에 대한 분석도 포함한다.
　㉡ 목적: 개발사업에 대한 투자결정을 하는 데 필요한 모든 정보를 제공하는 것을 말한다.
　㉢ 역할
　　ⓐ 주어진 부지에는 어떤 용도가 적합한가를 결정하는 역할을 한다(적지론).
　　ⓑ 특정 용도에는 어떤 부지가 적합한가를 결정하는 역할을 한다(입지론).
　　ⓒ 주어진 자본을 투자할 대안을 찾고 있는 투자자를 위해 수행되기도 한다.
　　ⓓ 새로운 개발사업에 대해서는 물론 기존의 개발사업에 대해서도 행해진다.
　㉣ 구성요소
　　ⓐ 지역분석(도시분석): 경제기반분석, 인구분석, 소득수준, 교통
　　ⓑ 근린분석: 지방경제가 부지에 미치는 영향, 근린지역 내의 경쟁, 미래의 경쟁가능성, 인구의 특성
　　ⓒ 부지분석: 지역지구제, 편익시설, 접근성, 크기와 모양, 지형
　　ⓓ 수요분석: 경쟁력, 인구분석, 추세분석
　　ⓔ 공급분석: 공실률 및 임대료 추세, 건축착공량과 건축허가 수
② **경제성 분석**: 시장분석에서 수집된 자료를 활용하여 개발사업에 대한 수익성을 평가하고, 최종적인 투자결정을 하는 것을 말한다.

5 개발권양도제(TDR)

(1) 의의

개발권양도제(TDR; transferable development rights) 또는 개발권이전제란 <mark>개발제한으로 인해 규제되는 보전지역(규제지역)에서 발생하는 토지소유자의 손실을 보전하기 위한 제도</mark>이다.
⇨ 규제지역 토지소유자의 재산상의 손실을 시장을 통해서 해결하려는 제도

(2) 내용

① 미국의 경우 초기에는 도심지의 역사적 유물 등을 보존하기 위한 목적으로 실시되었으나 최근에는 토지정책의 수단 중 토지이용규제의 한 방법으로 이용되고 있다.
② 개발이 제한된 보전지역 내의 토지소유자에게 부여된 개발권을 개발이 가능한 다른 지역의 토지소유자에게 매각하게 하여, 제한지역 내의 개발계획의 제한으로 토지소유자가 받는 손실을 개발가능지역의 토지소유자가 보상하게 함으로써 손실을 완화시킬 수 있는 제도이다.

(3) 장단점

① 장점
  ㉠ 공공이 부담해야 하는 비용을 절감하면서 규제에 따른 손실의 보전이 이루어진다는 점에 의의가 있다.
  ㉡ 형평성을 높여 용도지역제의 한계를 보완할 수 있다.
② 단점
  ㉠ 형평성 문제를 완전하게 해소하기 어렵다.
  ㉡ 토지이용의 효율성 문제가 발생한다.

6 부동산신탁

(1) 의의

부동산신탁이란 위탁자(부동산소유자)가 수탁자(부동산신탁회사)와 신탁계약을 체결한 후 부동산을 수탁자에게 소유권 이전 및 신탁등기를 하고 나면 수탁자는 신탁계약에서 정한 목적 달성을 위하여 신탁부동산을 개발·관리·처분하여 발생한 수익 또는 잔존부동산을 신탁 종료 시 수익자에게 교부하는 제도를 말한다.

(2) 토지(개발)신탁

토지소유자가 토지를 개발하기 위한 목적으로 가입하는 신탁을 말한다. 신탁회사는 신탁계약에 따라 사업비 조달, 시공사 선정 등의 개발 사업을 수행한다. 사업이 완료되면 신탁회사는 신탁보수, 비용 등을 정산한 뒤 수익을 수익자에게 지급하는 것으로 신탁계약은 종료된다.

(3) 부동산관리신탁

① 의의: 부동산의 소유자가 부동산의 관리서비스를 받기 위한 목적으로 가입하는 것으로 부동산의 소유권관리, 건물수선 및 유지, 임대차관리 등 제반 부동산관리 업무를 신탁회사가 수행하는 방식이다.

② 종류
- ㉠ 갑종관리신탁(종합관리형): 부동산의 소유권만 관리하는 것이 아니라 건물의 외형이나 경제적인 측면까지 관리하는 법률·경제·기술적 관리를 말한다.
- ㉡ 을종관리신탁(부분관리형): 부동산의 '소유권 관리'만을 하는 것을 말하는데, '명의신탁'이라고도 한다.

(4) 부동산처분신탁

권리관계가 복잡하여 처분에 어려움이 있는 부동산이나 부동산의 규모가 큰 고가의 부동산을 효율적으로 처분하기 위해 이용하는 신탁이다.

(5) 부동산담보신탁

위탁자(부동산소유자)가 소유권을 수탁자(신탁회사)에게 이전하고 수탁자(신탁회사)로부터 수익증권을 교부받아 수익증권을 담보로 금융기관에서 대출을 받는 신탁을 말한다.

(6) 분양관리신탁

상가 등 건축물 분양의 투명성과 안정성을 확보하기 위하여 신탁회사에게 사업부지의 신탁과 분양에 따른 자금관리업무를 부담시키는 제도이다.

기본문제와 완성문제로 **단단기출**

01 부동산개발의 위험에 관한 설명으로 **틀린** 것은? 제28회

기본 기출

① 워포드(L. Wofford)는 부동산개발위험을 법률위험, 시장위험, 비용위험으로 구분하고 있다.
② 부동산개발사업의 추진에는 많은 시간이 소요되므로, 개발사업기간 동안 다양한 시장위험에 노출된다.
③ 부동산개발사업의 진행과정에서 행정의 변화에 의한 사업 인·허가 지연위험은 시행사 또는 시공사가 스스로 관리할 수 있는 위험에 해당한다.
④ 법률위험을 최소화하기 위해서는 이용계획이 확정된 토지를 구입하는 것이 유리하다.
⑤ 예측하기 어려운 시장의 불확실성은 부동산개발사업에 영향을 주는 시장위험요인이 된다.

키워드 부동산개발의 위험

난이도

해설 부동산개발사업의 진행과정에서 행정의 변화에 의한 사업 인·허가 지연위험은 시행사 또는 시공사가 스스로 관리할 수 있는 위험이 아니며, 이 밖에 매장문화재 출토로 인한 사업위험, 거시적 시장환경의 변화 위험, 사업지 주변 사회간접자본시설 확충의 지연위험 등도 시행사 또는 시공사가 스스로 관리할 수 있는 위험이 아니다. 그러나 부실공사 하자에 따른 책임위험은 부동산개발사업의 진행과정에서 시행사 또는 시공사가 스스로 관리할 수 있는 위험에 해당한다.

02 부동산분석은 단계별 분석과정을 거쳐 이루어진다. 단계를 순서대로 나열한 것은? 제17회

기본 기출

① 지역경제분석 ⇨ 시장성 분석 ⇨ 시장분석 ⇨ 타당성 분석 ⇨ 투자분석
② 지역경제분석 ⇨ 시장분석 ⇨ 시장성 분석 ⇨ 타당성 분석 ⇨ 투자분석
③ 지역경제분석 ⇨ 시장분석 ⇨ 타당성 분석 ⇨ 시장성 분석 ⇨ 투자분석
④ 지역경제분석 ⇨ 시장성 분석 ⇨ 타당성 분석 ⇨ 시장분석 ⇨ 투자분석
⑤ 지역경제분석 ⇨ 타당성 분석 ⇨ 시장분석 ⇨ 시장성 분석 ⇨ 투자분석

키워드 부동산분석의 단계별 분석과정

난이도

해설 부동산분석의 단계별 분석과정은 '지역경제분석 ⇨ 시장분석 ⇨ 시장성 분석 ⇨ 타당성 분석 ⇨ 투자분석'의 순서이다.

정답 01 ③ 02 ②

03 부동산개발사업의 타당성 분석과 관련하여 다음 설명에 해당하는 (   )에 알맞은 용어는? 제31회

(㉠): 특정 부동산이 가진 경쟁력을 중심으로 해당 부동산이 분양될 수 있는 가능성을 분석하는 것
(㉡): 타당성 분석에 활용된 투입요소의 변화가 그 결과치에 어떠한 영향을 주는가를 분석하는 기법

① ㉠: 경제성 분석, ㉡: 민감도 분석
② ㉠: 경제성 분석, ㉡: SWOT 분석
③ ㉠: 시장성 분석, ㉡: 흡수율 분석
④ ㉠: 시장성 분석, ㉡: SWOT 분석
⑤ ㉠: 시장성 분석, ㉡: 민감도 분석

키워드 부동산개발

난이도

해설 ㉠ 특정 부동산이 가진 경쟁력을 중심으로 해당 부동산이 분양될 수 있는 가능성을 분석하는 것은 '시장성 분석'이다.
㉡ 타당성 분석에 활용된 투입요소의 변화가 그 결과치에 어떠한 영향을 주는가를 분석하는 기법은 '민감도 분석'이다.

04 부동산개발에 관한 설명으로 옳은 것을 모두 고른 것은? 제23회

㉠ 부동산개발이란 타인에게 공급할 목적으로 토지를 조성하거나 건축물을 건축, 공작물을 설치하는 행위로 조성·건축·대수선·리모델링·용도변경 또는 설치되거나 될 예정인 부동산을 공급하는 것을 말한다. 다만, 시공을 담당하는 행위는 제외된다.
㉡ 개발권양도제(TDR)는 개발제한으로 인해 규제되는 보전지역에서 발생하는 토지소유자의 손실을 보전하기 위한 제도로서 현재 널리 시행되고 있다.
㉢ 흡수율 분석은 부동산시장의 추세를 파악하는 데 도움을 주는 것으로, 과거의 추세를 정확하게 파악하는 것이 주된 목적이다.
㉣ 개발사업에 있어서 법률적 위험은 용도지역지구제와 같은 공법적 측면과 소유권 관계와 같은 사법적 측면에서 형성될 수 있다.
㉤ 개발사업에 대한 타당성 분석 결과가 동일한 경우에도 분석된 사업안은 개발업자에 따라 채택될 수도 있고, 그렇지 않을 수도 있다.

① ㉠, ㉡, ㉢
② ㉠, ㉣, ㉤
③ ㉡, ㉢, ㉣
④ ㉡, ㉢, ㉤
⑤ ㉢, ㉣, ㉤

키워드 부동산개발

난이도

해설 ㉡ 개발권양도제(TDR)는 개발제한으로 인해 규제되는 보전지역에서 발생하는 토지소유자의 손실을 보전하기 위한 제도로서 우리나라에서는 현재 시행되고 있지 않다.
㉢ 흡수율 분석은 부동산시장의 추세파악에 많은 도움을 주는데, 단순히 과거의 추세를 파악하는 것만이 아니라 이를 기초로 개발사업의 미래의 흡수율을 파악하는 데 목적이 있다.

정답 03 ⑤ 04 ②

05 부동산개발사업 시 분석할 내용에 관한 설명으로 틀린 것은? 제25회

① 민감도 분석은 시장에 공급된 부동산이 시장에서 일정기간 동안 소비되는 비율을 조사하여 해당 부동산시장의 추세를 파악하는 것이다.
② 시장분석은 특정 부동산에 관련된 시장의 수요와 공급 상황을 분석하는 것이다.
③ 시장성 분석은 부동산이 현재나 미래의 시장상황에서 매매 또는 임대될 수 있는 가능성을 조사하는 것이다.
④ 예비적 타당성 분석은 개발사업으로 예상되는 수입과 비용을 개략적으로 계산하여 수익성을 검토하는 것이다.
⑤ 인근지역 분석은 부동산개발에 영향을 미치는 환경요소의 현황과 전망을 분석하는 것이다.

키워드 부동산개발

난이도

해설   시장에 공급된 부동산이 시장에서 일정기간 동안 소비되는 비율을 조사하여 해당 부동산시장의 추세를 파악하는 것은 흡수율 분석에 해당한다. 민감도 분석은 투자효과를 분석하는 모형의 투입요소가 변화함에 따라 그 결과치가 어떠한 영향을 받는가를 분석하는 것이다.

정답 05 ①

THEME 29 민간의 부동산개발방식과 민간투자사업방식

| THEME 키워드 |
민간의 부동산개발방식, 민간투자사업방식

기출분석
- **기출회차:** 제29회
- **키워드:** 민간의 부동산개발방식
- **난이도:** ■■□

기본으로 알아야 하는 대표기출

부동산개발사업의 방식에 관한 설명 중 (㉠)과 (㉡)에 해당하는 것은?

> ㉠: 토지소유자가 토지소유권을 유지한 채 개발업자에게 사업시행을 맡기고 개발업자는 사업시행에 따른 수수료를 받는 방식
> ㉡: 토지소유자로부터 형식적인 토지소유권을 이전받은 신탁회사가 사업주체가 되어 개발·공급하는 방식

① ㉠: 사업위탁(수탁)방식, ㉡: 등가교환방식
② ㉠: 사업위탁(수탁)방식, ㉡: 신탁개발방식
③ ㉠: 등가교환방식, ㉡: 합동개발방식
④ ㉠: 자체개발방식, ㉡: 신탁개발방식
⑤ ㉠: 자체개발방식, ㉡: 합동개발방식

함정을 피하는 TIP
- 민간의 부동산개발방식은 자체사업의 특징과 지주공동사업의 특징을 비교하여 정리해두고, 특히 지주공동사업의 각 사업방식들의 포인트를 암기해두어야 한다.

해설
지주공동사업 중 소유권을 유지한 채 개발업자에게 사업시행을 맡기고 개발업자는 사업시행에 따른 수수료를 받는 방식은 사업위탁(수탁)방식에 해당한다. 반면에 토지소유자로부터 형식적인 토지소유권을 이전받은 신탁회사가 사업주체가 되어 개발·공급하는 방식은 신탁개발방식에 해당한다.

정답 ②

단단하게 정리하는 핵심이론

1 민간의 부동산개발방식

(1) 자체개발사업

① 토지소유자가 사업기획을 하고 직접 자금조달을 하여 건설을 시행하는 방식이며, 통상적으로 가장 많은 사업의 형태이다.

② **장점**: 개발사업의 이익이 모두 토지소유자에게 귀속되고, 사업시행자의 의도대로 사업추진이 가능하며, 사업시행의 속도도 빠르다.

③ **단점**: 사업의 위험성이 매우 높고, 자금조달의 부담이 크며, 위기관리능력이 요구된다.

(2) 지주공동사업

① 토지소유자와 개발업자(건설사, 사업시행자, 자금조달자) 간에 부동산개발을 공동으로 시행하는 것으로서, 토지소유자는 토지를 제공하고 개발업자는 개발의 노하우를 제공하여 서로의 이익을 추구하는 형태이다.

② 가장 큰 장점은 불확실하고 위험도가 큰 부동산개발사업에 대한 위험을 토지소유자와 개발업자 간에 분산한다는 데 있다.

③ 공사비 대물변제형, 분양금 공사비 정산형, 사업위탁방식 등이 있다.

(3) 토지신탁개발사업

① 토지소유자로부터 형식적인 소유권을 이전받은 신탁회사가 토지를 개발·관리·처분하여 그 수익을 수익자에게 돌려주는 방식이다.

② 자신의 토지를 신탁회사에 위탁하여 개발·관리·처분하는 방식으로 사업위탁방식과 유사하나, 가장 큰 차이점은 신탁회사에 형식상의 소유권이 이전된다는 것이다.

(4) 컨소시엄 구성방식

① 대규모 개발사업에 있어서 사업자금의 조달 또는 상호 기술보완 등의 필요에 의해 법인 간에 컨소시엄을 구성하여 사업을 수행하는 방식이다.

② 사업의 안정성 확보라는 점에서 장점이 있으나, 사업시행에 시간이 오래 걸리고, 출자회사 간 상호 이해조정이 필요하며, 책임의 회피현상이 있을 수 있다는 단점이 있다.

> 등가교환방식은 토지소유자가 소유한 토지 위에 개발업자가 자금을 부담하여 건축한 건물의 건축면적을 토지소유자와 개발업자가 전체 투입자금 비율로 나누는 공동사업 유형이다.

구분		자체개발 사업	지주공동사업				토지신탁 개발사업	컨소시엄 구성방식
			공사비 대물변제 등가교환	분양금 공사비 지급형	투자자 모집형	사업위탁형 (사업제안)		
사업주체	토지 소유	토지소유자	토지소유자	토지소유자	사업시행자	토지소유자	신탁회사	토지소유자
	건축 시공		개발업자	개발업자	사업시행자	개발업자	신탁회사	컨소시엄 구성회사
	자금 조달		개발업자	개발업자	투자자	토지소유자	신탁회사	
	사업 시행		토지소유자	토지소유자	사업시행자	개발업자	신탁회사	토지소유자
	이익 귀속		토지소유자, 개발업자	토지소유자, 개발업자	토지소유자, 개발업자	토지소유자	수익자	토지소유자, 컨소시엄 구성회사
내용		토지소유자에 의한 자금조달, 시공, 분양	토지소유자가 공사비를 대물변제	토지소유자가 공사비를 분양금으로 변제	토지소유자나 개발업자가 투자자 모집	토지소유자가 개발업자에게 사업 전 과정을 위탁	토지소유자가 신탁회사에 수수료를 주고 신탁개발	대규모 토지개발에 시공사가 공동참여
비고		일반적으로 이용	시공사와 공사비 산정문제	대표적 지주공동사업	새로운 유형	소규모 사업에 활용	신탁수수료 협의문제	지주공동사업과 유사 형태

2 민간투자사업방식

BTO (build-transfer-operate) **방식**	사회간접자본시설의 준공과 함께 시설의 소유권이 정부 등에 귀속되지만, 사업시행자가 정해진 기간 동안 시설에 대한 운영권을 가지고 수익을 내는 민간투자사업방식 예 도로, 터널 등
BTL (build-transfer-lease) **방식**	민간이 개발한 시설의 소유권을 준공과 동시에 공공에 귀속시키고 민간은 시설관리운영권을 가지며, 공공은 그 시설을 임차하여 사용하는 민간투자사업방식 예 학교 건물, 기숙사, 도서관, 군인아파트 등
BOT (build-operate-transfer) **방식**	민간사업자가 스스로 자금을 조달하여 시설을 건설하고, 일정기간 소유·운영한 후, 사업이 종료한 때 국가 또는 지방자치단체 등에 시설의 소유권을 이전하는 민간투자사업방식
BLT (build-lease-transfer) **방식**	사업시행자가 사회간접자본시설을 준공한 후 일정기간 동안 운영권을 정부에 임대하여 투자비를 회수하며, 약정 임대기간 종료 후 시설물을 정부 또는 지방자치단체에 이전하는 민간투자사업방식
BOO (build-own-operate) **방식**	시설의 준공과 함께 사업시행자가 소유권과 운영권을 갖는 민간투자사업방식

기본문제와 완성문제로 **단단기출**

01 민간의 부동산개발방식에 관한 설명으로 틀린 것은? 제26회

기본 기출
① 자체개발사업에서는 사업시행자의 주도적인 사업추진이 가능하나 사업의 위험성이 높을 수 있어 위기관리능력이 요구된다.
② 토지소유자가 제공한 토지에 개발업자가 공사비를 부담하여 부동산을 개발하고, 개발된 부동산을 제공된 토지가격과 공사비의 비율에 따라 나눈다면, 이는 등가교환방식에 해당된다.
③ 토지신탁(개발)방식과 사업수탁방식은 형식의 차이가 있으나, 소유권을 이전하고 사업주체가 토지소유자가 된다는 점이 동일하다.
④ 개발사업에 있어서 사업자금 조달 또는 상호 기술 보완 등 필요에 따라 법인 간에 컨소시엄을 구성하여 사업을 추진한다면, 이는 컨소시엄 구성방식에 해당된다.
⑤ 토지소유자가 사업을 시행하면서 건설업체에 공사를 발주하고 공사비의 지급은 분양수입금으로 지급한다면, 이는 분양금 공사비 지급(청산)형 사업방식에 해당된다.

키워드 ▶ 민간의 부동산개발방식
난이도 ▶
해설 ▶ 토지신탁(개발)방식은 소유권을 이전하고 신탁회사가 자금조달, 건축시공, 사업시행을 하고 수익을 수익자에게 배당하는 방식이지만, 사업수탁방식은 소유권은 이전되지 않고 토지소유자 명의로 개발이 이루어지므로 사업주체가 토지소유자가 된다는 점에서 차이가 난다.

02 민간의 부동산개발 사업방식에 관한 설명으로 틀린 것은? 제24회

기본 기출
① 자체개발사업은 불확실하거나 위험도가 큰 부동산개발사업에 대한 위험을 토지소유자와 개발업자 간에 분산할 수 있는 장점이 있다.
② 컨소시엄 구성방식은 출자회사 간 상호 이해조정이 필요하다.
③ 사업위탁방식은 토지소유자가 개발업자에게 사업시행을 의뢰하고, 개발업자는 사업시행에 대한 수수료를 취하는 방식이다.
④ 지주공동사업은 토지소유자와 개발업자가 부동산개발을 공동으로 시행하는 방식으로서, 일반적으로 토지소유자는 토지를 제공하고 개발업자는 개발의 노하우를 제공하여 서로의 이익을 추구한다.
⑤ 토지신탁형은 토지소유자로부터 형식적인 소유권을 이전받은 신탁회사가 토지를 개발·관리·처분하여 그 수익을 수익자에게 돌려주는 방식이다.

키워드 ▶ 민간의 부동산개발방식
난이도 ▶
해설 ▶ 불확실하거나 위험도가 큰 부동산개발사업에 대한 위험을 토지소유자와 개발업자 간에 분산할 수 있는 것은 지주공동사업의 가장 큰 장점이다.

정답 01 ③ 02 ①

03 기본 기출

사회기반시설에 대한 민간투자법령상 BOT(build-operate-transfer) 방식에 대한 내용이다. ( )에 들어갈 내용을 〈보기〉에서 옳게 고른 것은?   제34회

> 사회기반시설의 (㉠)에 일정기간 동안 (㉡)에게 해당 시설의 소유권이 인정되며 그 기간이 만료되면 (㉢)이 (㉣)에 귀속되는 방식이다.

〈보기〉
ⓐ 착공 후
ⓑ 준공 후
ⓒ 사업시행자
ⓓ 국가 또는 지방자치단체
ⓔ 시설소유권
ⓕ 시설관리운영권

① ㉠ - ⓐ, ㉡ - ⓒ, ㉢ - ⓔ, ㉣ - ⓓ
② ㉠ - ⓐ, ㉡ - ⓒ, ㉢ - ⓔ, ㉣ - ⓒ
③ ㉠ - ⓐ, ㉡ - ⓓ, ㉢ - ⓕ, ㉣ - ⓒ
④ ㉠ - ⓑ, ㉡ - ⓒ, ㉢ - ⓔ, ㉣ - ⓓ
⑤ ㉠ - ⓑ, ㉡ - ⓓ, ㉢ - ⓕ, ㉣ - ⓒ

키워드 〉 민간투자사업방식

난이도 〉

해설 〉 사회기반시설에 대한 민간투자법령상 BOT(build-operate-transfer) 방식은 사회기반시설의 '준공 후' 일정기간 동안 '사업시행자'에게 해당 시설의 소유권이 인정되며 그 기간이 만료되면 '시설소유권'이 '국가 또는 지방자치단체'에 귀속되는 방식이다(사회기반시설에 대한 민간투자법 제4조 제3호).

정답 03 ④

04 다음에서 설명하고 있는 민간투자사업방식은?

제31회

- 사회기반시설의 준공과 동시에 해당 시설의 소유권이 국가 또는 지방자치단체에 귀속되며, 사업시행자에게 일정기간의 시설관리운영권을 인정하되, 그 시설을 국가 또는 지방자치단체 등이 협약에서 정한 기간 동안 임차하여 사용·수익하는 방식
- 학교시설, 문화시설 등 시설이용자로부터 사용료를 징수하기 어려운 사회기반시설 건설의 사업방식으로 활용

① BOT(build-operate-transfer) 방식
② BTO(build-transfer-operate) 방식
③ BLT(build-lease-transfer) 방식
④ BTL(build-transfer-lease) 방식
⑤ BOO(build-own-operate) 방식

키워드 민간투자사업방식

난이도

해설 사회기반시설에 대한 민간투자방식 중 사회기반시설의 준공과 동시에 해당 시설의 소유권이 국가 또는 지방자치단체에 귀속되며, 사업시행자에게 일정기간의 시설관리운영권을 인정하되, 그 시설을 국가 또는 지방자치단체 등이 협약에서 정한 기간 동안 임차하여 사용·수익하는 방식은 BTL(build-transfer-lease) 방식에 해당한다.

정답 04 ④

05 다음에서 설명하는 사회기반시설에 대한 민간투자방식을 〈보기〉에서 올바르게 고른 것은? 제28회

㉠ 사회기반시설의 준공과 동시에 해당 시설의 소유권이 국가 또는 지방자치단체에 귀속되며, 사업시행자에게 일정기간의 시설관리운영권을 인정하되, 그 시설을 국가 또는 지방자치단체 등이 협약에서 정한 기간 동안 임차하여 사용·수익하는 방식
㉡ 사회기반시설의 준공과 동시에 해당 시설의 소유권이 국가 또는 지방자치단체에 귀속되며, 사업시행자에게 일정기간의 시설관리운영권을 인정하는 방식

〈보기〉
㉮ BOT(build–operate–transfer) 방식
㉯ BOO(build–own–operate) 방식
㉰ BLT(build–lease–transfer) 방식
㉱ BTL(build–transfer–lease) 방식
㉲ BTO(build–transfer–operate) 방식
㉳ BTOT(build–transfer–operate–transfer) 방식

① ㉠: ㉮, ㉡: ㉯   ② ㉠: ㉯, ㉡: ㉰
③ ㉠: ㉰, ㉡: ㉱   ④ ㉠: ㉱, ㉡: ㉲
⑤ ㉠: ㉲, ㉡: ㉳

키워드 민간투자사업방식

난이도

해설 ㉠ 사회기반시설에 대한 민간투자방식 중 사회기반시설의 준공과 동시에 해당 시설의 소유권이 국가 또는 지방자치단체에 귀속되며, 사업시행자에게 일정기간의 시설관리운영권을 인정하되, 그 시설을 국가 또는 지방자치단체 등이 협약에서 정한 기간 동안 임차하여 사용·수익하는 방식은 BTL(build–transfer–lease) 방식에 해당한다.
㉡ 사회기반시설의 준공과 동시에 해당 시설의 소유권이 국가 또는 지방자치단체에 귀속되며, 사업시행자에게 일정기간의 시설관리운영권을 인정하는 방식은 BTO(build–transfer–operate) 방식에 해당한다.

정답 05 ④

06 민간투자사업의 유형이 옳게 짝지어진 것은?

제32회

㉠ 민간사업자가 자금을 조달하여 시설을 건설하고, 일정기간 소유 및 운영을 한 후, 사업종료 후 국가 또는 지방자치단체 등에게 시설의 소유권을 이전하는 방식
㉡ 민간사업자가 자금을 조달하여 시설을 건설하고 일정기간 동안 타인에게 임대하고, 임대기간 종료 후 국가 또는 지방자치단체 등에게 시설의 소유권을 이전하는 방식
㉢ 민간사업자가 자금을 조달하여 시설을 건설하고, 준공과 함께 민간사업자가 당해 시설의 소유권과 운영권을 갖는 방식

〈보기〉

ⓐ BTO(build−transfer−operate) 방식
ⓑ BOT(build−operate−transfer) 방식
ⓒ BTL(build−transfer−lease) 방식
ⓓ BLT(build−lease−transfer) 방식
ⓔ BOO(build−own−operate) 방식
ⓕ ROT(rehabilitate−operate−transfer) 방식

① ㉠ − ⓐ, ㉡ − ⓒ, ㉢ − ⓔ
② ㉠ − ⓐ, ㉡ − ⓓ, ㉢ − ⓔ
③ ㉠ − ⓑ, ㉡ − ⓒ, ㉢ − ⓕ
④ ㉠ − ⓑ, ㉡ − ⓓ, ㉢ − ⓔ
⑤ ㉠ − ⓑ, ㉡ − ⓓ, ㉢ − ⓕ

키워드 민간투자사업방식

난이도

해설 ㉠ 민간사업자가 자금을 조달하여 시설을 건설하고, 일정기간 소유 및 운영을 한 후, 사업종료 후 국가 또는 지방자치단체 등에게 시설의 소유권을 이전하는 방식은 BOT(build−operate−transfer) 방식이다.
㉡ 민간사업자가 자금을 조달하여 시설을 건설하고 일정기간 동안 타인에게 임대하고, 임대기간 종료 후 국가 또는 지방자치단체 등에게 시설의 소유권을 이전하는 방식은 BLT(build−lease−transfer) 방식이다.
㉢ 민간사업자가 자금을 조달하여 시설을 건설하고, 준공과 함께 민간사업자가 당해 시설의 소유권과 운영권을 갖는 방식은 BOO(build−own−operate) 방식이다.

정답 06 ④

THEME 30

경제기반이론

| THEME 키워드 |
입지계수

기출분석
- **기출회차:** 제16회
- **키워드:** 입지계수
- **난이도:**

기본으로 알아야 하는 대표기출

다음 표에서 A지역 부동산산업의 입지계수(locational quotient)를 구하시오.

지역별 산업생산액

(단위: 억원)

산업\지역	A	B	전국
부동산	100	400	500
기타	200	200	400
전체	300	600	900

① 0.5 ② 0.6
③ 0.75 ④ 1.2
⑤ 1.5

해설

$$입지계수(LQ) = \frac{\frac{A지역\ 부동산의\ 생산액}{A지역\ 전체\ 산업의\ 생산액}}{\frac{전국\ 부동산의\ 생산액}{전국\ 전체\ 산업의\ 생산액}} = \frac{\frac{100}{300}}{\frac{500}{900}} = \frac{9}{15} = 0.6$$

정답 ②

함정을 피하는 TIP
- 경제기반이론은 입지계수와 경제기반승수를 중심으로 정리해두어야 한다.

단단하게 정리하는 핵심이론

1 경제기반이론의 의의 및 특징

(1) 의의

수출기반이론이라고도 하는데, 기반산업을 육성하여 수출을 확대해 나감으로써 지역경제의 성장과 발전을 도모할 수 있다고 보는 이론이다.

(2) 특징

① 한 지역의 산업활동을 두 부문, 즉 기반활동과 비기반활동으로 나눈다.
② 어떤 지역의 기반산업이 활성화되면 비기반산업도 함께 활성화됨으로써 지역경제의 성장과 발전이 유도된다는 것이다.

2 입지계수[또는 입지상(LQ; location quotient)]

(1) 의의

입지계수를 통해 해당 지역 특정산업의 특화도를 파악할 수 있다.

(2) 입지계수

$$\text{입지계수(LQ)} = \frac{\dfrac{\text{A지역 X산업의 고용자 수}}{\text{A지역 전체 산업의 고용자 수}}}{\dfrac{\text{전국 X산업의 고용자 수}}{\text{전국 전체 산업의 고용자 수}}} = \frac{\dfrac{\text{A지역 X산업의 생산액}}{\text{A지역 전체 산업의 생산액}}}{\dfrac{\text{전국 X산업의 생산액}}{\text{전국 전체 산업의 생산액}}}$$

- LQ > 1 ⇨ A지역은 X산업 제품을 수출(수출기반산업)
- LQ = 1 ⇨ A지역은 X산업 제품을 자급
- LQ < 1 ⇨ A지역은 X산업 제품을 수입(비수출기반산업)

3 경제기반승수

(1) 의의

기반산업의 고용인구 변화에 대한 지역사회 총고용인구 변화의 비율로, 경제기반산업의 고용 증가 등이 지역사회 총고용인구 증가에 미치는 영향을 예측할 수 있게 한다.

- 지역사회 총고용인구 증가 = 경제기반승수 × 기반산업의 고용인구 증가
- 경제기반승수 = $\dfrac{1}{1-비기반산업비율} = \dfrac{1}{기반산업비율} = \dfrac{지역사회\ 총고용인구\ 증가}{기반산업의\ 고용인구\ 증가}$

(2) 특징

① 경제기반승수를 통해 기반산업 수출부문의 고용인구 변화가 지역의 전체 고용인구에 미치는 영향을 예측할 수 있다.

② 경제기반승수를 통해 기반산업 수출부문의 고용인구 변화가 지역의 총인구에 미치는 영향을 예측할 수 있다.

③ 경제기반분석은 고용인구 변화가 부동산수요에 미치는 영향을 예측하는 데 사용될 수 있다.

기본문제와 완성문제로 **단단기출**

01 다음은 각 산업별, 도시별 고용자 수에 대한 통계이다. 고용자 수의 상대적 비율을 이용한 입지계수(locational coefficient, locational quotient)로 볼 때, A도시가 B도시에 비해 특화되어 있는 산업은 어떤 산업인가?

기본 기출

제18회

산업 구분	전국	A도시	B도시
제조업	4,000명	300명	1,200명
금융업	5,000명	500명	1,500명
부동산업	1,000명	200명	300명
합계	10,000명	1,000명	3,000명

① 제조업
② 금융업
③ 부동산업
④ 모든 산업에 특화되어 있다.
⑤ 특화되어 있는 산업이 없다.

키워드 입지계수

난이도

해설 입지계수(LQ) = $\dfrac{\dfrac{\text{A지역 X산업의 고용자 수}}{\text{A지역 전체 산업의 고용자 수}}}{\dfrac{\text{전국 X산업의 고용자 수}}{\text{전국 전체 산업의 고용자 수}}}$

구분	A도시의 경우	B도시의 경우
제조업의 입지계수	$LQ = \dfrac{\frac{300}{1,000}}{\frac{4,000}{10,000}} = 0.75$	$LQ = \dfrac{\frac{1,200}{3,000}}{\frac{4,000}{10,000}} = 1$
금융업의 입지계수	$LQ = \dfrac{\frac{500}{1,000}}{\frac{5,000}{10,000}} = 1$	$LQ = \dfrac{\frac{1,500}{3,000}}{\frac{5,000}{10,000}} = 1$
부동산업의 입지계수	$LQ = \dfrac{\frac{200}{1,000}}{\frac{1,000}{10,000}} = 2$	$LQ = \dfrac{\frac{300}{3,000}}{\frac{1,000}{10,000}} = 1$

부동산업의 경우 A도시가 B도시보다 특화되어 있다. 반면, 제조업의 경우는 A도시가 B도시보다 특화되어 있지 못하다.

정답 01 ③

02 다음은 각 도시별, 산업별 고용자 수를 나타낸 표이다. 섬유산업의 입지계수가 높은 도시 순으로 나열된 것은? (다만, 전국에 세 개의 도시와 두 개의 산업만이 존재한다고 가정함) 제21회

(단위: 명)

구분	섬유산업	전자산업	전체 산업
A도시	250	150	400
B도시	250	250	500
C도시	500	600	1,100
전국	1,000	1,000	2,000

① A > B > C
② A > C > B
③ B > C > A
④ C > A > B
⑤ C > B > A

키워드 입지계수

난이도

해설 입지계수(LQ) = $\dfrac{\dfrac{\text{A지역 X산업의 고용자 수}}{\text{A지역 전체 산업의 고용자 수}}}{\dfrac{\text{전국 X산업의 고용자 수}}{\text{전국 전체 산업의 고용자 수}}}$

구분	섬유산업	전자산업
A도시	LQ = $\dfrac{250/400}{1,000/2,000}$ = 1.25	LQ = $\dfrac{150/400}{1,000/2,000}$ = 0.75
B도시	LQ = $\dfrac{250/500}{1,000/2,000}$ = 1	LQ = $\dfrac{250/500}{1,000/2,000}$ = 1
C도시	LQ = $\dfrac{500/1,100}{1,000/2,000}$ ≒ 0.9	LQ = $\dfrac{600/1,100}{1,000/2,000}$ ≒ 1.09

정답 02 ①

03 각 지역과 산업별 고용자 수가 다음과 같을 때, A지역 X산업과 B지역 Y산업의 입지계수(LQ)를 올바르게 계산한 것은? (단, 주어진 조건에 한하며, 결과값은 소수점 셋째자리에서 반올림함) 제30회

기본 기출

구분		A지역	B지역	전 지역 고용자 수
X산업	고용자 수	100	140	240
	입지계수	(㉠)	1.17	
Y산업	고용자 수	100	60	160
	입지계수	1.25	(㉡)	
고용자 수 합계		200	200	400

① ㉠: 0.75, ㉡: 0.83
② ㉠: 0.75, ㉡: 1.33
③ ㉠: 0.83, ㉡: 0.75
④ ㉠: 0.83, ㉡: 1.20
⑤ ㉠: 0.83, ㉡: 1.33

키워드 입지계수

난이도

해설 ㉠ A지역 X산업의 입지계수(LQ)

$$LQ = \frac{\frac{100}{200}}{\frac{240}{400}} ≒ 0.83$$

㉡ B지역 Y산업의 입지계수(LQ)

$$LQ = \frac{\frac{60}{200}}{\frac{160}{400}} = 0.75$$

정답 03 ③

04 각 지역과 산업별 고용자 수가 다음과 같을 때, A지역과 B지역에서 입지계수(LQ)에 따른 기반산업의 개수는? (단, 주어진 조건에 한하며, 결과값은 소수점 셋째자리에서 반올림함) 제32회

구분		A지역	B지역	전 지역 고용자 수
X산업	고용자 수	30	50	80
	입지계수	0.79	?	
Y산업	고용자 수	30	30	60
	입지계수	?	?	
Z산업	고용자 수	30	20	50
	입지계수	?	0.76	
고용자 수 합계		90	100	190

① A지역: 0개, B지역: 1개 ② A지역: 1개, B지역: 0개
③ A지역: 1개, B지역: 1개 ④ A지역: 1개, B지역: 2개
⑤ A지역: 2개, B지역: 1개

키워드 입지계수

난이도

해설 입지계수(LQ) = $\dfrac{\dfrac{\text{A지역 X산업의 고용자 수}}{\text{A지역 전체 산업의 고용자 수}}}{\dfrac{\text{전국 X산업의 고용자 수}}{\text{전국 전체 산업의 고용자 수}}}$

두 지역의 각 산업의 입지계수를 계산하면 다음과 같다.

구분	A지역의 경우	B지역의 경우
X산업의 입지계수	$LQ = \dfrac{30/90}{80/190} ≒ 0.79$	$LQ = \dfrac{50/100}{80/190} ≒ 1.19$
Y산업의 입지계수	$LQ = \dfrac{30/90}{60/190} ≒ 1.06$	$LQ = \dfrac{30/100}{60/190} = 0.95$
Z산업의 입지계수	$LQ = \dfrac{30/90}{50/190} ≒ 1.27$	$LQ = \dfrac{20/100}{50/190} = 0.76$

A지역에서 입지계수(LQ)에 따른 기반산업은 Y산업과 Z산업이며, B지역에서 입지계수(LQ)에 따른 기반산업은 X산업이다. 따라서 A지역과 B지역에서 입지계수(LQ)에 따른 기반산업의 개수는 A지역은 2개, B지역은 1개이다.

정답 04 ⑤

THEME 31 부동산관리

| THEME 키워드 |
부동산관리, 임대차 유형, 건물의 내용연수와 생애주기

기출분석
- **기출회차:** 제24회
- **키워드:** 부동산관리
- **난이도:** ■■□□□

함정을 피하는 TIP
- 부동산관리의 세 가지 유형을 비교·정리하여야 한다. 또한 부동산관리의 방식은 위탁관리방식의 장단점을 중심으로 정리하되, 위탁관리방식의 장(단)점을 반대로 하면 자가관리방식의 단(장)점이 된다고 기억하면 된다.

기본으로 알아야 하는 대표기출

다음의 업무를 모두 수행하는 부동산관리의 유형은?

- 포트폴리오 관리
- 매입·매각관리
- 투자리스크 관리
- 재투자 결정

① 자산관리(asset management)
② 재산관리(property management)
③ 시설관리(facility management)
④ 임대차관리(leasing and tenant management)
⑤ 건설사업관리(construction management)

해설
자산관리(asset management)란 부동산가치를 증가시킬 수 있는 방법들을 모색함으로써 부동산소유자나 기업의 부(富)를 극대화하려는 적극적인 관리를 말한다. 이는 투자관리로서 포트폴리오 관리, 투자리스크 관리, 부동산의 매입과 매각관리, 재투자 결정, 프로젝트 파이낸싱 등이 이에 해당한다.

정답 ①

단단하게 정리하는 **핵심이론**

1 부동산관리의 의의 및 세 가지 영역

(1) 부동산관리의 의의

부동산을 그 목적에 맞게 최유효이용할 수 있도록 하는 부동산의 유지·보존·개량 및 그 운용에 관한 일체의 행위를 말한다.

(2) 부동산관리의 세 가지 영역

① **시설관리**: 단순히 시설의 사용자나 기업의 요구에 따라 각종 부동산시설을 운영·유지하는 형태의 소극적 관리를 말한다. 설비의 운전 및 보수, 에너지관리, 건물 청소관리, 방범·방재 등 보안관리가 이에 해당한다.

② **재산관리**(건물 및 임대차관리): 부동산 보유기간 중에 부동산의 운영수익을 극대화하고 자산가치를 증진시키기 위한 관리를 말한다. 이는 임대 및 수지관리로서 수익목표의 수립, 자본적·수익적 지출 계획 수립, 연간 예산 수립, 임대차 유치 및 유지, 비용통제 등을 수행하는 것이다.

③ **자산관리**: 부동산가치를 증가시킬 수 있는 방법들을 모색함으로써 부동산소유자나 기업의 부(富)를 극대화하려는 적극적인 관리를 말한다. 투자관리로서 포트폴리오 관리, 투자리스크 관리, 부동산의 매입과 매각관리, 프로젝트 파이낸싱 등이 이에 해당한다.

2 부동산관리의 방식

구분	장점	단점
자가 관리	① 입주자에 대한 최대한의 서비스 제공 ② 소유자의 강한 지시통제력 발휘 ③ 관리 각 부문을 종합적으로 운영 ④ 기밀유지와 보안관리가 양호 ⑤ 설비에 대한 애호정신이 높고 유사시 협동이 신속 ⑥ 양호한 환경보전이 가능	① 업무의 적극적 의욕 결여(타성화되기 쉬움) ② 관리의 전문성 결여 ③ 인력관리가 비효율적(참모체계가 방대해질 수 있음) ④ 인건비가 불합리하게 지불될 우려 ⑤ 임대료의 결정·수납이 불합리적

위탁 관리	① 전문적 관리와 서비스가 가능 ② 소유자는 본업에 전념할 수 있음 ③ 부동산관리비용이 저렴하고 안정됨 ④ 관리를 위탁함으로써 자사의 참모체계의 단순화 가능 ⑤ 급여 체제나 노무의 단순화 ⑥ 관리의 전문성으로 인하여 전문업자의 활용이 합리적	① 전문관리회사의 선정이 어려움 ② 관리요원의 인사이동이 심해 관리하자 우려 ③ 관리요원의 소질과 기술이 저하 ④ 관리사 또는 전문관리회사의 신뢰도가 의심스러움 ⑤ 관리요원들의 부동산설비에 대한 애호정신이 낮음 ⑥ 기밀유지 및 보안의 불완전
혼합 관리	① 강한 지도력을 계속 확보하고 위탁관리의 편리를 이용 ② 부득이한 업무부분만을 위탁(주로 기술적 부분을 위탁) ③ 과도기(자가관리 ⇨ 위탁관리)적 방식으로 이용이 편리	① 책임소재가 불명확하며 전문업자를 충분히 활용할 수 없음 ② 관리요원 사이의 원만한 협조 곤란 ③ 운영이 악화되면 양 방식의 결점만 노출

3 임대차 유형(임대료 결정방법)

(1) 총임대차(gross lease)

의의	임차인이 임대인에게 지불한 지불임대료에서 부동산운영에 관련된 부동산세금, 보험료 등의 제 비용을 지불하는 방법을 말한다.
적용	주거용 부동산

(2) 순임대차(net lease)

의의		임차인은 임대인에게 순수한 임대료만을 지불하고, 나머지 비용은 임차인과 임대인의 사전협상에 의해 지불하는 방법을 말한다.
적용		공업용 부동산
종류	1차 순임대차	순수한 임대료 이외에 편익시설에 대한 비용, 부동산세금까지를 임차인이 지불하는 방법을 말한다. ⇨ '순임대차'라고 하면 1차를 말함
	2차 순임대차	1차 순임대차의 항목 이외에 보험료까지 지불하는 방법을 말한다.
	3차 순임대차	2차 순임대차의 항목 이외에 유지수선비까지 지불하는 방법을 말한다. ⇨ 가장 일반적으로 사용

(3) 비율임대차(percentage lease)

의의	임차인의 총수입 중에서 일정비율을 임대료로 지불하는 방법을 말한다.
내용	기본임대료+추가임대료 손익분기점 매출액 이하이면 기본임대료만 부담하고, 손익분기점 매출액을 초과하는 매출액에 대하여 일정 임대료율을 적용한 추가임대료를 계산하는 방식이다.
적용	매장용 부동산

4 대상부동산의 유지활동

분류	유지활동	내용
일상적 유지활동	정기적 유지활동	청소하기, 쓰레기 치우기, 잔디깎기, 소독 등과 같이 일상적으로 늘 수행하는 유지활동
예방적 유지활동	사전적 유지활동	시설이나 장비 등의 제 기능을 효율적으로 발휘하기 위하여 수립된 유지계획에 따라 문제가 발생하기 전에 행하는 유지활동
대응적 유지활동	사후적 유지활동	문제가 발생하고 난 후에 행하는 유지활동(=수정적 유지활동)

5 건물의 내용연수와 생애주기

(1) 건물의 내용연수(유용성의 지속연수)

건물이 유용성을 지속할 수 있는 내구연한을 말하는데, 이는 관리자의 태도, 시공상태, 입지조건 및 관리방법에 따라 달라진다.

① 물리적 내용연수: 사용이 불가능하게 될 때까지의 기간을 말한다.
② 기능적 내용연수: 건물이 기능적으로 유효한 기간을 말한다.
③ 경제적 내용연수: 경제적 수명이 다하기까지의 기간을 말한다.
④ 행정적 내용연수: 법·제도나 행정적 조건에 의해 건물의 수명이 다하기까지의 기간을 말한다.

(2) 건물의 연수사이클 [연령주기, 생애주기, 일생주기, age(life) cycle]

단계	개념	특징
전개발단계	장차 건물이 건축될 용지의 상태	① 건축계획 및 건축 후의 관리계획 ② 도시계획상의 규제 및 고층건물에 대한 공적인 규제 ③ 시장조사
신축단계	건물이 완공된 단계	① 신축된 건물과 사전계획의 부합 여부 확인 ② 물리적·기능적 유용성이 최고
안정단계	본격적·장기적 안정단계 (존속기간 중 가장 장기)	① 경제적 임대료의 수준 유지 ② 임대료의 정기적인 재평가·재조정 ③ 시설 등의 개조·수선 등이 효과적 ④ 자본적 지출
노후단계	물리적·기능적 상태가 급격히 악화되기 시작한 단계	① 기능개선이 목적인 경우 투자기피 ② 교체계획 수립이 유리 ③ 임대차계약 시 후일 교체할 경우 지장 없는 조건 제시
완전폐물단계	물리적·경제적 가치가 거의 없어지는 단계	전개발단계를 향해 모든 일이 전개

기본문제와 완성문제로 **단단기출**

01 부동산관리에 관하여 다음 설명과 모두 관련이 있는 것은? 제30회

기본 기출

- 포트폴리오 관리 및 분석
- 재투자·재개발 과정분석
- 부동산투자의 위험관리
- 임대마케팅 시장분석

① 재산관리(property management)
② 시설관리(facility management)
③ 자산관리(asset management)
④ 건설사업관리(construction management)
⑤ 임대차관리(leasing management)

키워드 〉 부동산관리

난이도 〉

해설 〉 포트폴리오 관리 및 분석, 부동산투자의 위험관리, 재투자·재개발 과정분석, 임대마케팅 시장분석, 부동산의 매입과 매각관리 등은 자산관리(asset management)에 해당한다.

02 부동산관리에 관한 설명으로 틀린 것은? 제26회

기본 기출

① 법률적 측면의 부동산관리는 부동산의 유용성을 보호하기 위하여 법률상의 제반 조치를 취함으로써 법적인 보장을 확보하려는 것이다.
② 시설관리(facility management)는 부동산시설을 운영하고 유지하는 것으로 시설사용자나 기업의 요구에 따르는 소극적 관리에 해당한다.
③ 자가(직접)관리방식은 전문(위탁)관리방식에 비해 기밀유지에 유리하고 의사결정이 신속한 경향이 있다.
④ 임차 부동산에서 발생하는 총수입(매상고)의 일정 비율을 임대료로 지불한다면, 이는 임대차의 유형 중 비율임대차에 해당한다.
⑤ 경제적 측면의 부동산관리는 대상부동산의 물리적·기능적 하자의 유무를 판단하여 필요한 조치를 취하는 것이다.

키워드 〉 부동산관리

난이도 〉

해설 〉 대상부동산의 물리적·기능적 하자의 유무를 판단하여 필요한 조치를 취하는 것은 기술적 측면의 부동산관리이다.

정답 01 ③ 02 ⑤

03 부동산관리방식에 따른 해당 내용을 옳게 묶은 것은?

제34회

기본 기출

㉠ 소유자의 직접적인 통제권이 강화된다.
㉡ 관리의 전문성과 효율성을 높일 수 있다.
㉢ 기밀 및 보안 유지가 유리하다.
㉣ 건물설비의 고도화에 대응할 수 있다.
㉤ 대형건물의 관리에 더 유용하다.
㉥ 소유와 경영의 분리가 가능하다.

① 자기관리방식 - ㉠, ㉡, ㉢, ㉣
② 자기관리방식 - ㉠, ㉢, ㉤, ㉥
③ 자기관리방식 - ㉡, ㉢, ㉣, ㉥
④ 위탁관리방식 - ㉠, ㉢, ㉣, ㉤
⑤ 위탁관리방식 - ㉡, ㉣, ㉤, ㉥

키워드 〉 부동산관리

난이도 〉

해설 ㉠㉢은 자기관리방식(자가관리방식)의 장점에 해당한다.

04 다음 설명에 모두 해당하는 부동산관리방식은?

제33회

기본 기출

• 관리의 전문성과 효율성을 제고할 수 있다.
• 건물설비의 고도화에 대응할 수 있다.
• 전문업자의 관리서비스를 받을 수 있다.
• 대형건물의 관리에 더 유용하다.
• 기밀유지에 어려움이 있다.

① 자치관리방식
② 위탁관리방식
③ 공공관리방식
④ 조합관리방식
⑤ 직영관리방식

키워드 〉 부동산관리

난이도 〉

해설 모두 부동산관리방식 중 위탁관리방식에 대한 설명이다.

정답 03 ⑤ 04 ②

05 부동산관리에 관한 설명으로 틀린 것은?

제25회

① 위탁관리방식은 건물관리의 전문성을 통하여 노후화의 최소화 및 효율적 관리가 가능하여 대형건물의 관리에 유용하다.
② 토지의 경계를 확인하기 위한 경계측량을 실시하는 등의 관리는 기술적 측면의 관리에 속한다.
③ 부동산관리는 법·제도·경영·경제·기술적인 측면이 있어, 설비 등의 기계적인 측면과 경제·경영을 포함한 종합적인 접근이 요구된다.
④ 자치관리방식은 관리요원이 관리사무에 안일해지기 쉽고, 관리의 전문성이 결여될 수 있는 단점이 있다.
⑤ 혼합관리방식은 필요한 부분만 선별하여 위탁하기 때문에 관리의 책임소재가 분명해지는 장점이 있다.

키워드	부동산관리
난이도	
해설	혼합관리방식은 필요한 부분만 선별하여 위탁할 수 있으나, 관리의 책임소재가 불분명해지는 단점이 있다.

06 건물의 내용연수와 생애주기 및 관리방식에 관한 설명으로 틀린 것은?

제26회

① 건물과 부지와의 부적응, 설계 불량, 설비 불량, 건물의 외관과 디자인 낙후는 기능적 내용연수에 영향을 미치는 요인이다.
② 인근지역의 변화, 인근환경과 건물의 부적합, 당해 지역 건축물의 시장성 감퇴는 경제적 내용연수에 영향을 미치는 요인이다.
③ 건물의 생애주기 단계 중 안정단계에서 건물의 양호한 관리가 이루어진다면 안정단계의 국면이 연장될 수 있다.
④ 건물의 생애주기 단계 중 노후단계는 일반적으로 건물의 구조, 설비, 외관 등이 악화되는 단계이다.
⑤ 건물의 관리에 있어서 재무·회계관리, 시설이용·임대차계약, 인력관리는 위탁하고, 청소를 포함한 그 외 나머지는 소유자가 직접관리할 경우, 이는 전문(위탁)관리방식에 해당한다.

키워드	건물의 내용연수와 생애주기
난이도	
해설	건물의 관리에 있어서 재무·회계관리, 시설이용·임대차계약, 인력관리는 위탁하고, 청소를 포함한 그 외의 나머지는 소유자가 직접관리할 경우, 이는 혼합관리방식에 해당한다.

정답 05 ⑤ 06 ⑤

07 부동산관리에 관한 설명으로 옳은 것은? 제25회

① 부동산의 법률관리는 부동산자산의 포트폴리오 관점에서 자산 – 부채의 재무적 효율성을 최적화하는 것이다.
② 부동산관리에서 '유지'란 외부적인 관리행위로 부동산의 외형·형태를 변화시키면서 양호한 상태를 지속시키는 행위이다.
③ 건물관리의 경우 생애주기비용(life cycle cost) 분석을 통해 초기투자비와 관리유지비의 비율을 조절함으로써 보유기간 동안 효과적으로 총비용을 관리할 수 있다.
④ 시설관리는 시장 및 지역경제분석, 경쟁요인 및 수요분석 등이 주요 업무이다.
⑤ 자산관리는 건물의 설비, 기계운영 및 보수, 유지관리 업무에 한한다.

키워드 부동산관리

난이도

해설 ① 부동산자산의 포트폴리오 관점에서 자산 – 부채의 재무적 효율성을 최적화하는 것은 자산관리의 목표에 해당한다.
② 부동산관리에서 유지란 외부적 관리행위로서 부동산의 외형이나 형태를 변화시키지 않고 양호한 상태를 지속시키는 행위를 말한다.
④ 시장 및 지역경제분석, 경쟁요인 및 수요분석 등은 자산관리에 해당한다. 시설관리는 단순히 시설의 사용자나 기업의 요구에 따라 각종 부동산시설을 운영·유지하는 형태의 소극적 관리를 말한다. 이는 물리적 유지관리로서 설비의 운전 및 보수, 에너지관리, 건물 청소관리, 방범·방재 등 보안관리가 이에 해당한다.
⑤ 건물의 설비, 기계운영 및 보수, 유지관리 업무는 시설관리에 해당한다. 자산관리는 부동산가치를 증가시킬 수 있는 방법들을 모색함으로써 부동산소유자나 기업의 부(富)를 극대화하려는 적극적 관리를 말한다.

정답 07 ③

08 A회사는 분양면적 500m²의 매장을 손익분기점 매출액 이하이면 기본임대료만 부담하고, 손익분기점 매출액을 초과하는 매출액에 대하여 일정 임대료율을 적용한 추가임대료를 가산하는 비율임대차(percentage lease)방식으로 임차하고자 한다. 향후 1년 동안 A회사가 지급할 것으로 예상되는 연임대료는? (단, 주어진 조건에 한하며, 연간 기준임) 제30회

> - 예상매출액: 분양면적 m²당 20만원
> - 기본임대료: 분양면적 m²당 6만원
> - 손익분기점 매출액: 5,000만원
> - 손익분기점 매출액 초과 매출액에 대한 임대료율: 10%

① 3,200만원

② 3,300만원

③ 3,400만원

④ 3,500만원

⑤ 3,600만원

키워드 > 임대차 유형

난이도 >

해설 > - 예상매출액 = 20만원 × 500m² = 1억원
- 기본임대료 = 6만원 × 500m² = 3,000만원
- 손익분기점 매출액 초과 매출액(5,000만원 = 1억원 − 5,000만원)에 대한 임대료율은 10%이므로 추가임대료 = 5,000만원 × 0.1 = 500만원이다.

따라서 연임대료는 기본임대료 3,000만원과 추가임대료 500만원을 합한 3,500만원이다.

정답 08 ④

09 임차인 A는 작년 1년 동안 분양면적 1,000m²의 매장을 비율임대차(percentage lease)방식으로 임차하였다. 계약내용에 따르면, 매출액이 손익분기점 매출액 이하이면 기본임대료만 지급하고, 이를 초과하는 매출액에 대해서는 일정 임대료율을 적용한 추가임대료를 기본임대료에 가산하도록 하였다. 전년도 연임대료로 총 5,500만원을 지급한 경우, 해당 계약내용에 따른 손익분기점 매출액은? (단, 연간 기준이며, 주어진 조건에 한함) 제31회

- 기본임대료: 분양면적 m²당 5만원
- 손익분기점 매출액을 초과하는 매출액에 대한 임대료율: 5%
- 매출액: 분양면적 m²당 30만원

① 1억 6,000만원
② 1억 7,000만원
③ 1억 8,000만원
④ 1억 9,000만원
⑤ 2억원

키워드 임대차 유형

난이도

해설
- 기본임대료 = 5만원/m² × 1,000m² = 5,000만원
- 매출액 = 30만원/m² × 1,000m² = 3억원
- 연임대료 5,500만원은 기본임대료 5,000만원과 추가임대료를 합한 금액이므로 추가임대료는 500만원이다.
- 손익분기점 매출액을 초과하는 매출액에 대한 임대료율이 5%이므로
 손익분기점 초과 매출액(x) × 0.05 = 500만원이며, 손익분기점 초과 매출액(x)은 1억원이 된다.
 따라서 손익분기점 매출액은 매출액 3억원에서 손익분기점 초과 매출액 1억원을 뺀 2억원이다.

정답 09 ⑤

10 A회사는 전년도에 임대면적 750m²의 매장을 비율 임대차(percentage lease)방식으로 임차하였다. 계약 내용에 따르면, 매출액이 손익분기점 매출액 이하이면 기본임대료만 지급하고, 이를 초과하는 매출액에 대해서는 일정 임대료율을 적용한 추가임대료를 기본임대료에 가산하도록 하였다. 전년도 연임대료로 총 12,000만원을 지급한 경우, 해당 계약내용에 따른 추가임대료율은? (단, 연간 기준이며, 주어진 조건에 한함) 제34회

- 전년도 매출액: 임대면적 m²당 100만원
- 손익분기점 매출액: 임대면적 m²당 60만원
- 기본임대료: 임대면적 m²당 10만원

① 15% ② 20%
③ 25% ④ 30%
⑤ 35%

키워드 임대차 유형

난이도

해설
- 기본임대료 = 10만원/m² × 750m² = 7,500만원
- 매출액 = 100만원/m² × 750m² = 7억 5,000만원
- 손익분기점 매출액 = 60만원/m² × 750m² = 4억 5,000만원
- 연임대료 1억 2,000만원은 기본임대료 7,500만원과 추가임대료를 합한 금액이므로 추가임대료는 4,500만원이다.
- 손익분기점 매출액 초과 매출액은 3억원(=7억 5,000만원 − 4억 5,000만원)이므로 3억원 × 추가임대료율(x) = 4,500만원이다.

따라서 추가임대료율(x)은 4,500만원 ÷ 3억원 = 0.15(15%)이다.

정답 10 ①

THEME 32 부동산마케팅

| THEME 키워드 |
부동산마케팅 전략

기출분석
- **기출회차:** 제23회
- **키워드:** 부동산마케팅 전략
- **난이도:** ■■□□

기본으로 알아야 하는 대표기출

부동산마케팅에 관한 설명으로 틀린 것은?

① 부동산마케팅이란 부동산활동 주체가 소비자나 이용자의 욕구를 파악하고 창출하여 자신의 목적을 달성시키기 위해 시장을 정의하고 관리하는 과정이라 할 수 있다.

② 마케팅믹스란 기업이 표적시장에 도달하기 위해 이용하는 마케팅에 관련된 여러 요소들의 조합으로 정의할 수 있다.

③ 마케팅 전략 중 표적시장 설정(targeting)이란 마케팅활동을 수행할 만한 가치가 있는 명확하고 유의미한 구매자 집단으로 시장을 분할하는 활동을 말한다.

④ 주택청약자를 대상으로 추첨을 통해 벽걸이TV, 양문형 냉장고 등을 제공하는 것은 마케팅믹스 전략 중 판매촉진(promotion)이다.

⑤ 부동산은 위치의 고정성으로 상품을 직접 제시하기가 어렵기 때문에 홍보·광고와 같은 커뮤니케이션 수단이 중요하다.

> **해설**
>
> 마케팅활동을 수행할 만한 가치가 있는 명확하고 유의미한 구매자 집단으로 시장을 분할하는 활동은 시장세분화(segmentation)에 해당한다. 마케팅 전략 중 표적시장 설정(targeting)이란 세분화된 수요자 집단에서 경쟁상황과 자신의 능력을 고려하여 가장 자신 있는 수요자 집단을 찾아내는 것을 말한다.
>
> 정답 ③

함정을 피하는 TIP
- 부동산마케팅에서는 부동산마케팅 전략 위주로 정리해두어야 한다.

단단하게 정리하는 **핵심이론**

1 부동산마케팅의 의의

① 부동산과 부동산업에 대한 태도나 행동을 형성·유지·변경하기 위하여 수행하는 활동을 말한다.
② 부동산 활동주체가 소비자나 이용자의 욕구를 파악하고 창출하여 자신의 목적을 달성시키기 위해 시장을 정의하고 관리하는 과정이다.

2 부동산마케팅의 전략

(1) 시장점유 마케팅 전략

부동산 공급자가 부동산시장을 점유하기 위한 일련의 활동을 말한다. ⇨ STP 전략과 4P Mix 전략이 있다.

① **STP 전략**: 시장세분화(segmentation), 표적시장(target), 차별화(positioning)를 말한다.
  ㉠ **시장세분화 전략**: 마케팅활동을 수행하기 위하여 구매자의 집단을 세분하는 것이다.
  ㉡ **표적시장 전략**: 세분된 시장 중에서 부동산기업이 표적으로 삼아 마케팅활동을 수행하는 시장이다.
  ㉢ **차별화 전략**: 표적시장에서 고객의 욕구를 파악하여 경쟁 제품과 차별성을 가지도록 제품 개념을 정하고 소비자의 지각 속에 적절히 위치시키는 것이다.

② **4P Mix 전략**: 제품(product), 가격(price), 유통(place), 판매촉진(promotion)의 제 측면에 있어서 차별화를 도모하는 전략을 말한다.
  ㉠ **제품**(product): 아파트의 차별화를 위해 커뮤니티 시설에 헬스장, 골프 연습장을 설치하는 방안
  ㉡ **가격**(price): 시장분석을 통한 적정 분양가 책정
  ㉢ **유통경로**(place): 부동산 중개업소를 적극 활용하는 것
  ㉣ **판매촉진**(promotion): 아파트 분양 모델하우스 방문고객 대상으로 추첨을 통해 자동차를 경품으로 제공하는 것

(2) 고객점유 마케팅 전략

소비자의 구매의사 결정과정의 각 단계에서 소비자와의 심리적인 접점을 마련하고 전달하려는 메시지의 취지와 강약을 조절하는 전략을 말한다. ⇨ AIDA의 원리
  └ 주의(attention), 관심(interest), 욕망(desire), 행동(action)의 전략

(3) 관계마케팅 전략

<mark>공급자와 소비자의 상호작용을 중요시하여 양자 간 장기적·지속적인 관계 유지를 주축으로 하는 마케팅 전략</mark>이다. ⇨ 브랜드 마케팅, 프랜차이즈화

> **보충**
>
> 1. **바이럴 마케팅**(viral marketing) **전략**: SNS, 블로그 등 다양한 매체를 통해 해당 브랜드나 제품에 대해 입소문을 내게 하여 마케팅효과를 극대화시키는 마케팅 방식이다.
> 2. **적응가격 전략**: 동일하거나 유사한 제품으로 다양한 수요자들의 구매를 유입하고, 구매량을 늘리도록 유도하기 위하여 가격을 다르게 하여 판매하는 것을 말한다.

기본문제와 완성문제로 단단기출

01 부동산마케팅에 관한 설명으로 <u>틀린</u> 것은? 제32회

기본 기출

① 부동산시장이 공급자 우위에서 수요자 우위의 시장으로 전환되면 마케팅의 중요성이 더욱 증대된다.
② STP 전략이란 고객집단을 세분화(segmentation)하고 표적시장을 선정(targeting)하여 효과적으로 판매촉진(promotion)을 하는 전략이다.
③ 경쟁사의 가격을 추종해야 할 경우 4P Mix의 가격 전략으로 시가 전략을 이용한다.
④ 관계마케팅 전략이란 고객과 공급자 간의 지속적인 관계를 유지하여 마케팅효과를 도모하는 전략이다.
⑤ 시장점유 마케팅 전략이란 부동산시장을 점유하기 위한 전략으로 4P Mix 전략, STP 전략이 있다.

키워드 ▶ 부동산마케팅 전략
난이도 ▶
해설 ▶ STP 전략이란 고객집단을 세분화(segmentation)하고 표적시장을 선정(targeting)하여 효과적으로 포지셔닝(positioning)을 하는 전략이다.

02 부동산마케팅에 관한 설명으로 <u>틀린</u> 것은? 제34회

기본 기출

① 부동산마케팅은 부동산상품을 수요자의 욕구에 맞게 상품을 개발하고 가격을 결정한 후 시장에서 유통, 촉진, 판매를 관리하는 일련의 과정이다.
② STP전략은 대상 집단의 시장세분화(segmentation), 표적시장 선정(targeting), 포지셔닝(positioning)으로 구성된다.
③ 시장세분화 전략은 부동산시장에서 마케팅활동을 수행하기 위하여 수요자의 집단을 세분하는 것이다.
④ 표적시장 전략은 세분화된 시장을 통해 선정된 표적 집단을 대상으로 적합한 마케팅활동을 수행하는 것이다.
⑤ AIDA원리는 주의(attention), 관심(interest), 욕망(desire), 행동(action)의 단계를 통해 공급자의 욕구를 파악하여 마케팅 효과를 극대화하는 시장점유마케팅 전략의 하나이다.

키워드 ▶ 부동산마케팅 전략
난이도 ▶
해설 ▶ AIDA원리는 주의(attention), 관심(interest), 욕망(desire), 행동(action)의 단계를 통해 공급자의 욕구를 파악하여 마케팅 효과를 극대화하는 고객점유마케팅 전략의 하나이다.

정답 01 ② 02 ⑤

03 기본 기출

부동산마케팅에서 4P 마케팅믹스(marketing mix) 전략의 구성요소를 모두 고른 것은? 제31회

- ㉠ product(제품)
- ㉡ place(유통경로)
- ㉢ pride(긍지)
- ㉣ price(가격)
- ㉤ public relations(홍보)
- ㉥ promotion(판매촉진)

① ㉠, ㉡, ㉢, ㉥
② ㉠, ㉡, ㉣, ㉤
③ ㉠, ㉡, ㉣, ㉥
④ ㉡, ㉢, ㉣, ㉤
⑤ ㉢, ㉣, ㉤, ㉥

키워드 부동산마케팅 전략

난이도

해설 부동산마케팅에서 4P 마케팅믹스(marketing mix) 전략의 구성요소는 제품(product), 유통경로(place), 판매촉진(promotion), 가격(price)이다.

04 기본 기출

부동산마케팅 4P[가격(price), 제품(product), 유통경로(place), 판매촉진(promotion)] 전략과 다음 부동산마케팅 활동의 연결이 옳은 것은? 제27회

- ㉠ 아파트 단지 내 자연친화적 실개천 설치
- ㉡ 부동산 중개업소 적극 활용
- ㉢ 시장분석을 통한 적정 분양가 책정
- ㉣ 주택청약자 대상 경품추첨으로 가전제품 제공

① ㉠: 제품, ㉡: 판매촉진, ㉢: 가격, ㉣: 유통경로
② ㉠: 유통경로, ㉡: 판매촉진, ㉢: 가격, ㉣: 제품
③ ㉠: 유통경로, ㉡: 제품, ㉢: 가격, ㉣: 판매촉진
④ ㉠: 제품, ㉡: 유통경로, ㉢: 가격, ㉣: 판매촉진
⑤ ㉠: 제품, ㉡: 유통경로, ㉢: 판매촉진, ㉣: 가격

키워드 부동산마케팅 전략

난이도

해설 부동산마케팅 4P[가격(price), 제품(product), 유통경로(place), 판매촉진(promotion)] 전략 중 아파트 단지 내 자연친화적 실개천 설치는 제품 전략에 해당하고, 부동산 중개업소를 적극 활용하는 것은 유통경로 전략에 해당하며, 시장분석을 통한 적정 분양가 책정은 가격 전략에 해당하고, 주택청약자 대상 경품 추첨으로 가전제품을 제공하는 것은 판매촉진 전략에 해당한다.

정답 03 ③ 04 ④

05 부동산마케팅 전략에 관한 설명으로 틀린 것은?

제33회

기본 기출

① 시장점유 전략은 수요자 측면의 접근으로 목표시장을 선점하거나 점유율을 높이는 것을 말한다.
② 적응가격 전략이란 동일하거나 유사한 제품으로 다양한 수요자들의 구매를 유입하고, 구매량을 늘리도록 유도하기 위하여 가격을 다르게 하여 판매하는 것을 말한다.
③ 마케팅믹스란 기업의 부동산 상품이 표적시장에 도달하기 위해 이용하는 마케팅에 관련된 여러 요소들의 조합을 말한다.
④ 시장세분화 전략이란 수요자 집단을 인구·경제적 특성에 따라 세분하고, 세분된 시장에서 상품의 판매지향점을 분명히 하는 것을 말한다.
⑤ 고객점유 전략은 소비자의 구매의사결정 과정의 각 단계에서 소비자와의 심리적인 접점을 마련하고 전달하려는 정보의 취지와 강약을 조절하는 것을 말한다.

키워드 › 부동산마케팅 전략

난이도 ›

해설 › 시장점유 전략은 공급자 측면의 접근으로 목표시장을 선점하거나 점유율을 높이는 것을 말한다.

06 부동산마케팅 전략에 관한 설명으로 옳은 것은?

제32회

완성 기출

① 바이럴 마케팅(viral marketing) 전략은 SNS, 블로그 등 다양한 매체를 통해 해당 브랜드나 제품에 대해 입소문을 내게 하여 마케팅효과를 극대화시키는 것이다.
② 분양성공을 위해 아파트 브랜드를 고급스러운 이미지로 고객의 인식에 각인시키도록 하는 노력은 STP 전략 중 시장세분화(segmentation) 전략에 해당한다.
③ 아파트 분양 모델하우스 방문고객 대상으로 추첨을 통해 자동차를 경품으로 제공하는 것은 4P Mix 전략 중 유통경로(place) 전략에 해당한다.
④ 아파트의 차별화를 위해 커뮤니티 시설에 헬스장, 골프 연습장을 설치하는 방안은 4P Mix 전략 중 가격(price) 전략에 해당한다.
⑤ 고객점유 마케팅 전략에서 AIDA의 원리는 주의(attention) – 관심(interest) – 결정(decision) – 행동(action)의 과정을 말한다.

키워드 › 부동산마케팅 전략

난이도 ›

해설 › ② 분양성공을 위해 아파트 브랜드를 고급스러운 이미지로 고객의 인식에 각인시키도록 하는 노력은 STP 전략 중 포지셔닝(positioning) 전략에 해당한다.
③ 아파트 분양 모델하우스 방문고객 대상으로 추첨을 통해 자동차를 경품으로 제공하는 것은 4P Mix 전략 중 판매촉진(promotion) 전략에 해당한다.
④ 아파트의 차별화를 위해 커뮤니티 시설에 헬스장, 골프 연습장을 설치하는 방안은 4P Mix 전략 중 제품(product) 전략에 해당한다.
⑤ 고객점유 마케팅 전략에서 AIDA의 원리는 주의(attention) – 관심(interest) – 욕망(desire) – 행동(action)의 과정을 말한다.

정답 05 ① 06 ①

PART 03

부동산 감정평가론

최근 5개년 출제비중 및 학습전략

PART 03 16%

부동산 감정평가론은 꾸준히 약 6~7문제씩 평이한 수준으로 출제되고 있습니다. 특히 감정평가의 방식 부분의 출제비중이 높으므로 이 부분은 정확히 학습해놓는 것이 좋습니다.

다다 부동산학개론

THEME 33 부동산 감정평가의 기초이론
THEME 34 부동산가격이론
THEME 35 원가법
THEME 36 거래사례비교법
THEME 37 공시지가기준법
THEME 38 수익환원법
THEME 39 물건별 감정평가방법
THEME 40 부동산가격공시제도

THEME 33 부동산 감정평가의 기초이론

| THEME 키워드 |
「감정평가에 관한 규칙」 내용, 감정평가의 분류

기출분석
- **기출회차:** 제30회
- **키워드:** 「감정평가에 관한 규칙」 내용
- **난이도:**

기본으로 알아야 하는 대표기출

「감정평가에 관한 규칙」에 규정된 내용으로 틀린 것은?

① 감정평가법인등은 법령에 다른 규정이 있는 경우에는 대상물건의 감정평가액을 시장가치 외의 가치를 기준으로 결정할 수 있다.
② 감정평가법인등은 법령에 다른 규정이 있는 경우에는 기준시점의 가치형성요인 등을 실제와 다르게 가정하거나 특수한 경우로 한정하는 조건(감정평가조건)을 붙여 감정평가할 수 있다.
③ 둘 이상의 대상물건이 일체로 거래되거나 대상물건 상호간에 용도상 불가분의 관계가 있는 경우에는 일괄하여 감정평가할 수 있다.
④ 하나의 대상물건이라도 가치를 달리하는 부분은 이를 구분하여 감정평가할 수 있다.
⑤ 기준시점은 대상물건의 가격조사를 개시한 날짜로 한다. 다만, 기준시점을 미리 정하였을 때에는 그 날짜에 가격조사가 가능한 경우에만 기준시점으로 할 수 있다.

해설
기준시점은 대상물건의 가격조사를 완료한 날짜로 한다. 다만, 기준시점을 미리 정하였을 때에는 그 날짜에 가격조사가 가능한 경우에만 기준시점으로 할 수 있다(감정평가에 관한 규칙 제9조 제2항).

정답 ⑤

함정을 피하는 TIP
- 「감정평가에 관한 규칙」에서 규정하고 있는 내용과 용어를 정리해두어야 한다.

단단하게 정리하는 **핵심이론**

1 감정평가의 의의

토지 등의 경제적 가치를 판정하여 그 결과를 가액(價額)으로 표시하는 것(감정평가 및 감정평가사에 관한 법률 제2조 제2호)이다.

2 감정평가의 분류

(1) 업무기술에 따른 분류 – 감정평가의 전제조건에 따른 분류

① **현황평가**: 대상부동산의 상태·구조·이용방법·환경·점유·제한물권의 부착 등의 현황을 그대로 평가하는 것을 말한다. ⇨ 대상부동산이 있는 상태대로 가치를 평가하는 것을 말한다.

② **조건부평가**: 부동산가격(가치)의 증감요인이 되는 새로운 상황의 발생을 상정하여 그 조건이 성취되는 경우를 전제로 부동산을 평가하는 것을 말한다.

③ **기한부평가**: 장래에 도달할 확실한 일정시점을 기준으로 해서 행하는 평가를 말한다.
　예 분양시점이 확실한 아파트나 조성지, 매립지의 평가에 적용
　(기한의 도래가 확실하다는 점에서 조건부평가와 구별되며, 통상 기한부평가와 조건부평가는 병행된다.)

④ **소급평가**: 과거의 어느 시점을 기준으로 부동산을 평가하는 것을 말한다.
　예 민사·형사사건의 유력한 증거로서의 평가, 자산재평가, 기업의 매수·합병 시의 평가에 적용

> **보충**
>
> **기준시점과 기준가치**
> 1. **기준시점**: 대상물건의 감정평가액을 결정하는 기준이 되는 날짜를 말한다(감정평가에 관한 규칙 제2조 제2호). 기준시점은 대상물건의 가격조사를 완료한 날짜로 한다. 다만, 기준시점을 미리 정하였을 때에는 그 날짜에 가격조사가 가능한 경우에만 기준시점으로 할 수 있다(감정평가에 관한 규칙 제9조 제2항).
> 2. **기준가치**: 감정평가의 기준이 되는 가치를 말한다(감정평가에 관한 규칙 제2조 제3호).

(2) 평가기법상의 구분에 따른 분류(감정평가에 관한 규칙 제7조)

- **원칙**: 개별평가
- **예외**: 일괄평가, 구분평가, 부분평가

① **개별평가**: 감정평가는 대상물건마다 개별로 하여야 한다.

② **일괄평가**: 둘 이상의 대상물건이 일체로 거래되거나 대상물건 상호간에 용도상 불가분의 관계가 있는 경우에는 일괄하여 감정평가할 수 있다.

③ **구분평가**: 하나의 대상물건이라도 가치를 달리하는 부분은 이를 구분하여 감정평가할 수 있다.

④ **부분평가**: 일체로 이용되고 있는 대상물건의 일부분에 대하여 감정평가하여야 할 특수한 목적이나 합리적인 이유가 있는 경우에는 그 부분에 대하여 감정평가할 수 있다.

3 감정평가 관련 법령과 용어 정의

(1) 감정평가 관련 법규의 용어 정의

① **적정가격**: 토지, 주택 및 비주거용 부동산에 대하여 통상적인 시장에서 정상적인 거래가 이루어지는 경우 성립될 가능성이 가장 높다고 인정되는 가격을 말한다(부동산 가격공시에 관한 법률 제2조 제5호).

② **감정평가업**: 타인의 의뢰에 따라 일정한 보수를 받고 토지등의 감정평가를 업(業)으로 행하는 것을 말한다(감정평가 및 감정평가사에 관한 법률 제2조 제3호).

③ **감정평가법인등**: 「감정평가 및 감정평가사에 관한 법률」 제21조에 따라 사무소를 개설한 감정평가사와 동법 제29조에 따라 인가를 받은 감정평가법인을 말한다(감정평가 및 감정평가사에 관한 법률 제2조 제4호).

(2) 「감정평가에 관한 규칙」의 용어 정의(감정평가에 관한 규칙 제2조)

① **시장가치**: 감정평가의 대상이 되는 토지등(대상물건)이 통상적인 시장에서 충분한 기간 동안 거래를 위하여 공개된 후 그 대상물건의 내용에 정통한 당사자 사이에 신중하고 자발적인 거래가 있을 경우 성립될 가능성이 가장 높다고 인정되는 대상물건의 가액(價額)을 말한다.

② **기준시점**: 대상물건의 감정평가액을 결정하는 기준이 되는 날짜를 말한다.

③ **기준가치**: 감정평가의 기준이 되는 가치를 말한다.

④ **가치형성요인**: 대상물건의 경제적 가치에 영향을 미치는 일반요인, 지역요인 및 개별요인 등을 말한다.

⑤ **원가법**: 대상물건의 재조달원가에 감가수정(減價修正)을 하여 대상물건의 가액을 산정하는 감정평가방법을 말한다.

⑥ **적산법(積算法)**: 대상물건의 기초가액에 기대이율을 곱하여 산정된 기대수익에 대상물건을 계속하여 임대하는 데에 필요한 경비를 더하여 대상물건의 임대료(賃貸料, 사용료를 포함)를 산정하는 감정평가방법을 말한다.

⑦ **거래사례비교법**: 대상물건과 가치형성요인이 같거나 비슷한 물건의 거래사례와 비교하여 대상물건의 현황에 맞게 사정보정(事情補正), 시점수정, 가치형성요인 비교 등의 과정을 거쳐 대상물건의 가액을 산정하는 감정평가방법을 말한다.

⑧ **임대사례비교법**: 대상물건과 가치형성요인이 같거나 비슷한 물건의 임대사례와 비교하여 대상물건의 현황에 맞게 사정보정, 시점수정, 가치형성요인 비교 등의 과정을 거쳐 대상물건의 임대료를 산정하는 감정평가방법을 말한다.

⑨ **공시지가기준법**: 「감정평가 및 감정평가사에 관한 법률」 제3조 제1항 본문에 따라 감정평가의 대상이 된 토지(대상토지)와 가치형성요인이 같거나 비슷하여 유사한 이용가치를 지닌다고 인정되는 표준지(비교표준지)의 공시지가를 기준으로 대상토지의 현황에 맞게 시점수정, 지역요인 및 개별요인 비교, 그 밖의 요인의 보정(補正)을 거쳐 대상토지의 가액을 산정하는 감정평가방법을 말한다.

⑩ **수익환원법**(收益還元法): 대상물건이 장래 산출할 것으로 기대되는 순수익이나 미래의 현금흐름을 환원하거나 할인하여 대상물건의 가액을 산정하는 감정평가방법을 말한다.

⑪ **수익분석법**: 일반기업 경영에 의하여 산출된 총수익을 분석하여 대상물건이 일정한 기간에 산출할 것으로 기대되는 순수익에 대상물건을 계속하여 임대하는 데에 필요한 경비를 더하여 대상물건의 임대료를 산정하는 감정평가방법을 말한다.

⑫ **감가수정**: 대상물건에 대한 재조달원가를 감액하여야 할 요인이 있는 경우에 물리적 감가, 기능적 감가 또는 경제적 감가 등을 고려하여 그에 해당하는 금액을 재조달원가에서 공제하여 기준시점에 있어서의 대상물건의 가액을 적정화하는 작업을 말한다.

⑬ **적정한 실거래가**: 「부동산 거래신고 등에 관한 법률」에 따라 신고된 실제 거래가격(거래가격)으로서 거래 시점이 도시지역(국토의 계획 및 이용에 관한 법률 제36조 제1항 제1호에 따른 도시지역)은 3년 이내, 그 밖의 지역은 5년 이내인 거래가격 중에서 감정평가법인등이 인근지역의 지가수준 등을 고려하여 감정평가의 기준으로 적용하기에 적정하다고 판단하는 거래가격을 말한다.

⑭ **인근지역**: 감정평가의 대상이 된 부동산(대상부동산)이 속한 지역으로서 부동산의 이용이 동질적이고 가치형성요인 중 지역요인을 공유하는 지역을 말한다.

⑮ **유사지역**: 대상부동산이 속하지 아니하는 지역으로서 인근지역과 유사한 특성을 갖는 지역을 말한다.

⑯ **동일수급권**(同一需給圈): 대상부동산과 대체·경쟁 관계가 성립하고 가치형성에 서로 영향을 미치는 관계에 있는 다른 부동산이 존재하는 권역(圈域)을 말하며, 인근지역과 유사지역을 포함한다.

기본문제와 완성문제로 단단기출

01 다음 용어에 대한 설명 중 틀린 것은? 제19회

① 조건부평가란 부동산가치의 증감요인이 되는 새로운 상황의 발생을 상정하여 그 조건이 성취되는 경우를 전제로 부동산을 평가하는 것을 말한다.
② 소급평가란 과거 어느 시점을 기준시점으로 하여 부동산가치를 평가하는 것을 말한다.
③ 일괄평가란 둘 이상의 물건이 일체로 거래되거나 대상물건 상호간 불가분의 관계에 있는 경우에 일괄하여 평가하는 것을 말한다.
④ 법정평가란 법규에서 정한대로 행하는 평가로서, 공공용지 수용 시 평가, 과세평가 등이 있다.
⑤ 구분평가란 일체로 이용하고 있는 물건의 일부만을 평가하는 경우를 말한다.

키워드 감정평가의 분류
난이도
해설 구분평가란 하나의 대상물건이라도 가치를 달리하는 부분은 이를 구분하여 평가할 수 있다는 것이다. 일체로 이용되고 있는 대상물건의 일부는 평가하지 아니함을 원칙으로 한다. 다만, 일체로 이용되고 있는 대상물건의 일부분에 대하여 특수한 목적 또는 합리적인 조건이 수반되는 경우에는 부분평가를 할 수 있다.

02 다음 〈보기〉와 같은 감정평가에 대한 설명 중 틀린 것은? 제18회

〈보기〉
- 법원은 경매개시결정(2007년 7월 4일)이 된 甲 소유의 A물건에 대하여 □□감정평가사사무소 △△△ 감정평가사에게 감정평가 의뢰(2007년 10월 24일)
- A물건 현장조사 및 가격조사 완료(2007년 10월 27일)
- 감정평가사 △△△이(가) 보고서 작성(2007년 10월 28일)

① 본 감정평가사는 국가로부터 자격을 부여받은 개인이 평가주체인 점에서 공인감정평가이다.
② 본 감정평가를 통해 산정된 감정평가액을 참작하여 법원은 최저경매가격을 정한다.
③ 본 감정평가는 법원의 임의 의사에 의해서 행하여지는 감정평가인 점에서 임의적 평가이다.
④ 본 감정평가의 기준시점은 2007년 10월 27일이다.
⑤ 본 감정평가는 A물건의 상태·용도 등 기준시점 현재 상태대로 평가하는 점에서 현황평가이다.

키워드 감정평가의 분류
난이도
해설 본 감정평가는 필수적 평가에 해당한다.

정답 01 ⑤ 02 ③

THEME 34 부동산가격이론

| THEME 키워드 |
부동산의 가격과 가치, 부동산가치, 부동산의 가치발생요인, 지역분석과 개별분석, 부동산가격의 제 원칙

기본으로 알아야 하는 대표기출

> **기출분석**
> - **기출회차:** 제27회
> - **키워드:** 지역분석과 개별분석
> - **난이도:**

감정평가 과정상 지역분석과 개별분석에 관한 설명으로 틀린 것은?

① 지역분석을 통해 해당 지역 내 부동산의 표준적 이용과 가격수준을 파악할 수 있다.
② 지역분석에 있어서 중요한 대상은 인근지역, 유사지역 및 동일수급권이다.
③ 대상부동산의 최유효이용을 판정하기 위해 개별분석이 필요하다.
④ 지역분석보다 개별분석을 먼저 실시하는 것이 일반적이다.
⑤ 지역분석은 대상지역에 대한 거시적인 분석인 반면, 개별분석은 대상부동산에 대한 미시적인 분석이다.

> **함정을 피하는 TIP**
> - 지역분석과 개별분석의 관계에서 분석순서는 지역분석이 먼저이고 개별분석이 나중이다. 지역분석과 개별분석의 관계를 비교하여 정리해두어야 한다.

해설

개별분석은 고립적인 분석이 아니며, 작업의 선후관계로는 지역분석이 선행되고 그 결과에 따라 개별분석이 행해진다.

정답 ④

단단하게 정리하는 **핵심이론**

1 부동산가격과 가치

(1) 부동산가격(가치)의 의의

부동산의 소유에서 비롯되는 장래의 이익에 대한 현재가치를 말한다.

(2) 가격과 가치

① 가격과 가치의 비교

가격(price)	가치(value)
특정 부동산에 대한 교환의 대가로 시장에서 매도자와 매수자 간에 지불된 실거래액	장래 기대되는 유·무형의 편익을 현재가치로 환원한 값
대상부동산에 대한 과거의 값 ⇨ 중개사가 전문가	대상부동산에 대한 현재의 값 ⇨ 평가사가 전문가
시장수급작용으로 거래당사자 사이에 제안된 값	가격 ± 오차
객관적·구체적인 개념	주관적·추상적인 개념
주어진 시점에서 대상부동산에 대한 가격은 하나임	가치는 무수히 많음 ⇨ 가치의 다원적 개념

② 가격과 가치의 관계
  ㉠ 가격의 기초는 가치이다.
  ㉡ 가치가 화폐를 매개로 하여 표현된 것이 가격이다.
  ㉢ 가격은 원칙적으로 수요·공급에 따라 변동하므로 일시적으로 가격은 가치로부터 괴리될 수도 있다.

> 가치=가격±오차

  ㉣ 부동산의 가치가 상승하면 가격도 상승한다.

2 부동산가치의 특징과 이중성

(1) 부동산가격(가치)의 특징

① 교환의 대가인 가액과 용익의 대가인 임료로 표시한다.
  ㉠ 교환의 대가인 교환가치 ⇨ 가액 ⇦ 원본
  ㉡ 용익의 대가인 사용가치 ⇨ 임료 ⇦ 과실
② 부동산에 관한 소유권, 기타 권리·이익의 가치이지 물건 자체에 대한 물리적 가격은 아니다.
③ 부동산의 가치는 장기적인 고려하에 형성되며, 항상 변동의 과정에 있다.
④ 거래당사자의 개별적인 동기나 특수한 사정이 개입되기 쉽다.

(2) 부동산가격(가치)의 이중성

부동산가치는 그 부동산의 효용, 상대적 희소성, 유효수요의 상호 결합에 의해 결정되고, 일단 가치가 결정되면 그 가치가 반대로 효용, 상대적 희소성, 유효수요에 영향을 미쳐서 수요와 공급을 조절한다는 것이다. ⇨ 피드백(feedback) 원리가 작용

3 시장가치

(1) 의의

감정평가의 대상이 되는 대상물건이 통상적인 시장에서 충분한 기간 거래를 위하여 공개된 후 그 대상물건의 내용에 정통한 당사자 사이에 신중하고 자발적인 거래가 있을 경우 성립될 가능성이 가장 높다고 인정되는 대상물건의 가액(價額)을 말한다.

(2) 조건

① 대상물건의 시장성
② 통상적인 시장
③ 출품기간의 합리성
④ 거래의 자연성
⑤ 당사자의 정통성

(3) 시장가치와 시장가치 외의 가치를 기준으로 감정평가

① 원칙: 대상물건에 대한 감정평가액은 시장가치를 기준으로 결정한다.
② 예외: 시장가치 외의 가치를 기준으로 감정평가한다.
  ㉠ 감정평가법인등은 다음의 어느 하나에 해당하는 경우에는 대상물건의 감정평가액을 시장가치 외의 가치를 기준으로 결정할 수 있다.
    ⓐ 법령에 다른 규정이 있는 경우
    ⓑ 감정평가 의뢰인이 요청하는 경우
    ⓒ 감정평가의 목적이나 대상물건의 특성에 비추어 사회통념상 필요하다고 인정되는 경우
  ㉡ 감정평가법인등은 시장가치 외의 가치를 기준으로 감정평가할 때에는 다음의 사항을 검토해야 한다. 다만, 법령에 다른 규정이 있는 경우에는 그렇지 않다.
    ⓐ 해당 시장가치 외의 가치의 성격과 특징
    ⓑ 시장가치 외의 가치를 기준으로 하는 감정평가의 합리성 및 적법성
  ㉢ 감정평가법인등은 시장가치 외의 가치를 기준으로 하는 감정평가의 합리성 및 적법성이 결여(缺如)되었다고 판단할 때에는 의뢰를 거부하거나 수임(受任)을 철회할 수 있다.

4 부동산가치의 발생요인

(1) 부동산의 효용(유용성, utility)

효용(유용성)은 인간의 필요나 욕구를 만족시켜 줄 수 있는 재화의 능력을 말한다.
① 쾌적성 ⇨ 주거용 부동산
② 수익성 ⇨ 상업용 부동산
③ 생산성 ⇨ 공업용 부동산

(2) 부동산의 상대적 희소성

상대적 희소성은 인간의 욕망에 비해 욕망의 충족수단이 질적·양적으로 한정되어 있어서 부족한 상태를 말한다.

(3) 부동산에 대한 유효수요

수요란 구매력이 있는 수요, 즉 유효수요이어야 한다. 구매력(purchasing power)은 경제적인 개념으로 부동산을 구입할 수 있는 지불능력을 말하는데, 지역과 시기에 따라 변화하며 부동산의 가격수준의 높고 낮음에 따라서 영향을 받는다.

(4) 부동산의 이전성(transferability)

부동산의 이전성(양도가능성)이란 부동산의 물리적인 이동을 말하는 것이 아니라, 부동산의 소유자에 의해 부동산소유권에 대한 명의가 자유롭게 이전될 수 있어야 한다는 것이다.

5 부동산가치의 형성요인

(1) 일반적 요인

부동산 전반에 영향을 미치는 요인을 말하는데, 사회적 요인, 경제적 요인, 행정적 요인으로 구분한다.
① 사회적 요인
  ㉠ 인구의 상태
  ㉡ 가족구성 및 세대분리의 상태
  ㉢ 도시형성 및 공공시설의 정비상태
  ㉣ 교육 및 사회복지 등의 상태
  ㉤ 부동산거래 및 사용·수익의 관행
  ㉥ 건축양식 등의 상태
  ㉦ 정보화 진전의 상태

② **경제적 요인**
  ㉠ 소비·저축·투자 및 국제수지의 상태
  ㉡ 재정 및 금융 등의 상태
  ㉢ 물가·임금·고용의 수준
  ㉣ 세부담의 상태
  ㉤ 기술혁신 및 산업구조의 상태
  ㉥ 교통체계의 상태
  ㉦ 국제화의 상태

③ **행정적 요인**
  ㉠ 토지제도
  ㉡ 토지의 이용계획 및 규제의 상태
  ㉢ 택지 및 주택에 관한 시책의 상태
  ㉣ 토지 및 건축물의 구조·방재(防災) 등에 관한 시책의 상태
  ㉤ 부동산가액과 임대료에 관한 규제
  ㉥ 부동산세제
  ㉦ 부동산가격공시제도

(2) 지역(적) 요인

어떤 지역 내의 부동산가격(가치)에만 영향을 미치는 요인, 즉 지역분석을 할 때 유의할 요인을 말한다.

(3) 개별(적) 요인

대상부동산의 가치에만 영향을 미치는 요인, 즉 개별분석을 할 때 유의할 요인을 말한다.

6 지역분석과 개별분석

(1) 지역분석의 의의

지역요인을 분석하는 작업으로, 이는 구체적으로 인근지역의 표준적 이용을 판단하여 그 지역 내의 부동산에 대한 가격수준을 판정하는 작업이다.

　　　　　　　　　　　　　　　해당 지역의 평균적인 이용

(2) 지역분석의 대상

① **인근지역**(대상근린지역)
  ㉠ 의의: 대상부동산이 속한 지역으로서 부동산의 이용이 동질적이고 가치형성요인 중 지역요인을 공유하는 지역을 말한다.

- ⓛ 특성
    - ⓐ 대상부동산의 가치형성에 직접 영향을 미친다.
    - ⓑ 인근지역 내 부동산은 대상부동산과 상호 대체·경쟁의 관계에 있고, 동일한 가격수준을 가진다.
    - ⓒ 인근지역 내 부동산은 대상부동산과 용도적·기능적으로 동질성을 가진다.
    - ⓓ 유동적·가변적이다.
- ⓒ 인근지역의 수명현상
    - ⓐ 의의: 인근지역의 수명현상을 생태학적 측면에서 파악하여 각 국면의 여러 가지 현상의 특징을 나타낸 것이다.
    - ⓑ 전제조건: 지역이 하나의 개발계획에 의해 동시에 개발되어야 하고, 동질성이 있어야 한다.
② 유사지역(유사근린지역)
- ⓛ 의의: 대상부동산이 속하지 아니한 지역으로서 인근지역의 지역특성과 유사한 지역특성을 갖는 지역을 말한다. ⇨ 대상부동산은 속하지 않는다.
- ⓒ 특성: 대상부동산이 속한 인근지역과 용도적·기능적으로 동질적이며, 양 지역의 부동산은 서로 대체·경쟁관계가 성립한다.
③ 동일수급권(同一需給圈, market area) ⇨ 동일한 시장지역
- ⓛ 의의: 대상부동산과 대체·경쟁관계가 성립되고, 가치형성에 있어서 서로 영향을 미치는 관계에 있는 다른 부동산이 존재하는 권역을 말하며, 인근지역과 유사지역을 포함한다.
- ⓒ 동일수급권의 파악
    - ⓐ 의의: 대상부동산과 대체·경쟁의 관계가 성립하고, 그 가치형성에 영향을 미치는 권역의 범위를 판단하는 것이다.
    - ⓑ 용도지역별 동일수급권의 범위

주거지	도심으로부터 통근 가능한 지역범위와 일치
상업지	배후지를 기초로 영업수익을 올리는 지역범위
공업지	일반적으로 제품생산의 효율성과 판매비용의 경제성이 대체성을 갖는 지역범위
농지	농업경영이 가능한 거리의 범위와 일치
임지	농지의 경우와 유사하며, 지역요인이 중요하고 통근 경작의 빈도가 낮음
이행지	일반적으로 그 토지가 이행될 것으로 예상되는 토지와 같은 종류의 동일수급권과 일치 ⇨ 이행 후의 종별에 따라서 동일수급권을 판정 ⚠ 이행이 완만한 경우에는 이행 전의 토지의 동일수급권도 고려한다.
후보지	그 토지가 전환될 것으로 예상되는 토지와 같은 종류의 동일수급권과 일치 ⇨ 전환 후의 종별에 따라서 동일수급권을 판정 ⚠ 전환이 완만한 경우에는 전환 전의 토지의 동일수급권도 고려한다.

(3) 인근지역의 수명현상

성장기(1단계)	성숙기(2단계)	쇠퇴기(3단계)	천이기(4단계)	악화기(5단계)
신개발, 재개발	안정기	노후화	과도기	소생기
① 약 15~20년 ② 지역기능 급변 ③ 지가의 상승 높음 ④ 투기현상이 개재됨 ⑤ 입지경쟁 치열 ⑥ 입주민: 젊고 교육수준 높음 ⑦ 성숙기에 비해 주민의 유동이 많음	① 약 20~25년 ② 지가수준 최고 ③ 지역기능 최고 ④ 지가안정 또는 가벼운 상승 ⑤ 입지경쟁 안정 ⑥ 입주민: 사회적·경제적 수준 최고 ⑦ 주민의 유동 적음	① 약 40~50년 ② 지가 하락 ③ 건물의 경제적 내용연수 경과 ④ 중고부동산이 거래의 중심 ⑤ 하향여과 현상 시작 ⑥ 관리비·유지비가 급격히 증가 ⑦ 입주민: 사회적·경제적 수준 낮음 ⑧ 재개발 시작	① 가벼운 지가 상승 ② 입주민: 저소득층의 활발한 유입 ③ 하향여과현상 활발 ④ 재개발 활발	① 슬럼(slum)화 직전 ② 지가수준 최저 ③ 재개발 마지막

(4) 개별분석의 의의

대상부동산의 개별적 요인을 분석하여 최유효이용을 판단하고, 대상부동산의 개별적 요인을 분석하여 대상부동산의 가격을 판정하는 작업이다.

(5) 지역분석과 개별분석의 비교

구분	지역분석	개별분석
분석순서	선행분석	후행분석
분석내용	가치형성의 지역요인을 분석	가치형성의 개별요인을 분석
분석범위	대상지역(대상지역에 대한 전체적·광역적·거시적 분석)	대상부동산(대상부동산에 대한 부분적·구체적·미시적 분석)
분석방법	전반적 분석	개별적 분석
분석기준	표준적 이용	최유효이용
가격관련	가격수준	(구체적인) 가격
가격원칙	적합의 원칙	균형의 원칙

THEME 34 부동산가격이론

7 부동산가격의 제 원칙

(1) 부동산가격(가치)의 제 원칙의 의의

부동산의 가격(가치)이 어떻게 형성되고 유지되는가에 관한 법칙성을 추출하여 부동산평가활동의 지침으로 삼으려는 하나의 행위기준을 말한다.

(2) 시간의 원칙

① **변동의 원칙**(변화의 원칙): 부동산의 가치는 부동산가치 형성요인의 상호 인과관계적 결합과 그것의 변동과정에서 형성·변화된다는 원칙이다(기준시점, 시점수정의 이론적 근거).

② **예측의 원칙**(예상·기대의 원칙): 부동산의 가치가 해당 부동산의 장래의 수익성이나 쾌적성에 대한 예측의 영향을 받아서 결정된다는 원칙이다.

(3) 내부의 원칙

① **균형의 원칙**(비례의 원칙) ⇨ **기능적 감가**: 부동산의 유용성(수익성 또는 쾌적성)이 최고도로 발휘되기 위해서는 그 내부구성요소의 조합이 균형을 이루고 있어야 한다는 원칙이다.

② **기여의 원칙**(공헌의 원칙): 부동산가치는 부동산 각 구성요소의 가치에 대한 공헌도에 따라 영향을 받는다는 원칙이다. ⇨ 균형의 원칙에 선행

③ **수익체증·체감의 원칙**: 부동산의 단위투자액을 계속적으로 증가시키면, 이에 따라 총수익은 증가되지만 증가되는 단위투자액에 대응하는 수익은 증가하다가 일정한 수준을 넘으면 점차 감소하게 된다는 원칙이다. ⇨ 수확체감의 법칙에 근거

④ **수익배분의 원칙**(잉여생산성의 원칙): 총수익은 노동·자본·토지·경영 등의 각 생산요소에 분배되는데, 노동·자본·경영에 배분되고 남은 잔여분(잉여생산성)은 그 배분이 정당하게 행하여지는 한 토지에 귀속된다는 원칙이다.

(4) 외부의 원칙

① **적합의 원칙**(조화의 원칙) ⇨ **경제적 감가**: 부동산의 수익성 또는 쾌적성이 최고도로 발휘되기 위해서는 대상부동산이 그 주위 환경에 적합하여야 한다는 원칙이다.

② **외부성의 원칙**: 대상부동산의 가치가 외부요인에 의해서 영향을 받는다는 평가원칙이다.

③ **경쟁의 원칙**: 초과이윤은 경쟁을 야기시키고, 경쟁은 초과이윤을 감소 또는 소멸시킨다는 원칙이다.

(5) 기타 원칙

① **수요·공급의 원칙**: 부동산의 특성으로 인하여 제약을 받지만 부동산가치도 기본적으로 수요와 공급 상호관계에 의하여 결정된다는 원칙이다.

② **대체의 원칙**: 부동산의 가치는 대체가 가능한 다른 부동산이나 재화의 가격과의 상호 영향으로 형성된다는 원칙이다. ⇨ 용도·기능·가격면에서의 대체를 의미

③ **기회비용의 원칙**: 어떤 투자대상의 가치평가를 그 투자대상의 기회비용에 의하여 평가한다는 원칙이다.

(6) 최유효(최고·최선)이용의 원칙

① **의의**: 부동산가치는 최유효이용을 전제로 파악되는 가치를 표준으로 형성된다는 원칙이다. ⇨ 가치추계의 전제가 되는 원칙 ─ 객관적으로 보아 양식과 통상의 이용능력을 보유하는 사람의 합리적·합법적인 최고·최선의 이용

② **최유효이용의 판정기준**: 최유효이용은 대상부동산의 물리적 채택가능성, 합리적이고 합법적인 이용, 최고수익성을 기준으로 판정할 수 있다.

③ **감정평가 3방식과의 관계**: 부동산감정평가 3방식의 이론적 근거이다.

기본문제와 완성문제로 단단기출

01 부동산의 가격과 가치에 관한 설명으로 <u>틀린</u> 것은? 제25회

① 가격은 특정 부동산에 대한 교환의 대가로서 매수인이 지불한 금액이다.
② 가치는 효용에 중점을 두며, 장래 기대되는 편익은 금전적인 것뿐만 아니라 비금전적인 것을 포함할 수 있다.
③ 가격은 대상부동산에 대한 현재의 값이지만, 가치는 장래 기대되는 편익을 예상한 미래의 값이다.
④ 가치란 주관적 판단이 반영된 것으로 각 개인에 따라 차이가 발생할 수 있다.
⑤ 주어진 시점에서 대상부동산의 가치는 다양하다.

키워드 > 부동산의 가격과 가치

난이도 >

해설 > 가격(price)은 대상부동산에 대한 과거의 값이지만, 가치(value)는 장래 기대되는 편익을 현재가치로 환원한 현재의 값이다.

02 부동산의 가치발생요인에 관한 설명으로 <u>틀린</u> 것은? 제24회

① 대상부동산의 물리적 특성뿐 아니라 토지이용규제 등과 같은 공법상의 제한 및 소유권의 법적 특성도 대상부동산의 효용에 영향을 미친다.
② 유효수요란 대상부동산을 구매하고자 하는 욕구로, 지불능력(구매력)을 필요로 하는 것은 아니다.
③ 상대적 희소성이란 부동산에 대한 수요에 비해 공급이 부족하다는 것이다.
④ 효용은 부동산의 용도에 따라 주거지는 쾌적성, 상업지는 수익성, 공업지는 생산성으로 표현할 수 있다.
⑤ 부동산의 가치는 가치발생요인들의 상호 결합에 의해 발생한다.

키워드 > 부동산의 가치발생요인

난이도 >

해설 > 유효수요란 대상부동산을 구매하고자 하는 욕구로 구매력(지불능력)이 있는 수요이어야 하며, 효용, 희소성과 함께 합리적인 가치발생요인을 나타내는 요소이다. 여기서 구매력(purchasing power)은 경제적인 개념으로 부동산을 구입할 수 있는 지불능력을 말하는데, 지역과 시기에 따라 변화하며 부동산의 가격수준의 높고 낮음에 영향을 받는다.

정답 01 ③ 02 ②

03 감정평가 과정상 지역분석 및 개별분석에 관한 설명으로 옳은 것은? 제34회

① 동일수급권(同一需給圈)이란 대상부동산과 대체·경쟁 관계가 성립하고 가치 형성에 서로 영향을 미치는 관계에 있는 다른 부동산이 존재하는 권역(圈域)을 말하며, 인근지역과 유사지역을 포함한다.
② 지역분석이란 대상부동산이 속해 있는 지역의 지역요인을 분석하여 대상부동산의 최유효이용을 판정하는 것을 말한다.
③ 인근지역이란 대상부동산이 속한 지역으로서 부동산의 이용이 동질적이고 가치형성요인 중 개별요인을 공유하는 지역을 말한다.
④ 개별분석이란 대상부동산의 개별적 요인을 분석하여 해당 지역 내 부동산의 표준적 이용과 가격수준을 판정하는 것을 말한다.
⑤ 지역분석보다 개별분석을 먼저 실시하는 것이 일반적이다.

키워드) 지역분석과 개별분석

난이도)

해설) ② 지역분석이란 대상부동산이 속해 있는 지역의 지역요인을 분석하여 해당 지역 내 부동산의 표준적 이용과 가격수준을 판정하는 것을 말한다.
③ 인근지역이란 대상부동산이 속한 지역으로서 부동산의 이용이 동질적이고 가치형성요인 중 지역요인을 공유하는 지역을 말한다.
④ 개별분석이란 대상부동산의 개별적 요인을 분석하여 대상부동산의 최유효이용을 판정하는 것을 말한다.
⑤ 개별분석보다 지역분석을 먼저 실시하는 것이 일반적이다.

정답 03 ①

04 부동산감정평가에서 가격의 제 원칙에 관한 설명으로 <u>틀린</u> 것은? 제23회

기본 기출

① 부동산가격의 원칙은 부동산의 가격이 어떻게 형성되고 유지되는지 그 법칙성을 찾아내어 평가활동의 지침으로 삼으려는 행동기준이다.
② 대체의 원칙은 대체성 있는 2개 이상의 재화가 존재할 때 그 재화의 가격은 서로 관련되어 이루어진다는 원칙으로, 유용성이 동일할 때는 가장 가격이 싼 것을 선택하게 된다.
③ 균형의 원칙은 내부적 관계의 원칙인 적합의 원칙과는 대조적인 의미로, 부동산 구성요소의 결합에 따른 최유효이용을 강조하는 것이다.
④ 기여의 원칙은 부동산의 각 구성요소가 각각 기여하여 부동산 전체의 가격이 형성된다는 원칙이다.
⑤ 변동의 원칙은 재화의 가격이 그 가치형성요인의 변화에 따라 달라지는 것으로, 부동산의 가격도 사회적·경제적·행정적 요인이나 부동산 자체가 가지는 개별적 요인에 따라 지속적으로 변동한다는 것을 강조하는 것이다.

키워드 부동산가격의 제 원칙

난이도

해설 적합의 원칙은 외부적 관계의 원칙이다.

---

05 다음 부동산현상 및 부동산활동을 설명하는 감정평가이론상 부동산가격원칙을 순서대로 나열한 것은? 제28회

기본 기출

- 복도의 천장 높이를 과대개량한 전원주택이 냉·난방비 문제로 시장에서 선호도가 떨어진다.
- 판매시설 입점부지 선택을 위해 후보지역분석을 통해 표준적 사용을 확인한다.

① 균형의 원칙, 적합의 원칙
② 예측의 원칙, 수익배분의 원칙
③ 적합의 원칙, 예측의 원칙
④ 수익배분의 원칙, 균형의 원칙
⑤ 적합의 원칙, 변동의 원칙

키워드 부동산가격의 제 원칙

난이도

해설 균형의 원칙이란 부동산의 유용성(수익성 또는 쾌적성)이 최고도로 발휘되기 위해서는 그 내부구성요소의 결합상태가 균형을 이루고 있어야 한다는 원칙이다. 여기에서 내부구성요소란 생산요소의 결합비율, 토지이용상태, 건물 내적 조화와 균형 등을 말한다. 복도의 천장 높이를 과대개량한 전원주택이 냉·난방비 문제로 시장에서 선호도가 떨어지는 것은 균형의 원칙에 맞지 않기 때문이다. 반면에 적합의 원칙이란 부동산의 유용성(수익성 또는 쾌적성)이 최고도로 발휘되기 위하여는 그 부동산이 속한 지역의 환경에 적합하여야 한다는 원칙이다. 그러므로 판매시설 입점부지 선택을 위해 후보지역분석을 통해 표준적 사용을 확인하는 것은 적합의 원칙과 관련이 있다.

정답 04 ③ 05 ①

06 감정평가 과정상 지역분석과 개별분석에 관한 설명으로 <u>틀린</u> 것은? 제30회

① 해당 지역 내 부동산의 표준적 이용과 가격수준 파악을 위해 지역분석이 필요하다.
② 지역분석은 대상부동산에 대한 미시적·국지적 분석인 데 비하여, 개별분석은 대상지역에 대한 거시적·광역적 분석이다.
③ 인근지역이란 대상부동산이 속한 지역으로서 부동산의 이용이 동질적이고 가치형성요인 중 지역요인을 공유하는 지역을 말한다.
④ 동일수급권이란 대상부동산과 대체·경쟁 관계가 성립하고 가치 형성에 서로 영향을 미치는 관계에 있는 다른 부동산이 존재하는 권역을 말하며, 인근지역과 유사지역을 포함한다.
⑤ 대상부동산의 최유효이용을 판정하기 위해 개별분석이 필요하다.

> 키워드 지역분석과 개별분석
> 난이도
> 해설 지역분석과 개별분석이 바뀌었다. 즉, 지역분석은 대상지역에 대한 거시적·광역적 분석인 데 비하여, 개별분석은 대상부동산에 대한 미시적·국지적 분석이다.

07 부동산가치에 관한 설명으로 <u>틀린</u> 것은? 제23회

① 사용가치는 대상부동산이 시장에서 매도되었을 때 형성될 수 있는 교환가치와 유사한 개념이다.
② 투자가치는 투자자가 대상부동산에 대해 갖는 주관적인 가치의 개념이다.
③ 보험가치는 보험금 산정과 보상에 대한 기준으로 사용되는 가치의 개념이다.
④ 과세가치는 정부에서 소득세나 재산세를 부과하는 데 사용되는 가치의 개념이다.
⑤ 공익가치는 어떤 부동산의 보존이나 보전과 같은 공공목적의 비경제적 이용에 따른 가치를 의미한다.

> 키워드 부동산가치
> 난이도
> 해설 사용가치란 대상부동산이 특정한 용도로 사용되었을 때 가질 수 있는 가치를 말한다. 시장가치(market value)는 애덤 스미스(A. Smith)의 교환가치에, 투자가치(investment value)는 그의 사용가치에 이론적 기반을 두고 있다.

정답 06 ② 07 ①

08 부동산가격원칙(혹은 평가원리)에 관한 설명으로 <u>틀린</u> 것은? 제26회

① 최유효이용은 대상부동산의 물리적 채택가능성, 합리적이고 합법적인 이용, 최고수익성을 기준으로 판정할 수 있다.
② 균형의 원칙은 구성요소의 결합에 대한 내용으로, 균형을 이루지 못하는 과잉부분은 원가법을 적용할 때 경제적 감가로 처리한다.
③ 적합의 원칙은 부동산의 입지와 인근환경의 영향을 고려한다.
④ 대체의 원칙은 부동산의 가격이 대체관계의 유사부동산으로부터 영향을 받는다는 점에서, 거래사례비교법의 토대가 될 수 있다.
⑤ 예측 및 변동의 원칙은 부동산의 현재보다 장래의 활용 및 변화가능성을 고려한다는 점에서, 수익환원법의 토대가 될 수 있다.

키워드 》 부동산가격의 제 원칙
난이도 》
해설 》 균형의 원칙은 구성요소의 결합에 대한 내용으로, 균형을 이루지 못하는 과잉부분은 원가법을 적용할 때 기능적 감가로 처리한다.

정답 08 ②

THEME 35 원가법

| THEME 키워드 |
재조달원가, 재조달원가의 계산, 원가법에서 정액법, 원가법에서 정률법, 감가수정방법

기본으로 알아야 하는 대표기출

> **기출분석**
> - 기출회차: 제17회
> - 키워드: 재조달원가
> - 난이도:

원가법에서 사용하는 재조달원가에 관한 설명 중 옳은 것은?

① 재조달원가는 신축시점 현재 건축물을 신축하는 데 소요되는 투하비용을 말한다.
② 자가건설의 경우 재조달원가는 도급건설한 경우에 준하여 처리한다.
③ 대체원가(replacement cost)를 이용하여 재조달원가를 산정할 경우 물리적 감가수정은 필요하지 않지만 기능적 감가수정 작업은 필요하다.
④ 재조달원가를 구성하는 표준적 건설비에는 수급인의 적정이윤이 포함되지 않는다.
⑤ 복제원가(reproduction cost)는 동일한 효용을 가진 건축물을 신축하는 데 소요되는 비용이다.

> **함정을 피하는 TIP**
> - 건물의 재조달원가는 도급건설한 경우에 준하여 처리하며, 대치원가를 사용할 경우 기능적 감가를 하지 않는다는 점을 유의해야 한다.

> **해설**
> ① 재조달원가는 기준시점 현재 건축물을 신축하는 데 소요되는 투하비용을 말한다.
> ③ 대치원가를 이용하여 재조달원가를 산정할 경우 물리적·경제적 감가수정은 필요하지만 기능적 감가수정은 고려하지 않는다.
> ④ 재조달원가는 표준적 건설비용과 통상의 부대비용의 합으로 구성되는데, 표준적 건설비용에는 직접공사비와 간접공사비, 수급인의 적정이윤이 포함된다.
> ⑤ 대치원가에 대한 설명이다.

정답 ②

단단하게 정리하는 핵심이론

1 원가법

(1) 의의

<mark>대상물건의 재조달원가에 감가수정(減價修正)을 하여 대상물건의 가액을 산정하는 감정평가방법</mark>을 말한다. ⇨ 적산가액

$$적산가액 = 재조달원가 - 감가누계액$$
$$\Downarrow$$
$$감가수정$$

(2) 적용대상

비시장성·비수익성의 상각자산에 적용이 가능하다.

⚠ 토지는 원칙적으로 적용 불가 ⇨ 예외적으로 조성지 또는 매립지인 경우 적용 가능

2 재조달원가

(1) 의의

대상물건을 기준시점에 재생산하거나 재취득하는 데 필요한 적정원가의 총액을 말한다.

(2) 종류

① **복제원가**(reproduction cost, 복조원가): 신규의 복제부동산을 재조달·재생산하는 데 소요되는 물리적 측면의 원가를 말한다.

② **대치원가**(replacement cost, 대체비용): 동일성을 갖춘 부동산을 신규로 대치하는 데 소요되는 효용 측면의 원가를 말한다.

③ **복제원가와 대치원가의 비교**
  ㉠ 이론적 ⇨ 대치원가가 더 설득력이 있다.
  ㉡ 실무상 ⇨ 복제원가를 채택하는 것이 더 정확한 가치를 구할 수 있다.

(3) 산정기준

① 건물의 재조달원가: 도급건설이든 자가건설이든 도급건설에 준하여 처리한다.

$$건물의 재조달원가 = 표준적 도급건설비용 + 통상부대비용$$

㉠ 표준적 도급건설비용: 직접공사비 + 간접공사비 + 수급인의 적정이윤
  ⓐ 직접공사비: 시멘트나 철근 및 근로자 임금 등

ⓑ 간접공사비: 설계비 및 감리비 등
ⓒ 수급인의 적정이윤
ⓛ 통상부대비용: 도급인이 별도로 지급한 건설기간 중의 소요자금 이자 및 감독비나 조세공과금 등
② 토지의 재조달원가
㉠ 원칙: 적용 불가 ⇨ 비준가액으로 결정함이 원칙이다.
㉡ 예외: 조성지·매립지·개간지·간척지 등 ⇨ 수익목적인 경우는 수익가액으로 결정한다.

(4) 산정방법
① **직접법**: 대상부동산으로부터 직접 재조달원가를 구하는 방법을 말한다.
② **간접법**: 대상부동산과 유사한 부동산의 재조달원가를 비교, 대상부동산의 재조달원가를 간접적으로 구하는 방법이다.
⇨ 직접법과 간접법은 필요한 경우에 병용

3 감가수정

(1) 감가수정의 개념
대상물건에 대한 재조달원가를 감액하여야 할 요인이 있는 경우에 물리적 감가, 기능적 감가 또는 경제적 감가 등을 고려하여 그에 해당하는 금액을 재조달원가에서 공제하여 기준시점에 있어서의 대상물건의 가액을 적정화하는 작업을 말한다.

(2) 감가수정과 감가상각의 차이점

구분	감가수정	감가상각
관련 용어	감정평가	기업회계·세무회계
목적	기준시점에서의 현존가치의 적정화(경제적 가치산정), 시장가치를 구함	비용배분, 자본의 유지회수, 정확한 원가 계산, 진실한 재정상태 파악
적용	① 재조달원가를 기초로 함 ② 경제적 내용연수를 기초로 함 ⇨ 장래 보존연수 중점 ③ 관찰감가법이 인정됨 ④ 물리적·기능적·경제적 감가요인 모두 취급 ⑤ 잔가율이 물건에 따라 다른 개별성이 있음 ⑥ 감가에 있어 시장성을 고려함 ⑦ 감가액이 실제 감가와 일치 ⑧ 비상각자산인 토지에도 인정되는 경우 있음	① 취득원가(장부가격)를 기초로 함 ② 법정내용연수를 기초로 함 ⇨ 경과연수 중점 ③ 관찰감가법이 인정되지 않음 ④ 물리적·기능적 감가요인만 취급 ⑤ 잔가율 일정 ⑥ 시장성을 고려하지 않음 ⑦ 감가액이 실제 감가와 일치하지 않음 ⑧ 상각자산에만 인정

(3) 감가의 요인

> 치유 가능한 감가 & 치유 불가능한 감가
> • 치유 가능한 감가: 가치상승분 > 치유비용
> • 치유 불가능한 감가: 가치상승분 < 치유비용

구분	종류	감가의 요인	하자
내부 요인	물리적 감가요인	① 사용으로 인한 마멸 및 파손 ② 시간의 경과에 따른 노후화 ③ 재해 등의 우발적인 사고로 인한 손상	치유 가능 또는 치유 불가능한 하자
내부 요인	기능적 감가요인 (균형의 원칙)	① 건물과 부지의 부적응(⇨ 균형의 원칙 ×) ② 형식의 구식화 ③ 설계의 불량 ④ 설비의 과부족 및 능률의 저하	치유 가능 또는 치유 불가능한 하자
외부 요인	경제적 감가요인 (적합의 원칙)	① 부동산과 그 부근 환경과의 부적합(⇨ 적합의 원칙 ×) ② 인근지역의 쇠퇴 ③ 대상부동산의 시장성 감퇴	치유 불가능한 하자
외부 요인	법률적 감가요인	① 소유권 등의 하자, 소유권등기의 불완전 ② 공·사법상의 규제 위반	-

(4) 감가수정의 방법 – 내용연수에 의한 방법

① 정액법

정의	부동산의 감가총액을 단순한 경제적 내용연수로 평분하여 매년의 상각액으로 삼는 방법 ⇨ 직선법, 균등상각법
특징	㉠ 매년 일정액씩 감가 ㉡ 감가누계액이 경과연수에 정비례하여 증가
장점	계산이 간단하고 용이
단점	실제 감가와 불일치
적용대상	건물·구축물

⚠ 정액법에 의한 적산가액 산정

- 매년 감가액 = $\dfrac{재조달원가 - 잔존가액}{경제적 내용연수}$
- 감가누계액 = 매년 감가액 × 경과연수
- 적산가액 = 재조달원가 − 감가누계액

② 정률법

정의	매년 말 가격에 일정한 상각률을 곱하여 매년의 상각액을 구하는 방법 ⇨ 잔고점감법, 체감상각법
특징	⊙ 매년 일정률로 감가 ⓒ 상각률 ⇨ 일정, 상각액 ⇨ 점차 감소 ⓒ 상각액이 첫해에 가장 많고, 재산가치가 체감됨에 따라 상각액도 체감
장점	능률이 높은 초기에 많이 감가 ⇨ 안전하게 자본회수(원금회수가 빠름)
단점	매년 상각액이 상이하여 매년 상각액이 표준적이지 못함
적용대상	기계·기구 등의 동산 평가

⚠ **정률법에 의한 적산가액 산정**
- 매년 감가액 = 전년 말 가격 × 감가율(정률)
- 감가누계액 = 재조달원가 × [1 − (1 − 매년 감가율)^m]
- 적산가액 = 재조달원가 × (전년 대비 잔가율)^m = 재조달원가 × (1 − 매년 감가율)^m

* m: 경과연수

③ 상환기금법

정의	대상부동산의 내용연수가 만료되는 때에 감가누계상당액과 그에 대한 복리계산의 이자 상당액을 포함하여 당해 내용연수로 상환하는 방법 ⇨ 감채기금법, 기금적립법
특징	감가누계액은 정액법보다 적고, 적산가액은 정액법의 경우보다 많음 (∵ 복리이율에 의한 축적이자 때문)
장점	연간 상각액은 아주 적고, 평가액은 타 방법보다 아주 높음
단점	계산이 복잡

> **보충**
>
> **적산가액과 감가누계액의 크기 순서**
> 1. 적산가액이 큰 순서
>   - 초기: 상환기금법 > 정액법 > 정률법
>   - 말기: 상환기금법 > 정액법 = 정률법
> 2. 감가누계액이 큰 순서(초기): 정률법 > 정액법 > 상환기금법

(5) 감가수정의 방법 – 관찰감가법

대상부동산 전체 또는 구성부분에 대하여 실태를 조사하여 물리적·기능적·경제적 감가요인과 감가액을 직접 관찰하여 구하는 방법이다.

(6) 감가수정의 방법 – 분해법

대상부동산에 대한 감가요인을 물리적·기능적·경제적 요인으로 세분한 후 이에 대한 감가액을 각각 별도로 측정하고 이것을 전부 합산하여 감가수정액을 산출하는 방법이다.

⇨ 분해법 또는 내구성 분해방식

4 원가법의 장단점

장점	단점
① 상각자산에 널리 적용 ② 비시장성·비수익성 부동산에 적용 ③ 특정가격으로 평가할 경우에 활용 ④ 조성지·매립지 등의 토지평가에 유용	① 토지와 같이 재생산이 불가능한 자산에는 적용 곤란 ② 시장성과 수익성이 반영되지 못함 ③ 건축물 등 구조물 평가 시 외부에서 관찰이 불가능한 부분이 있으므로 감가수정이 곤란 ④ 재조달원가, 감가액 파악에 기술적 어려움 많음

기본문제와 완성문제로 **단단기출**

01 다음 건물의 m²당 재조달원가는? (단, 주어진 조건에 한함) 제25회

기본 기출

- 20년 전 준공된 5층 건물(대지면적 500m², 연면적 1,450m²)
- 준공 당시의 공사비 내역

직접공사비:	300,000,000원
간접공사비:	30,000,000원
공사비 계:	330,000,000원
개발업자의 이윤:	70,000,000원
총계:	400,000,000원

- 20년 전 건축비 지수: 100, 기준시점 건축비 지수: 145

① 250,000원
② 300,000원
③ 350,000원
④ 400,000원
⑤ 450,000원

키워드 　재조달원가의 계산

난이도

해설 　m²당 재조달원가를 구하기 위해서는 기준시점으로 시점수정 후 연면적으로 나누어야 한다.
∴ $400,000,000원 \times \frac{145}{100} \div 1,450 = 400,000원$

정답 01 ④

02 감가수정에 관한 설명으로 옳은 것을 모두 고른 것은? 제33회

기본 기출

㉠ 감가수정과 관련된 내용연수는 경제적 내용연수가 아닌 물리적 내용연수를 의미한다.
㉡ 대상물건에 대한 재조달원가를 감액할 요인이 있는 경우에는 물리적 감가, 기능적 감가, 경제적 감가 등을 고려한다.
㉢ 감가수정방법에는 내용연수법, 관찰감가법, 분해법 등이 있다.
㉣ 내용연수법으로는 정액법, 정률법, 상환기금법이 있다.
㉤ 정률법은 매년 일정한 감가율을 곱하여 감가액을 구하는 방법으로 매년 감가액이 일정하다.

① ㉠, ㉡
② ㉡, ㉢
③ ㉢, ㉣
④ ㉡, ㉢, ㉣
⑤ ㉢, ㉣, ㉤

키워드 감가수정방법

난이도

해설 ㉠ 감가수정과 관련된 내용연수는 물리적 내용연수가 아닌 경제적 내용연수를 의미한다.
㉤ 정률법은 매년 일정한 감가율을 곱하여 감가액을 구하는 방법으로 매년 감가액은 점차 감소한다.

03 원가법에서 사용하는 감가수정방법에 관한 설명으로 틀린 것은? 제32회

기본 기출

① 정률법에서는 매년 감가율이 감소함에 따라 감가액이 감소한다.
② 정액법에서는 감가누계액이 경과연수에 정비례하여 증가한다.
③ 정액법을 직선법 또는 균등상각법이라고도 한다.
④ 상환기금법은 건물 등의 내용연수가 만료될 때 감가누계상당액과 그에 대한 복리계산의 이자 상당액분을 포함하여 당해 내용연수로 상환하는 방법이다.
⑤ 정액법, 정률법, 상환기금법은 모두 내용연수에 의한 감가수정방법이다.

키워드 감가수정방법

난이도

해설 정률법에서는 매년 감가율이 일정하나 감가액은 점차 감소한다.

정답 02 ④ 03 ①

04 원가법에 의한 대상물건의 적산가액은? (단, 주어진 조건에 한함) 제29회

- 신축에 의한 사용승인시점: 2016.9.20.
- 기준시점: 2018.9.20.
- 사용승인시점의 신축공사비: 3억원(신축공사비는 적정함)
- 공사비 상승률: 매년 전년 대비 5%씩 상승
- 경제적 내용연수: 50년
- 감가수정방법: 정액법
- 내용연수 만료 시 잔존가치 없음

① 288,200,000원

② 302,400,000원

③ 315,000,000원

④ 317,520,000원

⑤ 330,750,000원

키워드 원가법에서 정액법

난이도

해설 경과연수가 2년이며, 공사비는 매년 5% 상승하였고, 내용연수 만료 시 잔존가치는 없다.
- 재조달원가 = 3억원 × $(1+0.05)^2$ = 330,750,000원
- 매년의 감가액 = $\dfrac{330,750,000원}{50년}$ = 6,615,000원
- 감가누계액 = 6,615,000원 × 2년(경과연수) = 13,230,000원

따라서 적산가액 = 330,750,000원 − 13,230,000원 = 317,520,000원이다.

정답 04 ④

05 원가법으로 산정한 대상물건의 적산가액은? (단, 주어진 조건에 한함) 제31회

- 사용승인일의 신축공사비: 6천만원(신축공사비는 적정함)
- 사용승인일: 2018.9.1.
- 기준시점: 2020.9.1.
- 건축비지수
  - 2018.9.1. = 100
  - 2020.9.1. = 110
- 경제적 내용연수: 40년
- 감가수정방법: 정액법
- 내용연수 만료 시 잔가율: 10%

① 57,300,000원
② 59,300,000원
③ 62,700,000원
④ 63,030,000원
⑤ 72,600,000원

키워드 원가법에서 정액법

해설 경과연수가 2년이고 건축비지수가 1.1이므로
- 재조달원가=6,000만원×1.1=66,000,000원
  잔존가치율은 10%이므로 잔존가액은 6,600,000원이다.
- 매년의 감가액 = $\dfrac{66{,}000{,}000원 - 6{,}600{,}000원}{40년}$ = 1,485,000원
- 감가누계액=1,485,000원×2년(경과연수)=2,970,000원
따라서 적산가액=66,000,000원-2,970,000원=63,030,000원이다.

정답 05 ④

06 다음 자료를 활용하여 원가법으로 산정한 대상건물의 시산가액은? (단, 주어진 조건에 한함) 제34회

- 대상건물 현황: 철근콘크리트조, 단독주택, 연면적 250m²
- 기준시점: 2023.10.28.
- 사용승인일: 2015.10.28.
- 사용승인일의 신축공사비: 1,200,000원/m²(신축공사비는 적정함)
- 건축비지수(건설공사비지수)
  - 2015.10.28.: 100
  - 2023.10.28.: 150
- 경제적 내용연수: 50년
- 감가수정방법: 정액법
- 내용연수 만료 시 잔존가치 없음

① 246,000,000원 ② 252,000,000원
③ 258,000,000원 ④ 369,000,000원
⑤ 378,000,000원

키워드 원가법에서 정액법

해설 경과연수가 8년이고 사용승인일의 신축공사비는 1,200,000원/m²이므로 300,000,000원(=1,200,000원×250m²)이고, 건축비지수에 의한 시점수정치가 1.5(=150/100)이므로 재조달원가=300,000,000원×1.5=450,000,000원이다.
내용연수 만료 시 잔존가치가 없으므로

- 매년의 감가액 = $\dfrac{450,000,000원}{50년}$ = 9,000,000원
- 감가누계액 = 9,000,000원×8년(경과연수) = 72,000,000원

따라서 적산가액=450,000,000원−72,000,000원=378,000,000원이다.

정답 06 ⑤

07 원가법에 의한 공장건물의 적산가액은? (단, 주어진 조건에 한함) 제28회

- 신축공사비: 8,000만원
- 준공시점: 2015년 9월 30일
- 기준시점: 2017년 9월 30일
- 건축비 지수
  - 2015년 9월: 100
  - 2017년 9월: 125
- 전년 대비 잔가율: 70%
- 신축공사비는 준공 당시 재조달원가로 적정하며, 감가수정방법은 공장건물이 설비에 가까운 점을 고려하여 정률법을 적용함

① 3,920만원
② 4,900만원
③ 5,600만원
④ 7,000만원
⑤ 1억원

키워드 원가법에서 정률법

해설 재조달원가를 구하기 위해서는 기준시점으로 시점수정을 하여야 한다.

따라서 먼저 시점수정치를 구하면 시점수정치 $= \dfrac{125}{100} = 1.25$이므로

재조달원가 = 8,000만원 × 1.25 = 1억원이다.
그런데 정률법에 의한 적산가액을 구하는 식은 다음과 같다.
- 적산가액 = 재조달원가 × (1 − 감가율)^m
- 적산가액 = 재조달원가 × (전년 대비 잔가율)^m (m: 경과연수)

따라서 적산가액 = 1억원 × 0.7^2 = 4,900만원이다.

정답 07 ②

THEME 36 거래사례비교법

| THEME 키워드 |
거래사례비교법, 개별요인 비교치, 사정보정치, 거래사례비교법의 계산

기출분석
- **기출회차:** 제19회
- **키워드:** 거래사례비교법
- **난이도:**

함정을 피하는 TIP
- 거래사례비교법은 거래시점의 사례가액에 사례의 정상화 과정을 거쳐 기준시점의 비준가액을 구하는 방법이다.

기본으로 알아야 하는 대표기출

거래사례비교법에 관한 설명 중 틀린 것은?

① 시장성의 원리에 의한 것으로 실증적이며 설득력이 풍부하다.
② 아파트 등 매매가 빈번하게 이루어지는 부동산의 경우에 유용하다.
③ 시점수정은 거래사례 자료의 거래시점 가격을 현재시점의 가격으로 정상화하는 작업을 말한다.
④ 사례자료의 거래시점이 대상물건의 기준시점과 가까울수록 유용하다.
⑤ 부동산시장이 불완전하거나 투기적 요인이 있는 경우에는 거래사례의 신뢰성이 문제가 된다.

해설

시점수정은 거래사례 자료의 거래시점 가격을 기준시점의 가격으로 정상화하는 작업을 말한다. 현재시점을 기준시점으로 바꾸어야 한다.

정답 ③

단단하게 정리하는 핵심이론

1 거래사례비교법의 의의

대상물건과 가치형성요인이 같거나 비슷한 물건의 거래사례와 비교하여 대상물건의 현황에 맞게 사정보정(事情補正), 시점수정, 가치형성요인 비교 등의 과정을 거쳐 대상물건의 가액을 산정하는 감정평가방법을 말한다.

> 비준가액 = 사례가액 × (사정보정치 × 시점수정치 × 지역요인 비교치 × 개별요인 비교치 × 면적)

2 이론적 근거

① 시장성의 사고방식에 근거   ② 대체의 원칙

3 적용방법

(1) 거래사례자료의 선택요건

① **사정보정의 가능성**: 사례자료는 거래사정이 정상적이라고 인정되거나 부득이한 경우에는 정상적인 것으로 보정이 가능한 사례이어야 한다.

② **시점수정의 가능성**(시간적 유사성): 부동산의 가치는 변동의 과정에 있으므로 사례자료는 거래시점이 분명하여야 하며, 기준시점까지의 가치변동에 관한 자료를 구할 수 있는 것이어야 한다.

③ **지역요인의 비교가능성**(위치의 유사성): 사례자료는 대상부동산과 동일성 또는 유사성이 있는 인근지역 또는 동일수급권 내의 유사지역에 존재하는 부동산이어야 한다.
  ⇨ 인근지역과 사례지역의 표준적 이용을 비교

④ **개별요인의 비교가능성**(물적 유사성): 사례부동산과 대상부동산의 개별적 요인이 동일성 또는 유사성 있는 사례이어야 한다.

(2) 사례자료의 정상화

① **사정보정**(매매상황 및 조건에 대한 수정)
  ㉠ 의의: 가치의 산정에 있어서 수집된 거래사례에 거래관계자의 특수한 사정 또는 개별적인 동기가 개재되어 있거나 시장 사정에 정통하지 못하여 그 가치가 적정하지 아니하였을 때, 그러한 사정이 없었을 경우의 가액수준으로 정상화하는 작업이다.
  ㉡ 사정보정치의 산정

$$사정보정치 = \frac{대상부동산}{사례부동산}$$

ⓒ 사정보정을 하지 않아도 되는 경우
ⓐ 특별한 사정이 개입되지 않은 거래사례(대표성이 있는 거래사례)
ⓑ 표준지공시지가를 기준으로 평가할 경우
② **시점수정**(시장상황에 대한 수정)
㉠ 의의: 거래사례자료의 거래시점과 대상부동산의 기준시점이 시간적으로 불일치하여 가치수준의 변동이 있을 경우에 거래사례가격을 기준시점으로 정상화하는 작업이다.
㉡ 시점수정의 방법
ⓐ 지수법

$$\text{시점수정치} = \frac{\text{기준시점의 지수}}{\text{거래시점의 지수}}$$

ⓑ 변동률 적용법

$$\text{시점수정치} = (1 \pm R)^n$$

- R: 1년간의 물가변동률
- n: 연도

㉢ 시점수정을 하지 않아도 되는 경우
ⓐ 기준시점과 거래시점이 동일한 경우 ⇦ 소급평가의 경우
ⓑ 기준시점과 거래시점이 달라도 시장상황이 변하지 않아 가치가 불변인 경우
③ **지역요인 및 개별요인의 비교**: 적절히 선택된 사례자료는 시점수정과 사정보정을 거쳐 지역요인과 개별요인을 비교하여 적정한 비준가액을 산정한다.

4 거래사례비교법의 장단점

장점	단점
① 현실적·실증적이며 설득력 있음	① 시장성이 없는 것에 적용 곤란
② 3방식 중 중추적 역할	② 감정가액의 편차가 큼
③ 동산·과수원·자동차 등의 평가에 널리 활용	③ 비과학적임
④ 이해하기 쉽고 간편함	④ 극단적인 호황·불황의 국면에서는 적용 곤란
	⑤ 거래사례가격은 과거의 가액
	⑥ 부동산시장이 불완전한 경우, 투기적 요인이 포함된 경우 ⇨ 거래사례의 신뢰성 여부가 의문

기본문제와 완성문제로 **단단기출**

01 평가대상부동산이 속한 지역과 사례부동산이 속한 지역이 다음과 같은 격차를 보이는 경우, 상승식으로 산정한 지역요인의 비교치는? (단, 격차 내역은 사례부동산이 속한 지역을 100으로 사정할 경우의 비준치이며, 결과값은 소수점 넷째 자리에서 반올림함) 제23회

기본 기출

비교 항목	격차 내역
기타 조건	−2
환경조건	+3
가로조건	−1
접근조건	+4
행정적 조건	0

① 1.031
② 1.033
③ 1.035
④ 1.037
⑤ 1.039

키워드 거래사례비교법

난이도

해설 주어진 표에서 격차 내역은 사례부동산이 속한 지역을 100으로 사정할 경우의 비준치이므로, 기타 조건은 $\frac{98}{100}$, 환경조건은 $\frac{103}{100}$, 가로조건은 $\frac{99}{100}$, 접근조건은 $\frac{104}{100}$가 된다.

따라서 지역요인의 비교치는 $\frac{98}{100} \times \frac{103}{100} \times \frac{99}{100} \times \frac{104}{100} = 0.98 \times 1.03 \times 0.99 \times 1.04 = 1.039278240$이다.

그런데 결과값은 소수점 넷째 자리에서 반올림하라고 했으므로 1.039이다.

정답 01 ⑤

02 감정평가의 대상이 되는 부동산(이하 '대상부동산'이라 함)과 거래사례부동산의 개별요인 항목별 비교내용이 다음과 같은 경우 상승식으로 산정한 개별요인 비교치는? (단, 주어진 조건에 한하며, 결과값은 소수점 넷째 자리에서 반올림함) 제29회

- 가로의 폭·구조 등의 상태에서 대상부동산이 5% 우세함
- 고객의 유동성과의 적합성에서 대상부동산이 3% 열세함
- 형상 및 고저는 동일함
- 행정상의 규제정도에서 대상부동산이 4% 우세함

① 1.015
② 1.029
③ 1.035
④ 1.059
⑤ 1.060

키워드 개별요인 비교치

난이도

해설 가로의 폭·구조 등의 상태에서 대상부동산이 5% 우세하므로 $\frac{105}{100}$,

고객의 유동성과의 적합성에서 대상부동산이 3% 열세하므로 $\frac{97}{100}$,

형상 및 고저는 동일하므로 $\frac{100}{100}$,

행정상의 규제정도에서 대상부동산이 4% 우세하므로 $\frac{104}{100}$ 가 된다.

따라서 개별요인 비교치는 $\frac{105}{100} \times \frac{97}{100} \times \frac{104}{100} = 1.05 \times 0.97 \times 1.04 = 1.05924$ 이다.

그런데 결과값은 소수점 넷째 자리에서 반올림하라고 했으므로 1.059이다.

정답 02 ④

03 다음 사례부동산의 사정보정치는 얼마인가? 제23회

기본 기출

- 면적이 1,000m²인 토지를 100,000,000원에 구입하였으나, 이는 인근의 표준적인 획지보다 고가로 매입한 것으로 확인되었음
- 표준적인 획지의 정상가격이 80,000원/m²으로 조사되었음

① 0.50
② 0.60
③ 0.70
④ 0.80
⑤ 0.90

키워드 〉 사정보정치

난이도 〉

해설 〉 표준적인 획지의 정상가격이 80,000원/m²인데 토지면적이 1,000m²이므로 대상토지가격은 80,000,000원이다. 그런데 사례토지는 면적이 1,000m²인 토지를 100,000,000원에 구입하였으므로 100,000/m²이며, 사례토지는 대상토지보다 25% 고가로 거래된 경우에 해당한다.

따라서 사정보정치 = $\dfrac{대상부동산}{사례부동산}$ = $\dfrac{100}{125}$ = 0.80이다.

정답 03 ④

04 다음 자료를 활용하여 거래사례비교법으로 산정한 대상토지의 감정평가액은? (단, 주어진 조건에 한함)

제29회

- 대상토지: A시 B동 150번지, 토지 120m² 제3종 일반주거지역
- 기준시점: 2018.9.1.
- 거래사례의 내역
  - 소재지 및 면적: A시 B동 123번지, 토지 100m²
  - 용도지역: 제3종 일반주거지역
  - 거래사례가격: 3억원
  - 거래시점: 2018.3.1.
  - 거래사례의 사정보정 요인은 없음
- 지가변동률(2018.3.1.~9.1.): A시 주거지역 4% 상승함
- 지역요인: 대상토지는 거래사례의 인근지역에 위치함
- 개별요인: 대상토지는 거래사례에 비해 5% 열세함
- 상승식으로 계산할 것

① 285,680,000원
② 296,400,000원
③ 327,600,000원
④ 355,680,000원
⑤ 360,400,000원

키워드 거래사례비교법의 계산

난이도

해설 거래사례가격은 3억원에 거래되었으며, 사례토지의 면적이 100m²이고, 대상토지의 면적은 120m²이므로 $\frac{120}{100}$이다. 사정보정 요인은 없으므로 사정보정은 하지 않아도 되며, 연간 지가상승률은 4%이므로 시점수정치는 $\frac{104}{100}$이다.

대상토지는 거래사례의 인근지역에 위치하므로 지역요인은 비교하지 않아도 되며, 대상토지는 거래사례에 비해 5% 열세하므로 개별요인 비교치는 $\frac{95}{100}$이다.

따라서 대상토지의 감정평가액은 3억원 × $\frac{120}{100}$ × $\frac{104}{100}$ × $\frac{95}{100}$ = 3억원 × 1.2 × 1.04 × 0.95 = 355,680,000원이다.

정답 04 ④

05 다음 자료를 활용하여 거래사례비교법으로 산정한 대상토지의 비준가액은? (단, 주어진 조건에 한함)

완성 기출　　　　　　　　　　　　　　　　　　　　　　　　　　　　　제31회

- 평가대상토지: X시 Y동 210번지, 대, 110m², 일반상업지역
- 기준시점: 2020.9.1.
- 거래사례
  - 소재지: X시 Y동 250번지
  - 지목 및 면적: 대, 120m²
  - 용도지역: 일반상업지역
  - 거래가격: 2억 4천만원
  - 거래시점: 2020.2.1.
  - 거래사례는 정상적인 매매임
- 지가변동률(2020.2.1.~9.1.): X시 상업지역 5% 상승
- 지역요인: 대상토지는 거래사례의 인근지역에 위치함
- 개별요인: 대상토지는 거래사례에 비해 3% 우세함
- 상승식으로 계산할 것

① 226,600,000원
② 237,930,000원
③ 259,560,000원
④ 283,156,000원
⑤ 285,516,000원

키워드 거래사례비교법의 계산

난이도

해설 거래사례가격은 2억 4천만원에 거래되었으며, 사례토지의 면적이 120m²이고, 대상토지의 면적은 110m²이므로 $\frac{110}{120}$이다. 사정보정 요인은 없으므로 사정보정은 하지 않아도 되며, 지가상승률은 5%이므로 시점수정치는 $\frac{105}{100}$이다. 대상토지는 거래사례의 인근지역에 위치하므로 지역요인은 비교하지 않아도 되며, 대상토지는 거래사례에 비해 3% 우세하므로 개별요인 비교치는 $\frac{103}{100}$이다.

따라서 대상토지의 비준가액은 2억 4천만원 × $\frac{110}{120}$ × $\frac{105}{100}$ × $\frac{103}{100}$ = 237,930,000원이다.

정답 05 ②

06 완성 기출

다음 자료를 활용하여 거래사례비교법으로 산정한 토지의 비준가액은? (단, 주어진 조건에 한함)

제33회

- 대상토지: A시 B구 C동 350번지, 150m²(면적), 대(지목), 주상용(이용상황), 제2종 일반주거지역(용도지역)
- 기준시점: 2022.10.29.
- 거래사례
  - 소재지: A시 B구 C동 340번지
  - 200m²(면적), 대(지목), 주상용(이용상황)
  - 제2종 일반주거지역(용도지역)
  - 거래가격: 800,000,000원
  - 거래시점: 2022.06.01.
- 사정보정치: 0.9
- 지가변동률(A시 B구, 2022.06.01.~2022.10.29.): 주거지역 5% 상승, 상업지역 4% 상승
- 지역요인: 거래사례와 동일
- 개별요인: 거래사례에 비해 5% 열세
- 상승식으로 계산

① 533,520,000원
② 538,650,000원
③ 592,800,000원
④ 595,350,000원
⑤ 598,500,000원

키워드 거래사례비교법의 계산

난이도

해설 거래사례가격은 800,000,000이며, 사례토지의 면적이 200m²이고, 대상토지의 면적은 150m²이므로 $\frac{150}{200}$이다. 사정보정치는 0.9이며, 주거지역의 연간 지가상승률은 5%이므로 시점수정치는 1.05이다. 지역요인은 거래사례와 동일 지역요인은 비교하지 않아도 되며, 대상토지는 거래사례에 비해 5% 열세하므로 개별요인 비교치는 0.95이다.

따라서 800,000,000원 × $\frac{150}{200}$ × 0.9 × 1.05 × 0.95 = 538,650,000원이다.

정답 06 ②

THEME 37 공시지가기준법

| THEME 키워드 |
공시지가기준법

기출분석
- **기출회차:** 제25회
- **키워드:** 공시지가기준법
- **난이도:**

기본으로 알아야 하는 대표기출

감정평가법인등이 「감정평가에 관한 규칙」에 의거하여 공시지가기준법으로 토지를 감정평가하는 경우 필요항목을 순서대로 나열한 것은?

㉠ 비교표준지 선정 ㉡ 감가수정
㉢ 감가상각 ㉣ 사정보정
㉤ 시점수정 ㉥ 지역요인 비교
㉦ 개별요인 비교 ㉧ 면적요인 비교
㉨ 그 밖의 요인 보정

① ㉠ - ㉡ - ㉥ - ㉦ - ㉨
② ㉠ - ㉢ - ㉥ - ㉦ - ㉨
③ ㉠ - ㉣ - ㉤ - ㉥ - ㉨
④ ㉠ - ㉣ - ㉦ - ㉧ - ㉨
⑤ ㉠ - ㉤ - ㉥ - ㉦ - ㉨

해설

감정평가법인등이 공시지가기준법에 따라 토지를 감정평가할 때에 다음의 순서에 따라야 한다(감정평가에 관한 규칙 제14조 제2항).

1. 비교표준지 선정
2. 시점수정
3. 지역요인 비교
4. 개별요인 비교
5. 그 밖의 요인 보정

정답 ⑤

함정을 피하는 TIP
- 표준지공시지가는 사정보정이 끝난 토지이므로 사정보정치를 계산하지 않으며, m²당으로 공시하므로 면적 비교치를 계산하지 않는다.

단단하게 정리하는 **핵심이론**

1 공시지가기준법의 의의

대상토지와 가치형성요인이 같거나 비슷하여 유사한 이용가치를 지닌다고 인정되는 표준지(비교표준지)의 공시지가를 기준으로 대상토지의 현황에 맞게 시점수정, 지역요인 및 개별요인 비교, 그 밖의 요인의 보정(補正)을 거쳐 대상토지의 가액을 산정하는 감정평가방법을 말한다.

2 공시지가기준법의 적용

① 비교표준지 선정
② 시점수정
③ 지역요인 비교
④ 개별요인 비교
⑤ 그 밖의 요인 보정

기본문제와 완성문제로 **단단기출**

01 제시된 자료를 활용해 「감정평가에 관한 규칙」에서 정한 공시지가기준법으로 평가한 토지평가액
기본 기출 (원/m²)은? 제26회

> • 기준시점: 2015.10.24.
> • 소재지 등: A시 B구 C동 177, 제2종 일반주거지역, 면적 200m²
> • 비교표준지: A시 B구 C동 123, 제2종 일반주거지역, 2015.1.1. 공시지가 2,000,000원/m²
> • 지가변동률(2015.1.1.~2015.10.24.): A시 B구 주거지역 5% 상승
> • 지역요인: 대상토지가 비교표준지의 인근지역에 위치하여 동일
> • 개별요인: 대상토지가 비교표준지에 비해 가로조건은 5% 열세, 환경조건은 20% 우세하고 다른 조건은 동일(상승식으로 계산할 것)
> • 그 밖의 요인으로 보정할 사항 없음

① 1,995,000원/m²
② 2,100,000원/m²
③ 2,280,000원/m²
④ 2,394,000원/m²
⑤ 2,520,000원/m²

키워드 공시지가기준법

난이도

해설 표준지공시지가를 기준으로 평가하므로 사정보정은 필요가 없다.

제시된 자료에 의하면 표준지공시지가는 2,000,000원/m², 시점수정치는 $\frac{105}{100}$, 개별요인 비교치 중 가로조건은 $\frac{95}{100}$, 환경조건은 $\frac{120}{100}$이다. 주어진 조건 이외의 기타 조건은 계산할 필요가 없으며, 대상토지는 표준지의 인근지역에 소재하므로 지역요인을 비교할 필요가 없다.

따라서 이를 계산하면 2,000,000원/m² × $\frac{105}{100}$ × $\frac{95}{100}$ × $\frac{120}{100}$ = 2,394,000원/m²이 된다.

정답 01 ④

02 다음 자료를 활용하여 공시지가기준법으로 평가한 대상토지의 가액(원/m²)은? (단, 주어진 조건에 한함)

제30회

- 소재지 등: A시 B구 C동 100, 일반상업지역, 상업용
- 기준시점: 2019.10.26.
- 표준지공시지가(A시 B구 C동, 2019.01.01. 기준)

기호	소재지	용도지역	이용상황	공시지가(원/m²)
1	C동 90	일반공업지역	상업용	1,000,000
2	C동 110	일반상업지역	상업용	2,000,000

- 지가변동률(A시 B구, 2019.01.01.~2019.10.26.)
  - 공업지역: 4% 상승
  - 상업지역: 5% 상승
- 지역요인: 표준지와 대상토지는 인근지역에 위치하여 지역요인은 동일함
- 개별요인: 대상토지는 표준지 기호 1, 2에 비해 각각 가로조건에서 10% 우세하고, 다른 조건은 동일함(상승식으로 계산할 것)
- 그 밖의 요인으로 보정할 사항 없음

① 1,144,000
② 1,155,000
③ 2,100,000
④ 2,288,000
⑤ 2,310,000

키워드 공시지가기준법

난이도

해설 표준지공시지가는 대상토지와 동일한 일반상업지역의 공시지가 2,000,000원/m²으로 한다. 표준지공시지가를 기준으로 평가하므로 사정보정은 필요가 없다.

제시된 자료에 의하면 표준지공시지가는 2,000,000원/m², 시점수정치는 상업지역 지가상승률이 5%이므로 $\frac{105}{100}$, 개별요인 비교치 중 가로조건은 $\frac{110}{100}$이다. 주어진 조건 이외의 그밖의 요인으로 보정할 사항은 없으며, 대상토지는 표준지의 인근지역에 소재하므로 지역요인을 비교할 필요가 없다.

따라서 이를 계산하면 $2,000,000원/m² \times \frac{105}{100} \times \frac{110}{100} = 2,310,000원/m²$이 된다.

정답 02 ⑤

03 기본 기출

다음 자료를 활용하여 공시지가기준법으로 산정한 대상토지의 가액(원/m²)은? (단, 주어진 조건에 한함)

제32회

- 대상토지: A시 B구 C동 320번지, 일반상업지역
- 기준시점: 2021.10.30.
- 비교표준지: A시 B구 C동 300번지, 일반상업지역, 2021.01.01. 기준공시지가 10,000,000원/m²
- 지가변동률(A시 B구, 2021.01.01.~2021.10.30.): 상업지역 5% 상승
- 지역요인: 대상토지와 비교표준지의 지역요인은 동일함
- 개별요인: 대상토지는 비교표준지에 비해 가로조건 10% 우세, 환경조건 20% 열세하고, 다른 조건은 동일함(상승식으로 계산할 것)
- 그 밖의 요인 보정치: 1.50

① 9,240,000
② 11,340,000
③ 13,860,000
④ 17,010,000
⑤ 20,790,000

키워드 〉 공시지가기준법

난이도 〉

해설 〉 표준지공시지가를 기준으로 평가하므로 사정보정은 필요가 없으며, 대상토지와 비교표준지의 지역요인은 동일하므로 지역요인도 비교할 필요가 없다.

제시된 자료에 의하면 표준지공시지가는 10,000,000원/m², 시점수정치는 $\frac{105}{100}$ = 1.05, 개별요인 비교치 중 가로조건은 $\frac{105}{100}$ = 1.1, 환경조건은 $\frac{80}{100}$ = 0.80이고, 그 밖의 요인 보정치는 1.50이다.

따라서 이를 계산하면 10,000,000원/m² × 1.05 × 1.1 × 0.8 × 1.5 = 13,860,000원/m²이 된다.

정답 03 ③

04 다음 자료를 활용하여 공시지가기준법으로 산정한 대상토지의 단위면적당 시산가액은? (단, 주어진 조건에 한함)

제34회

- 대상토지 현황: A시 B구 C동 120번지, 일반상업지역, 상업용
- 기준시점: 2023.10.28.
- 표준지공시지가(A시 B구 C동, 2023.01.01. 기준)

기호	소재지	용도지역	이용상황	공시지가(원/m²)
1	C동 110	준주거지역	상업용	6,000,000
2	C동 130	일반상업지역	상업용	8,000,000

- 지가변동률(A시 B구, 2023.01.01.~2023.10.28.)
  - 주거지역: 3% 상승
  - 상업지역: 5% 상승
- 지역요인: 표준지와 대상토지는 인근지역에 위치하여 지역요인 동일함
- 개별요인: 대상토지는 표준지 기호 1에 비해 개별요인 10% 우세하고, 표준지 기호 2에 비해 개별요인 3% 열세함
- 그 밖의 요인 보정: 대상토지 인근지역의 가치형성요인이 유사한 정상적인 거래사례 및 평가사례 등을 고려하여 그 밖의 요인으로 50% 증액 보정함
- 상승식으로 계산할 것

① 6,798,000원/m²
② 8,148,000원/m²
③ 10,197,000원/m²
④ 12,222,000원/m²
⑤ 13,860,000원/m²

키워드 공시지가기준법

난이도

해설 먼저 표준지는 대상토지와 동일한 기호 2 일반상업지역의 공시지가 8,000,000원/m²으로 한다. 표준지공시지가를 기준으로 평가하므로 사정보정은 필요가 없다. 제시된 자료에 의하면 표준지공시지가는 8,000,000원/m², 시점수정치는 상업지역 지가상승률이 5%이므로 $\frac{105}{100}$ = 1.05이며, 대상토지는 표준지의 인근지역에 소재하므로 지역요인을 비교할 필요가 없다.

개별요인 비교치는 기호 2로 $\frac{97}{100}$ = 0.97이다. 주어진 조건 이외의 그 밖의 요인은 50% 증액 보정을 하므로 1.50이다.

따라서 8,000,000원/m² × 1.05 × 0.97 × 1.5 = 12,222,000원/m²이 된다.

정답 04 ④

THEME 38 수익환원법

| THEME 키워드 |
수익환원법, 직접환원법, 환원이율, 환원이율을 구하는 방법

기출분석
- **기출회차:** 제17회
- **키워드:** 환원이율을 구하는 방법
- **난이도:** ■■□□□

기본으로 알아야 하는 대표기출

수익환원법에서 사용하는 환원이율을 구하는 방법이 <u>아닌</u> 것은?

① 분해법(breakdown method)
② 요소구성법(build-up method)
③ 시장추출법(market extraction method)
④ 투자결합법(band-of-investment method)
⑤ 엘우드(Ellwood)법

> **해설**
>
> 환원이율을 구하는 방법에는 시장비교방식(시장추출법), 요소시장구성방식(조성법), 투자결합법(이자율합성법), 저당지분방식(Ellwood법), 부채감당법(Gettel법) 등이 있다. 분해법은 원가법에서 감가수정의 방법에 해당한다.
>
> 정답 ①

함정을 피하는 TIP
- 환원이율을 구하는 방법의 종류와 개념을 정리해 두어야 한다.

단단하게 정리하는 핵심이론

1 수익환원법의 의의

① 수익환원법이란 대상물건이 장래 산출할 것으로 기대되는 순수익이나 미래의 현금흐름을 환원하거나 할인하여 대상물건의 가액을 산정하는 감정평가방법을 말한다. 수익환원법에 따라 산정된 가액을 수익가액이라 한다.

$$수익가액 = \frac{순수익}{환원(이)율} = \frac{총수익 - 총비용}{환원(이)율}$$

② 수익환원법은 소득접근법이라고도 하는데, 이는 수익성의 사고방식에 기초를 두고 있으며, 수익이 발생하는 물건을 대상으로 하므로 수익성이 없는 교육용·주거용·공공용 부동산의 평가에는 적용할 수 없다.

2 환원방법

수익환원법으로 감정평가할 때에는 직접환원법이나 할인현금흐름분석법 중에서 감정평가 목적이나 대상물건에 적합한 방법을 선택하여 적용한다. 다만, 부동산의 증권화와 관련한 감정평가 등 매기의 순수익을 예상해야 하는 경우에는 할인현금흐름분석법을 원칙으로 하고 직접환원법으로 합리성을 검토한다.

① **직접환원법**: 단일기간의 순수익을 적절한 환원율로 환원하여 대상물건의 가액을 산정하는 방법을 말한다.

② **할인현금흐름분석법**: 대상물건의 보유기간에 발생하는 복수기간의 순수익(현금흐름)과 보유기간 말의 복귀가액에 적절한 할인율을 적용하여 현재가치로 할인한 후 더하여 대상물건의 가액을 산정하는 방법을 말한다.

3 순수익(순영업소득)

(1) 의의

순수익이란 대상물건을 통하여 일정기간에 획득할 총수익에서 그 수익을 발생시키는 데 소요되는 경비를 공제한 금액을 말한다.

(2) 산정

① 순수익은 대상물건에 귀속하는 적절한 수익으로서 유효총수익에서 운영경비(영업경비)를 공제하여 산정한다.

② 유효총수익은 다음의 사항을 합산한 가능총수익에 공실손실상당액 및 대손충당금을 공제하여 산정한다.

- ㉠ 보증금(전세금) 운용수익
- ㉡ 연간 임대료
- ㉢ 연간 관리비수입
- ㉣ 주차수입, 광고수입, 그 밖에 대상물건의 운용에 따른 주된 수입

③ 운영경비(영업경비)는 다음의 사항을 더하여 산정한다.

- ㉠ 용역인건비·직영인건비
- ㉡ 수도광열비
- ㉢ 수선유지비
- ㉣ 세금·공과금
- ㉤ 보험료
- ㉥ 대체충당금
- ㉦ 광고선전비 등 그 밖의 경비

핵심단단 운영경비(영업경비, operating expenses)의 포함항목과 불포함항목

포함항목	불포함항목
• 건물 수선유지비 • 수익자 부담금 • 건물분 재산세, 종합부동산세 등 보유와 관련된 각종 제세공과금 • 화재보험료 등 건물 유지·보수와 관련된 손해보험료	• 취득세 • 공실 및 대손충당금 • 부채서비스액 • 소득세, 법인세 • 감가상각비 • 소유자 급여 • 개인업무비

4 환원율과 할인율의 산정

① 직접환원법에서 사용할 환원율은 시장추출법으로 구하는 것을 원칙으로 한다. 다만, 시장추출법의 적용이 적절하지 않은 때에는 요소구성법, 투자결합법, 유효총수익승수에 의한 결정방법, 시장에서 발표된 환원율 등을 검토하여 조정할 수 있다.
② 할인현금흐름분석법에서 사용할 할인율은 투자자조사법(지분할인율), 투자결합법(종합할인율), 시장에서 발표된 할인율 등을 고려하여 대상물건의 위험이 적절히 반영되도록 결정하되 추정된 현금흐름에 맞는 할인율을 적용한다.
③ 복귀가액 산정을 위한 최종환원율은 환원율에 장기위험 프리미엄·성장률·소비자물가상승률 등을 고려하여 결정한다.

5 환원(이)율을 구하는 방법

시장추출법, 조성법, 투자결합법, 엘우드(Ellwood)법, 부채감당법 등이 있다.

시장추출법 (시장비교방식)	대상부동산과 유사성 있는 거래사례로부터 순수익을 구하여 사정보정, 시점수정 등을 거쳐 환원이율을 추출
조성법 (요소구성법)	① 환원(이)율＝순수이율±부동산투자활동의 위험률 ② 이론적으로는 타당성 있으나 주관개입가능성이 큼
투자결합법 (이자율합성법)	① 물리적 투자결합법 종합환원이율＝(토지환원이율×토지가치구성비)＋(건물환원이율×건물가치구성비) ② 금융적 투자결합법 환원(이)율＝(지분환원율×지분비율)＋(저당환원율×저당비율)
엘우드법 (저당지분방식)	① 금융적 투자결합법을 개량 ② 저당조건 고려(○), 세금 고려(×) ③ 매 기간 동안의 현금흐름, 기간 말 부동산의 가치증감분, 보유기간 동안의 지분형성분의 세 요소가 영향
부채감당법	① 환원(이)율＝부채감당률×대부비율×저당상수 ② 저당투자자 입장

6 수익환원법의 장단점

(1) 장점

① 임대용 부동산이나 기업용 부동산 등 수익성 부동산의 평가에 유용하다.
② 장래 발생할 것으로 기대되는 순수익의 기준시점에 있어서의 현재가치를 구하는 것이므로 논리적이며 이론적이다.
③ 안정된 시장 아래서 자료가 정확하면 그 가치가 정확하게 산정되고 감정평가사의 주관이 개입될 여지가 적다.

(2) 단점

① 주거용·교육용·공공용 부동산과 같이 수익이 없거나 수익을 파악하기 곤란한 비수익성 부동산에는 적용하기가 어렵다.
② 수익에만 치중하기 때문에 수익에 차이가 없는 부동산은 건물의 신·구로 인한 평가액의 차이가 없어진다. 그러나 최근에는 환원이율의 조정으로 건물의 신·구에 따른 불합리한 점을 해결하고 있다.

기본문제와 완성문제로 단단기출

01 감정평가이론상 환원이율을 산정할 경우, 다음 산식에 들어갈 내용으로 옳은 것은? 제18회

기본 기출

- 환원이율 = $\dfrac{(\ ㉠\ )}{가격}$
- 환원이율 = 부채감당비율 × 대부비율 × (㉡)

	㉠	㉡
①	순영업소득(NOI)	저당상수
②	순영업소득(NOI)	감채기금계수
③	순영업소득(NOI)	연금의 현가계수
④	세후현금흐름	감채기금계수
⑤	세후현금흐름	저당상수

키워드 환원이율을 구하는 방법

난이도

해설 환원이율은 다음과 같이 구할 수 있다.
- 환원이율 = $\dfrac{순영업소득}{부동산가치}$
- 환원이율 = 부채감당률 × 대부비율 × 저당상수

정답 01 ①

02 완성 기출

다음과 같은 조건에서 대상부동산의 수익가치 산정 시 적용할 환원이율(capitalization rate, %)은?

제24회

- 순영업소득(NOI): 연 30,000,000원
- 부채서비스액(debt service): 연 15,000,000원
- 지분비율 : 대부비율 = 60% : 40%
- 대출조건: 이자율 연 12%로 10년간 매년 원리금균등상환
- 저당상수(이자율 연 12%, 기간 10년): 0.177

① 3.54
② 5.31
③ 14.16
④ 20.40
⑤ 21.24

키워드 환원이율

난이도

해설 부채감당법에 의한 환원이율(자본환원율)은 '부채감당률×대부비율×저당상수'를 통해 구한다.

부채감당률 = $\dfrac{순영업소득}{부채서비스액}$ = $\dfrac{30,000,000원}{15,000,000원}$ = 2이고, 대부비율이 40%(0.4)이며, 저당상수가 0.177이다.

따라서 부채감당법에 의한 환원이율(자본환원율) = 2×0.4×0.177 = 0.1416(14.16%)이 된다.

정답 02 ③

03 다음 자료를 활용하여 직접환원법으로 산정한 대상부동산의 수익가액은? (단, 연간 기준이며, 주어진 조건에 한함) 제32회

- 가능총소득(PGI): 70,000,000원
- 공실상당액 및 대손충당금: 가능총소득의 5%
- 영업경비(OE): 유효총소득(EGI)의 40%
- 환원율: 10%

① 245,000,000원

② 266,000,000원

③ 385,000,000원

④ 399,000,000원

⑤ 420,000,000원

키워드 직접환원법

난이도

해설 직접환원법으로 평가한 대상부동산의 수익가액을 구하기 위해서는 먼저 순영업소득을 구해야 한다.

	가능총소득	70,000,000원
−	공실 및 대손충당금	− 3,500,000원 (= 70,000,000원 × 0.05)
	유효총소득	66,500,000원
−	영업경비	− 26,600,000원 (= 66,500,000원 × 0.4)
	순영업소득	39,900,000원

∴ 수익가액 = $\dfrac{순영업소득}{환원이율}$ = $\dfrac{39,900,000원}{0.1}$ = 399,000,000원이 된다.

정답 03 ④

04 다음 자료를 활용하여 산정한 대상부동산의 수익가액은? (단, 연간 기준이며, 주어진 조건에 한함)

제33회

- 가능총소득(PGI): 44,000,000원
- 공실손실상당액 및 대손충당금: 가능총소득의 10%
- 운영경비(OE): 가능총소득의 2.5%
- 대상부동산의 가치구성비율: 토지(60%), 건물(40%)
- 토지환원율: 5%, 건물환원율: 10%
- 환원방법: 직접환원법
- 환원율 산정방법: 물리적 투자결합법

① 396,000,000원
② 440,000,000원
③ 550,000,000원
④ 770,000,000원
⑤ 792,000,000원

키워드 수익환원법

난이도

해설

	가능총소득	44,000,000원
−	공실손실상당액 및 대손충당금	− 4,400,000원(= 44,000,000원 × 0.1)
	유효총소득	39,600,000원
−	영업경비	− 1,100,000원(= 44,000,000원 × 0.025)
	순영업소득	38,500,000원

또한 토지환원율이 5%이고, 건물환원율이 10%이며, 토지가액 : 건물가액 = 60% : 40%이므로 물리적 투자결합법으로 환원(이)율을 산정하면 환원(이)율 = (5% × 0.6) + (10% × 0.4) = 7%(0.07)이다.

따라서 수익가액 = $\dfrac{\text{순영업소득}}{\text{환원이율}} = \dfrac{38,500,000원}{0.07} = 550,000,000원$이다.

정답 04 ③

05 다음 자료를 활용하여 수익환원법을 적용한 평가대상 근린생활시설의 수익가액은? (단, 주어진 조건에 한하며 연간 기준임)

제28회

- 가능총소득: 5,000만원
- 공실손실상당액: 가능총소득의 5%
- 유지관리비: 가능총소득의 3%
- 부채서비스액: 1,000만원
- 화재보험료: 100만원
- 개인업무비: 가능총소득의 10%
- 기대이율 4%, 환원율 5%

① 6억원
② 7억 2,000만원
③ 8억 2,000만원
④ 9억원
⑤ 11억 2,500만원

키워드 수익환원법

해설 수익환원법을 적용한 평가대상 근린생활시설의 수익가액을 구하기 위해서는 먼저 순영업소득을 구해야 한다.

	가능총소득		5,000만원
−	공실 및 대손충당금	−	250만원 (=5,000만원×0.05)
	유효총소득		4,750만원
−	영업경비	−	250만원
	순영업소득		4,500만원

영업경비는 유지관리비 150만원(=5,000만원×0.03)과 화재보험료 100만원을 합한 250만원이 되며, 영업경비 계산 시 개인업무비는 제외한다.

따라서 수익가액 = $\dfrac{순영업소득}{환원이율}$ = $\dfrac{4,500만원}{0.05}$ = 9억원이 된다.

정답 05 ④

06 다음 자료를 활용하여 직접환원법으로 평가한 대상부동산의 수익가액은? (단, 주어진 조건에 한하며, 연간 기준임)   제30회

- 가능총소득: 8,000만원
- 공실손실상당액 및 대손충당금: 가능총소득의 10%
- 수선유지비: 400만원
- 화재보험료: 100만원
- 재산세: 200만원
- 영업소득세: 300만원
- 부채서비스액: 500만원
- 환원율: 10%

① 5억 7천만원
② 6억원
③ 6억 5천만원
④ 6억 7천만원
⑤ 6억 8천만원

키워드 › 직접환원법

난이도

해설 › 직접환원법으로 평가한 대상부동산의 수익가액을 구하기 위해서는 먼저 순영업소득을 구해야 한다.

	가능총소득		8,000만원
−	공실 및 대손충당금	−	800만원(=8,000만원×0.1)
	유효총소득		7,200만원
−	영업경비	−	700만원(=400만원+100만원+200만원)
	순영업소득		6,500만원

영업경비는 수선유지비 400만원, 화재보험료 100만원, 재산세 200만원을 합한 700만원이 된다.

따라서 수익가액 = $\dfrac{순영업소득}{환원이율}$ = $\dfrac{6,500만원}{0.1}$ = 6억 5천만원이 된다.

정답 06 ③

THEME 39 물건별 감정평가방법

| THEME 키워드 |
물건별 감정평가방법

> **기출분석**
- **기출회차:** 제31회
- **키워드:** 물건별 감정평가방법
- **난이도:** ■■□□□

기본으로 알아야 하는 대표기출

「감정평가에 관한 규칙」상 대상물건과 주된 감정평가방법의 연결이 틀린 것은?

① 과수원 − 공시지가기준법
② 광업재단 − 수익환원법
③ 임대료 − 임대사례비교법
④ 자동차 − 거래사례비교법
⑤ 건물 − 원가법

해설

과수원을 감정평가할 때에 거래사례비교법을 원칙적으로 적용해야 한다.

정답 ①

> **함정을 피하는 TIP**
- 물건별 감정평가는 종류별로 평가할 때 적용되는 방법을 중심으로 기억해 두어야 한다.

단단하게 정리하는 **핵심이론**

구분	물건내용	감정평가방식 원칙	감정평가방식 예외
토지	토지	공시지가기준법	거래사례비교법
	산림	① 산지와 입목 ⇨ 구분평가 ② 입목 ⇨ 거래사례비교법 ③ 소경목림 ⇨ 원가법	산지와 입목 ⇨ 일괄평가 시에는 거래사례비교법
	과수원	거래사례비교법	–
건물	건물	원가법	–
의제 부동산	자동차	거래사례비교법	해체처분가액(효용가치가 없는 경우)
	건설기계	원가법	해체처분가액(효용가치가 없는 경우)
	선박	원가법 ⇨ 선체·기관·의장별로 구분평가	해체처분가액(효용가치가 없는 경우)
	항공기	원가법	해체처분가액(효용가치가 없는 경우)
	공장재단	개별물건의 감정평가액 합산	수익환원법(계속적인 수익이 예상되는 경우)
	광업재단	수익환원법	–
동산	동산	거래사례비교법	해체처분가액(효용가치가 없는 경우)
무형 고정자산	광업권	광업재단의 감정평가액 – 현존시설 가액	–
	어업권	어장 전체에 대한 수익가액 – 현존시설 가액	–
	영업권 등	수익환원법	–
임대료	임대료	임대사례비교법	–

소음·진동·일조침해 또는 환경오염 등으로 대상물건에 직접적 또는 간접적인 피해가 발생하여 대상물건의 가치가 하락한 경우, 그 가치하락분을 감정평가할 때에 소음 등이 발생하기 전의 대상물건의 가액 및 원상회복비용 등을 고려해야 함

「집합건물의 소유 및 관리에 관한 법률」에 따른 구분소유권의 대상이 되는 건물부분과 그 대지사용권을 일괄하여 감정평가하는 경우 등 토지와 건물을 일괄하여 감정평가할 때에는 거래사례비교법을 적용해야 함. 이 경우 감정평가액은 합리적인 기준에 따라 토지가액과 건물가액으로 구분하여 표시할 수 있음

기본문제와 완성문제로 단단기출

01 감정평가법인등이 대상물건의 감정평가 시 적용해야 할 주된 감정평가방법으로 틀린 것은? 제25회

① 건물 – 거래사례비교법
② 과수원 – 거래사례비교법
③ 자동차 – 거래사례비교법
④ 항공기 – 원가법
⑤ 동산(動産) – 거래사례비교법

키워드 〉 물건별 감정평가방법
난이도 〉
해설 감정평가법인등은 건물을 감정평가할 때에 원가법을 적용해야 한다.

02 「감정평가에 관한 규칙」상 감정평가방법에 관한 설명으로 틀린 것은? 제26회

① 건물의 주된 평가방법은 원가법이다.
② 「집합건물의 소유 및 관리에 관한 법률」에 따른 구분소유권의 대상이 되는 건물부분과 그 대지사용권을 일괄하여 감정평가하는 경우 거래사례비교법을 주된 평가방법으로 적용한다.
③ 임대료를 평가할 때는 적산법을 주된 평가방법으로 적용한다.
④ 영업권, 특허권 등 무형자산은 수익환원법을 주된 평가방법으로 적용한다.
⑤ 자동차의 주된 평가방법과 선박 및 항공기의 주된 평가방법은 다르다.

키워드 〉 물건별 감정평가방법
난이도 〉
해설 임대료를 평가할 때는 임대사례비교법을 주된 평가방법으로 적용한다(감정평가에 관한 규칙 제22조).

정답 01 ① 02 ③

03 「감정평가에 관한 규칙」상 평가대상의 주된 감정평가방법으로 틀린 것은?

제28회

① 건설기계 – 거래사례비교법
② 저작권 – 수익환원법
③ 건물 – 원가법
④ 임대료 – 임대사례비교법
⑤ 광업재단 – 수익환원법

> 키워드 ▶ 물건별 감정평가방법
> 난이도 ▶
> 해설 ▶ 감정평가법인등은 건설기계를 감정평가할 때에 원가법을 적용해야 한다(감정평가에 관한 규칙 제20조 제2항).

04 「감정평가에 관한 규칙」상 대상물건별로 정한 감정평가방법(주된 방법)이 수익환원법인 대상물건은 모두 몇 개인가?

제34회

• 상표권	• 임대료
• 저작권	• 특허권
• 과수원	• 기업가치
• 광업재단	• 실용신안권

① 2개 ② 3개
③ 4개 ④ 5개
⑤ 6개

> 키워드 ▶ 물건별 감정평가방법
> 난이도 ▶
> 해설 ▶ 「감정평가에 관한 규칙」상 대상물건별로 정한 감정평가방법(주된 방법)에서 상표권, 저작권, 특허권, 기업가치, 광업재단, 실용신안권은 수익환원법으로 평가하고, 임대료는 임대사례비교법, 과수원은 거래사례비교법으로 평가한다.

정답 03 ① 04 ⑤

THEME 40 부동산가격공시제도

| THEME 키워드 |
부동산가격공시제도, 표준지공시지가의 이의신청, 표준지공시지가의 적용, 표준지공시지가의 효력, 개별공시지가를 결정·공시하지 아니할 수 있는 토지

기본으로 알아야 하는 대표기출

> 기출분석
- 기출회차: 제26회
- 키워드: 부동산가격공시제도
- 난이도: ■■□□□

부동산 가격공시에 관한 법령상 공시가격에 관한 설명으로 틀린 것은?

① 표준지공시지가의 공시기준일은 원칙적으로 매년 1월 1일이다.
② 토지를 평가하는 공시지가기준법은 표준지공시지가를 기준으로 한다.
③ 개별공시지가를 결정하기 위해 토지가격비준표가 활용된다.
④ 표준주택은 단독주택과 공동주택 중에서 각각 대표성 있는 주택을 선정한다.
⑤ 표준지공시지가와 표준주택가격 모두 이의신청 절차가 있다.

> 함정을 피하는 TIP
- 공시지가제도는 표준지공시지가와 개별공시지가로 나누어 공시일 및 공시기준일, 공시주체 등을 정리해두어야 한다.
- 주택가격공시제도는 단독주택은 표준주택과 개별주택으로 구분되나, 공동주택은 표준주택과 개별주택으로 구분하지 않는다는 것에 유의하여야 한다.

| 해설 |
표준주택은 단독주택 중에서 대표성 있는 주택을 선정한다.

정답 ④

단단하게 정리하는 **핵심이론**

1 공시지가제도

(1) 표준지공시지가

① **표준지공시지가의 의의**: 국토교통부장관이 조사·평가하고 중앙부동산가격공시위원회의 심의를 거쳐 매년 공시한 공시기준일 현재의 표준지 단위면적당 적정가격을 말한다.

② **공시지가의 가격기준일 및 공시일**: 공시지가의 가격기준일은 매년 1월 1일, 공시일은 2월 말이다.

③ **표준지의 선정**

㉠ **표준지 선정의 의의**: 표준지란 공시지가의 선정대상이 되는 토지를 말한다.

㉡ **표준지의 선정 원칙** ─ 동일한 용도지역 내에서 가격수준 및 토지이용상황 등을 고려하여 표준지의 선정범위를 구획한 구역

ⓐ **대표성**: 표준지는 표준지 선정 단위구역의 지가수준을 대표할 수 있는 토지

ⓑ **중용성**: 표준지는 해당 인근지역 내에서 토지의 이용상황·형상·면적 등이 표준적인 토지 ⇨ 중용성이 있다고 한다.

ⓒ **안정성**: 표준지는 가능한 한 표준지 선정 단위구역의 일반적인 용도에 적합한 토지로서 그 이용상태가 일시적이 아니어야 한다.

ⓓ **확정성**: 표준지는 다른 토지와 구분이 명확하고 용이하게 확인할 수 있는 토지

④ **표준지공시지가의 공시 및 이의신청**

㉠ **공시사항**

ⓐ 표준지의 지번

ⓑ 표준지의 단위면적당 가격

ⓒ 표준지의 면적 및 형상

ⓓ 표준지 및 주변토지의 이용상황

ⓔ 표준지에 대한 지목

ⓕ 용도지역

ⓖ 도로상황

ⓗ 그 밖에 표준지공시지가 공시에 필요한 사항

㉡ **이의신청**: 표준지공시지가에 이의가 있는 자는 공시일부터 30일 이내에 서면(전자문서 포함)으로 국토교통부장관에게 이의신청을 할 수 있다.

⑤ **표준지공시지가의 효력**

㉠ 토지시장의 지가정보 제공

㉡ 일반적인 토지거래의 지표

㉢ 국가 등에 의한 지가산정의 기준

㉣ 개별토지의 평가기준

(2) 개별공시지가

① **개별공시지가의 의의**: 시장·군수 또는 구청장이 국세·지방세 등 각종 세금의 부과, 그 밖의 다른 법령에서 정하는 목적을 위한 지가산정에 사용되도록 하기 위하여 시·군·구부동산가격공시위원회의 심의를 거쳐 결정·공시한 매년 공시지가의 공시기준일 현재 관할구역 안의 개별토지의 단위면적당 공시가격을 말한다.

② **개별공시지가의 결정·공시 및 이의신청**

　㉠ 결정·공시: 시장·군수·구청장이 매년 5월 31일까지 결정·공시한다.

　㉡ 이의신청

　　ⓐ 개별공시지가에 대하여 이의가 있는 자는 개별공시지가의 결정·공시일로부터 30일 이내에 서면으로 시장·군수 또는 구청장에게 이의를 신청할 수 있다.

　　ⓑ 시장·군수 또는 구청장은 이의신청 기간이 만료된 날부터 30일 이내에 이의신청을 심사하여 그 결과를 신청인에게 서면으로 통지하여야 한다.

③ **개별공시지가의 활용**: 개별공시지가는 토지 관련 국세의 부과기준과 지방세의 과세시가표준액의 조정자료로 활용됨은 물론 개발부담금 등 각종 부담금의 부과기준으로 쓰인다.

핵심단단 표준지공시지가와 개별공시지가

구분	표준지공시지가	개별공시지가
근거법	「부동산 가격공시에 관한 법률」	
주체	국토교통부장관	시·군·구청장
평가대상	약 50만 필지	전국 필지
평가방식	• 거래사례비교법(원칙) • 수익환원법 • 원가법	토지가격비준표(比準表) 적용 (표준지가격으로부터 추정) _{표준지와 산정대상 개별 토지의 가격형성요인에 관한 표준적인 비교표}
효력	• 토지거래의 지표 • 개별토지가격의 산정기준 • 토지시장의 지가정보 제공 • 보상금 산정	• 국세 및 지방세의 기준 • 각종 부담금의 부과 • 국·공유재산 사용료·대부료 산정을 위한 토지가격

2 주택가격 공시제도

(1) 표준주택가격 공시제도

① **표준주택가격의 의의**: 국토교통부장관이 조사·산정하고 중앙부동산가격공시위원회의 심의를 거쳐 매년 공시한 공시기준일 현재의 표준주택의 적정가격을 말한다.

② **표준주택가격의 선정 원칙**
  ㉠ 표준주택의 토지는 대표성·중용성·안정성·확정성이 있는 토지를 선정한다.
  ㉡ 표준주택의 건물은 대표성·중용성·안정성·확정성이 있는 건물을 선정한다.

③ **표준주택가격의 공시 및 이의신청**
  ㉠ 공시기준일: 표준주택가격의 공시기준일은 1월 1일, 공시일은 1월 말이다.
  ㉡ 공시사항
   ⓐ 표준주택의 지번
   ⓑ 표준주택가격
   ⓒ 표준주택의 용도, 연면적, 구조 및 사용승인일
   ⓓ 표준주택의 대지면적 및 형상
   ⓔ 지목
   ⓕ 용도지역
   ⓖ 도로상황
   ⓗ 그 밖에 표준주택가격 공시에 필요한 사항
  ㉢ 이의신청: 표준주택가격에 이의가 있는 자는 공시일로부터 30일 이내에 서면으로 국토교통부장관에게 이의신청을 할 수 있다.

(2) 개별주택가격 공시제도

① **개별주택가격의 의의**: 시장·군수 또는 구청장이 시·군·구부동산가격공시위원회의 심의를 거쳐 결정·공시한 매년 표준주택가격의 공시기준일 현재 관할구역 안의 개별주택의 가격을 말한다.

② **개별주택가격의 공시 및 이의신청**
  ㉠ 개별주택가격의 결정·공시
   ⓐ 표준주택으로 선정된 주택에 대하여는 해당 표준주택가격을 개별주택가격으로 본다.
   ⓑ 시장·군수 또는 구청장은 매년 4월 30일까지 개별주택가격을 결정·공시하여야 한다. 이 경우 필요하다고 인정되는 때에는 주택소유자 등에게 개별 통지할 수 있다.
  ㉡ 이의신청: 개별주택가격에 대하여 이의가 있는 자는 개별주택가격 공시일부터 30일 이내에 주택소재지 시장·군수·구청장에게 이의를 신청할 수 있다.

(3) 공동주택가격 공시제도

① 공동주택가격의 의의: 국토교통부장관이 공동주택에 대하여 매년 공시기준일 현재의 적정가격을 조사·산정하여 중앙부동산가격공시위원회의 심의를 거쳐 공시하는 가격을 말한다.

② 공동주택가격의 효력
  ㉠ 공동주택가격은 주택시장의 가격정보를 제공하고, 국가·지방자치단체 등의 기관이 과세 등의 업무와 관련하여 주택의 가격을 산정하는 경우에 그 기준으로 활용될 수 있다.
  ㉡ 공동주택가격은 공동주택의 보유세·거래세 등의 세액산출의 기초가 되는 과세표준의 기준으로 활용되며, 국세인 종합부동산세·상속세·증여세 등과 지방세인 재산세 등의 과세표준의 기준으로 활용된다.

③ 공동주택가격의 결정·공시
  ㉠ 공동주택가격 공시: ==국토교통부장관은 매년 4월 30일까지 공동주택가격을 산정·공시하여야 한다.==
  ㉡ 공시기준일: 공동주택가격의 공시기준일은 1월 1일로 한다.

④ 공동주택가격의 이의신청: 공동주택가격에 이의가 있는 자는 그 공시일부터 30일 이내에 서면(전자문서 포함)으로 국토교통부장관에게 이의를 신청할 수 있다.

(4) 주택가격 공시의 효력

① 표준주택가격은 국가·지방자치단체 등의 기관이 그 업무와 관련하여 개별주택가격을 산정하는 경우에 그 기준이 된다.

② 개별주택 및 공동주택의 가격은 주택시장의 가격정보를 제공하고, 국가·지방자치단체 등의 기관이 과세 등의 업무와 관련하여 주택의 가격을 산정하는 경우에 그 기준으로 활용될 수 있다.

3 비주거용 부동산가격공시제도

(1) 비주거용 일반부동산가격의 공시

① 비주거용 표준부동산가격
  ㉠ 국토교통부장관이 용도지역, 이용상황, 건물구조 등이 일반적으로 유사하다고 인정되는 일단의 비주거용 일반부동산 중에서 선정한 비주거용 표준부동산에 대하여 매년 공시기준일 현재의 적정가격을 조사·산정하여 중앙부동산가격공시위원회의의 심의를 거쳐 공시한 가격을 말한다.
  ㉡ 비주거용 표준부동산가격의 가격공시는 국토교통부장관이 하며, 공시기준일은 1월 1일로 한다.

② 비주거용 개별부동산가격
  ㉠ 시장·군수 또는 구청장이 시·군·구 부동산가격공시위원회의 심의를 거쳐 매년 비주거용 표준부동산가격의 공시기준일 현재 관할구역 안의 비주거용 개별부동산의 가격을 결정·공시한 가격을 말한다.
  ㉡ 시장·군수 또는 구청장은 비주거용 개별부동산가격을 결정·공시하려는 경우에는 매년 4월 30일까지 비주거용 개별부동산가격을 결정·공시하여야 한다.

(2) 비주거용 집합부동산가격의 공시

① 비주거용 집합부동산가격이란 국토교통부장관이 비주거용 집합부동산에 대하여 매년 공시기준일 현재의 적정가격을 조사·산정하여 중앙부동산가격공시위원회의의 심의를 거쳐 공시한 가격을 말한다.

② 국토교통부장관은 비주거용 집합부동산에 대하여 매년 공시기준일 현재의 적정가격(비주거용 집합부동산가격)을 조사·산정하여 중앙부동산가격공시위원회의 심의를 거쳐 공시할 수 있다.

③ 국토교통부장관은 비주거용 집합부동산가격을 산정·공시하려는 경우에는 매년 4월 30일까지 비주거용 집합부동산가격을 산정·공시하여야 한다.

> 조사·평가 및 이의신청에 대한 심의를 하는 국토교통부장관 소속의 위원회

(3) 비주거용 부동산가격공시의 효력

① 비주거용 표준부동산가격은 국가·지방자치단체 등이 그 업무와 관련하여 비주거용 개별부동산가격을 산정하는 경우에 그 기준이 된다.

② 비주거용 개별부동산가격 및 비주거용 집합부동산가격은 비주거용 부동산시장에 가격정보를 제공하고, 국가·지방자치단체 등이 과세 등의 업무와 관련하여 비주거용 부동산의 가격을 산정하는 경우에 그 기준으로 활용될 수 있다.

기본문제와 완성문제로 단단기출

01 「부동산 가격공시에 관한 법률」에 규정된 내용으로 틀린 것은? 　　　　　　제30회

기본 기출

① 표준지공시지가에 이의가 있는 자는 그 공시일로부터 30일 이내에 서면으로 국토교통부장관에게 이의를 신청할 수 있다.
② 표준지공시지가는 국가·지방자치단체 등이 그 업무와 관련하여 지가를 산정하거나 감정평가법인등이 개별적으로 토지를 감정평가하는 경우에 기준이 된다.
③ 표준지로 선정된 토지에 대하여 개별공시지가를 결정·공시하여야 한다.
④ 시장·군수 또는 구청장은 공시기준일 이후에 분할·합병 등이 발생한 토지에 대하여는 대통령령으로 정하는 날을 기준으로 하여 개별공시지가를 결정·공시하여야 한다.
⑤ 개별공시지가에 이의가 있는 자는 그 결정·공시일부터 30일 이내에 서면으로 시장·군수 또는 구청장에게 이의를 신청할 수 있다.

키워드 표준지공시지가의 이의신청

난이도

해설 표준지로 선정된 토지에 대해서는 해당 토지의 공시지가를 개별공시지가로 본다. 따라서 표준지로 선정된 토지에 대하여 개별공시지가를 결정·공시하지 않아도 된다.

02 「부동산 가격공시에 관한 법률」상 표준지공시지가를 적용하는 경우가 아닌 것은? 　　　　　제25회

기본 기출

① 공공용지의 매수 및 토지의 수용·사용에 대한 보상
② 국유·공유 토지의 취득 또는 처분
③ 「농어촌정비법」에 따른 농업생산기반 정비사업을 위한 환지·체비지의 매각 또는 환지신청
④ 국가·지방자치단체 등의 기관이 그 업무와 관련한 개별주택가격의 산정
⑤ 토지의 관리·매입·매각·경매·재평가

키워드 표준지공시지가의 적용

난이도

해설 국가·지방자치단체 등의 기관이 그 업무와 관련하여 개별주택가격을 산정하는 경우에 그 기준이 되는 것은 표준주택가격이다.

정답 01 ③ 02 ④

03 「부동산 가격공시에 관한 법률」상 표준지공시지가의 효력으로 옳은 것을 모두 고른 것은? 제29회 수정

기본 기출

㉠ 토지시장에 지가정보를 제공
㉡ 일반적인 토지거래의 지표
㉢ 국가·지방자치단체 등이 과세 등의 업무와 관련하여 주택의 가격을 산정하는 경우에 기준
㉣ 감정평가법인등이 지가변동률을 산정하는 경우에 기준

① ㉠, ㉡
② ㉠, ㉣
③ ㉡, ㉢
④ ㉠, ㉢, ㉣
⑤ ㉠, ㉡, ㉢, ㉣

키워드 표준지공시지가의 효력

난이도

해설 ㉢ 주택가격 공시의 효력 중 개별주택가격 및 공동주택가격에 대한 내용이다. 즉, 개별주택가격 및 공동주택가격은 주택시장의 가격정보를 제공하고, 국가·지방자치단체 등이 과세 등의 업무와 관련하여 주택의 가격을 산정하는 경우에 그 기준으로 활용될 수 있다.
㉣ 감정평가법인등이 지가변동률을 산정하는 경우에 기준이 되는 것은 표본지이다. 표본지란 지가변동률 조사·산정대상 지역에서 행정구역별·용도지역별·이용상황별로 지가변동을 측정하기 위하여 선정한 대표적인 필지를 말한다.

정답 03 ①

04 부동산 가격공시에 관한 법령에 규정된 내용으로 틀린 것은?   제34회

기본 기출

① 표준지공시지가는 토지시장에 지가정보를 제공하고 일반적인 토지거래의 지표가 되며, 국가·지방자치단체등이 그 업무와 관련하여 지가를 산정하거나 감정평가법인등이 개별적으로 토지를 감정평가하는 경우에 기준이 된다.

② 국토교통부장관이 표준지공시지가를 조사·산정할 때에는 「한국부동산원법」에 따른 한국부동산원에게 이를 의뢰하여야 한다.

③ 표준지공시지가에 이의가 있는 자는 그 공시일부터 30일 이내에 서면(전자문서를 포함한다)으로 국토교통부장관에게 이의를 신청할 수 있다.

④ 시장·군수 또는 구청장이 개별공시지가를 결정·공시하는 경우에는 해당 토지와 유사한 이용가치를 지닌다고 인정되는 하나 또는 둘 이상의 표준지의 공시지가를 기준으로 토지가격비준표를 사용하여 지가를 산정하되, 해당 토지의 가격과 표준지공시지가가 균형을 유지하도록 하여야 한다.

⑤ 표준지로 선정된 토지에 대하여는 개별공시지가를 결정·공시하지 아니할 수 있다. 이 경우 표준지로 선정된 토지에 대하여는 해당 토지의 표준지공시지가를 개별공시지가로 본다.

키워드 〉 부동산가격공시제도

난이도 〉

해설 〉 국토교통부장관이 표준지공시지가를 조사·평가할 때에는 업무실적, 신인도(信認度) 등을 고려하여 둘 이상의 「감정평가 및 감정평가사에 관한 법률」에 따른 감정평가법인등에게 이를 의뢰하여야 한다. 다만, 지가 변동이 작은 경우 등 대통령령으로 정하는 기준에 해당하는 표준지에 대해서는 하나의 감정평가법인등에 의뢰할 수 있다(부동산 가격공시에 관한 법률 제3조 제5항).
국토교통부장관은 표준주택가격을 조사·산정하고자 할 때에는 「한국부동산원법」에 따른 한국부동산원에 의뢰한다(부동산 가격공시에 관한 법률 제16조 제4항).

정답 04 ②

05 부동산가격공시에 관한 설명으로 틀린 것은?

제28회

① 표준지의 도로상황은 표준지공시지가의 공시사항에 포함될 항목이다.
② 표준지공시지가에 대한 이의신청의 내용이 타당하다고 인정될 때에는 해당 표준지공시지가를 조정하여 다시 공시하여야 한다.
③ 시장·군수 또는 구청장(자치구의 구청장을 말함)은 표준지로 선정된 토지에 대해서는 개별공시지가를 결정·공시하지 아니할 수 있다.
④ 표준주택을 선정할 때에는 일반적으로 유사하다고 인정되는 일단의 단독주택 및 공동주택에서 해당 일단의 주택을 대표할 수 있는 주택을 선정하여야 한다.
⑤ 시장·군수 또는 구청장(자치구의 구청장을 말함)이 개별주택가격을 결정·공시하는 경우에는 해당 주택과 유사한 이용가치를 지닌다고 인정되는 표준주택가격을 기준으로 주택가격비준표를 사용하여 가격을 산정하되, 해당 주택의 가격과 표준주택가격이 균형을 유지하도록 하여야 한다.

> 키워드 부동산가격공시제도
> 난이도
> 해설 국토교통부장관은 표준주택을 선정할 때에는 일반적으로 유사하다고 인정되는 일단의 단독주택 중에서 해당 일단의 단독주택을 대표할 수 있는 주택을 선정하여야 한다. 공동주택은 표준주택과 개별주택으로 구분하지 않는다.

06 「부동산 가격공시에 관한 법률」에 규정된 내용으로 틀린 것은?

제32회

① 국토교통부장관은 표준주택가격을 조사·산정하고자 할 때에는 한국부동산원에 의뢰한다.
② 표준주택가격은 국가·지방자치단체 등이 그 업무와 관련하여 개별주택가격을 산정하는 경우에 그 기준이 된다.
③ 표준주택으로 선정된 단독주택, 그 밖에 대통령령으로 정하는 단독주택에 대하여는 개별주택가격을 결정·공시하지 아니할 수 있다.
④ 개별주택가격 및 공동주택가격은 주택시장의 가격정보를 제공하고, 국가·지방자치단체 등이 과세 등의 업무와 관련하여 주택의 가격을 산정하는 경우에 그 기준으로 활용될 수 있다.
⑤ 개별주택가격 및 공동주택가격에 이의가 있는 자는 그 결정·공시일부터 30일 이내에 서면(전자문서를 포함한다)으로 시장·군수 또는 구청장에게 이의를 신청할 수 있다.

> 키워드 부동산가격공시제도
> 난이도
> 해설 개별주택가격에 이의가 있는 자는 그 결정·공시일부터 30일 이내에 서면(전자문서를 포함한다)으로 시장·군수 또는 구청장에게 이의를 신청할 수 있고, 공동주택가격에 이의가 있는 자는 그 공시일부터 30일 이내에 서면(전자문서를 포함한다)으로 국토교통부장관에게 이의를 신청할 수 있다.

정답 05 ④ 06 ⑤

07 완성 기출

부동산 가격공시에 관한 법령상 시장·군수 또는 구청장이 개별공시지가를 결정·공시하지 아니할 수 있는 토지를 모두 고른 것은? 제31회

> ㉠ 표준지로 선정된 토지
> ㉡ 농지보전부담금의 부과대상이 아닌 토지
> ㉢ 개발부담금의 부과대상이 아닌 토지
> ㉣ 도시·군계획시설로서 공원이 지정된 토지
> ㉤ 국세 부과대상이 아닌 토지(국공유지의 경우에는 공공용 토지만 해당한다)

① ㉠, ㉢
② ㉡, ㉣, ㉤
③ ㉠, ㉡, ㉢, ㉤
④ ㉡, ㉢, ㉣, ㉤
⑤ ㉠, ㉡, ㉢, ㉣, ㉤

키워드 개별공시지가를 결정·공시하지 아니할 수 있는 토지

난이도

해설 개별공시지가를 공시하지 아니할 수 있는 토지(부동산 가격공시에 관한 법률 시행령 제15조)

> 1. 시장·군수 또는 구청장은 다음의 어느 하나에 해당하는 토지에 대해서는 개별공시지가를 결정·공시하지 아니할 수 있다.
>   • 표준지로 선정된 토지
>   • 농지보전부담금 또는 개발부담금 등의 부과대상이 아닌 토지
>   • 국세 또는 지방세 부과대상이 아닌 토지(국공유지의 경우에는 공공용 토지만 해당한다)
> 2. 1.에도 불구하고 시장·군수 또는 구청장은 다음의 어느 하나에 해당하는 토지에 대해서는 개별공시지가를 결정·공시하여야 한다.
>   • 관계 법령에 따라 지가 산정 등에 개별공시지가를 적용하도록 규정되어 있는 토지
>   • 시장·군수 또는 구청장이 관계 행정기관의 장과 협의하여 개별공시지가를 결정·공시하기로 한 토지

정답 07 ③

08 부동산 가격공시에 관한 법령에 규정된 내용으로 옳은 것은? 제33회

① 국토교통부장관이 표준지공시지가를 조사·평가할 때에는 반드시 둘 이상의 감정평가법인등에게 의뢰하여야 한다.
② 표준지공시지가의 공시에는 표준지의 지번, 표준지의 단위면적당 가격, 표준지의 면적 및 형상, 표준지 및 주변토지의 이용상황, 그 밖에 대통령령으로 정하는 사항이 포함되어야 한다.
③ 국토교통부장관은 표준주택에 대하여 매년 공시기준일 현재 적정가격을 조사·산정하고, 시·군·구부동산가격공시위원회의 심의를 거쳐 이를 공시하여야 한다.
④ 국토교통부장관은 표준주택가격을 조사·산정하고자 할 때에는 감정평가법인등 또는 한국부동산원에 의뢰한다.
⑤ 표준공동주택가격은 개별공동주택가격을 산정하는 경우에 그 기준이 된다.

키워드 〉 부동산가격공시제도

난이도

해설 〉 ① 국토교통부장관이 표준지공시지가를 조사·평가할 때에는 업무실적, 신인도(信認度) 등을 고려하여 둘 이상의 「감정평가 및 감정평가사에 관한 법률」에 따른 감정평가법인등에게 이를 의뢰하여야 한다. 다만, 지가 변동이 작은 경우 등 대통령령으로 정하는 기준에 해당하는 표준지에 대해서는 하나의 감정평가법인등에 의뢰할 수 있다(부동산 가격공시에 관한 법률 제3조 제5항).
③ 국토교통부장관은 표준주택에 대하여 매년 공시기준일 현재 적정가격을 조사·산정하고, 중앙부동산가격공시위원회의 심의를 거쳐 이를 공시하여야 한다.
④ 국토교통부장관은 표준주택가격을 조사·산정하고자 할 때에는 한국부동산원에 의뢰한다.
⑤ 공동주택은 표준주택가격과 개별주택가격으로 구분하지 않는다.

정답 08 ②

09 「부동산 가격공시에 관한 법률」에 규정된 내용으로 옳은 것은?

제27회 수정

① 개별공시지가에 대하여 이의가 있는 자는 개별공시지가의 결정·공시일부터 60일 이내에 이의를 신청할 수 있다.
② 국토교통부장관은 표준지의 가격을 산정한 때에는 그 타당성에 대하여 행정안전부장관의 검증을 받아야 한다.
③ 국토교통부장관은 일단의 공동주택 중에서 선정한 표준주택에 대하여 매년 공시기준일 현재의 적정가격을 조사·평가한다.
④ 시장·군수·구청장은 공시기준일 이후에 토지의 분할·합병이 발생한 경우에는 7월 1일을 기준으로 하여 개별주택가격을 결정·공시하여야 한다.
⑤ 동 법령에 따라 공시한 공동주택가격은 주택시장의 가격정보를 제공하고, 국가·지방자치단체 등의 기관이 과세 등의 업무와 관련하여 주택의 가격을 산정하는 경우에 그 기준으로 활용될 수 있다.

키워드 부동산가격공시제도

난이도

해설 ① 개별공시지가에 대하여 이의가 있는 자는 개별공시지가의 결정·공시일부터 30일 이내에 서면으로 시장·군수 또는 구청장에게 이의를 신청할 수 있다(부동산 가격공시에 관한 법률 제11조 제1항).
② 국토교통부장관은 토지이용상황이나 주변 환경, 그 밖의 자연적·사회적 조건이 일반적으로 유사하다고 인정되는 일단의 토지 중에서 선정한 표준지에 대하여 매년 공시기준일 현재의 단위면적당 적정가격(표준지공시지가)을 조사·평가하고, 중앙부동산가격공시위원회의 심의를 거쳐 이를 공시하여야 한다(부동산 가격공시에 관한 법률 제3조 제1항).
③ 국토교통부장관은 일단의 단독주택 중에서 선정한 표준주택에 대하여 매년 공시기준일 현재의 적정가격(표준주택가격)을 조사·산정한다(부동산 가격공시에 관한 법률 제16조 제1항).
④ 시장·군수 또는 구청장은 공시기준일 이후에 토지의 분할·합병이나 건축물의 신축 등이 발생한 경우에는 다음을 기준으로 하여 개별주택가격을 결정·공시하여야 한다(부동산 가격공시에 관한 법률 제17조 제4항, 동법 시행령 제34조 제2항).

- 1월 1일부터 5월 31일까지의 사이에 사유가 발생한 단독주택: 그 해 6월 1일
- 6월 1일부터 12월 31일까지의 사이에 사유가 발생한 단독주택: 다음 해 1월 1일

정답 09 ⑤

2023년 제34회
최신 기출문제

제34회 시험분석

제34회 부동산학개론 시험은 그 난도가 제33회에 비해 약간 높은 편이었습니다. 이론문제가 30문제, 계산문제가 10문제로 문제의 구성은 작년과 비슷하게 출제되었습니다. 특히 제34회 시험은 옳은 것을 묻는 문제가 많이 출제되었고, 계산문제 역시 작년에 비해 1문제 더 출제되었으며, 박스형 문제가 다수 출제되어 전반적으로 시간안배에 어려움을 호소하는 수험생들이 많았을 것입니다.
반면 20문제 정도는 비교적 수월하게 접근이 가능한 문제들이어서 착실하게 준비를 하셨다면 합격점 정도는 무난하게 얻을 수 있었을 것으로 보입니다.
특히 1문제는 전문적이고, 실무적인 내용이 출제되어 해결하기 어려웠을 수 있으며, 세법에서 1문제가 출제되어 1차만 준비하신 분들에게는 어려운 문제였을 것입니다.

2023년 제34회 최신 기출문제

01 토지의 특성에 관한 설명으로 **틀린** 것은?

① 용도의 다양성으로 인해 두 개 이상의 용도가 동시에 경합할 수 없고 용도의 전환 및 합병·분할을 어렵게 한다.
② 부증성으로 인해 토지의 물리적 공급이 어려우므로 토지이용의 집약화가 요구된다.
③ 부동성으로 인해 주변 환경의 변화에 따른 외부효과가 나타날 수 있다.
④ 영속성으로 인해 재화의 소모를 전제로 하는 재생산이론과 물리적 감가상각이 적용되지 않는다.
⑤ 개별성으로 인해 토지별 완전한 대체 관계가 제약된다.

> 키워드 ▸ 부동산의 특성
> 난이도 ▸
> 해설 ▸ 토지는 용도의 다양성으로 인해 두 개 이상의 용도가 동시에 경합하는 것이 통상적이며, 토지의 용도의 전환 및 합병·분할을 가능하게 한다.

02 부동산의 개념에 관한 설명으로 **틀린** 것은?

① 「민법」상 부동산은 토지 및 그 정착물이다.
② 경제적 측면의 부동산은 부동산가치에 영향을 미치는 수익성, 수급조절, 시장정보를 포함한다.
③ 물리적 측면의 부동산에는 생산요소, 자산, 공간, 자연이 포함된다.
④ 등기·등록의 공시방법을 갖춤으로써 부동산에 준하여 취급되는 동산은 준부동산으로 간주한다.
⑤ 공간적 측면의 부동산에는 지하, 지표, 공중공간이 포함된다.

> 키워드 ▸ 부동산의 개념
> 난이도 ▸
> 해설 ▸ 생산요소, 자산 등은 경제적 측면의 부동산에 포함되며, 물리적 측면의 부동산에는 자연, 공간, 위치, 환경 등이 포함된다.

정답 01 ① 02 ③

03 토지 관련 용어의 설명으로 옳게 연결된 것은?

㉠ 소유권이 인정되지 않는 바다와 육지 사이의 해변 토지
㉡ 택지경계와 인접한 경사된 토지로 사실상 사용이 불가능한 토지
㉢ 택지지역 내에서 공업지역이 상업지역으로 용도가 전환되고 있는 토지
㉣ 임지지역·농지지역·택지지역 상호간에 다른 지역으로 전환되고 있는 일단의 토지

① ㉠: 공지, ㉡: 빈지, ㉢: 후보지, ㉣: 이행지
② ㉠: 법지, ㉡: 빈지, ㉢: 이행지, ㉣: 후보지
③ ㉠: 법지, ㉡: 공지, ㉢: 후보지, ㉣: 이행지
④ ㉠: 빈지, ㉡: 법지, ㉢: 이행지, ㉣: 후보지
⑤ ㉠: 빈지, ㉡: 법지, ㉢: 후보지, ㉣: 이행지

키워드 토지의 분류

난이도

해설 ㉠ 소유권이 인정되지 않는 바다와 육지 사이의 해변 토지는 '빈지'이다.
㉡ 택지경계와 인접한 경사된 토지로 사실상 사용이 불가능한 토지는 '법지'이다.
㉢ 택지지역 내에서 공업지역이 상업지역으로 용도가 전환되고 있는 토지는 '이행지'이다.
㉣ 임지지역·농지지역·택지지역 상호간에 다른 지역으로 전환되고 있는 일단의 토지는 '후보지'이다.

04 해당 부동산시장의 수요곡선을 우측(우상향)으로 이동하게 하는 수요변화의 요인에 해당하는 것은?
(단, 수요곡선은 우하향하고, 해당 부동산은 정상재이며, 다른 조건은 동일함)

① 대출금리의 상승
② 보완재 가격의 하락
③ 대체재 수요량의 증가
④ 해당 부동산 가격의 상승
⑤ 해당 부동산 선호도의 감소

키워드 수요변화의 요인

난이도

해설 해당 부동산과 보완재 가격이 하락하면 보완재 수요량은 증가하고 해당 부동산의 수요량도 증가한다. 따라서 '수요변화의 요인'에 해당한다. 예를 들어 X(커피)와 Y(커피 크림)가 보완재라고 가정할 경우, X(커피) 가격이 하락하면 X(커피) 수요량은 증가하고 커피와 보완재인 Y(커피 크림)의 수요량도 증가하므로 수요변화의 요인에 해당한다.

정답 03 ④ 04 ②

05 거미집모형에 관한 설명으로 옳은 것은? (단, 다른 조건은 동일함)

① 수요의 가격탄력성이 공급의 가격탄력성보다 크면 발산형이다.
② 가격이 변동하면 수요와 공급은 모두 즉각적으로 반응한다는 가정을 전제하고 있다.
③ 수요곡선의 기울기 절댓값이 공급곡선의 기울기 절댓값보다 작으면 수렴형이다.
④ 수요와 공급의 동시적 관계로 가정하여 균형의 변화를 정태적으로 분석한 모형이다.
⑤ 공급자는 현재와 미래의 가격을 동시에 고려해 미래의 공급을 결정한다는 가정을 전제하고 있다.

키워드 거미집이론

해설 ① 수요의 가격탄력성이 공급의 가격탄력성보다 크면 '수렴형'에 해당한다.
② 가격이 변동하면 수요는 즉각적으로 영향을 받지만, 공급은 일정한 생산기간이 경과한 후에야 변동이 가능하다.
④ 수요와 공급의 시차를 고려하여 일시적 균형의 변동과정을 동태적으로 분석한 모형이다.
⑤ 수요자의 현재의 수요결정은 현재가격에 의해, 미래의 수요결정은 미래가격에 의해 결정되나, 공급자의 미래의 공급결정은 현재의 가격에만 의존한다는 것을 전제로 한다.

06 A지역의 기존 아파트 시장의 수요함수는 $P=-Q_d+40$, 공급함수는 $P=\frac{2}{3}Q_s+20$이었다. 이후 수요함수는 변하지 않고 공급함수가 $P=\frac{2}{3}Q_s+10$으로 변하였다. 다음 설명으로 옳은 것은? [단, X축은 수량, Y축은 가격, P는 가격(단위는 만원/m²), Q_d는 수요량(단위는 m²), Q_s는 공급량(단위는 m²)이며, 다른 조건은 동일함]

① 아파트 공급량의 증가에 따른 공급량의 변화로 공급곡선이 좌측(좌상향)으로 이동하였다.
② 기존 아파트 시장 균형가격은 22만원/m²이다.
③ 공급함수 변화 이후의 아파트 시장 균형량은 12m²이다.
④ 기존 아파트 시장에서 공급함수 변화로 인한 아파트 시장 균형가격은 6만원/m² 만큼 하락하였다.
⑤ 기존 아파트 시장에서 공급함수 변화로 인한 아파트 시장 균형량은 8m² 만큼 증가하였다.

정답 05 ③ 06 ④

키워드 시장균형의 변동

난이도

해설 최초(단기) 균형점은 A지역 기존 아파트 시장의 수요함수 $P=-Q_d+40$과 최초의 공급함수 $P=\frac{2}{3}Q_s+20$이 같은 점에서 결정된다. 즉, $-Q_d+40=\frac{2}{3}Q_s+20$으로 $\frac{5}{3}Q_s=20$이며, $Q=12m^2$, $P=28$만원$/m^2$이다.

따라서 균형가격은 28만원$/m^2$, 균형거래량은 $12m^2$이다.

그런데 아파트 시장의 새로운 공급함수가 $P=\frac{2}{3}Q_s+10$이므로 새로운 균형점은 수요함수 $P=-Q_d+40$과 새로운 공급함수 $P=\frac{2}{3}Q_s+10$이 같은 점에서 결정된다.

즉, $-Q_d+40=\frac{2}{3}Q_s+10$으로 $\frac{5}{3}Q_s=30$이며, $Q=18m^2$, $P=22$만원$/m^2$이다.

따라서 균형가격은 22만원$/m^2$, 균형거래량은 $18m^2$이다.

결국 기존 아파트 시장에서 공급함수 변화로 인한 아파트 시장 균형가격은 6만원$/m^2$만큼 하락하였다.
① 아파트 공급량 증가에 따른 공급의 변화로 공급곡선이 우측(우하향)으로 이동하였다.
② 기존 아파트 시장 균형가격은 28만원$/m^2$이다.
③ 공급함수 변화 이후의 아파트 시장 균형량은 $18m^2$이다
⑤ 기존 아파트 시장에서 공급함수 변화로 인한 아파트 시장 균형량은 $6m^2$만큼 증가하였다.

07 수요와 공급의 가격탄력성에 관한 설명으로 옳은 것은? (단, X축은 수량, Y축은 가격, 수요의 가격탄력성은 절댓값을 의미하며, 다른 조건은 동일함)

① 가격이 변화하여도 수요량이 전혀 변화하지 않는다면, 수요의 가격탄력성은 완전탄력적이다.
② 가격변화율보다 공급량의 변화율이 커서 1보다 큰 값을 가진다면, 공급의 가격탄력성은 비탄력적이다.
③ 공급의 가격탄력성이 0이라면, 완전탄력적이다.
④ 수요의 가격탄력성이 1보다 작은 값을 가진다면, 수요의 가격탄력성은 탄력적이다.
⑤ 공급곡선이 수직선이면, 공급의 가격탄력성은 완전비탄력적이다.

키워드 수요와 공급의 가격탄력성

난이도

해설 ① 가격이 변하여도 수요량이 전혀 변화하지 않는다면, 수요의 가격탄력성은 완전비탄력적이다.
② 가격변화율보다 공급량의 변화율이 커서 1보다 큰 값을 가진다면, 공급의 가격탄력성은 탄력적이다.
③ 공급의 가격탄력성이 0이라면, 완전비탄력적이다.
④ 수요의 가격탄력성이 1보다 작은 값을 가진다면, 수요의 가격탄력성은 비탄력적이다.

정답 07 ⑤

08 부동산의 수요와 공급에 관한 설명으로 <u>틀린</u> 것은? (단, 부동산은 정상재이며, 다른 조건은 동일함)

① 수요곡선상의 수요량은 주어진 가격에서 수요자들이 구입 또는 임차하고자 하는 부동산의 최대수량이다.
② 부동산의 공급량과 그 공급량에 영향을 주는 요인들과의 관계를 나타낸 것이 공급함수이다.
③ 공급의 법칙에 따르면 가격(임대료)과 공급량은 비례관계이다.
④ 부동산 시장수요곡선은 개별수요곡선을 수직으로 합하여 도출한다.
⑤ 건축원자재의 가격 상승은 부동산의 공급을 축소시켜 공급곡선을 좌측(좌상향)으로 이동하게 한다.

키워드 부동산의 수요와 공급
난이도
해설 부동산 시장수요곡선은 개별수요곡선을 수평으로 합하여 도출한다.

09 지대이론에 관한 설명으로 옳은 것은?

① 튀넨(J.H. von Thünen)의 위치지대설에 따르면, 비옥도 차이에 기초한 지대에 의해 비농업적 토지이용이 결정된다.
② 마샬(A. Marshall)의 준지대설에 따르면, 생산을 위하여 사람이 만든 기계나 기구들로부터 얻은 일시적인 소득은 준지대에 속한다.
③ 리카도(D. Ricardo)의 차액지대설에서 지대는 토지의 생산성과 운송비의 차이에 의해 결정된다.
④ 마르크스(K. Marx)의 절대지대설에 따르면, 최열등지에서는 지대가 발생하지 않는다.
⑤ 헤이그(R. Haig)의 마찰비용이론에서 지대는 마찰비용과 교통비의 합으로 산정된다.

키워드 지대이론
난이도
해설 ① 튀넨(J.H. von Thünen)의 위치지대설에 따르면, 위치에 따른 수송비 차이에 기초한 지대에 의해 농업적 토지이용이 결정된다.
③ 리카도(D. Ricardo)의 차액지대설에서 지대는 토지의 비옥도 차이에 의해 결정된다.
④ 마르크스(K. Mark)의 절대지대설에 따르면, 최열등지에서도 토지소유자의 요구로 지대가 발생한다.
⑤ 헤이그(R. Haig)의 마찰비용이론에서 마찰비용은 지대와 교통비(수송비)의 합으로 산정된다.

정답 08 ④ 09 ②

10 도시공간구조이론 및 입지이론에 관한 설명으로 옳은 것은?

① 버제스(E. Burgess)의 동심원이론에서 통근자지대는 가장 외곽에 위치한다.
② 호이트(H. Hoyt)의 선형이론에 따르면, 도시공간구조의 성장과 분화는 점이지대를 향해 직선으로 확대되면서 나타난다.
③ 해리스(C. Harris)와 울만(E. Ullman)의 다핵심이론에는 중심업무지구와 점이지대가 존재하지 않는다.
④ 뢰쉬(A. Lösch)의 최대수요이론은 운송비와 집적이익을 고려한 특정 사업의 팔각형 상권체계 과정을 보여준다.
⑤ 레일리(W. Reilly)의 소매인력법칙은 특정 점포가 최대 이익을 확보하기 위해 어떤 장소에 입지하는가에 대한 8원칙을 제시한다.

키워드 도시공간구조이론

난이도

해설 ② 호이트(H. Hoyt)의 선형이론에 따르면, 도시공간구조의 성장과 분화는 주요 교통축을 따라 부채꼴 모양으로 확대되면서 나타난다.
③ 해리스(C. Harris)와 울만(E. Ullman)의 다핵심이론에서도 중심업무지구와 도매 및 경공업지구(점이지대)가 존재한다.
④ 뢰쉬(A. Lösch)의 최대수요이론은 장소에 따라 수요가 차별적이라는 전제하에 수요 측면에서 경제활동의 공간조직과 상권조직을 파악한 것이다.
⑤ 특정 점포가 최대이익을 확보하기 위해 어떤 장소에 입지하는가에 대한 8원칙을 제시하는 것은 넬슨(R. L. Nelson)의 소매입지이론이다.

정답 10 ①

11 X와 Y지역의 산업별 고용자 수가 다음과 같을 때, X지역의 입지계수(LQ)에 따른 기반산업의 개수는? (단, 주어진 조건에 한함)

구분	X지역	Y지역	전 지역
A산업	30	50	80
B산업	50	40	90
C산업	60	50	110
D산업	100	20	120
E산업	80	60	140
전 산업 고용자 수	320	220	540

① 0개　　② 1개　　③ 2개　　④ 3개　　⑤ 4개

키워드 입지계수

난이도 ■■□

해설 입지계수(LQ) = $\dfrac{\dfrac{A지역\ X산업의\ 고용자\ 수}{A지역\ 전체\ 산업의\ 고용자\ 수}}{\dfrac{전국\ X산업의\ 고용자\ 수}{전국\ 전체\ 산업의\ 고용자\ 수}}$

식에 대입하여 두 지역의 각 산업의 입지계수를 계산하면 다음과 같다.

구분	X지역	Y지역
A산업	$LQ = \dfrac{30/80}{320/540} ≒ 0.63$	$LQ = \dfrac{50/80}{220/540} ≒ 1.53$
B산업	$LQ = \dfrac{50/90}{320/540} ≒ 0.94$	$LQ = \dfrac{40/90}{220/540} ≒ 1.09$
C산업	$LQ = \dfrac{60/110}{320/540} ≒ 0.92$	$LQ = \dfrac{50/110}{220/540} ≒ 1.12$
D산업	$LQ = \dfrac{100/120}{320/540} ≒ 1.41$	$LQ = \dfrac{20/120}{220/540} ≒ 0.41$
E산업	$LQ = \dfrac{80/140}{320/540} ≒ 0.96$	$LQ = \dfrac{60/140}{220/540} ≒ 1.05$

X지역에서 입지계수(LQ)에 따른 기반산업은 D산업이다. 따라서 X지역에서 입지계수(LQ)에 따른 기반산업의 개수는 1개이다. 참고로 Y지역에서 입지계수(LQ)에 따른 기반산업은 A, B, C, E산업이며, 기반산업의 개수는 4개이다.

정답 11 ②

12

허프(D. Huff)모형을 활용하여 점포 A의 월 매출액을 추정하였는데, 착오에 의해 공간(거리)마찰계수가 잘못 적용된 것을 확인하였다. 올바르게 추정한 점포 A의 월 매출액은 잘못 추정한 점포 A의 월 매출액보다 얼마나 증가하는가? (단, 주어진 조건에 한함)

- X지역의 현재 주민: 10,000명
- 1인당 월 점포 소비액: 30만원
- 올바른 공간(거리)마찰계수: 2
- 잘못 적용된 공간(거리)마찰계수: 1
- X지역의 주민은 모두 구매자이고, 점포(A, B, C)에서만 구매한다고 가정함
- 각 점포의 매출액은 X지역 주민에 의해서만 창출됨

구분	점포 A	점포 B	점포 C
면적	750m²	2,500m²	500m²
X지역 거주지로부터의 거리	5km	10km	5km

① 1억원 ② 2억원 ③ 3억원
④ 4억원 ⑤ 5억원

키워드 허프의 상권분석모형

난이도

해설
1. 마찰계수가 1인 경우(잘못 추정한 경우)
   - 점포 A의 유인력 = $\frac{750}{5}$ = 150, B의 유인력 = $\frac{2,500}{10}$ = 250, C의 유인력 = $\frac{500}{5}$ = 100
   - 점포 A의 시장점유율(%) = $\frac{150}{150+250+100}$ = 0.3(30%)
   - 점포 A의 이용객 수 = 10,000명×0.3 = 3,000명
   - 점포 A의 월 추정매출액 = 30만원×3,000명 = 9억원
2. 마찰계수가 2인 경우(올바르게 추정한 경우)
   - 점포 A의 유인력 = $\frac{750}{5^2}$ = 30, B의 유인력 = $\frac{2,500}{10^2}$ = 25, C의 유인력 = $\frac{500}{5^2}$ = 20
   - 점포 A의 시장점유율(%) = $\frac{30}{30+25+20}$ = 0.4(40%)
   - 점포 A의 이용객 수 = 10,000명×0.4 = 4,000명
   - 점포 A의 월 추정매출액 = 30만원×4,000명 = 12억원

따라서 올바르게 추정한 점포의 A의 월 매출액은 잘못 추정한 점포 A의 월매출액보다 3억원 증가한다.

정답 12 ③

13 베버(A. Weber)의 최소비용이론에 관한 설명으로 <u>틀린</u> 것은? (단, 기업은 단일 입지 공장이고, 다른 조건은 동일함)

① 최소비용지점은 최소운송비 지점, 최소노동비 지점, 집적이익이 발생하는 구역을 종합적으로 고려해서 결정한다.
② 등비용선(isodapane)은 최소운송비 지점으로부터 기업이 입지를 바꿀 경우, 운송비와 노동비가 동일한 지점을 연결한 곡선을 의미한다.
③ 원료지수(material index)가 1보다 큰 공장은 원료지향적 입지를 선호한다.
④ 제품 중량이 국지원료 중량보다 큰 제품을 생산하는 공장은 시장지향적 입지를 선호한다.
⑤ 운송비는 원료와 제품의 무게, 원료와 제품이 수송되는 거리에 의해 결정된다.

키워드 베버의 최소비용이론
난이도
해설 등비용선(isodapane)은 최소운송비 지점으로부터 기업이 입지를 바꿀 경우, 이에 따른 추가적인 운송비의 부담액이 동일한 지점을 연결한 곡선을 의미한다.

14 크리스탈러(W. Christaller)의 중심지이론에 관한 설명으로 옳은 것은?

① 최소요구범위 – 중심지 기능이 유지되기 위한 최소한의 수요 요구 규모
② 최소요구치 – 중심지로부터 어느 기능에 대한 수요가 0이 되는 곳까지의 거리
③ 배후지 – 중심지에 의해 재화와 서비스를 제공받는 주변지역
④ 도달범위 – 판매자가 정상이윤을 얻을 만큼의 충분한 소비자들을 포함하는 경계까지의 거리
⑤ 중심지 재화 및 서비스 – 배후지에서 중심지로 제공되는 재화 및 서비스

키워드 크리스탈러의 중심지이론
난이도
해설 ① 최소요구범위 – 판매자가 정상이윤을 얻는 만큼의 충분한 소비자를 포함하는 경계까지의 거리
② 최소요구치 – 중심지 기능이 유지되기 위한 최소한의 수요 요구 규모
④ 도달범위 – 중심지 활동이 제공되는 공간적 한계로 중심지로부터 어느 기능에 대한 수요가 '0'(또는 상품의 판매량이 0)이 되는 지점까지의 거리
⑤ 중심지 재화 및 서비스 – 중심지에서 배후지로 제공되는 재화 및 서비스

정답 13 ② 14 ③

15 우리나라 부동산 관련 조세에 관한 설명으로 옳은 것은?

> ㉠ 지방세
> ㉡ 국세
> ㉢ 취득단계
> ㉣ 처분단계
> ㉤ 보유단계
> ㉥ 물건별 과세표준에 대한 과세
> ㉦ 납세의무자별로 합산한 과세표준에 대한 과세

① 취득세와 재산세는 (㉠, ㉤, ㉦)에 해당한다.
② 취득세는 (㉠, ㉢)에, 종합부동산세는 (㉡, ㉤)에 해당하고, 공통점은 (㉥)에 해당한다.
③ 재산세는 (㉠, ㉥)에, 종합부동산세는 (㉡, ㉦)에 해당하고, 공통점은 (㉤)에 해당한다.
④ 양도소득세는 (㉡)에, 재산세는 (㉠)에 해당하고, 공통점은 (㉤, ㉦)에 해당한다.
⑤ 양도소득세와 종합부동산세는 (㉡, ㉤, ㉥)에 해당한다.

키워드 부동산조세

난이도

해설 재산세는 지방세로 물건별 과세표준에 대한 과세에 해당하며, 종합부동산세는 국세로 납세의무자별로 합산한 과세표준에 대한 과세에 해당한다. 재산세와 종합부동산세는 모두 보유단계에 부과되는 조세이다.

16 현재 우리나라에서 시행되고 있지 <u>않는</u> 부동산정책 수단을 모두 고른 것은?

> ㉠ 택지소유상한제   ㉡ 부동산거래신고제
> ㉢ 토지초과이득세   ㉣ 주택의 전매제한
> ㉤ 부동산실명제   ㉥ 토지거래허가구역
> ㉦ 종합부동산세   ㉧ 공한지세

① ㉠, ㉧
② ㉠, ㉢, ㉧
③ ㉠, ㉣, ㉤, ㉥
④ ㉡, ㉢, ㉣, ㉤, ㉦
⑤ ㉡, ㉣, ㉤, ㉥, ㉦, ㉧

키워드 부동산정책의 수단

난이도

해설 ㉠ 택지소유상한제는 1990년부터 실시되었으나 사유재산권 침해 이유로 1998년에 폐지되었다.
㉢ 토지초과이득세는 실현되지 않은 이익에 대해 과세한다는 논란 등으로 1998년에 폐지되었다.
㉧ 공한지세는 1974년부터 실시되었으나 1986년에 폐지되었다.

정답 15 ③ 16 ②

17 부동산시장에 대한 정부의 개입에 관한 설명으로 틀린 것은?

① 부동산투기, 저소득층 주거문제, 부동산자원배분의 비효율성은 정부가 부동산시장에 개입하는 근거가 된다.
② 부동산시장실패의 대표적인 원인으로 공공재, 외부효과, 정보의 비대칭성이 있다.
③ 토지비축제도는 공익사업용지의 원활한 공급과 토지시장 안정을 위해 정부가 직접적으로 개입하는 방식이다.
④ 토지수용, 종합부동산세, 담보인정비율, 개발부담금은 부동산시장에 대한 직접개입수단이다.
⑤ 정부가 주택시장에 개입하여 민간분양주택 분양가를 규제할 경우 주택산업의 채산성·수익성을 저하시켜 신축 민간주택의 공급을 축소시킨다.

키워드 정부의 시장개입

해설 정부의 부동산시장에 대한 개입수단 중 토지수용은 직접개입수단에 해당하며, 종합부동산세, 담보인정비율, 개발부담금은 간접개입수단에 해당한다.

18 다음과 같은 투자안에서 부동산의 투자가치는? (단, 연간 기준이며, 주어진 조건에 한함)

- 무위험률: 3%
- 위험할증률: 4%
- 예상인플레이션율: 2%
- 예상순수익: 4,500만원

① 4억원 ② 4억 5천만원
③ 5억원 ④ 5억 5천만원
⑤ 6억원

키워드 부동산의 투자가치

해설 요구수익률은 무위험률 + 위험할증률 + 예상인플레이션율이므로
요구수익률 = 3% + 4% + 2% = 9%이다.
따라서 투자가치 = $\frac{순수익}{요구수익률}$ = $\frac{4,500만원}{0.09}$ = 5억원이다.

정답 17 ④ 18 ③

19 주거정책에 관한 설명으로 틀린 것을 모두 고른 것은?

> ㉠ 우리나라는 주거에 대한 권리를 인정하고 있지 않다.
> ㉡ 공공임대주택, 주거급여제도, 주택청약종합저축제도는 현재 우리나라에서 시행되고 있다.
> ㉢ 주택바우처는 저소득임차가구에 주택임대료를 일부 지원해주는 소비자보조방식의 일종으로 임차인의 주거지 선택을 용이하게 할 수 있다.
> ㉣ 임대료 보조정책은 민간임대주택의 공급을 장기적으로 감소시키고 시장임대료를 높인다.
> ㉤ 임대료를 균형가격 이하로 통제하면 민간임대주택의 공급량은 증가하고 질적 수준은 저하된다.

① ㉠, ㉡, ㉤　　② ㉠, ㉢, ㉤　　③ ㉠, ㉣, ㉤
④ ㉡, ㉢, ㉣　　⑤ ㉢, ㉣, ㉤

키워드 주거정책

난이도

해설 ㉠ 우리나라는 주거복지 등 주거정책의 수립·추진 등에 관한 사항을 정하고 주거권을 보장함으로써 국민의 주거안정과 주거수준의 향상에 이바지하는 것을 목적으로 「주거기본법」을 제정하여 시행하고 있다.
㉣ 임대료 보조정책은 민간임대주택의 공급을 장기적으로 증가시키고 시장임대료는 원래 수준이 된다.
㉤ 임대료를 균형가격 이하로 통제하면 민간임대주택의 공급량은 감소하고 질적 수준은 저하된다.

20 다음 ( )에 들어갈 알맞은 내용은?

> • (㉠)은 「공공주택 특별법 시행령」에 따른 국가나 지방자치단체의 재정이나 주택도시기금의 자금을 지원받아 전세계약의 방식으로 공급하는 공공임대주택이다.
> • (㉡)은 「민간임대주택에 관한 특별법」에 따른 임대사업자가 매매 등으로 소유권을 취득하여 임대하는 민간임대주택을 말한다.

	㉠	㉡
①	국민임대주택	장기전세주택
②	장기전세주택	기존주택전세임대주택
③	기존주택전세임대주택	국민임대주택
④	국민임대주택	민간매입임대주택
⑤	장기전세주택	민간매입임대주택

키워드 공공주택 및 민간임대주택

난이도

해설 • 장기전세주택은 「공공주택 특별법 시행령」에 따른 국가나 지방자치단체의 재정이나 주택도시기금의 자금을 지원받아 전세계약의 방식으로 공급하는 공공임대주택이다.
• 민간매입임대주택은 「민간임대주택에 관한 특별법」에 따른 임대사업자가 매매 등으로 소유권을 취득하여 임대하는 민간임대주택을 말한다.

정답 19 ③　20 ⑤

21 부동산투자 위험에 관한 설명으로 옳은 것을 모두 고른 것은?

> ㉠ 표준편차가 작을수록 투자에 수반되는 위험은 커진다.
> ㉡ 위험회피형 투자자는 변이계수(변동계수)가 작은 투자안을 더 선호한다.
> ㉢ 경기침체, 인플레이션 심화는 비체계적 위험에 해당한다.
> ㉣ 부동산투자자가 대상부동산을 원하는 시기와 가격에 현금화하지 못하는 경우는 유동성 위험에 해당한다.

① ㉠, ㉡ ② ㉠, ㉢ ③ ㉡, ㉢
④ ㉡, ㉣ ⑤ ㉢, ㉣

키워드 부동산투자의 위험

난이도

해설 ㉠ 표준편차가 작을수록 투자에 수반되는 위험은 작아진다.
㉢ 경기침체, 인플레이션 심화는 체계적 위험에 해당한다.

---

22 甲은 시장가치 5억원의 부동산을 인수하고자 한다. 해당 부동산의 부채감당률(DCR)은? (단, 모든 현금유출입은 연말에만 발생하며, 주어진 조건에 한함)

> • 담보인정비율(LTV): 시장가치의 50%
> • 연간 저당상수: 0.12
> • 가능총소득(PGI): 5,000만원
> • 공실손실상당액 및 대손충당금: 가능총소득의 10%
> • 영업경비비율: 유효총소득의 28%

① 1.08 ② 1.20 ③ 1.50
④ 1.67 ⑤ 1.80

키워드 부채감당률(DCR)

난이도

해설 저당대부액(대출액): 5억원×0.5 = 2억 5,000만원
부채서비스액(원리금상환액): 2억 5,000만원×0.12 = 3,000만원

가능총소득	5,000만원
− 공실손실상당액 및 대손충당금	− 500만원 (= 5,000만원×0.1)
유효총소득	4,500만원
− 영업경비	− 1,260만원 (= 4,500만원×0.28)
순영업소득	3,240만원

부채감당률(DCR) = $\dfrac{\text{순영업소득}}{\text{부채서비스액}}$ = $\dfrac{3{,}240\text{만원}}{3{,}000\text{만원}}$ = 1.08

정답 21 ④ 22 ①

23 다음 자료는 A부동산의 1년간 운영수지이다. A부동산의 세후현금흐름승수는? (단, 주어진 조건에 한함)

- 총투자액: 50,000만원
- 지분투자액: 36,000만원
- 가능총소득(PGI): 6,000만원
- 공실률: 15%
- 재산세: 500만원
- 원리금상환액: 600만원
- 영업소득세: 400만원

① 8　　　　　② 10　　　　　③ 12
④ 15　　　　　⑤ 20

키워드　어림셈법

난이도

해설

가능총소득		6,000만원
− 공실·불량부채	−	900만원 (=6,000만원×0.15)
유효총소득		5,100만원
− 영업경비	−	500만원
순영업소득		4,600만원
− 원리금상환액(부채서비스액)	−	600만원
세전현금흐름		4,000만원
− 영업소득세	−	400만원
세후현금흐름		3,600만원

세후현금흐름승수 = $\dfrac{지분투자액}{세후현금흐름}$ = $\dfrac{3억\ 6,000만원}{3,600만원}$ = 10

정답 23 ②

24 부동산투자에 관한 설명으로 **틀린** 것은? (단, 주어진 조건에 한함)

① 시중금리 상승은 부동산투자자의 요구수익률을 하락시키는 요인이다.
② 기대수익률은 투자로 인해 기대되는 예상수입과 예상지출로부터 계산되는 수익률이다.
③ 정(+)의 레버리지효과는 자기자본수익률이 총자본수익률(종합수익률)보다 높을 때 발생한다.
④ 요구수익률은 투자에 대한 위험이 주어졌을 때, 투자자가 대상부동산에 자금을 투자하기 위해 충족되어야 할 최소한의 수익률이다.
⑤ 부동산투자자는 담보대출과 전세를 통해 레버리지를 활용할 수 있다.

키워드 부동산투자의 위험분석

해설 시중금리 상승은 부동산투자자의 요구수익률을 상승시키는 요인이다.

25 甲은 아래 조건으로 부동산에 10억원을 투자하였다. 이에 관한 투자분석의 산출값으로 **틀린** 것은? (단, 주어진 조건에 한함)

- 순영업소득(NOI): 2억원/년
- 원리금상환액: 2,000만원/년
- 유효총소득승수: 4
- 지분투자액: 8억원

① 유효총소득은 2억 5천만원
② 부채비율은 25%
③ 지분환원율은 25%
④ 순소득승수는 5
⑤ 종합환원율은 20%

키워드 어림셈법과 비율분석법

해설
① 유효총소득 = $\dfrac{\text{총투자액}}{\text{유효총소득승수}} = \dfrac{10억원}{4} = 2억 5천만원$

② 부채비율 = $\dfrac{\text{부채총계}}{\text{자본총계}} = \dfrac{2억원}{8억원} \times 100(\%) = 25\%$

③ 지분환원율 = $\dfrac{\text{세전현금흐름}}{\text{지분투자액}} = \dfrac{1억 8,000만원}{8억원} \times 100(\%) = 22.5\%$

④ 순소득승수 = $\dfrac{\text{총투자액}}{\text{순영업소득}} = \dfrac{10억원}{2억원} = 5$

⑤ 종합환원율 = $\dfrac{\text{순영업소득}}{\text{총투자액}} = \dfrac{2억원}{10억원} \times 100(\%) = 20\%$

정답 24 ① 25 ③

26 부동산투자분석에 관한 설명으로 틀린 것은?

① 내부수익률은 수익성 지수를 0으로, 순현재가치를 1로 만드는 할인율이다.
② 회계적 이익률법은 현금흐름의 시간적 가치를 고려하지 않는다.
③ 내부수익률법에서는 내부수익률과 요구수익률을 비교하여 투자 여부를 결정한다.
④ 순현재가치법, 내부수익률법은 할인현금수지분석법에 해당한다.
⑤ 담보인정비율(LTV)은 부동산가치에 대한 융자액의 비율이다.

키워드 부동산투자분석의 기법

난이도

해설 내부수익률은 수익성 지수를 1로, 순현재가치를 0으로 만드는 할인율이다.

27 PF(project financing)대출을 유동화하는 자산유동화증권(ABS)과 자산담보부 기업어음(ABCP)에 관한 설명으로 옳은 것은?

① ABS는 유치권의 방법으로, ABCP는 근저당의 방법으로 사업부지를 피담보채무의 담보로 확보하여야 한다.
② ABS는 금융위원회에 등록한 이전 회차의 유동화계획을 따를 경우, 금융위원회에 등록 없이 금번 회차에도 동일하게 재발행할 수 있다.
③ ABS는 유동화 도관체(conduit)가 개발업체에 직접 PF대출을 제공한 후 해당 대출채권을 유동화할 수 있다.
④ 공사대금 재원이 필요한 경우, 시행사는 공사대금채권을 담보로 ABCP를 발행하고 이를 통해 조달한 재원을 시공사에 지급한다.
⑤ 채권형 ABS와 ABCP에서 수령하는 이자에 대하여 모든 개인투자자는 소득세 납부의무를 가진다.

키워드 자산유동화증권(ABS)과 자산담보부 기업어음(ABCP)

난이도

해설
① ABS는 근저당의 방법으로, ABCP는 유치권의 방법으로 사업부지를 피담보채무의 담보로 확보하여야 한다.
② 「자산유동화에 관한 법률」에 의하면 유동화전문회사등이 등록할 수 있는 자산유동화계획은 1개에 한한다. 따라서 ABS는 기초자산을 유동화할 때마다 매번 유동화전문회사를 만들어 등록을 해야 한다. 그러므로 ABS는 금융위원회에 등록한 이전 회차의 유동화계획을 따를 경우라도 금융위원회에 등록을 하여 재발행할 수 있다.
③ ABS는 금융기관이 PF대출을 제공한 후 해당 대출채권을 유동화 도관체(conduit)에게 양도하고 이를 유동화할 수 있다.
④ 공사대금 재원이 필요한 경우, 공사대금채권을 유동화 도관체(conduit)에게 양도하고 이를 담보로 ABCP를 발행하고 이를 통해 조달한 재원을 시공사에 지급한다.

정답 26 ① 27 ⑤

28 A회사는 전년도에 임대면적 750m²의 매장을 비율 임대차(percentage lease)방식으로 임차하였다. 계약 내용에 따르면, 매출액이 손익분기점 매출액 이하이면 기본임대료만 지급하고, 이를 초과하는 매출액에 대해서는 일정 임대료율을 적용한 추가임대료를 기본임대료에 가산하도록 하였다. 전년도 연임대료로 총 12,000만원을 지급한 경우, 해당 계약내용에 따른 추가임대료율은? (단, 연간 기준이며, 주어진 조건에 한함)

- 전년도 매출액: 임대면적 m²당 100만원
- 손익분기점 매출액: 임대면적 m²당 60만원
- 기본임대료: 임대면적 m²당 10만원

① 15% ② 20% ③ 25%
④ 30% ⑤ 35%

키워드 임대차 유형

난이도

해설
- 기본임대료 = 10만원/m² × 750m² = 7,500만원
- 매출액 = 100만원/m² × 750m² = 7억 5,000만원
- 손익분기점 매출액 = 60만원/m² × 750m² = 4억 5,000만원
- 연임대료 1억 2,000만원은 기본임대료 7,500만원과 추가임대료를 합한 금액이므로 추가임대료는 4,500만원이다.
- 손익분기점 매출액 초과 매출액은 3억원(=7억 5,000만원−4억 5,000만원)이므로 3억원×추가임대료율(x) = 4,500만원이다.

따라서 추가임대료율(x)은 4,500만원÷3억원 = 0.15(15%)이다.

29 「부동산투자회사법」상 '자기관리 부동산투자회사'(REITs, 이하 '회사'라 한다)에 관한 설명으로 틀린 것은?

① 국토교통부장관은 회사가 최저자본금을 준비하였음을 확인한 때에는 지체 없이 주요 출자자(발행주식 총수의 100분의 5를 초과하여 주식을 소유하는 자)의 적격성을 심사하여야 한다.
② 최저자본금준비기간이 지난 회사의 최저자본금은 70억원 이상이 되어야 한다.
③ 주요 주주는 미공개 자산운용정보를 이용하여 부동산을 매매하거나 타인에게 이용하게 하여서는 아니 된다.
④ 회사는 그 자산을 투자·운용할 때에는 전문성을 높이고 주주를 보호하기 위하여 자산관리회사에 위탁하여야 한다.
⑤ 주주총회의 특별결의에 따른 경우, 회사는 해당 연도 이익배당한도의 100분의 50 이상 100분의 90 미만으로 이익배당을 정한다.

정답 28 ① 29 ④

키워드 부동산투자회사
난이도
해설 자기관리 부동산투자회사는 그 자산을 투자·운용할 때에는 전문성을 높이고 주주를 보호하기 위하여 대통령령으로 정하는 바에 따라 자산운용 전문인력을 상근으로 두어야 한다(부동산투자회사법 제22조 제1항).

30 저당담보부증권(MBS)의 가격변동에 관한 설명으로 옳은 것은? (단, 주어진 조건에 한함)

① 투자자들이 가까운 시일에 채권시장 수익률의 하락을 예상한다면, 가중평균상환기간(duration)이 긴 저당담보부증권일수록 그 가격이 더 크게 하락한다.
② 채무불이행위험이 없는 저당담보부증권의 가격은 채권시장 수익률의 변동에 영향을 받지 않는다.
③ 자본시장 내 다른 투자수단들과 경쟁하므로, 동일위험수준의 다른 투자수단들의 수익률이 상승하면 저당담보부증권의 가격은 상승한다.
④ 채권시장 수익률이 상승할 때 가중평균상환기간이 긴 저당담보부증권일수록 그 가격의 변동 정도가 작다.
⑤ 고정이자를 지급하는 저당담보부증권은 채권시장 수익률이 상승하면 그 가격이 하락한다.

키워드 주택저당증권
난이도
해설
① 투자자들이 가까운 시일에 채권시장 수익률의 하락을 예상한다면, 채권가격은 하락한다. 그런데 가중평균상환기간(duration)이 긴 저당담보부증권일수록 채권가격이 더 적게 하락하며, 가중평균상환기간이 짧은 저당담보부증권일수록 그 가격이 더 크게 하락한다.
② 채무불이행위험이 없는 저당담보부증권의 가격도 채권시장 수익률의 변동에 영향을 받는다.
③ 자본시장 내 다른 투자수단들과 경쟁하므로, 동일위험수준의 다른 투자수단들의 수익률이 상승하면 저당담보부증권의 가격은 하락한다.
④ 채권시장 수익률이 상승할 때 채권가격은 하락한다. 그런데 가중평균상환기간이 긴 저당담보부증권일수록 그 가격의 변동 정도가 크며, 가중평균상환기간이 짧은 저당담보부증권일수록 그 가격의 변동 정도는 작다.

정답 30 ⑤

31 부동산투자의 분석기법 및 위험에 관한 설명으로 옳은 것을 모두 고른 것은? (단, 주어진 조건에 한함)

> ㉠ 경기침체로 부동산 수익성 악화가 야기하는 위험은 사업위험(business risk)에 해당한다.
> ㉡ 공실률, 부채서비스액은 유효총소득을 산정하는 데 필요한 항목이다.
> ㉢ 위험회피형 투자자의 최적 포트폴리오는 투자자의 무차별곡선과 효율적 프론티어의 접점에서 선택된다.
> ㉣ 포트폴리오를 통해 제거 가능한 체계적인 위험은 부동산의 개별성에 기인한다.
> ㉤ 민감도분석을 통해 투입요소의 변화가 그 투자안의 내부수익률에 미치는 영향을 분석할 수 있다.

① ㉠, ㉡, ㉢ ② ㉠, ㉢, ㉤
③ ㉠, ㉣, ㉤ ④ ㉡, ㉢, ㉣, ㉤
⑤ ㉠, ㉡, ㉢, ㉣, ㉤

키워드 부동산투자의 분석기법 및 위험

난이도

해설 ㉡ 공실률은 유효총소득을 산정하는 데 필요한 항목이지만, 부채서비스액은 세전현금흐름을 산정하는 데 필요한 항목이다.
㉣ 포트폴리오를 통해 제거 가능한 비체계적인 위험은 부동산의 개별성에 기인한다.

32 부동산관리방식에 따른 해당 내용을 옳게 묶은 것은?

> ㉠ 소유자의 직접적인 통제권이 강화된다.
> ㉡ 관리의 전문성과 효율성을 높일 수 있다.
> ㉢ 기밀 및 보안 유지가 유리하다.
> ㉣ 건물설비의 고도화에 대응할 수 있다.
> ㉤ 대형건물의 관리에 더 유용하다.
> ㉥ 소유와 경영의 분리가 가능하다.

① 자기관리방식 – ㉠, ㉡, ㉢, ㉣ ② 자기관리방식 – ㉠, ㉢, ㉤, ㉥
③ 자기관리방식 – ㉡, ㉢, ㉣, ㉥ ④ 위탁관리방식 – ㉠, ㉢, ㉣, ㉤
⑤ 위탁관리방식 – ㉡, ㉣, ㉤, ㉥

키워드 부동산관리방식

난이도

해설 ㉠㉢은 자기관리방식(자가관리방식)의 장점에 해당한다.

정답 31 ② 32 ⑤

33 부동산마케팅에 관한 설명으로 틀린 것은?

① 부동산마케팅은 부동산상품을 수요자의 욕구에 맞게 상품을 개발하고 가격을 결정한 후 시장에서 유통, 촉진, 판매를 관리하는 일련의 과정이다.
② STP전략은 대상 집단의 시장세분화(segmentation), 표적시장 선정(targeting), 포지셔닝(positioning)으로 구성된다.
③ 시장세분화 전략은 부동산시장에서 마케팅활동을 수행하기 위하여 수요자의 집단을 세분하는 것이다.
④ 표적시장 전략은 세분화된 시장을 통해 선정된 표적 집단을 대상으로 적합한 마케팅활동을 수행하는 것이다.
⑤ AIDA원리는 주의(attention), 관심(interest), 욕망(desire), 행동(action)의 단계를 통해 공급자의 욕구를 파악하여 마케팅 효과를 극대화하는 시장점유마케팅 전략의 하나이다.

키워드 부동산마케팅 전략

난이도

해설 AIDA원리는 주의(attention), 관심(interest), 욕망(desire), 행동(action)의 단계를 통해 공급자의 욕구를 파악하여 마케팅 효과를 극대화하는 고객점유마케팅 전략의 하나이다.

정답 33 ⑤

34 사회기반시설에 대한 민간투자법령상 BOT(build-operate-transfer) 방식에 대한 내용이다. (   ) 에 들어갈 내용을 〈보기〉에서 옳게 고른 것은?

> 사회기반시설의 (㉠)에 일정기간 동안 (㉡)에게 해당 시설의 소유권이 인정되며 그 기간이 만료되면 (㉢)이 (㉣)에 귀속되는 방식이다.

〈보기〉
ⓐ 착공 후
ⓑ 준공 후
ⓒ 사업시행자
ⓓ 국가 또는 지방자치단체
ⓔ 시설소유권
ⓕ 시설관리운영권

① ㉠ - ⓐ, ㉡ - ⓒ, ㉢ - ⓔ, ㉣ - ⓓ
② ㉠ - ⓐ, ㉡ - ⓒ, ㉢ - ⓔ, ㉣ - ⓒ
③ ㉠ - ⓐ, ㉡ - ⓓ, ㉢ - ⓕ, ㉣ - ⓒ
④ ㉠ - ⓑ, ㉡ - ⓒ, ㉢ - ⓔ, ㉣ - ⓓ
⑤ ㉠ - ⓑ, ㉡ - ⓓ, ㉢ - ⓕ, ㉣ - ⓒ

키워드 민간투자사업방식

난이도

해설 사회기반시설에 대한 민간투자법령상 BOT(build-operate-transfer) 방식은 사회기반시설의 '준공 후' 일정기간 동안 '사업시행자'에게 해당 시설의 소유권이 인정되며 그 기간이 만료되면 '시설소유권'이 '국가 또는 지방자치단체'에 귀속되는 방식이다(사회기반시설에 대한 민간투자법 제4조 제3호).

정답 34 ④

35 다음 자료를 활용하여 공시지가기준법으로 산정한 대상토지의 단위면적당 시산가액은? (단, 주어진 조건에 한함)

- 대상토지 현황: A시 B구 C동 120번지, 일반상업지역, 상업용
- 기준시점: 2023.10.28.
- 표준지공시지가(A시 B구 C동, 2023.01.01. 기준)

기호	소재지	용도지역	이용상황	공시지가(원/m²)
1	C동 110	준주거지역	상업용	6,000,000
2	C동 130	일반상업지역	상업용	8,000,000

- 지가변동률(A시 B구, 2023.01.01.~2023.10.28.)
  - 주거지역: 3% 상승
  - 상업지역: 5% 상승
- 지역요인: 표준지와 대상토지는 인근지역에 위치하여 지역요인 동일함
- 개별요인: 대상토지는 표준지 기호 1에 비해 개별요인 10% 우세하고, 표준지 기호 2에 비해 개별요인 3% 열세함
- 그 밖의 요인 보정: 대상토지 인근지역의 가치형성요인이 유사한 정상적인 거래사례 및 평가사례 등을 고려하여 그 밖의 요인으로 50% 증액 보정함
- 상승식으로 계산할 것

① 6,798,000원/m²
② 8,148,000원/m²
③ 10,197,000원/m²
④ 12,222,000원/m²
⑤ 13,860,000원/m²

키워드 공시지가기준법

난이도

해설 먼저 표준지는 대상토지와 동일한 기호 2 일반상업지역의 공시지가 8,000,000원/m²으로 한다. 표준지공시지가를 기준으로 평가하므로 사정보정은 필요가 없다. 제시된 자료에 의하면 표준지공시지가는 8,000,000원/m², 시점수정치는 상업지역 지가상승률이 5%이므로 $\frac{105}{100}$ = 1.05이며, 대상토지는 표준지의 인근지역에 소재하므로 지역요인을 비교할 필요가 없다.

개별요인 비교치는 기호 2로 $\frac{97}{100}$ = 0.97이다. 주어진 조건 이외의 그 밖의 요인은 50% 증액 보정을 하므로 1.50이다.

따라서 8,000,000원/m² × 1.05 × 0.97 × 1.5 = 12,222,000원/m²이 된다.

정답 35 ④

36 다음 자료를 활용하여 원가법으로 산정한 대상건물의 시산가액은? (단, 주어진 조건에 한함)

- 대상건물 현황: 철근콘크리트조, 단독주택, 연면적 250m²
- 기준시점: 2023.10.28.
- 사용승인일: 2015.10.28.
- 사용승인일의 신축공사비: 1,200,000원/m²(신축공사비는 적정함)
- 건축비지수(건설공사비지수)
  - 2015.10.28.: 100
  - 2023.10.28.: 150
- 경제적 내용연수: 50년
- 감가수정방법: 정액법
- 내용연수 만료 시 잔존가치 없음

① 246,000,000원
② 252,000,000원
③ 258,000,000원
④ 369,000,000원
⑤ 378,000,000원

키워드 원가법에서 정액법

해설 경과연수가 8년이고 사용승인일의 신축공사비는 1,200,000원/m²이므로 300,000,000원(=1,200,000원×250m²)이고, 건축비지수에 의한 시점수정치가 1.5(=150/100)이므로 재조달원가=300,000,000원×1.5=450,000,000원이다.
내용연수 만료 시 잔존가치가 없으므로

- 매년의 감가액 = $\dfrac{450,000,000원}{50년}$ = 9,000,000원
- 감가누계액 = 9,000,000원×8년(경과연수) = 72,000,000원

따라서 적산가액 = 450,000,000원 − 72,000,000원 = 378,000,000원이다.

정답 36 ⑤

37

「감정평가에 관한 규칙」상 대상물건별로 정한 감정평가방법(주된 방법)이 수익환원법인 대상물건은 모두 몇 개인가?

• 상표권	• 임대료
• 저작권	• 특허권
• 과수원	• 기업가치
• 광업재단	• 실용신안권

① 2개 ② 3개 ③ 4개
④ 5개 ⑤ 6개

키워드 물건별 감정평가방법

해설 「감정평가에 관한 규칙」상 대상물건별로 정한 감정평가방법(주된 방법)에서 상표권, 저작권, 특허권, 기업가치, 광업재단, 실용신안권은 수익환원법으로 평가하고, 임대료는 임대사례비교법, 과수원은 거래사례비교법으로 평가한다.

38

「감정평가에 관한 규칙」에 규정된 내용으로 틀린 것은?

① 수익분석법이란 대상물건의 기초가액에 기대이율을 곱하여 산정된 기대수익에 대상물건을 계속하여 임대하는 데에 필요한 경비를 더하여 대상물건의 임대료를 산정하는 감정평가방법을 말한다.
② 가치형성요인이란 대상물건의 경제적 가치에 영향을 미치는 일반요인, 지역요인 및 개별요인 등을 말한다.
③ 감정평가법인등은 법령에 다른 규정이 있는 경우에는 기준시점의 가치형성요인 등을 실제와 다르게 가정하거나 특수한 경우로 한정하는 조건을 붙여 감정평가할 수 있다.
④ 일체로 이용되고 있는 대상물건의 일부분에 대하여 감정평가하여야 할 특수한 목적이나 합리적인 이유가 있는 경우에는 그 부분에 대하여 감정평가할 수 있다.
⑤ 감정평가법인등은 법령에 다른 규정이 있는 경우에는 대상물건의 감정평가액을 시장가치 외의 가치를 기준으로 결정할 수 있다.

키워드 「감정평가에 관한 규칙」 내용

해설 대상물건의 기초가액에 기대이율을 곱하여 산정된 기대수익에 대상물건을 계속하여 임대하는 데에 필요한 경비를 더하여 대상물건의 임대료를 산정하는 감정평가방법은 적산법이다(감정평가에 관한 규칙 제2조 제6호). 수익분석법이란 일반기업 경영에 의하여 산출된 총수익을 분석하여 대상물건이 일정한 기간에 산출할 것으로 기대되는 순수익에 대상물건을 계속하여 임대하는 데에 필요한 경비를 더하여 대상물건의 임대료를 산정하는 감정평가방법을 말한다(감정평가에 관한 규칙 제2조 제11호).

정답 37 ⑤ 38 ①

39 부동산 가격공시에 관한 법령에 규정된 내용으로 틀린 것은?

① 표준지공시지가는 토지시장에 지가정보를 제공하고 일반적인 토지거래의 지표가 되며, 국가·지방자치단체등이 그 업무와 관련하여 지가를 산정하거나 감정평가법인등이 개별적으로 토지를 감정평가하는 경우에 기준이 된다.
② 국토교통부장관이 표준지공시지가를 조사·산정할 때에는 「한국부동산원법」에 따른 한국부동산원에게 이를 의뢰하여야 한다.
③ 표준지공시지가에 이의가 있는 자는 그 공시일부터 30일 이내에 서면(전자문서를 포함한다)으로 국토교통부장관에게 이의를 신청할 수 있다.
④ 시장·군수 또는 구청장이 개별공시지가를 결정·공시하는 경우에는 해당 토지와 유사한 이용가치를 지닌다고 인정되는 하나 또는 둘 이상의 표준지의 공시지가를 기준으로 토지가격비준표를 사용하여 지가를 산정하되, 해당 토지의 가격과 표준지공시지가가 균형을 유지하도록 하여야 한다.
⑤ 표준지로 선정된 토지에 대하여는 개별공시지가를 결정·공시하지 아니할 수 있다. 이 경우 표준지로 선정된 토지에 대하여는 해당 토지의 표준지공시지가를 개별공시지가로 본다.

키워드 부동산가격공시제도

난이도

해설 국토교통부장관이 표준지공시지가를 조사·평가할 때에는 업무실적, 신인도(信認度) 등을 고려하여 둘 이상의 「감정평가 및 감정평가사에 관한 법률」에 따른 감정평가법인등에게 이를 의뢰하여야 한다. 다만, 지가변동이 작은 경우 등 대통령령으로 정하는 기준에 해당하는 표준지에 대해서는 하나의 감정평가법인등에 의뢰할 수 있다(부동산 가격공시에 관한 법률 제3조 제5항).
국토교통부장관은 표준주택가격을 조사·산정하고자 할 때에는 「한국부동산원법」에 따른 한국부동산원에 의뢰한다(부동산 가격공시에 관한 법률 제16조 제4항).

정답 39 ②

40 감정평가 과정상 지역분석 및 개별분석에 관한 설명으로 옳은 것은?

① 동일수급권(同一需給圈)이란 대상부동산과 대체·경쟁 관계가 성립하고 가치 형성에 서로 영향을 미치는 관계에 있는 다른 부동산이 존재하는 권역(圈域)을 말하며, 인근지역과 유사지역을 포함한다.
② 지역분석이란 대상부동산이 속해 있는 지역의 지역요인을 분석하여 대상부동산의 최유효이용을 판정하는 것을 말한다.
③ 인근지역이란 대상부동산이 속한 지역으로서 부동산의 이용이 동질적이고 가치형성요인 중 개별요인을 공유하는 지역을 말한다.
④ 개별분석이란 대상부동산의 개별적 요인을 분석하여 해당 지역 내 부동산의 표준적 이용과 가격수준을 판정하는 것을 말한다.
⑤ 지역분석보다 개별분석을 먼저 실시하는 것이 일반적이다.

키워드 지역분석과 개별분석

난이도

해설 ② 지역분석이란 대상부동산이 속해 있는 지역의 지역요인을 분석하여 해당 지역 내 부동산의 표준적 이용과 가격수준을 판정하는 것을 말한다.
③ 인근지역이란 대상부동산이 속한 지역으로서 부동산의 이용이 동질적이고 가치형성요인 중 지역요인을 공유하는 지역을 말한다.
④ 개별분석이란 대상부동산의 개별적 요인을 분석하여 대상부동산의 최유효이용을 판정하는 것을 말한다.
⑤ 개별분석보다 지역분석을 먼저 실시하는 것이 일반적이다.

정답 40 ①

내가 꿈을 이루면
나는 누군가의 꿈이 된다.

− 이도준

여러분의 작은 소리
에듀윌은 크게 듣겠습니다.

본 교재에 대한 여러분의 목소리를 들려주세요.
공부하시면서 어려웠던 점, 궁금한 점,
칭찬하고 싶은 점, 개선할 점, 어떤 것이라도 좋습니다.

에듀윌은 여러분께서 나누어 주신 의견을
통해 끊임없이 발전하고 있습니다.

에듀윌 도서몰 book.eduwill.net
- 부가학습자료 및 정오표: 에듀윌 도서몰 → 도서자료실
- 교재 문의: 에듀윌 도서몰 → 문의하기 → 교재(내용, 출간) / 주문 및 배송

2024 에듀윌 공인중개사 단단 1차 부동산학개론

발 행 일	2024년 1월 7일 초판
편 저 자	이영방
펴 낸 이	양형남
펴 낸 곳	(주)에듀윌
등록번호	제25100-2002-000052호
주 소	08378 서울특별시 구로구 디지털로34길 55 코오롱싸이언스밸리 2차 3층

* 이 책의 무단 인용·전재·복제를 금합니다.

www.eduwill.net
대표전화 1600-6700

합격하고 꼭 해야 할 것 1

에듀윌 공인중개사
동문회 9가지 특권

1. 에듀윌 공인중개사 합격자 모임

2. 동문회 인맥북
3. 동문 중개업소 홍보물 지원
4. 동문회와 함께하는 사회공헌활동

믿고 의지할 수 있는
동문들을 한 손에!

5. 동문회 사이트
6. 동문회 소식지 무료 구독
7. 최대 규모의 동문회 커뮤니티

전국구 동문 인맥
네트워크!
dongmun.eduwill.net

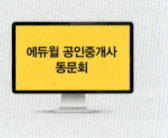

8. 창업 사무소 지원 센터

상위1% 고소득을 위한
동문회 전임
자문교수

김진희 교수

우수 동문 선정
부동산 사무소
언론홍보 지원

업계 최고
전문가 초청
성공특강

9. 취업/창업 코칭 센터

합격 후 취업 성공
부동산 중개법인
취업연계

 +

전국 인맥 네트워크
동문선배 사무소
취업연계

선배 동문
성공 노하우
실무포럼

※ 본 특권은 회원별로 상이하며, 예고 없이 변경될 수 있습니다.

에듀윌 공인중개사 동문회 | dongmun.eduwill.net
문의 | 1600-6700

합격하고 꼭 해야 할 것 2

에듀윌 부동산 아카데미 강의 듣기

성공 창업의 필수 코스
부동산 창업 CEO 과정

1 튼튼 창업 기초
- 창업 입지 컨설팅
- 중개사무 문서작성
- 성공 개업 실무TIP

2 중개업 필수 실무
- 온라인 마케팅
- 세금 실무
- 토지/상가 실무
- 재개발/재건축

3 실전 Level-Up
- 계약서작성 실습
- 중개영업 실무
- 사고방지 민법실무
- 빌딩 중개 실무

4 부동산 투자
- 시장 분석
- 투자 정책

부동산으로 성공하는
컨설팅 전문가 3대 특별 과정

마케팅 마스터
- 데이터 분석
- 블로그 마케팅
- 유튜브 마케팅
- 실습 샘플 파일 제공

디벨로퍼 마스터
- 부동산 개발 사업
- 유형별 절차와 특징
- 토지 확보 및 환경 분석
- 사업성 검토

빅데이터 마스터
- QGIS 프로그램 이해
- 공공데이터 분석 및 활용
- 컨설팅 리포트 작성
- 토지 상권 분석

경매의 神과 함께 '중개'에서
'경매'로 수수료 업그레이드

- 공인중개사를 위한 경매 실무
- 투자 및 중개업 분야 확장
- 고수들만 아는 돈 되는 특수 물권
- 이론(기본) - 이론(심화) - 임장 3단계 과정
- 경매 정보 사이트 무료 이용

실전 경매의 神
안성선
이주왕
장석태

에듀윌 부동산 아카데미 | uland.eduwill.net
문의 | 온라인 강의 1600-6700, 학원 강의 02)6736-0600

꿈을 현실로 만드는
에듀윌

공무원 교육
- 선호도 1위, 신뢰도 1위! 브랜드만족도 1위!
- 합격자 수 2,100% 폭등시킨 독한 커리큘럼

자격증 교육
- 7년간 아무도 깨지 못한 기록 합격자 수 1위
- 가장 많은 합격자를 배출한 최고의 합격 시스템

직영학원
- 직영학원 수 1위, 수강생 규모 1위!
- 표준화된 커리큘럼과 호텔급 시설 자랑하는 전국 27개 학원

종합출판
- 4대 온라인서점 베스트셀러 1위!
- 출제위원급 전문 교수진이 직접 집필한 합격 교재

어학 교육
- 토익 베스트셀러 1위
- 토익 동영상 강의 무료 제공
- 업계 최초 '토익 공식' 추천 AI 앱 서비스

콘텐츠 제휴 · B2B 교육
- 고객 맞춤형 위탁 교육 서비스 제공
- 기업, 기관, 대학 등 각 단체에 최적화된 고객 맞춤형 교육 및 제휴 서비스

부동산 아카데미
- 부동산 실무 교육 1위!
- 상위 1% 고소득 창업/취업 비법
- 부동산 실전 재테크 성공 비법

공기업 · 대기업 취업 교육
- 취업 교육 1위!
- 공기업 NCS, 대기업 직무적성, 자소서, 면접

학점은행제
- 99%의 과목이수율
- 15년 연속 교육부 평가 인정 기관 선정

대학 편입
- 편입 교육 1위!
- 업계 유일 500% 환급 상품 서비스

국비무료 교육
- '5년우수훈련기관' 선정
- K-디지털, 4차 산업 등 특화 훈련과정

에듀윌 교육서비스 **공무원 교육** 9급공무원/7급공무원/경찰공무원/소방공무원/계리직공무원/기술직공무원/군무원 **자격증 교육** 공인중개사/주택관리사/감정평가사/노무사/전기기사/경비지도사/검정고시/소방설비기사/소방시설관리사/사회복지사1급/건축기사/토목기사/직업상담사/전기기능사/산업안전기사/위험물산업기사/위험물기능사/도로교통사고감정사/유통관리사/물류관리사/행정사/한국사능력검정/한경TESAT/매경TEST/KBS한국어능력시험/실용글쓰기/IT자격증/국제무역사/무역영어 **어학 교육** 토익 교재/토익 동영상 강의/인공지능 토익 앱 **세무/회계** 회계사/세무사/전산세무회계/ERP정보관리사/재경관리사 **대학 편입** 편입 교재/편입 영어·수학/경찰대/의치대/편입 컨설팅·면접 **공기업·대기업 취업 교육** 공기업 NCS·전공·상식/대기업 직무적성/자소서·면접 **직영학원** 공무원학원/경찰학원/소방학원 학원/주택관리사 학원/전기기사학원/세무사·회계사 학원/편입학원/취업아카데미 **종합출판** 공무원·자격증 수험교재 및 단행본 **학점은행제** 교육부 평가인정기관 원격평생교육원(사회복지사2급/경영학/CPA)/교육부 평가인정기관 원격 사회교육원(사회복지사2급/심리학) **콘텐츠 제휴·B2B 교육** 교육 콘텐츠 제휴/기업 맞춤 자격증 교육/대학 취업역량 강화 교육 **부동산 아카데미** 부동산 창업CEO과정/실전 경매 과정/디벨로퍼과정 **국비무료 교육 (국비교육원)** 전기기능사/전기(산업)기사/소방설비(산업)기사/IT(빅데이터)/자바프로그램/파이썬)/게임그래픽/3D프린터/실내건축디자인/웹퍼블리셔/그래픽디자인/영상편집(유튜브)디자인/온라인 쇼핑몰광고 및 제작(쿠팡, 스마트스토어)/전산세무회계/컴퓨터활용능력/ITQ/GTQ/직업상담사

교육문의 1600-6700 www.eduwill.net

•2022 소비자가 선택한 최고의 브랜드 공무원·자격증 교육 1위 (조선일보) •2023 대한민국 브랜드만족도 공무원·자격증·취업·학원·편입·부동산 실무 교육 1위 (한경비즈니스) •2017/2022 에듀윌 공무원 과정 최종 환급자 수 기준 •2022년 공인중개사 직영학원 기준 •YES24 공인중개사 부문, 2023 공인중개사 심정욱 필살키 최종이론&마무리100선 민법 및 민사특별법 (2023년 10월 월별 베스트) 그 외 다수 교보문고 취업/수험서 부문, 2020 에듀윌 농협은행 6급 NCS 직무능력평가+실전모의고사 4회 (2020년 1월 27일~2월 5일, 인터넷 주간 베스트) 그 외 다수 YES24 컴퓨터활용능력 부문, 2024 컴퓨터활용능력 1급 필기 초단기끝장(2023년 10월 3~4주 주별 베스트) 그 외 다수 인터파크 자격서/수험서 부문, 에듀윌 한국사능력검정시험 2주끝장 심화 (1, 2, 3급) (2020년 6~8월 월간 베스트) 그 외 다수 •YES24 국어 외국어사전 영어 토익/TOEIC 기출문제/모의고사 분야 베스트셀러 1위 (에듀윌 토익 READING RC 4주끝장 리딩 종합서, 2022년 9월 4주 주별 베스트) •에듀윌 토익 교재 입문~실전 인강 무료 제공 (2022년 최신 강좌 기준/109강) •2022년 종강반 중 모든 평가항목 정상 참여자 기준, 99% (평생교육원, 사회교육원 기준) •2008년~2022년까지 약 206만 누적수강학점으로 과목 운영 (평생교육원 기준) •A사, B사 최대 200% 환급 서비스 (2022년 6월 기준) •에듀윌 국비교육원 구로센터 고용노동부 지정 "5년우수훈련기관" 선정 (2023~2027) •KRI 한국기록원 2016, 2017, 2019년 공인중개사 최다 합격자 배출 공식 인증 (2023년 현재까지 업계 최고 기록)